03

조선 왕실의 일상 1

조선의 왕으로 살아가기

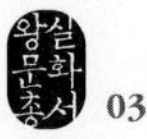 03

조선 왕실의 일상 1

조선의 왕으로 살아가기

—

2011년 11월 30일 초판 1쇄 발행
2014년 2월 5일 초판 5쇄 발행

—

지은이 심재우·한형주·임민혁·신명호·박용만·이순구

—

펴낸이 한철희
펴낸곳 돌베개
등록 1979년 8월 25일 제406-2003-018호
주소 (413-756) 경기도 파주시 회동길 77-20 (문발동)
전화 (031) 955-5020
팩스 (031) 955-5050
홈페이지 www.dolbegae.com
전자우편 book@dolbegae.co.kr

—

책임편집 윤미향·이현화
디자인 이은정·박정영
제작·관리 윤국중·이수민
마케팅 심찬식·고운성·조원형
인쇄·제본 상지사 P&B

—

이 도서는 2007년도 정부재원(교육인적자원부 학술연구조성사업비)으로
한국학중앙연구원의 지원에 의하여 연구되었음(AKS-2007-BB-2001).

ISBN 978-89-7199-461-0 04900
978-89-7199-421-4 (세트)

—

이 도서의 국립중앙도서관 출판시도서목록(CIP)은 e-CIP홈페이지(http://www.nl.go.kr/ecip)와
국가자료공동목록시스템(http://www.nl.go.kr/kolisnet)에서 이용하실 수 있습니다.
(CIP제어번호: CIP2011005117)

03

조선 왕실의 일상 1

조선의 왕으로 살아가기

한국학중앙연구원 | 심재우 · 한형주 · 임민혁 · 신명호 · 박용만 · 이순구 지음

책머리에

이 책은 한국학중앙연구원 한국학진흥사업단에서 추진한 '왕실문화총서' 발행 사업의 예산 지원을 받아 수행한 연구 과제의 결과물이다. '왕실의 일상'을 주제로 한 우리 연구팀의 세부 과제명은 '조선시대 국왕, 왕비, 왕세자의 일상'이었는데, 매년 각각 1권씩의 대중 학술서 집필 작업을 목표로, 2007년 11월부터 2010년 10월까지 모두 3년에 걸쳐 본 과제를 수행하였다.

이 책『조선의 왕으로 살아가기』는 우리 팀의 첫번째 결실로, 조선왕조 최고의 지존至尊이자 정치의 중심이며 왕실을 대표하는 존재인 '국왕'을 다각적으로 살펴보고자 하였다. 앞으로 일상 편 시리즈물로서 '왕비'와 '왕세자'의 일상을 주제로 두 권의 책을 더 발행할 예정이며, 세 권의 책이 모두 간행되면 조선시대 왕실의 핵심 구성원인 국왕, 왕비, 왕세자에 대해 좀 더 풍부하고도 종합적인 이해가 가능할 것으로 기대한다.

최근 사극 열풍에서도 보듯이 우리나라의 역사와 문화에 대한 대중들의 관심이 증대되면서 조선시대 왕실의 일상과 생활문화도 함께 주목을 받고 있다. 이와 같은 흐름과 짝하여 학계에서도 조선 왕실의 의례, 정치 무대이자 왕실 생활공간인 궁궐, 왕실의 문학과 왕실 사람들의 생활에 대해 다각도로 분석한 연구들이 활발하게 진행되고 있다. 왕실, 왕실문화에 대한 새로운 조명 작업은 비단 역사학계에만 한정된 현상은 아니며 국문학, 건축학, 민속학, 미술사학 등 관련 학계에 공통적인 연구 경향이다.

이쯤해서 그간의 연구 성과와 한계 등을 점검하고 지금까지 밝힌 조선시대 국왕의 다양한 모습을 종합적으로 정리할 필요가 있다는 것이 우리 연구팀의 문제의식이었다. 이에 따라 조선시대 국왕을 이해하기 위해 꼭 다루어야 할 주제를 몇 가지로 나누어 검토하였는데, 국왕의 위상과 역할, 공적인 통치 행위와 관련한 내용뿐 아니라 생활문화사적 시각에서 국왕의 여가와 독서, 건강 관리 등의 주제에까지 시야를 넓혀보았다.

본 책은 학술 연구서지만, 많은 사람들이 쉽게 읽고 흥미를 느낄 수 있도록 대중서를 지향하였기 때문에 딱딱한 논문 형식의 서술을 탈피하고, 어려운 용어는 풀어쓰기 위해 노력하였다. 그러면서도 서술에 필요한 사례 등을 참고하기 위해서 연대기, 법전, 의례서, 의궤, 궁중 기록화 등 관련 자료를 폭넓게 활용하려고 노력하였다.

한국사 전공 5명, 한문학 전공 1명 등 모두 6명으로 구성된 집필자들은 서장과 나머지 5부의 한 부분씩 집필을 담당하였는데, 본 책의 전체적인 구성을 간략히 소개하면 다음과 같다.

먼저 서장 「조선시대의 왕」은 본 책의 도입부에 해당하는데, 조선시대 국왕을 조명해야 할 필요성을 제시하면서 왕권, 왕의 호칭 등 조선 국왕을 이해하는 데 필요한 기본적인 내용을 개관하였다.

다음으로 제1부 「왕의 권위와 역할」은 덕치와 위민을 실현해야 할 의무를 지닌 통치자로서의 왕의 역할과 권한을 소개하고, 나아가 왕의 권위 표현 방식 및 왕실 의례 시행의 의미 등을 살폈다.

제2부 「국왕의 하루 엿보기」는 하루의 시간 순서에 따라 조회, 경연 등 국왕이 수행해야 할 매일의 일과를 개관하였다. 특히 내용 구성은 장서각에 관련 자료가 풍부히 남아 있는 국왕 영조의 사례를 중심으로 하고 있다.

제3부 「왕의 사생활」은 국왕의 사적 생활이 영위되는 공간인 침전, 후원 등의 공간을 바탕으로 왕의 인간적 면모와 여가활동에 대해 살펴보았다. 사관이 존재하지 않아 그 생활 내용이 알려지지 않았던 국왕의 사적 생활이 영위되는 장소가 관심 대상이다.

제4부 「한시漢詩로 보는 국왕의 문학」은 시기별로 국왕의 독서 및 저술 활동을 살펴보았다. 참다운 군주를 길러내기 위한 제왕학에서 왕실의 교육과 독서는 필수 과정이었는데, 수신과 치국의 도를 실현하고자 했던 국왕의 모습을 국왕의 저술에서 확인하고자 하였다.

제5부 「국왕의 건강 관리」에서는 국왕의 건강 관리법과 질병 치료 체계, 조선 국왕들의 실제 질병 치료 사례를 서술하였다. 국왕의 질병 발생 원인과 치료 과정, 국왕과 어의의 관계, 조선시대 국왕의 건강 유지를 위한 노력과 방법 등을 소개하였다.

사실 이 책은 우리 연구팀의 1차년도 작업의 결과이므로, 기획 및 집필 작업은 이미 몇 년 전에 이루어졌으나 여러 가지 사정상 지금에서야 책이 출간되었다. 그러다보니 조선의 국왕, 왕실 의례 등을 다룬 관련 서적들이 이미 적지 않게 서점에 나와 있는 상황이며, 이들 중에는 왕의 일생이나 왕실 생활문화를 다양한 시각에서 재구성한 의미 있는 성과물들이 있다. 그럼에도 불구하고 이 책은 조선 국왕의 진면목, 그것도 조선 최고 권력자로서의 공적 일상뿐 아니라 인간적인 고뇌와 같은 개인으로서의 삶에 이르기까지 시야를 확대하여 다각적으로 살펴보고자 했다는 점에서 나름의 의미가 있다고 생각한다. 또한 왕의 일상의 모습을 단순히 흥미 위주로 서술하는 것을 지양하고 조선왕조 전체사와의 연계를 염두에 두고 집필하고자 했다는 것도 함께 밝혀둔다.

이제 이 책의 출간 과정에서 도움을 주신 분들께 고마움을 전하고 싶다. 먼저 장서각의 전·현임 관장을 지내며 본 과제를 수행하는 데 지원을 아끼지 않으신 한국학중앙연구원의 최진옥, 박병련, 이완우 교수님께 감사드린다. 특히 최진옥 교수님은 본 과제의 기획 단계에서 주제에 대한 적절한 조언을 해주셨다.

다음으로 본 총서 사업의 의의를 이해하시고 선뜻 책의 출간을 약속하신 돌베개 출판사의 한철희 사장님, 그리고 독자 입장에서 초고를 꼼꼼하게 읽고 편집 진행에 자신의 일처럼 애써주신 윤미향 씨를 비롯한 돌베개 편집팀 여러분께도 고마움을 전한다. 연구팀 입장에서는 유능한 편집자를 만나 출간 작업이 한결 수월했다는 점을 꼭 전하고 싶다.

마지막으로 마무리 출간 과정에서 귀찮은 일을 도맡아 해준 한국학중앙연구원 한국학대학원 박사과정생 나영훈과도 출간의 기쁨을 함께하고 싶다.

2011년 11월

연구책임자 심재우

차 례

제2부 국왕의 하루 엿보기 임민혁

제3부 왕의 사생활 신명호

제4부 한시漢詩로 보는 국왕의 문학 박용만

제5부 국왕의 건강 관리 이순구

부록

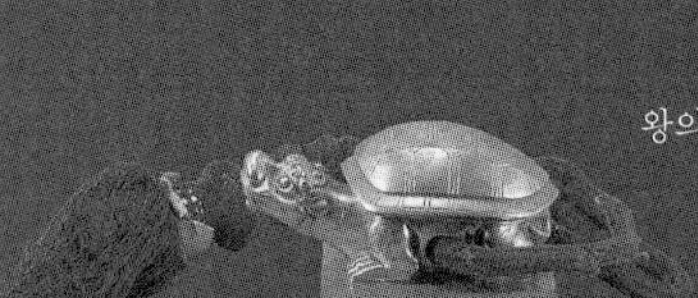

왕의 호칭 가운데 가장 익숙한 것으로 묘호廟號가 있다. 묘호는 일반적으로 '태정태세문단세'라고 했을 때 태조太祖, 정종正宗, 태종太宗, 세종世宗, 문종文宗, 단종端宗, 세조世祖를 의미한다. 그런데 이 묘호는 왕으로 등극했을 때부터 부르던 이름이 아니라는 것에 주의할 필요가 있다. 왕의 이름은 함부로 부르거나 쓸 수 없었는데, 우리가 조선의 왕을 부를 때 흔히 이야기하는 태종, 세조 등의 호칭은 왕의 묘호이다.

왕의 묘호에서 조와 종의 차이는 무엇일까? 『예기』禮記에 보면 '공功이 있는 자는 조祖가 되고, 덕德이 있는 자는 종宗이 된다'는 기록이 있는데, 이에 따라 평소 공이 큰 왕은 묘호에 조를 붙이고, 덕이 큰 왕은 종을 붙였다. 나라를 세운 국왕, 즉 창업 군주는 대개 '조'를 붙이고, 수성守成한 군주는 '종'을 붙였다.

서장

조선시대의 왕

國王日常

1 왕에 주목하는 이유

조선의 정치체제는 왕정王政이었다. 조선시대의 역사와 문화를 관통하는 특징 중의 하나는 국왕을 정점으로 하는 집권화된 왕조 사회였다는 점이다. 잘 알려진 것처럼 고대 왕국이 형성된 이후 20세기 국민국가가 출현하기 전까지 수천 년 동안 우리나라의 역사는 국왕을 빼놓고는 설명할 수 없다. 군주제하에서 국왕은 국가 정책 전반에 대한 최종 책임자였으며, 이는 외교·군사·정책 등 모든 판단이 최종적으로 국왕의 재가를 통해 집행되었음을 의미한다. 따라서 좋든 싫든 그 시대의 성공과 실패를 평가할 때 국왕이 중요한 기준이 될 수밖에 없는 것도 이 때문이다.

조선시대는 『조선왕조실록』朝鮮王朝實錄 등 관찬 연대기 자료를 비롯하여 이전 시기에 비해 풍부한 역사 기록물을 남긴 시대이다. 또한 현대와 가까운 시대로서 현재 우리가 전통이라 느끼는 역사와 문화의 원형이 상당 부분 이 무렵 형성되었다는 점에서, 조선시대의 역사는 오늘날 우리들의 삶과 밀접한 관련을 지니고 있다. 이로 인해 많은 사람들이 우리나라의 역사와 문화를 이해, 재평가하고자 할 때 일차적으로 조선의 역사에 주목해왔다.

이른바 문화의 시대인 21세기에 접어들어 최근 우리 역사에 대한 대중의 관심이 크게 고조되고 있다. 현대는 문화가 자원이 되고 상품이 되며 경쟁력이 되는 시대이다. 우리나라는 지난 수십 년간의 고도성장기를 거치면서 경제 발전을 이루어왔는데, 이 과정에서 그와 같은 성과를 가져온 배경으로서 전통 한국의 역사와 문화 저력에 대해 새삼 주목하게 되는 것도 당연한 일이다. 이에 수준 높은 한국 문화에 대한 수요가 국내외적으로 크게 높아지면서 사극 열풍과 한류 현상으로 이어지고 있다.

특히 우리 역사에 대한 대중적 수요가 증대되었음은 텔레비전 등 매체를 통해 역사물이 크게 유행하는 데서 확인할 수 있다. 요즘 사극은 과거와 달리 특정 시대에 한정되지 않을 뿐 아니라, 구중궁궐 왕실의 울타리를 벗어나 다양한 백성들의 삶에 초점을 두는 것도 특징이다. 하지만 여전히 사극이 다루는 시대는 조선시대, 주 무대는 궁궐인 경우가 많다. 궁궐 속에서 왕과 왕비를 비롯한 각종 왕실 구성원들, 그리고 신료들을 정점으로 이야기가 전개된다.

물론 최고 권력자와 지배 신분층의 삶과 문화가 역사를 구성하는 전부인 것은 결코 아니다. 하지만 전통시대의 권력과 지식이 최고 권력자인 왕과 왕실, 관료들에게 집중되어 있던 상황에서 왕과 왕실은 그만큼 당대 역사를 이끌어가는 중요한 요소들이다. 더구나 조선시대 왕실은 사적으로는 왕과 왕비를 중심으로 하는 '가정'이지만, 공적으로는 조선의 국권과 정통성을 상징하는 '국가' 그 자체로 인식되었다. 조선의 왕실과 궁중문화는 유교 통치문화의 정수를 보여주는 핵심이며, 조선시대 역사와 문화의 중심축을 이루었던 것은 분명하다. 그런 점에서 당대 정치 및 사회, 문화를 이해하기 위해서 사극의 주요 등장인물, 배경이 왕실과 궁궐이라는 점은 어쩌면 당연하다.

최근에는 우리 역사에 대한 대중들의 관심이 증가했을 뿐 아니라, 역사에 대한 재조명도 활발히 이루어지고 있다. 이는 단순히 일본과의 독도 영유권 분쟁, 중국의 동북공정에 대한 대응 등 주변

국들과 벌이고 있는 치열한 역사 전쟁 때문만은 아니다.

과거 우리의 역사책이 거시적 사회 변동에 초점을 두어 정작 사람들이 공감하고 느낄 수 있는 문화, 생활사에 대한 접근이 부족하였다면, 지금 재조명되고 있는 역사는 추상적이지 않고 실제로 느낄 수 있는 세밀한 생활문화사, 사람들에 관한 구체적인 역사 서술이라 할 수 있다.

이와 같은 우리 역사에 대한 애정과 관심은 약탈당한 우리 문화재에 대한 제자리 찾기 운동으로도 이어져 그 결실을 맺기도 하였다. 조선 왕실 기록문화의 꽃이라 불리는 의궤儀軌 환수가 그 한 예이다. 1866년 병인양요 때 프랑스 군대에 의해 약탈되었던 외규장각 의궤는 145년 만인 2011년 국내에 돌아왔으며, 일제강점기인 1922년에 일본 궁내청에 불법 반출되었던 의궤도 환수를 앞두고 있다. 이 모두가 국민적 관심과 적극적 반환 운동이 없었다면 불가능한 일이었을 것이다.

이제 의궤에 담긴 조선시대 왕실의 주요 행사 모습을 복원함으로써 수준 높고 풍부한 문화 요소를 지닌 조선시대 왕실문화의 원형을 추적할 수 있게 되었다. 조선시대 왕실 의례에 대한 다양한 재현 행사가 하나의 문화 테마로 자리 잡아가고 있으며, 조선의 다양하고도 풍부한 왕실 도서를 소장하고 있는 규장각奎章閣과 장서각藏書閣 자료에 대한 소개도 활발히 이루어지고 있다.[도1]

이러한 시점에서 조선왕조 역사에 관한 관심, 나아가 왕실에서 계승되어온 문화 전통에 대한 대중들의 지적 호기심을 채워주기 위해서는 전문 역사 연구자들의 역할도 그만큼 중요하다. 그런데 냉철히 돌아보면 조선시대의 국왕, 왕실, 왕실문화에 대한 연구가 아직까지 충실하지 못한 것이 사실이다.

예컨대 왕은 무엇을 입고, 무엇을 먹고, 쉬는 시간에는 무엇을 했을까? 궁궐의 다양한 공간에서 행해졌던 행사와 궁궐 사람들의 삶은 어떠했을까? 왕과 관료들의 만남은 어떻게 이루어졌을까? 왕

도1 **고종 41세 생일잔치 재현 장면**
사진 제공: 한국문화재보호재단, ⓒ 주병수
고종 재위 29년인 1892년에 올려졌던 41세(망오순望五旬) 생일잔치 재현 행사. 2008년 5월에 경복궁 근정전에서 한국문화재보호재단 주최로 열렸다.

실 여성들의 생활문화는 또 어떠했을까? 소설·드라마·영화를 통해 채우고 있는 충분하지 못한 정보를 제외한다면, 사실 이들 다양한 문제에 대해 역사 연구자들의 속 시원한 답변이 아직 준비되어 있지 않은 것이 현실이다.

물론 조선의 왕실 사람들과 생활문화에 대한 연구가 지금까지 전혀 이루어지지 않았던 것은 아니다. 그렇지만 자주적 근대화에 실패하여 일제에 의한 식민 지배를 거치면서, 조선왕조 통치체제에 대한 부정적 편견이 한동안 우리들 마음속에 자리 잡았다. 현대 한국의 민주주의 체제는 오로지 서양 민주주의 사상 수용의 산물로만 간주되고, 조선시대 정치사에 대해서는 볼 것이 없다는 인식 또한 팽배하였다. 왕실이 조선왕조 망국의 책임론에서 자유로울 수 없는 상황에서 왕실 자체에 집중한 연구가 본격적으로 진행되기는 어려웠던 것이다.

이에 따라 해방 이후 이와 관련한 연구 성과는 매우 소략하였다. 조선시대 궁중 생활문화에 대한 지적 호기심을 충족하기 위한 탐구 차원에서 황족, 궁녀, 내시 등 궁중 사람들에 대한 검토가 이루어지거나, 궁중 복식과 건축, 궁중의 여성 풍속, 궁중 의례에 대한 연구가 간간이 진행되는 데 그쳤다.도2

조선의 왕실문화를 과거처럼 단순히 봉건적 유산으로 보아서는 곤란하다. 나아가 조선시대 정치사의 흐름을 이해하고자 할 때 왕권은 매우 중요하게 고려해야 할 요소 중 하나이다. 그런 점에서 최근 왕과 왕권, 왕실문화에 대한 관심이 증대되어 규장각과 장서각 등에 소장되어 있는 다양한 왕실 자료를 바탕으로 궁중문화의 실제 모습을 여러 각도에서 조명한 저술들이 쏟아져 나오는 것은 무척 고무적인 일이다.

그 가운데 조선 왕실의 제반 모습과 의례 전반에 대한 이해를 높이고자 하는 포괄적인 시도,[1] 한편으로 정치 무대이자 조선 최고의 왕실 생활 공간인 궁궐에 대한 종합적 분석 작업[2] 등은 최근에 이루어진 대표적인 성과에 속한다. 이밖에도 의례, 왕실 문학, 궁궐 건축, 왕실 사람들 등 왕실에 대한 다방면의 검토가 진행되고 있다.

그러나 이와 같은 연구 성과에도 불구하고 조선시대 기록문화의 보고인 왕실문화 자료에 대한 포괄적인 검토는 여전히 충분하지 않다. 아울러 왕실문화의 정수에 대한 복원 작업 또한 향후 본격적으로 이루어질 필요가 있으며, 그 성과를 대중에게 소개하는 일도 역사 대중화의 측면에서 소홀히 할 수 없는 일이다.

이 책의 목적은 앞서 이루어진 연구 성과를 토대로 하면서도, 생활사와 문화사에 초점을 두고 조선시대 '국왕'의 구체적이고도 다양한 모습을 대

1_ 최근에 간행된 대표적인 저술을 두 종 소개하면 신명호, 『조선 왕실의 의례와 생활, 궁중문화』(돌베개, 2002); 김문식·신병주, 『조선 왕실 기록문화의 꽃, 의궤』(돌베개, 2005)를 들 수 있다.

2_ 홍순민, 『우리 궁궐 이야기』, 청년사, 1999.

도2 **6·25 당시 윤비尹妃와 흥친왕비興親王妃 사진**
궁중 사람들의 구술자료 등을 통해 궁중생활을 연구한 고 김용숙 교수의 책자에 수록된 사진이다.

중들에게 이해하기 쉽게 소개하는 것이다. 조선시대 국정의 최고 책임자이자 절대 권력자로서 막강한 권한을 행사했던 국왕의 위상과 역할을 고려할 때, 국왕의 진면목을 집중 조명하는 작업의 중요성은 재삼 강조할 필요가 있다.

덧붙여 이 책에서는 조선 국왕의 공적인 통치 행위뿐 아니라, 사적인 일상과 생활에 대해서도 관심을 갖고 다루었다. 왕의 일상과 생활에 주목하면서도 이를 통해 독자들이 국정 수행의 시스템, 관료제의 실상, 왕실과 왕의 생활·문화사를 심층적으로 이해할 수 있도록 도움을 주고자 했다.

이 책은 서장과 다섯 개의 부로 구성되었다. 그 가운데 본 서장은 조선시대 왕을 이해하는 데 필요한 기본적인 물음에 주목함으로써 조선시대 왕의 의미, 왕의 권한과 호칭 문제, 왕의 일상을 바라보는 시각 등에 대해 개괄적으로 제시하고자 하였음을 밝혀둔다.

國王日常

2 조선시대의 왕과 왕권

왕은 어떤 존재인가

왕이란 무엇인가? 왕은 어떠한 권한과 역할을 가졌는가? 우리나라는 고대 사회에서부터 통치체제가 국왕을 중심으로 한 왕조체제였다. 앞서 언급한 것처럼 왕조 사회에서 그 시대에 대한 평가는 왕의 통치 행위에 대한 평가와도 직결된다. 따라서 국왕의 위상, 통치 행위의 특징을 해명하는 작업이야말로 한국사의 구조와 특질을 이해하는 데 반드시 필요한 일이 아닌가 싶다. 그렇지만 한편으로 이 질문에 대한 답을 찾기란 그리 쉬운 일이 아니다.

우리나라에서 국왕은 매우 이른 시기부터 출현했다. 아득한 옛날, 문명이 발달하기 전의 원시 사회에서는 사람들 간에 어떠한 차별이나 계급의 구분이 없었다. 모든 사람들이 공동체 생활을 영위

도3, 도4 **청동기시대 제사장 장식구**
국립중앙박물관 소장.
청동기시대 제사장이 주술적 용도로 사용했던 장식구인 팔주령과 조합식 쌍두령.

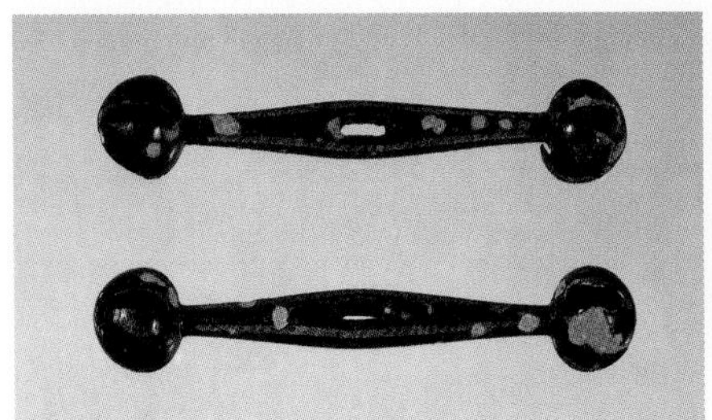

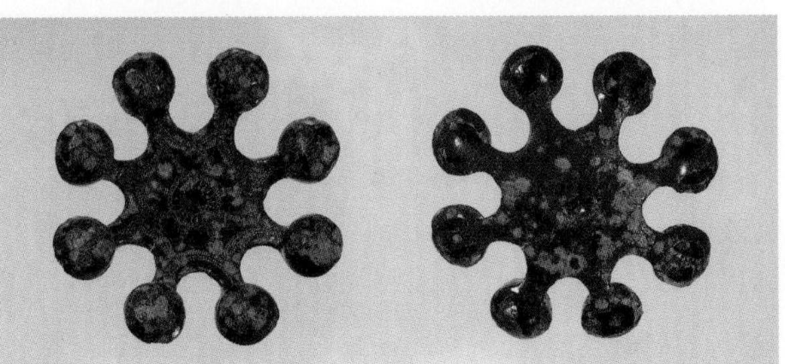

도5 **신라 신문왕릉** 경북 경주시 배반동 소재. ⓒ김성철
신라 31대 신문왕의 무덤이다. 신문왕은 신라 중대의 왕으로 이 시기는 왕권이 비교적 강했던 시기로 평가받고 있다.

도6 **무령왕릉 출토 금제 관장식** 길이 30.7cm, 국립공주박물관 소장.

하던 이 시절에는 당연히 왕과 신하도 없었다. 그렇지만 농경의 발달을 통해 청동기 문명이 시작되면서 우리나라에서도 국가가 출현하고 국왕이 등장했다. 고조선의 단군왕검과 삼국시대의 왕들은 우리나라에서 국왕이 등장한 역사가 꽤 오래되었음을 보여주는 사례이다.도3~6

기록에 따르면 원래 우리나라에서 '왕'이라는 용어를 사용하기 이전에는 고유한 명칭을 사용했다고 한다. 예컨대 신라의 경우 왕이라는 명칭을 사용하기 전에 거서간居西干, 차차웅次次雄, 이사금尼師今, 마립간麻立干이라는 용어를 사용했다는 기록이 있다. 이 중 '이사금'은 '치아가 많은 사람' 즉 연장자를 뜻한다고 하며, 이것이 오늘날 '임금'으로 변화했다.

그렇다면 왕은 어떤 존재인가? 대체로 중국에서 유교가 국가 통치 이념으로 자리 잡으면서 왕은 하늘과 땅과 사람을 관통하는 초월적인 존재로 인식되었다. 즉 왕은 우주를 관통하는 덕德을 가진 존재로 묘사되었고, 조선시대 유학자들의 왕에 대한 해석은 대부분 이와 같았다. 요컨대 동양의 전통시대를 주도해온 유교 지식인들은

3_ 신명호, 『조선의 왕』, 가람기획, 1998, 78~80쪽 참조.

왕권의 발생과 그 정당성을 덕에서 찾았다.[3]

이렇게 볼 때 우리나라 역사에서 왕은 매우 오랜 시기에 걸쳐 존재해왔음을 알 수 있다. 앞서 언급한 최초의 국가인 고조선의 단군檀君을 시작으로 한반도에 존재했던 여러 국가에서 왕이 출현하였고, 왕의 지배권도 확대되었다. 그후 고구려, 백제, 신라의 고대 국가를 거쳐 고려, 조선에 이르기까지, 그리고 정확히 1910년 대한제국이 일본에 패망할 때까지 왕은 우리나라 전근대 왕조의 최고 권력자로 군림해왔다.

서양 중세 사회에서와 달리 우리나라에서는 국왕을 중심으로 한 중앙집권적 관료체제를 유지하였기 때문에 상대적으로 왕권이 강력했으며, 중국과도 차이가 있었다. 중국의 경우 이민족이 중원을 지배하는 경우도 있었으며, 왕조의 교체 주기는 보통 200년을 넘지 못했다. 이에 비해 우리나라에서는 한 왕조가 500~1000년에 걸쳐 유지될 정도로 왕조의 수명이 길었다. 우리나라의 지난 역사에서 한 왕조가 오랫동안 유지될 수 있었던 문화적 저력과 이유가 무엇이었는지는 간단히 설명할 수 없다. 다만 이 문제와 관련하여 왕을 정점으로 한 집권적 정치체제가 갖는 성격에 분명 주목할 필요가 있다.

군주제하에서 왕이 없는 역사는 상상할 수 없는 일이었다. 우리나라 역사에서 왕의 위상은 조금씩 차이가 있었지만, 성리학적 정치 운영이 꽃을 피우고 중앙집권적 관료제가 정비되는 조선시대에 오면 국왕의 권한과 역할, 국왕의 존재 이유가 보다 분명히 정의되었다. 유학에서 국왕은 매우 지엄한 존재로 자리매김하는데, 조선시대 유학자들에 의해 왕은 천명天命을 받은 초월적 존재, 우주의 자연 질서를 보장해주는 하늘의 존재가 되었다.

그럼 왕조의 교체는 어떻게 설명되는가? 이는 하늘의 뜻이 새 왕조로 옮겨 갔음을 의미한다. 이와 같은 논리에 따르면 고려가 멸망하고 조선이 건국된 것도 천명이 이성계李成桂(1335~1408)에게로 옮겨 갔음을 의미한다. 조선의 국왕은 이전 시대의 왕과 달리 특히 성리학을 국가 이념으로 삼아 예악정치禮樂政治를 구현하는 존재였다. 한편으로 조선의 국왕은 모든 사람보다 존귀한 존재이지만, 동시에 사대부적 교양도 함께 지녀야 했다. 이는 성리학을 통치 이념으로 채택하고 문치주의를 표방한 조선에서 국왕의 필수 덕목이었다.

왕의 권한

조선시대 왕은 천명을 받은 초월적 존재였으므로, 그 권한 또한 막강하였다. 『시경』詩經의 「소아」小雅 '북산'北山 편에 나오는 "普天之下 莫非王土 率土之濱 莫非王臣"이라는 말은 나라 안의 모든 땅과 백성들이 모두 왕의 땅과 신하라는 뜻이다. 위와 같은 왕토사상, 왕민사상은 전통적 군주관을 보여준다. 왕의 통치권은 그만큼 국가의 모든 사람들에게 적용되는 거스를 수 없는 권력이었다.

그런데 흥미로운 사실은 조선시대에 왕권은 법으로 분명하게 명시되어 있지 않았다는 사실이다. 조선왕조의 통치 체계와 각종 법규를 모아놓은 조선의 대표적인 법전인 『경국대전』經國大典을 보면 왕의 법 집행 과정에 대한 세부적인 절차 등은 명시했지만, 직접적으로 왕의 권한이나 역할을 명확히 제시한 조항을 찾기 어렵다. 이것을 어떻게 이해해야 하는가? 이는 왕의 권한이 작아서라기보다 왕권이 워낙 넓은 범위에 걸쳐 있어 법으로 제한할 수 없을 정도로 강력했음을 의미한다.

그렇다면 조선시대 왕은 어떤 권한을 행사하였을까? 원론적으로 조선시대의 왕은 입법권, 사법권, 행정권 등의 권력을 지녔다. 오늘날의 경우 삼권분립三權分立의 원칙에 따라 한 사람이나 기관에서 독점할 수 없는 세 가지 권력을, 왕은 독점할 수 있었다.

왕은 법法을 만들 수 있었으며, 왕의 명령은 곧바로 법령으로서 효력을 발생했다. 각 관서에서는 일정하게 법을 만드는 절차를 따랐지만, 왕의 최종적인 재가를 받아야 했다는 점에서 조선시대의

도7, 도8 **「경국대전」 「대전통편」의 표지** 「경국대전」은 성종 대, 「대전통편」은 정조 대에 편찬되었다. 한국학중앙연구원 장서각 소장.

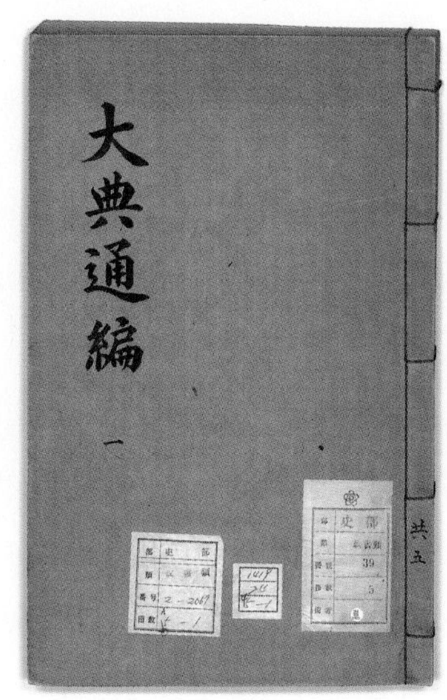

법전法典은 한마디로 왕의 명령을 모아놓은 책자라 할 수 있다.

조선시대에 왕의 명령을 '수교'受教라고 하였는데, 15세기에 이들 수교 가운데 영구히 지켜야 할 것들을 모아 만든 조선왕조 최초의 통일 법전이 『경국대전』이다. 『경국대전』 제정 이후에도 수교가 계속 만들어졌고, 수교들을 모아놓은 새 법전이 조선 후기에도 계속 생겨났다. 조선 후기에 만들어진 다양한 법전 가운데서도 최고의 법전에 해당하는 것은 영조英祖 대 『속대전』續大典, 정조正祖 대 『대전통편』大典通編, 고종高宗 대 『대전회통』大典會通이다.도7~10

입법권자인 국왕은 동시에 조선시대 최고의 재판관이기도 하였다. 서울과 지방의 관료들이 각종 민·형사 소송과 재판을 담당하였지만 중요한 판결은 모두 왕이 관여하였다. 예컨대 지방 군현의 수령은 태형笞刑에 해당하는 죄인들에 대한 처벌과 재판을 담당하였지만, 그보다 무거운 죄를 지은 죄수들에 대한 재판권은 상급 관서에서 가지고 있었다. 지방의 관찰사와 서울의 형조에서는 유형流刑[4] 이하의 형벌에 해당하는 죄인들을 자체적으로 재판하여 처결하였지만, 가장 무거운 형벌인 사형死刑에 대한 최종 결정권은 오직 왕

4_ 유형은 '귀양'이라는 말로 잘 알려진 유배형流配刑을 말하며 사형 다음으로 무거운 형벌이었다. 조선시대 정쟁의 와중에서 유배형에 처해진 관료들이 적지 않았지만, 유배지에서 해배解配되어 복권되는 인물들도 적지 않았다.

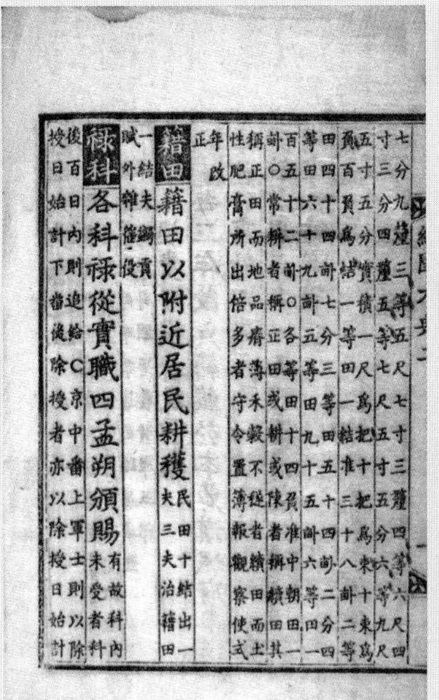

籍田 籍田以附近居民耕穫

祿科 各科祿從實職四孟朔頒賜

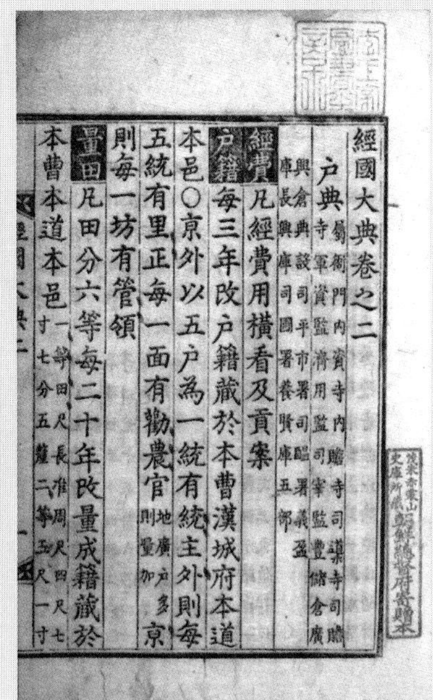

經國大典卷之二

戶典

經費 凡經費用橫看及貢案

戶籍 每三年改戶籍藏於本曹漢城府本道本邑○京外以五戶爲一統有統主外則每五統有里正每一面有勸農官京則每一坊有管領

量田 凡田分六等每二十年改量成籍藏於本曹本道本邑

도9 **조선 최초의 통일법전인 『경국대전』의 본문**

『경국대전』 권2, 「호전」의 앞부분이다. 「호전」에는 조선시대 부세, 재정, 경제제도 전반에 관한 규정이 수록되어 있다. 해당 면에서는 호적 작성, 토지 조사 등에 관한 조항을 확인할 수 있다.

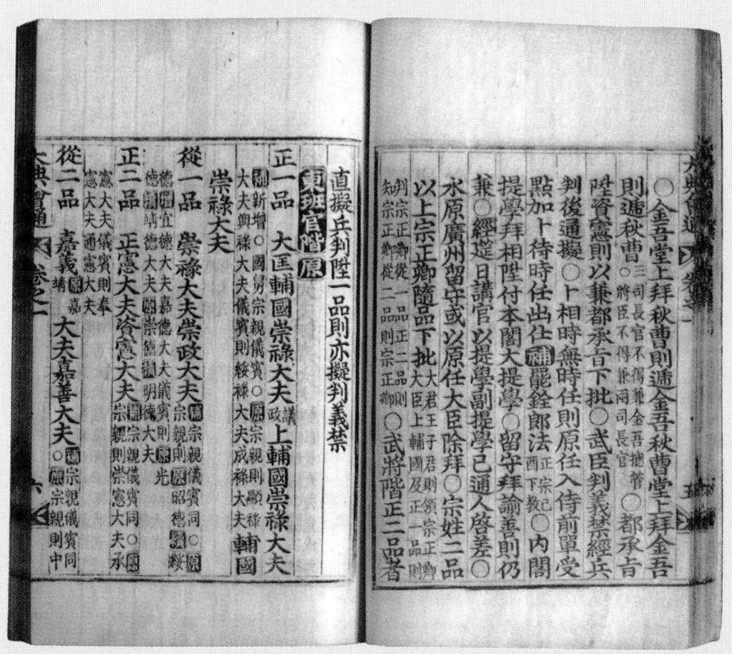

大典會通 卷之一

○金吾堂上拜秋曹則遞金吾秋曹堂上拜金吾則遞秋曹○都承旨陞資憲則以兼都承旨下批○武臣判義禁經兵判後通擬○卜相時無時任則原任入侍前單受點加卜侍時任出仕 補 麗銓郎法○內閣提學拜相陞付本閣大提學○留守拜諭善則仍兼○經筵日講官以提學副提學已通人啓差○水原廣州留守或以原任大臣除拜○宗姓二品以上宗正卿隨品下批○武將階正二品者直擬兵判陞一品則亦擬判義禁

東班官階 原

正一品 大匡輔國崇祿大夫 上輔國崇祿大夫 輔國崇祿大夫

從一品 崇祿大夫 崇政大夫

正二品 正憲大夫 資憲大夫

從二品 嘉義大夫 嘉善大夫

도10 **조선의 마지막 법전인 『대전회통』의 본문**

『대전회통』 권1, 「이전」의 경관직 京官職 부분이다. 중앙 관직자의 임명과 운영, 품계 등이 기록되어 있다.

만이 행사할 수 있었다. 즉 죄가 사형에 해당하는 죄인은 반드시 국왕의 판결을 거쳐 형이 확정되었다.

또한 왕은 행정 기구의 수반으로서 조정 관료들에 대한 인사권을 비롯한 제반 권한을 행사하였다. 정부에서 추진하는 여러 가지 정책은 중앙과 지방에 있는 다양한 행정 조직을 통해서 이루어졌는데, 그 정점에 왕이 있었다.

한편, 왕은 위에서와 같은 세속적인 권한과 함께 초월적 존재로 국가 제사를 주재함으로써 신神과 소통할 수 있었다. 인간 중에서 하늘의 오묘한 조화를 체득하여 하늘과 합치하는 존재가 왕이었기에, 오직 왕만이 하늘에 대한 제사를 비롯한 각종 국가 제례를 주재할 수 있었다.

앞서 조선시대에 왕권이 명문화되어 있지 않았다고 하였는데, 대한제국기에 오면 이에 대한 규정이 등장한다. 1899년(광무 3) 8월 17일에 공포된 우리나라 역사상 최초의 근대적 헌법이라 할 수 있는 대한제국의 「대한국국제」大韓國國制에는, 황제권에 대한 규정이 포함되어 있다.

「대한국국제」는 모두 9조로 이루어졌는데, 국가의 중요한 권한이 황제에 속함을 천명했다. 즉 황제의 신성불가침 및 황제가 무한한 권력을 행사함을 선언했으며, 군대의 통솔권과 계엄권, 법률의 제정권·공포권·집행권·사면권, 행정 각부의 관제 제정권 및 문무관리의 봉급 규정권, 행정 명령 발표권, 문무 관리 임명권, 조약 체결권, 외교사절 파견권 등이 모두 황제에게 귀속된다고 밝혔다.[5] 도11

「대한국국제」에 나오는 조문들을 보면 대한제국의 황제는 조선시대 왕이 누렸던 입법, 사법, 행정 등 제반 권한을 거의 그대로 행사하는 존재였던 것으로 보인다. 또한 호칭상 대한제국의 '황제'는 조선의 '왕'보다 지위가 높다고 할 수 있다.

그렇다면 조선의 왕보다 대한제국 황제의 힘이 더 막강했을까? 언뜻 보면 대한제국의 황제가 절대 권력을 행사한 것처럼 보이지만

5_『한말근대법령자료집』 II, 1899년 8월 17일 「주본 대한국국제」奏本 大韓國國制. 한편 「대한국국제」에 대한 분석은 전봉덕, 「대한국국제의 제정과 기본 사상」 『법사학연구』 1호, 1974 참조.

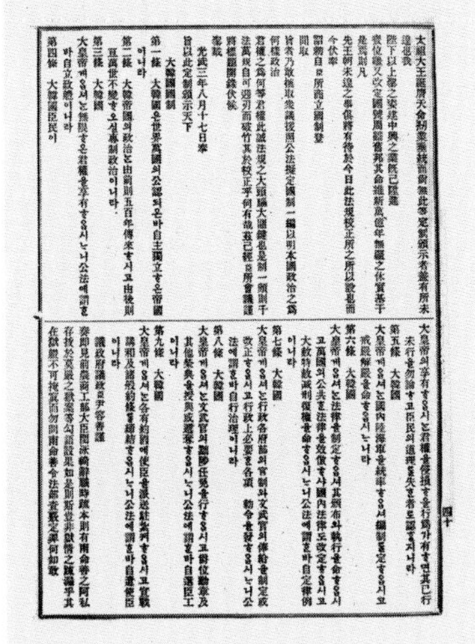

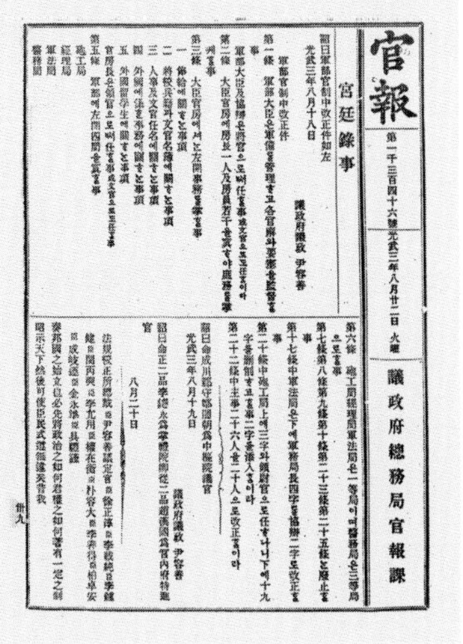

官報

第一千三百四十六號 光武三年八月廿二日 火曜

議政府總務局官報課

宮廷錄事

도11 **1899년 8월 22일자 「대한국국제」 수록 『관보』** 180책, 신신활자본, 30.7×22.2cm, 서울대학교 규장각 소장.

1899년 8월 22일 '의정부 총무국 관보'에 실린 「대한국국제」이다. 9개의 조문으로 구성되어 있다.

역설적으로 사실은 그렇지 않다. 조선시대 국왕은 법으로 규정할 수 없는 초월적 존재였던 데 반해, 대한제국 황제권은 법으로 그 위상과 권한을 명문화하였으므로 법 규정으로부터 초월적이지 않았음을 의미한다. 즉 「대한국국제」에서 보듯이 대한제국 황제권의 명문화는 변화하는 시대에 맞추어 왕권의 상징성을 새롭게 재구성하려 했음을 의미하며, 아울러 그동안 실추된 왕권을 복구하자는 의미를 지녔다.

다시 말하지만 대한제국기와 달리 조선시대에 왕에 대한 법 규정이 없었던 것은 왕의 위상과 권한이 황제에 비해 낮아서가 아니라, 감히 위상과 권한을 문자로 표현하여 법으로 제한할 수 있는 존재가 아니었기 때문이라고 이해하는 것이 더 정확할 것이다.[6] 우리가 조선시대 역사를 이해하는 데 있어 일차적으로 '왕'에 주목해야 하는 것은, 왕이 이같이 무한한 권한을 행사하는 존재였기 때문이다.

6_ 오종록, 「조선시대의 왕」 『역사비평』 통권 54호, 2001, 285쪽.

3 호칭으로 본 왕과 왕실

왕의 다양한 호칭 우리가 왕에 대해 이야기할 때 가장 궁금해하는 것 중 하나가 왕의 호칭이다. 조선시대에 국왕의 호칭은 매우 다양했는데, 왕에 대해 알아보기 위해서는 우선적으로 왕의 다양한 호칭을 이해할 필요가 있다. 조선의 왕은 일반 사대부들과 마찬가지로 어린 시절의 아명兒名, 세자 책봉 시의 이름, 자字와 호號 등을 가지고 있었지만, 이외에도 국왕을 부르는 호칭은 다양하였다. 왕의 호칭은 얼마나 많았으며, 각각 어떤 뜻을 지닐까?

왕의 호칭 가운데 가장 익숙한 것으로 묘호廟號가 있다. 묘호는 일반적으로 '태정태세문단세'라고 했을 때 태조太祖, 정종正宗, 태종太宗, 세종世宗, 문종文宗, 단종端宗, 세조世祖를 의미한다. 그런데 이 묘호는 왕으로 등극했을 때부터 부르던 이름이 아니라는 것에 주의할 필요가 있다. 왕의 이름은 함부로 부르거나 쓸 수 없었는데, 우리가 조선의 왕을 부를 때 흔히 이야기하는 태종, 세조 등의 호칭은 왕의 묘호이다.

묘호는 왕이 죽고 난 뒤에 붙여진 이름이기 때문에, 정작 당사자들은 생전에 들어본 적이 없다. 묘호는 왕이 사망하여 삼년상을

도12 **종묘 정전 전경** ©김성철

마친 뒤에 죽은 왕의 신주神主를 종묘에 모실 때 사용되는 호칭이다. 묘호에는 왕의 재위 시 행적에 대한 평가가 담겨 있으며, 두 글자로 지었다. 도12, 도13

왕의 묘호에서 조와 종의 차이는 무엇일까? 『예기』禮記에 보면 '공功이 있는 자는 조祖가 되고, 덕德이 있는 자는 종宗이 된다'는 기록이 있는데, 이에 따라 평소 공이 큰 왕은 묘호에 조를 붙이고, 덕이 큰 왕은 종을 붙였다. 나라를 세운 국왕, 즉 창업 군주는 대개 '조'를 붙이고, 수성守成한 군주는 '종'을 붙였다.

그런데 원래 예禮의 원리에 따르면 중국 황제만이 '조'와 '종'의 묘호를 사용할 수 있을 뿐, 조선의 왕은 제후로서 '왕'이라 칭해야 했다. 즉 중국에서 내리는 시호諡號에 왕이라는 글자를 붙여 '모왕'某王이라 칭하는 것이 예의 원리에 부합했다. 조선의 왕과 신하들은 이같은 내용을 잘 알면서도, 조선 국가와 왕권의 정통성을 강조하고 중국에 대한 자주의식을 나타내기 위해 조와 종의 묘호를 사용했다.[7]

7_ 임민혁, 「묘호의 예제 원리와 조선의 수용」 『국사관논총』 104, 2004.

도13 **종묘 정전의 신실** ©김성철

종묘는 왕과 왕비, 추존된 왕과 왕비의 신주를 모시는 공간이다. 종묘 정전에는 19실에 19위의 왕과 30위의 왕후 신주를 모셨으며, 영녕전에는 정전에서 조천祧遷된 15위의 왕과 17위의 왕후 및 의민황태자懿愍皇太子의 신주를 모셨다. 신실의 구성은 왕과 왕후의 신주를 함께 모시는 것이 일반적이다.

묘호는 왕의 생전의 공덕功德에 대한 평가였으므로, 그 평가가 국왕과 신하 사이에 서로 다를 수 있었다. 따라서 묘호는 국왕이 죽고 난 뒤에 신하들이 세 가지를 추천해 올려서 그중 한 가지를 다음 왕이 고를 수 있도록 하였다.[8] 즉 최종 선택권은 역시 왕이 가졌던 셈이지만, 묘호 결정과 관련하여 왕과 신하, 정치 세력 상호 간의 견해 차이로 갈등을 빚기도 하였다.

8_ 신명호, 「조선시대 국왕 호칭의 종류와 의미」 『역사와 경계』 52, 2004.

조선시대 27명의 국왕 가운데 태조太祖, 세조世祖, 선조宣祖, 인조仁祖, 영조英祖, 정조正祖, 순조純祖 등 7명만 묘호에 '조' 자를 썼다. 태조는 조선을 건국한 창업 군주라는 점에서, 인조의 경우는 병자호란의 위기를 극복한 것이 중요한 이유가 되어서 '조' 자를 썼다. 세조의 경우도 국가를 재조再造한 공덕을 높게 평가한 경우이다. 나머지 '조'를 붙인 네 명의 왕들은 원래 '종' 자로 끝나는 묘호를 썼다가, 나중에 '조'로 새로 추존된 경우이다.

예를 들어 선조의 묘호는 원래 '선종'宣宗이었는데 1616년(광해군 8)에 와서 다시 선조로 추존되었고, 영종이 영조로 된 것은 1889년(고종 26), 정종이 정조로 된 것은 1899년(광무 3)이다. 그리고 순조도 당초에는 순종이었는데, 1857년(철종 8)에 순조로 다시 추존되었다. 이처럼 묘호를 정하는 기준이 애매모호하여 이를 정할 때 여러 논란이 있었으며, 앞서 보았듯이 당초 정한 묘호를 후대에 '종'에서 '조'로 바꾸는 사례가 종종 있었다.

임진왜란 이후 묘호를 '종'에서 '조'로 고친 사례가 네 차례 있었던 것은 '조', '종'에 대한 인식이 달라져간 정치·사회적 배경 때문으로 보인다. 즉 선조, 영조, 정조, 순조의 묘호 개정 과정을 보면 당시 묘호에서 종보다 조를 높게 보는 인식이 형성되면서, 선왕의 공적에 대한 재평가를 통해 당초 정해진 묘호의 개정이 이루어졌음을 알 수 있다.[9] 즉, '종'을 '조'로 고쳐야 권위가 높아진다는 생각이었다.

9_ '종'에서 '조'로의 묘호 개정과 관련한 추이는 임민혁, 『왕의 이름, 묘호』, 문학동네, 2010, 92~97쪽 참조.

한편 조선의 왕 가운데 묘호가 없는 왕이 둘 있다. 바로 연산군燕山君과 광해군光海君이다. 연산군과 광해군은 모두 반정反正으로 생전에 쫓겨난 왕이었기 때문에 종묘에 신위를 모시지 않았고, 왕으로도 인정받지 못했다. 그래서 그들의 호칭은 일개 왕자 신분에 붙이는 '군'君으로 강등되었다. 이들의 치세 기록을 정리한 것을 다른 왕 대의 것처럼 '실록'實錄이라 하지 않고 『연산군일기』燕山君日記, 『광해군일기』光海君日記 등 '일기'日記라고 칭하는 것도 이 때문이다.

반정으로 축출된 연산군과 광해군은 왕으로서 인정받지 못하여 묘호를 갖지 못한 반면, 왕위를 누린 일이 없음에도 불구하고 죽은 후에 왕으로 추존되어 묘호를 받은 이들도 있다. 이들은 모두 왕의 생부나 양아버지들이었는데, 성종의 생부 덕종德宗, 인조의 생부 원종元宗, 정조의 양아버지 진종眞宗, 정조의 생부 장조莊祖, 헌종의 생부 익종翼宗이 그들이다.

그런가 하면 조선을 건국한 태조 이성계의 직계 4대조는 조선시대에 살아보지도 않았으나 조선의 추존왕追尊王이 되었으니 목조穆祖, 익조翼祖, 도조度祖, 환조桓祖가 그들이다. 조선왕조 건국 직후 태조는 조선 건국의 정당성과 자신의 정통성을 강조하기 위한 노력의 하나로 자신의 4대조의 이름을 추존하는 작업을 단행하였다. 이에 따라 조선 건국 원년인 1392년 11월에 이들을 목왕穆王, 익왕翼王, 도왕度王, 환왕桓王으로 명명하였으며, 다시 태종 대인 1411년(태종 11)에는 '왕'을 '조'로 고침으로써 목조, 익조, 도조, 환조가 되었다.

이밖에 조선 왕의 묘호와 관련해서 흥미로운 것이 제2대 국왕 정종이다. 정종은 왕자의 난 이후 실세인 이방원李芳遠(1367~1422)의 뜻에 따라 조선 제2대 왕으로 즉위하였다. 그러나 2년 동안의 짧은 치세에 그쳤고, 재위 기간 동안 거의 실권이 없었기 때문에 후대 왕들에게 왕 대접을 받지 못하였다. 즉 조선시대 초기에는 정종을 과도기 집권자로 여기고 묘호도 올리지 않고 '공정대왕'恭靖大王으로 불렀으며, 한참 뒤인 1681년(숙종 7)에야 비로소 정종의 묘호를 올렸다. 위와 같은 예에서 확인할 수 있듯이 묘호는 후대 국왕이 왕실의 정통성을 시의적으로 조절하는 과정에서 만든 것임을 알 수 있다.

국왕에게는 묘호 외에 시호諡號도 있었다. 시호는 왕의 사후에 생전의 업적을 평가하여 결정하였는데, 중국 천자天子에게서 받는 시호와 조정 신하들이 올리는 시호 두 가지가 있었다. 중국 천자에게서 시호를 받기 위해 조선에서는 중국으로 청시사請諡使라는 사신을 파견하였다. 왕이 죽고 나서 이 청시사가 중국 천자에게서 시호를 받아 오기까지는 거의 반년 정도가 걸렸는데, 중국에서 내려준 시호는 두 글자로 되어 있었다. 다만 대한제국기에 오면 고종이 황제를 칭하며 조선이 중국의 제후국 체제를 청산하면서 중국 황제에게서 시호를 받는 일도 없어졌다. 현재 종묘에 배향되어 있는 왕의 호칭에는 중국에서 받은 시호가 기재되지 않는다.

중국에서 받는 시호와 달리 신하들이 올리는 시호는 국상이 난 지 5일 후 입관入棺을 하고 나서 의논해 올렸다. 중국에서 내려주는 시호는 두 글자이지만, 신하들이 올리는 시호의 글자 수는 이보다 많은 6자, 8자, 12자 등 일정하지 않았다. 그렇지만 대부분 8자로 올리는 경우가 일반적이었다.

한편, 묘호와 시호 외에 왕의 존호尊號는 왕의 공덕을 찬양하기 위해 올리는 호칭이었다. 존호는 기본적으로 왕이 생전에 받는 이름이지만, 경우에 따라서는 왕이 승하한 이후 생전의 공덕을 새롭게 평가하여 올리는 경우도 있었는데 이를 '추상존호'追上尊號라고 한다.

이처럼 조선의 왕은 다양한 이름을 가지고 있었기 때문에 이들 호칭을 모두 부를 경우 왕의 정식 호칭은 매우 길었다. 예를 들어 세조의 경우 '세조혜장승천체도열문영무지덕융공성신명예흠숙인효대왕'世祖惠莊承天體道烈文英武至德隆功聖神明睿欽肅仁孝大王이 정식 호칭이었는데, 이 중 '세조'는 묘호, '혜장'은 명나라의 천자가 내려준 시호, '승천체도열문영무'는 계유정난으로 왕위에 오른 세조의 공덕을 기려 1457년에 올린 존호, '지덕융공성신명예흠숙인효'는 신하들이 올린 시호이다.

한편, 선조의 정식 호칭은 '선조소경정륜입극성덕홍렬지성대의격천희운현문의무성예달효대왕'宣祖昭敬定倫立極盛德洪烈至誠大義格天熙運顯文毅武聖睿達孝大王이다. 이 중 '선조'는 묘호, '소경'은 명나라에서 내려준 시호, '정륜입극성덕홍렬'은 1590년에 올린 존호, '지성대의격천희운'은 1604년에 올린 존호, '현문의무성예달효'는 신하들이 올린 시호이다.[10]

10_ 18세기에 간행된 『춘관지』春官志 권2, '시호묘호'諡號廟號에는 경종까지의 왕의 시호, 묘호, 존호가 상세하게 실려 있다.

우리가 왕을 묘호로 간략하게 호칭하지만, 이처럼 왕은 본명 이외에도 다양한 호칭을 가졌다. 살아생전에 받는 칭호와 죽어서 받는 칭호들을 모두 합하면 왕의 호칭은 보통 몇십 자를 넘는 것이 보통이었다.

왕이 죽고 난 뒤에 왕을 부르는 호칭으로는 앞서 살펴본 묘호, 존호, 시호 외에도 또 다른 것이 있었다. 왕의 혼령을 모신 곳, 왕의 무덤에 대해서는 각각 정해진 호칭이 존재하였다. 먼저 왕의 무덤을 '능'이라고 하였는데, 각 왕릉에는 능호陵號를 붙였다. 현재 서울 근교에는 조선왕조 왕과 왕비 등 왕족의 무덤이 많이 남아 있는

도14, 도15 **태조 건원릉 전경** 경기도 구리시 인창동 소재. ⓒ김성철

데, 이들 무덤에 붙인 이름이 능호이다. 대개 능호는 성종成宗 능인 선릉宣陵, 고종 능인 홍릉洪陵같이 두 글자인데, 태조 능을 건원릉健元陵이라 한 것처럼 세 글자인 경우도 있다.도14, 도15

능호도 묘호처럼 전왕이 세상을 떠난 뒤에 신하들이 복수의 이름을 추천하면 새로 즉위한 왕이 하나를 선택하였다. 19세기 순조의 능호를 정하는 과정을 살펴보면 순조의 능호도 처음에 후보가 '인릉'仁陵, '헌릉'獻陵, '경릉'景陵 세 가지였는데, 헌종憲宗은 이들 중 '인릉'을 순조 왕릉의 최종 이름으로 선택하였다.

능호 외에 왕의 혼령을 모신 곳을 칭하는 이름도 있었다. 즉 왕의 장례를 마친 후 왕의 신주를 3년 동안 모시는 전각을 혼전魂殿이라고 하는데, 이 혼전을 칭하는 호칭을 전호殿號라고 하였다. 전호는 세 글자로 이루어졌다. 혼전의 명칭을 몇 개 소개하면, 창경궁에 있던 경종의 혼전을 경소전敬昭殿이라 하였고, 경희궁에 있던 영조의 혼전을 효명전孝明殿이라 했다.[11] 왕은 지엄한 존재인 만큼 왕에 대한 호칭 또한 이처럼 매우 다양했다.

11_ 조선시대 왕과 왕비의 혼전 명칭은 『증보문헌비고』增補文獻備考 권60, 예고禮考 7 「혼전」魂殿 및 이현진, 「조선 왕실의 혼전」 『조선시대 문화사(상)』, 일지사, 2007에 상세하다.

알아두어야 할 왕실의 호칭

국왕의 호칭과 함께 왕실 구성원들의 호칭에도 의미가 있었다. 잘 알려져 있듯이 조선시대에는 성리학이 지배 이념으로 자리 잡고 있었다. 성리학에서는 사회적 관계 속에서의 개인의 역할과 위치를 규정하는 명분名分을 매우 중시하였다. 사람들을 규정하는 호칭도 명분론에 의거하여 아무렇게나 결정하지 않았다. 앞서 조선의 왕을 부르는 호칭이 매우 다양한 것도 이와 무관하지 않았다.

위에서 살펴본 왕을 부르는 호칭 이외에 여타 왕실 구성원들과 관련한 다양한 호칭 사용 양상에 대해서도 이해가 필요할 듯하다.[12] 먼저 왕의 자손들에 관한 호칭이다. 똑같이 왕의 자손이라 하더라도 누가 낳았는가에 따라 다르게 호칭하였다. 왕비의 소생은 '대군'大君이라 부른 반면, 후궁 소생인 경우는 '군'君이라 칭했다.

이 같은 호칭의 차이는 왕의 딸인 경우도 마찬가지였는데, 왕비 소생은 '공주'公主라 하였고, 후궁 소생은 '옹주'翁主라 하였다. 원래 옹주라는 칭호는 왕의 후궁이나 대군의 부인에게도 주어졌다. 하지만 세종 대에 내명부內命婦와 외명부外命婦에 대한 칭호법이 확립된 뒤에 옹주는 후궁 소생의 딸을 부르는 칭호로 굳어졌다. 또한 세자의 딸도 적실 소생은 '군주'君主, 부실 소생은 '현주'縣主라 불렀다.

다음으로 왕의 여자들, 즉 후궁의 경우도 왕의 총애를 받는 정도에 따라 품계에 차등이 두어졌다. 후궁은 왕비 이외에 왕이 거느린 처첩을 통칭한 것으로, 대개 종4품에서 종1품의 작위를 받는 내명부들이다. 이들은 정1품의 '빈'嬪에서부터 종1품의 '귀인'貴人, 정2품의 '소의'昭儀, 종2품의 '숙의'淑儀, 정3품의 '소용'昭容, 종3품의 '숙용'淑容, 정4품의 '소원'昭媛, 종4품의 '숙원'淑媛 등이다.

한편, 왕실의 인물 가운데는 대원군大院君과 부원군府院君도 있었다. 먼저 대원군은 왕의 생부生父를 말한다. 조선시대의 국왕 중에서 후사 없이 승하한 왕들이 몇 명 있는데, 이때 방계傍系에서 왕위를 계승한 사람의 친아버지를 대원군이라 불렀다. 대원군은 자신이

12_ 왕실의 호칭에 대한 다양한 정보는 신명호, 2004 앞 논문; 김세봉, 「왕실 호칭의 이모저모」『조선시대 사람들은 어떻게 살았을까 2』, 청년사, 1996; 박영규, 『한 권으로 읽는 조선 왕실 계보』, 웅진지식하우스, 2008 등 참조.

왕위에 오르지는 못했지만 친아들이 국왕이 됨으로써 명성을 높일 수 있었다. 조선시대에 선조, 인조, 철종哲宗, 고종 네 왕이 방계에서 왕위를 계승하였기 때문에 그들의 생부가 모두 대원군의 호칭을 얻게 되었다. 그런데 이들 중 살아 있을 때 대원군의 칭호를 받은 이는 고종의 아버지 흥선대원군興宣大院君(1820~1898)뿐이었다.[도16]

왕비의 아버지, 즉 왕의 장인은 부원군府院君이라 하였다. 예를 들면 선조의 장인인 김제남金悌男(1562~1613)이 연안부원군延安府院君에 봉해지고, 효종孝宗의 장인인 장유張維(1587~1638)는 신풍부원군新豊府院君에 봉해졌다. 그런데 부원군이란 칭호는 왕의 장인 이외에 친공신親功臣에게도 붙인 경우가 있다. 임진왜란 때 선조를 잘 모신 공으로 공신이 된 이항복李恒福(1556~1618)이 1602년에 오성부원군鰲城府院君에 책봉된 것이 그 예이다.

도16 **흥선대원군 초상** 이한철·유숙 필, 1869년, 비단에 수묵채색, 133.7×67.7cm, 서울역사박물관 소장.

왕을 칭하는 명칭을 비롯하여 이같이 다양한 왕실 호칭을 파악하는 것은 조선시대 왕실의 구성, 왕실 구성원의 가계 등을 체계적으로 이해하기 위해 꼭 필요한 작업이다. 궁중에 존재한 왕실의 인적 구성원들을 좀 더 잘 알아야만 이들의 존재 양상을 제대로 파악할 수 있기 때문이다.

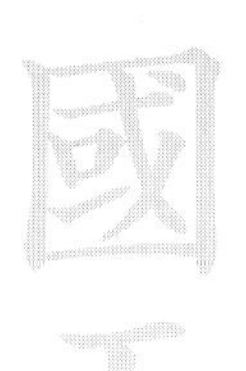

4 조선시대 정치 운영의 특징과 왕의 일상

조선시대 왕과 정치 운영

조선왕조는 중앙집권화된 관료제를 특징으로 하였으며, 국가의 소유자이자 관리자인 왕은 관료제와 권력 구조의 정점에 자리 잡고 있었다. 따라서 관료 기구를 직접 움직이는 주체로서 막강한 권한이 왕에게 집중되어 있었다. 하지만 현실에서 왕이 자신이 가진 권력을 독단적, 자의적으로 행사할 수 있었던 것은 아니다. 무소불위의 권력을 행사하는 데 제한이 있었다.

국왕은 대대로 내려오는 선대 왕들이 마련한 법령과 의례에서 벗어날 수 없었다. 조선 초기의 각종 법령과 의례 절차에 관한 내용은 『경국대전』과 『국조오례의』國朝五禮儀에 담겨 있는데, 특별한 사정이 없는 한 왕도 국정 운영과 관련한 여러 가지 규정과 절차를 준수해야 했다. 아울러 관료 시스템 속에서 관청과 신료들은 왕의 통치 행위에 제약을 가하는 것이 일반적이었는데, 이는 조선시대 정치 권력이 행사되는 내용을 면밀히 살펴보면 알 수 있다.[13]

왕이 입법권을 가졌다고는 하지만, 실제 법이 제정되는 절차를 살펴보면 각 관청 관리들의 역할이 매우 컸다. 그리고 사형 판결은 오직 왕의 고유 권한이었다고는 하지만, 그 외 다양한 소송이나 재

13_ 이에 대해서는 오종록, 「조선시대의 왕」 『역사비평』 통권 54호, 2001, 293~296쪽 참조.

【掌隷院】【原】掌奴隷簿籍及決訟之事。以下並久任。【續】今革，屬刑曹。
判決事一員，正三品。司議三員，正五品。司評四員，正六品。【續】司議減二員，司評減二員。
【司諫院】【原】掌諫諍·論駁。並用文官。
大司諫一員，正三品。司諫一員，從三品。獻納一員，正五品。
正言二員，正六品。
【經筵】【原】掌講讀·論思之任。以他官兼，並用文官。領事及參贊官，雖非文官，亦兼。
領事三員，正一品。議政。知事三員，正二品。同知事三員，從二品。
【續】侍講官以下，弘文館直提學以下官，隨品兼。
參贊官七員，正三品。承旨·副提學。侍講官，正四品。侍讀官，正五品。
檢討官，正六品。司經，正七品。說經，正八品。典經，正九品。
京官職 忠翊府·承政院 掌隷院 司諫院 經筵 一六 (八五)

도17 『대전회통』「경연」 조

경연은 국왕이 학식과 덕망이 있는 신하와 학문을 공유하는 자리였다. 본래 국왕이 된 후에도 계속하여 학문을 수양하기 위해 만들어진 제도였지만 정국 현안에 대해 논의하기도 하는 등 군신 공치의 정치 운영 양상을 보여주는 제도로 고착되었다. 경연은 신권과 왕권이 조화를 이룬 가운데 일정 부분 왕권을 제약하는 기능도 했다.

판은 사법권을 가진 여러 관청에서 수행했다. 관리에 대한 인사, 관리들에 대한 감찰 등에 대해서도 해당 관서의 관원들이 권한을 행사하거나 왕권을 견제하기도 하였다.

왕은 절대 권력자로서 강력한 왕권을 쥐고 있었지만, 왕이 권력을 집행 또는 대행하려면 문무백관文武百官으로 표현되던 관료들이 필요하였다. 이들 관료들은 왕조의 영속성을 보장하는 핵심 인적 자원이었다. 조선시대 중요 정책과 인사는 관계 관료들의 요청과 중신 회의의 의결을 거쳐 왕이 최후에 재결하기로 되어 있었으나, 현실에서는 관리들의 의견이 적지 않게 반영되곤 했다. 따라서 국왕은 이들의 의견을 전적으로 무시하기 어려웠다.

조선시대 정치사에서 왕권은 변함없는 존재가 아니었다. 왕권의 성격은 정치 수행자나 참여층이 변하면서 변동을 겪었는데, 역사가 이를 증명해준다. 이에 따라 조선시대 실제 정치 운영에서는 왕권王權과 신권臣權의 상호 갈등과 대치 양상이 나타나기도 하였다.[도17]

왕이 권력의 정점에 위치한 구조 속에서, 여러 제도적 장치 등을 통해 관료들은 왕권의 전제적 행사에 일정한 제약을 가할 수 있었다. 관료들은 왕이 유교적 교리에 충실한 군주가 되어야 한다는 점을 강조하여 왕이 스스로의 행위를 돌아보게 함으로써 왕의 권력을 알게 모르게 통제하였다.

무엇보다 먼저 도학道學에 힘써 사리를 밝히고, 현인賢人을 겸허하게 대하며, 모든 일에 솔선수범해야 한다는 것을 왕의 철칙으로 삼게 하였다. 유교적 질서를 중시한 조선왕조에서 유교 이념으로부터 벗어나는 왕은 있을 수 없었기 때문에, 유교 교리에서 가장 중시한 인륜을 저버린 왕은 반정의 명분을 제공함으로써 왕위에서 쫓겨나기까지 하였다. 연산군과 광해군이 그 좋은 예이다.

정책 결정 구조도 왕권을 제약하기에 충분하였다. 국왕 밑에 의정부를 비롯하여 중요 정책 집행 기관으로 육조六曹가 있었고, 이밖에 왕의 자문기관, 사법기관, 비서실, 군사기관 등이 나라의 중요한 정책 결정에 참여하였다. 따라서 정책은 국왕이 단독으로 수립하지 않고 이들 여러 기관들의 합의에 의해 이루어지는 경우가 많았다. 그리고 국왕이 학식과 덕망이 있는 신하들을 만나 학문을 함께하는 자리인 경연經筵이 제도화된 것도 군주와 신하들이 함께 정치를 운영하는 이른바 군신공치君臣共治의 정치 운영 양상을 보여주는 것이라 하겠다.

이처럼 조선시대 왕은 한편으로 신하들의 견제를 받아 정국을 운영해야 했다. 결국 동일한 유교 정치 질서 속에서도, 왕권의 위상과 성격은 관료들의 정치 기반의 변동과 시기에 따라 차이가 존재했다.[14]

14_ 이태진, 「조선왕조의 유교정치와 왕권」 『한국사론』 23, 서울대 국사학과, 1990.

먼저 이성계가 역성혁명易姓革命을 통해 집권한 조선왕조 초기에는 관료제가 왕정을 뒷받침하는 중요한 근거가 되었다. 원래 전통시대 우리나라의 왕과 중국의 황제는 모두 관료제를 통하여 그 권력을 실현할 수 있었다는 점에서 유사하다. 한국과 중국의 통치체제는 동일하게 왕을 중심으로 하는 집권 관료제였기 때문에, 왕권의 기반이나 행사 방법, 제약 등에서 유사한 점이 적지 않았다. 그렇지만 중국의 황제정은 관료제와 함께 환관제의 뒷받침을 받은 반면, 조선에서는 그렇지 않았다. 조선에서도 환관제도가 없었던 것은 아니나 중국처럼 환관의 수가 많지 않았으며, 정치 세력화는 처음부터 제도적으로 봉쇄되었다. 그런 점에서 조선 초기 왕정은 중국의 황제정과 차이가 있었다.

조선왕조 초기 왕권과 관료제 두 가지를 기본 구성으로 하는 정치체제는 16세기 사림파士林派가 등장하여 관료제를 정파정치 형태로 바꾸어놓으면서 변화를 겪었다. 흔히 붕당정치朋黨政治라고 불리는 새로운 정치체제는 왕권의 위상도 바꾸어놓았다. '사림'이라 불리는 새로운 정치 세력은 왕과 신하가 함께 정치를 추진한다는 정치 지향을 가지고 있었고, 따라서 이 시기의 왕에게는 조선 초기와 같은 과전科田이라는 물적 보증이 없었으므로 사환仕宦을 통한 절대적인 신종臣從을 요구할 수도 없었다. 왕과 신하의 관계에 일정한 변화가 초래되었으며, 동일한 입장의 사림들이 형성한 여러 붕당이 정치에서 중요한 역할을 수행했다.

그런데 17세기 후반 이래 붕당 간에 서로 비판하고 공존하는 힘의 균형이 깨지면서 정국이 위기 상황에 빠져들자, 국왕이 명실상부하게 정국을 주도하는 주체로 새롭게 등장하였음이 이 시기 연구자들에 의해 밝혀졌다. 이 시기 국왕은 인재를 각 붕당에서 고르게 등용한다는 탕평蕩平정책을 추진하였다. 동시에 강력한 왕권의 회복이 추진되었고, 성군정치聖君政治를 표방한 영조와 정조는 신하들의 붕당적 갈등을 탕평책으로 다스렸다. 탕평책은 당파를 조정하려던 것이라기보다는 왕권을 강화하고 국왕이 중심이 되어 정국을 운영하려던 정책이었다.

조선왕조 500년 정치사를 돌아볼 때, 이처럼 정치 지형의 변화와 신하들과의 관계 등 여러 가지 변수에 따라, 왕권의 위상과 행사 방식은 실제 정치 운영에서 다양한 변동을 겪었다. 조선은 유교정치를 표방하였지만 정치 운영체제는 시기별로 몇 차례의 변화가 있었다. 그런 점에서 조선시대 왕과 왕권의 흐름을 이해하고자 할 때 관료체계, 신권 등 왕권을 둘러싼 제반 제도적 장치 등에 대한 좀 더 치밀하고도 근원적 접근이 필요하다.

왕위 계승 양상

조선시대 왕의 존재 양상, 위상과 특징을 이해하기 위해 왕권의 행사 방식 외에도 정치 운영 시스템을 비롯한 다양한 측면에서의 접근이 필요한데, 왕위의 계승과 정통성 문제는 왕권을 이해하는 데 꼭 검토해야 할 내용이다. 이와 함께 국왕을 이해하고자 할 때 그동안 소홀히 다루어 왔던 왕의 공적 업무를 비롯한 일상생활문화에 대해서도 주목할 필요가 있다. 공적 존재로서의 모습에서 나아가 왕의 사적인 일상을 추적해보는 것은 왕을 종합적으로 이해하고자 할 때 필요한 작업이기 때문이다.

먼저 조선시대 왕위 계승의 특징에 대해서 알아보기로 한다. 조선의 왕이 즉위한 이후 권력을 행사하는 과정에는 필연적으로 정통성을 바탕으로 한 권위가 있어야 했다. 왕의 권위는 그 왕조가 얼마만큼 백성들의 지지를 받으며 세워졌는가와, 해당 왕이 왕위를 계승할 충분한 자격을 갖추었는가에 따라 달라졌다. 전통시대 왕위는 장자 계승이 원칙이었으며, 이는 조선시대에도 마찬가지였다. 그런데 흥미로운 것은 조선시대 27명의 국왕 가운데 적장자로서 왕위에 오른 인물은 문종, 단종, 연산군, 인종仁宗, 현종顯宗, 숙종肅宗, 순종純宗 등 단 7명에 불과하다는 사실이다.

조선의 역사를 돌아볼 때 상당수 왕들은 적자가 아닌 서자로서 왕이 되었고, 심지어 왕실의 직계 손이 끊겨 방계에서 왕이 되는 경우도 있었다. 구체적으로 반정이나 반란에 의해 왕위에 오른 경우, 전왕이 살아 있는 가운데 공식적으로 왕위를 받은 경우, 적자가 없어 서자가 왕위를 이은 경우, 세자가 일찍 죽어 세손이 왕위를 이은 경우 등이 그 예이다. 이처럼 조선왕조에서는 적장자 상속이라는 정상적인 과정을 거쳐 왕이 된 경우가 오히려 드문 사례임을 알 수 있다.

국왕을 정점으로 움직인 조선 사회에서 왕의 수명 또한 왕권의 행사와 관련해서 검토해볼 사항이다. 조선시대 왕의 수명과 권력의 크기는 대체로 비례하였다고 할 수 있다. 조선왕조 500여 년 동안 재위하였던 국왕 27명의 평균 수명은 47세였는데, 이들의 즉위 당시 평균 연령은 24세이며, 평균 재위 기간은 약 19년이었다.[15] 평균 재위 기간은 고려와 비교할 때 5년 정도 긴 것이어서 왕권이 상대

15_ 김경수, 『한국사 테마전』 돋을새김, 2007, 172-173쪽

英祖大王御真
光武四年
庚子移摸

적으로 안정되었음을 나타낸다.

가장 재위 기간이 길었던 왕은 영조로 52년이나 재위했으며, 그 밖에 숙종(46년), 고종(44년), 선조(41년), 중종中宗(39년), 순조(35년), 세종(32년) 등도 30년 이상 권좌에 있었다. 반면 인종이나 예종睿宗, 정종, 문종과 같이 일찍 사망하는 바람에 재위 기간이 2~3년을 넘지 못했던 왕들도 있었다. 왕이 오래 재위하는 것은 그 자체가 권위를 축적하는 일이었고, 왕으로서는 최고 두뇌의 집합체인 핵심 관료들과 오래 접촉하면서 여러 정치 수단을 익힐 수 있는 기회였다. 따라서 왕의 재위 기간이 길수록 왕권이 비교적 탄탄했는데, 가장 오랜 기간 집권한 영조 때 왕권이 비교적 안정되었던 사례가 이를 증명한다.도18

왕의 하루

조선시대 왕의 일과는 어떠했을까? 조선시대에는 국왕에게 모든 권한이 집중된 만큼 국왕이 매일 처리해야 할 업무 또한 적지 않았다. 물론 국왕에 따라 차이가 있었지만, 일반적으로 왕의 공적·사적 일상은 늘 분주할 수밖에 없었다. 이하에서는 자연인으로서의 국왕에 주목하여 왕의 일과를 따라가보기로 한다.

왕의 일과는 아침, 낮, 저녁, 밤의 네 단계로 구분된다. 이를 사시四時라 했는데, 마치 1년의 사계절처럼 왕의 하루도 네 단계로 나뉘었다.[16] 왕의 일과는 이른 아침 웃어른에 대한 문안인사로 시작되었다. 이어 해 뜰 무렵에는 신하들과의 학문과 정치토론을 위한 경연經筵에 참석하였다. 경연은 국왕과 신료들 간의 소통의 공간으로서 중요했다.도19

경연이 끝나고 아침식사를 한 후에는 조회朝會가 시작되었는데, 왕의 공식 집무는 이때부터였다. 조회는 관원들이 왕에게 충성의 의식을 행하고 국정을 논의하는 자리로서, 종친과 문무백관이 모두 모여 조정에서 행하는 큰 행사인 조참朝參에서부터 임금이 몇몇 관

16_ 신명호, 1998 앞 책.

도18 **영조 어진** 조석진·채용신 필, 1900년 이모, 비단에 수묵채색, 203×83cm, 국립고궁박물관 소장. 영조는 1699년(숙종 25) 6세 때 연잉군에 봉해졌으며 1721년 왕세제로 책봉되었고, 1724년 경종의 뒤를 이어 즉위하였다. 조선의 국왕 중 재위 기간이 제일 길었다.

도19 **창덕궁 인정전 전경** ©김성철
창덕궁은 조선 후기의 법궁이었기 때문에 정전인 인정전에서 각종 국가행사가 설행되었다. 특히 조회가 열린 대표적인 장소가 정전이었다. 반면 상참과 같은 경우는 선정전에서 설행되는 것이 일반적이었다.

17_ 조선시대 조회의 종류와 내용에 대한 상세한 사항은 홍순민, 「조선 후기 관원의 궁궐 출입과 국정 운영」 『역사비평』 76호, 2006 참조.

원들을 불러 내전에서 실무에 관한 보고를 듣고 논의하는 윤대輪對에 이르기까지 여러 형식이 있었다.[17]

조회 가운데 조참은 매달 5일, 11일, 21일, 25일 네 차례에 걸쳐 관원들이 궁궐 조정에 나아가 왕을 알현하고 왕명을 받는 큰 의식이다. 반면 상참常參은 매일 종친부, 의정부 등의 당상관을 비롯한 주요 지위의 관리들만 참여하는 정례적인 약식 조회였다.도20

조참과 상참 이외에도 왕이 신하들과 만나는 형식의 하나로 차대次對와 윤대輪對가 있었다. 차대는 비변사의 도제조都提調 이하 당상관들과 삼사三司에서 한 사람씩의 관원들이 궁궐에 들어와 왕을 뵙고 국정을 논의하는 모임이며, 윤대는 실무 행정 부서의 중하급 관료들이 순번에 따라 번갈아가며 왕을 뵙는 모임이었다. 윤대에 파견된 관료를 윤대관輪對官이라 하였는데, 대개 하루에 5명 이하로 제한되었다.

이처럼 경연과 조회 등 아침 일과를 마치고 점심을 먹고 나면

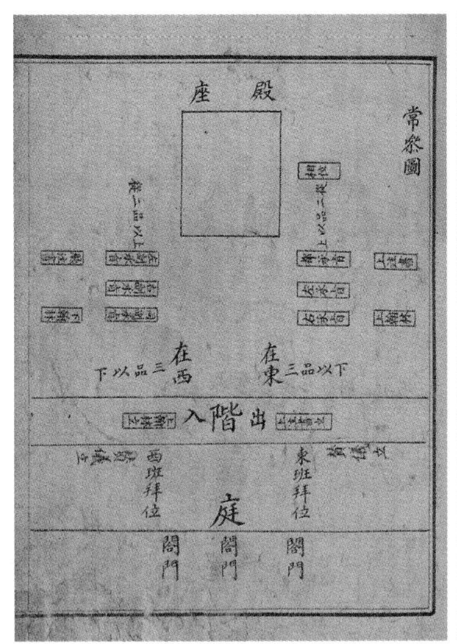

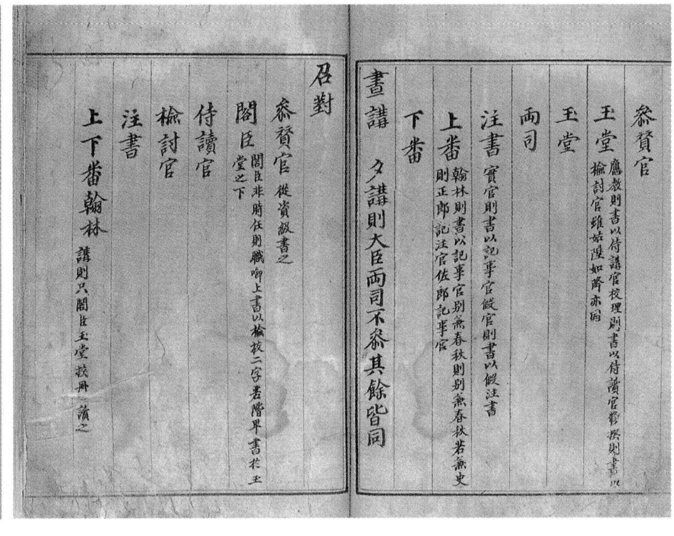

도20 「강연규식」講筵規式의 본문과 도식 부분 1678년(숙종 4), 1책, 한국학중앙연구원 장서각 소장. 예문관과 춘추관에 관련된 각종 고사를 모아 엮은 관규집館規集. 왼쪽은 강연 시의 자리 배치를 그린 「상참도」常參圖이고, 오른쪽은 강연 참석자의 직함을 적은 부분이다.

정오가 되었는데, 왕은 이때 다시 경연에 나갔다. 이때의 경연을 낮에 하는 강의라 하여 주강晝講이라 하였다. 주강 이후 지방에 파견된 관리들의 문안을 받거나 관찰사와 수령들을 친히 만나 지방행정에 관한 보고를 받거나 민원을 해결하였다.

이상의 일을 처리하고 나서 오후 5시경 왕의 공식 업무는 종결되지만, 이것으로 하루 집무가 모두 끝난 것은 아니었다. 왕은 해지기 전에 다시 경연에 참석하기도 하였는데, 이를 저녁 강의라 하여 석강夕講이라 하였다. 석강 후 저녁을 먹고 휴식을 취한 뒤에 때로는 낮 시간에 미뤄두었던 업무를 마저 보기도 하였다. 이처럼 왕의 하루는 늘 분주하였다.

이상 소개한 왕의 일과에서 예상할 수 있듯이 왕의 1년 일정도 꽉 짜여 있었다. 고종 때 편찬한 행정 실무 법전인 『육전조례』六典條例에는 왕의 1년 일정이 수록되어 있는데, 이를 통해 당시 왕의 1년 스케줄을 대강 엿볼 수 있다.[18]

18_ 『육전조례』 권2, 이전吏典 승정원承政院, 「월령」月令

조선시대에는 왕실은 물론 민간에서도 24절기의 농경에 맞춘 시간대를 생활화했으므로, 기본적으로 왕의 삶도 절기와 관련이 깊었다. 왕은 정월 초하루부터 백성들에게 농사일을 격려하는 권농윤음

勸農綸音을 반포하는 등 많은 일과 행사를 주관하였다. 특히 매년 반복되는 정기적인 국가 제사를 주관하는 일은 큰 업무 중 하나였다. 유교적 예치禮治를 표방한 조선에서 제사는 가장 중요한 행사 중의 하나였기 때문이다. 극단적으로 이야기해서 왕의 1년은 제사로 시작해서 제사로 끝났다고 할 수 있을 정도이다.

왕의 하루와 1년 생활은 앞서 대강 소개한 것처럼 매우 바쁜 일정의 연속이었다. 특히 이 과정에서 왕은 매우 많은 사람들과 만남을 가졌다. 즉 왕은 크고 작은 행사를 통해 왕실, 종친, 관원, 내명부 및 외명부의 여성 등 다양한 사람들을 여러 형식으로 만났다. 그런 가운데서도 왕은 『조선왕조실록』 등 관찬 기록에는 자세히 나오지 않는 사적인 여가를 영위하였다. 조선시대 왕의 인간적인 모습에 좀 더 다가가기 위해서는 공식적인 연대기 기록 이외에 왕실 고문서, 편지 등 여러 자료를 통해 왕의 다양한 일상의 모습을 추적할 필요가 있다.

5 왕을 어떻게 볼 것인가

다시 말하지만, 왕조 사회인 조선에서 왕은 최고 권력자로서 덕치德治와 위민爲民을 실현하면서 역사를 이끌어간 중요한 주체의 하나이다. 앞서 우리는 조선시대 왕의 위상과 왕권, 그리고 왕의 일과 등을 개괄적으로 살펴보았다. 그러나 조선시대 국왕과 국왕권의 실체, 나아가 국왕의 인간적 모습과 진면목에 대해서는 여전히 밝혀야 할 내용이 적지 않다. 그동안 조선시대 '왕'은 그 역할과 중요성에 비해 학자들의 관심의 대상이 되지 못했기 때문이다.

지금까지 조선시대 국왕에 대한 관심, 국왕에 대한 객관적 평가가 충분히 이루어지지 못한 이유를 한마디로 이야기하기는 쉽지 않다. 하지만 앞서도 지적하였듯이 근대화에 실패한 왕조의 군주라는 멍에가 사람들에게 왕과 왕권에 대한 부정적 인식을 초래한 것은 분명하다. 한편, 서양인들의 중국을 비롯한 동아시아 사회에 대한 뿌리 깊은 편견도 조선왕조의 역사와 문화를 해석하는 데 장애가 되어왔다. 도21, 도22

과거 서양인들은 중국의 황제 지배체제를 전제주의와 정체된 역사로 인식하였는데, 그중 대표적인 이론을 소개한다면 비트포겔Karl August Wittfogel(1896~1988)의 『동양적 전제주의』를 들 수 있다.[19] 중

19_ 이성구, 「중국의 황제」 『역사비평』 통권 54호, 2001.

국 황제정에 대한 이러한 서양인들의 편견은 한동안 중국 역사가 발전적 측면에서 체계화하는 것을 방해하였는데, 조선왕조에 대해서도 왜곡된 인식을 초래하기에 충분했다.

그러나 중요한 것은 국왕에 대한 올바른 이해 없이 조선시대 정치사를 체계화하기란 어려운 일이며, 조선시대에 대한 부정적 편견으로 인해 과거의 모든 잘못을 왕에게 돌리는 역사의식은 결코 바람직하지 않다는 점이다. 무엇보다 왕조시대의 정치는 왕으로부터 시작하고 최종 책임도 왕이 지는 것이므로 왕과 왕권에 대한 이해 없이는 그 시대의 역사상을 올바로 자리매김하기 어렵다는 사실을 직시할 필요가 있다.

도22 **청의 11대 황제 광서제 초상** 조선의 고종과 청의 광서제는 근대화의 갈림길에서 제왕으로서 유사한 경험을 하였다.

다행히 최근 들어 조선 사회에서 정치의 중심에 서 있던 국왕과 왕실의 역사상 및 원형을 발굴하고, 이를 통한 동아시아 여러 나라의 역사·문화적 상호 교류의 실상과 영향을 탐구하는 작업이 진행되는 것은 매우 고무적인 일이다. 왕과 왕실문화 연구에 대한 대중적 관심이 증대하면서 규장각과 장서각 등 왕실 도서관 소장 자료의 영인, 해제, 연구도 활발히 진행되어 연구자들의 연구 환경도 좋아졌다. 조만간 조선 왕실과 왕실문화에 대한 다각적인 체계화 작업이 가능해질 것이다.

이러한 상황을 전제로 하여 이제 마지막으로 향후 조선의 국왕을 이해하기 위한 바람직한 시각과 검토 방향에 대해 이야기하고자 한다.

첫째, 조선왕조 전체사와의 연계 속에서 국왕의 위상과 역할을

도21 **고종 어진(왼쪽 면)** 전 채용신 필, 20세기 초, 비단에 수묵채색, 118×68.2cm, 국립중앙박물관 소장(동원 기증).

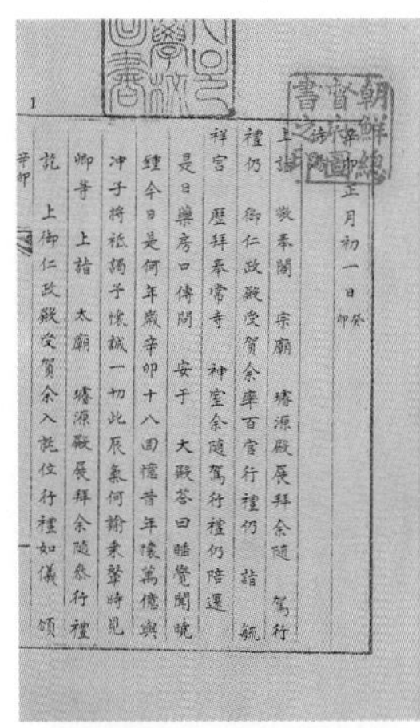

도23 **『일성록』** 2,329책, 서울대학교 규장각 소장.
1760년(영조 36)부터 1910년(융희 4)까지 조선 후기 150년간의 국정에 관한 제반 사항을 기록한 일기체의 연대기이다.

객관적으로 파악할 필요가 있다. 당연한 이야기지만 국왕은 조선시대의 역사에서 따로 떨어진 존재가 아니라는 사실을 잊어서는 안 된다. 최근 조선시대 왕과 왕실에 대해서 관련 대중서들이 꾸준히 출판되고 있는 현실은 분명 고무적이긴 하지만, 사료에 대한 충분한 검토와 엄밀한 고증을 거치지 않은 흥미 위주의 서술은 왕실문화에 대한 왜곡된 역사상을 심어줄 수도 있다는 점을 새겨보아야 할 것이다.

둘째, 국왕 등 왕실 인물 연구에서 일상생활문화에 대한 구체적 접근도 시도되어야 한다. 최근 서양 역사학계에서 불어온 새로운 역사학의 방법론과 조류에 영향을 받아, 한국사학계에서도 일상생활사·문화사·사건사에 대한 관심이 크게 늘었다. 요즘 주목받고 있는 생활사 분야에서는 역사학의 중요한 연구 대상인 인간의 일상적인 삶의 모습을 집중적으로 고찰한다. 사람들의 일상적 생활 패턴과 삶의 모습, 반복되는 일상의 저변에 존재하는 구조를 탐구함으로써 사건·인물·행위에 대한 이해를 심화시킨다.

인간의 삶은 거의 대부분 일상으로 채워지지만 그동안의 역사 연구는 사회의 구조와 변동의 큰 틀, 거대 담론에 초점이 맞춰져

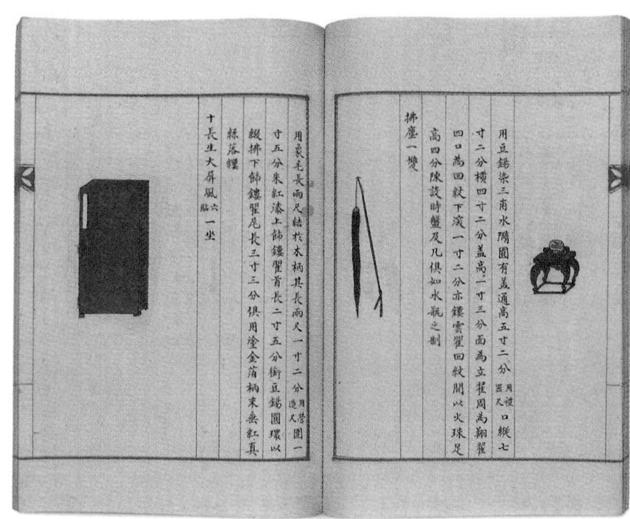

정작 중요한 일상적 삶의 조건에 대한 고찰이 충분하지 못했다. 그런 점에서 최근의 생활사에 대한 관심과 연구는 과거에 풍미했던 특정 분야사 연구의 미비점을 보완해줄 수 있다는 점에서 새로운 시도로서 의미가 있다고 하겠다. 국왕을 분석하는 데에도 이와 같은 방법상의 진전이 이루어질 필요가 있다.

셋째, 자료의 문제이다. 관찬 연대기뿐 아니라 왕실 고문서, 편지, 문학 작품 등 다양한 자료를 폭넓게 활용해야 한다. 이때 『조선왕조실록』, 『승정원일기』承政院日記, 『일성록』日省錄 등 국가적인 차원에서 작성된 연대기, 궁중의 일상 활동과 행동을 규정하는 『대전회통』大典會通, 『춘관통고』春官通考 등 법전·의례서, 조선시대 행사에 대한 상세한 결과 보고물인 의궤뿐만 아니라 궁중 기록화, 왕실 고문서, 사진·도면 등은 국왕을 비롯한 조선 왕실 구성원들의 삶과 문화에 대한 풍부한 이해에 도움을 줄 수 있을 것이다.도23~25 앞으로 조선의 국왕, 나아가 조선시대 정치·문화사에 대한 보다 활발한 논의와 성과가 있기를 기대한다.

도24 **『순비책봉의궤』 표지** 한국학중앙연구원 장서각 소장.
1901년 9월 4일 경운궁 중화전에서 순비 엄씨를 고종황비로 책봉하는 의례를 기록한 의궤. 국왕께 드릴 용도로 제작한 어람용 의궤로, 표지를 화려한 비단과 경첩을 써서 제본하고 제목에 붉은색 테두리를 둘러 위엄을 더하였다. 1897년 대한제국 건립 이후 변화된 황실의 의례를 파악할 수 있는 중요한 자료이다.

도25 **『순비책봉의궤』의 본문**
의례에 사용된 물품을 기록한 부분으로, 화려한 색감과 정교한 기법으로 정성들여 그렸다. 왕실에서 거행한 주요 행사를 기록과 그림으로 남긴 의궤는 왕실문화나 생활상을 연구하는 데 없어서는 안 될 내용을 담고 있다.

일반적으로 왕이 죽으면 세자가 그 뒤를 이어 새 왕으로 즉위하였다. 그렇지만 살아생전에 왕이 그 지위를 후계자에게 넘기거나 혹은 현재의 왕을 쫓아내고 스스로 왕위에 오르는 경우도 있었다. 어떤 방식이든 신왕은 즉위식이라는 장엄한 행사를 통해 왕의 자리에 나간다. 그런데 그 과정은 현재의 대통령 취임식과 달리 축제의 분위기라기보다는 슬픔을 억누르고 엄숙함을 유지하는 모습으로 나타났다. 신왕은 즉위 후 '효'를 내세워 선왕을 높이고 중국을 비롯한 국제 사회의 승인을 통해 자신의 입지를 굳건히 하였다.

제 1 부

왕의 권위와 역할

國王日常

1 왕의 즉위와 정통성의 확립

일반적으로 왕이 죽으면 세자가 그 뒤를 이어 새 왕으로 즉위하였다. 그렇지만 살아생전에 왕이 그 지위를 후계자에게 넘기거나 혹은 현재의 왕을 쫓아내고 스스로 왕위에 오르는 경우도 있었다. 어떤 방식이든 신왕은 즉위식이라는 장엄한 행사를 통해 왕의 자리에 나간다. 그런데 그 과정은 현재의 대통령 취임식과 달리 축제의 분위기라기보다는 슬픔을 억누르고 엄숙함을 유지하는 모습으로 나타났다. 신왕은 즉위 후 '효'를 내세워 선왕을 높이고 중국을 비롯한 국제 사회의 승인을 통해 자신의 입지를 굳건히 하였다. 여기서는 신왕이 즉위하여 입지를 굳히기까지 일련의 과정을 구체적으로 살펴보겠다.

다양한 왕위 계승

5월의 화창한 봄날, 경복궁 근정전에서는 전통문화 행사의 하나로 세종대왕 즉위식이 거행되었다. 다양한 깃발과 의장을 배경으로 문무백관이 의례에 맞추어 움직이는 가운데 새 왕 세종의 즉위식이 화려하고 장엄하게 진행되었다.[도1~5] 학생·시민들은 사진을 찍기에 여념이 없었다. 그중 일부의 시민들은 "그 옛날 즉위식은 정말 화려했겠어. 이것보다 훨

세종대왕 즉위식 재현 행사

도1~5 사진 협조: 서울문화재단 하이서울페스티벌 제공.

씬 많은 사람과 의장이 있었을 터이니 말이야"라고 나름대로 즉위식을 평가하기도 했다. 그런데 과연 조선시대의 즉위식은 이 사람들의 말처럼 화려하게 진행되었을까?

조선시대에 왕위에 오르는 방식은 크게 세 가지로 구분할 수 있다. 양위讓位와 사위嗣位, 반정反正이 그것이다.

양위는 원래 유교 국가에서 이상적인 왕위 계승 방식으로 알려져 있다. 중국 고대의 이상적인 군주로 언급되는 요堯와 순舜, 우禹의 사례에서 드러나는 방식이었다. 요는 왕위를 자기의 아들이 아닌 효자로 유명한 순에게 넘겼고, 순 역시 아들이 아니라 황하의 홍수를 잘 막았던 우에게 왕위를 넘겼다. 도덕적으로 훌륭하고 유능한 인물에게 왕의 자리를 넘기는 이런 방식은 모범적인 사례로 후대의 사람들에게 회자되었다. 그러나 이 방식은 이상일 뿐 실제로 왕위를 자발적으로 내놓은 경우는 거의 없었다.

조선시대 양위로 왕이 된 사람은 정종, 태종, 세종, 세조, 예종, 순종 등의 6명이었다.[1] 이중 정종과 태종, 세조 등의 즉위는 이방원과 수양대군이 정변에 성공한 뒤 양위의 형식을 취했을 뿐 실제로는 찬탈에 가깝고, 순종은 아버지 고종이 일제의 강요로 퇴위하자 황제위에 올랐다. 그리고 예종은 죽음을 예견한 세조가 죽기 전날 양위한 경우이다. 결국 요순시대와 비슷한 양위는 태종이 세종에게 시행한 단 한 차례에 불과하였다.

조선시대의 일반적인 왕위 계승 방식은 사위였다. 사위는 왕이 죽은 뒤 후계자가 그 뒤를 잇는 방식이다. 후계자는 죽은 왕의 자손인 경우가 일반적이지만 선왕의 자식이 없을 때는 종친 중의 한 명이 선택되었다. 사위 중에서 중전이 낳은 큰 아들의 경우가 왕으로서의 정통성이 가장 컸다. 이 경우는 문종, 단종, 연산군, 인종, 현종, 숙종, 순종 등 7명인데,[2] 아이러니하게도 숙종과 세손으로서 왕위에 오른 정조를 제외하면 이들 국왕 중에 왕권을 강력하게 행사했던 인물은 별로 보이지 않는다.

1_ 중종은 죽기 전날 세자에게 전위傳位의 명을 내렸고, 인종 역시 세제에게 그러한 조처를 취했지만 인종과 명종의 즉위식은 왕이 사망한 이후에 이루어졌기 때문에 여기에 포함시키지 않았다.

2_ 세손으로서 왕위에 오른 국왕인 정조와 헌종을 포함하면 9명이 된다.

사위 중에서 선왕의 둘째 이하이거나 후궁의 소생인 경우는 광해군, 효종, 영조 등이고, 선왕과 부자(조손) 관계가 아닌 경우도 성종, 명종, 선조, 철종, 고종 등의 다섯 사례가 보인다. 이들은 왕위 계승의 정통성이 부족했기 때문에 이를 보완하기 위해 다양한 방법을 모색하였고, 그것이 무리하게 진행될 경우 광해군의 예에서 보듯이 반정으로 쫓겨나기도 하였다.

반정은 현재의 왕이 정치를 잘못할 경우 그를 쫓아내고 새로운 왕을 세우는 방식인데, 연산군을 대신한 중종과 광해군을 몰아낸 인조의 두 사례가 있다. 이중 연산군은 아버지가 뛰어난 군주인 성종이고 적장자로 정치적 기반이 튼튼했지만, 친어머니의 복수와 폐행으로 결국 쫓겨나는 신세가 되었다. 이복동생으로 왕이 된 중종은 반정에 참여하지 못하였고, 비록 42년간이나 왕 노릇을 했음에도 실권은 미약하였다.

반면에 광해군은 지금까지 상반된 평가를 받는 왕이다. 어머니가 미천한 후궁인 데다 아버지 선조가 그를 탐탁하게 여기지 않았고, 형 임해군과 적장자인 영창대군의 존재로 혈통적 기반이 불안정했다. 결국 그는 형과 동생을 죽이고 계모를 유폐하는 패륜을 저질렀고, 이를 빌미로 일어난 서인의 정변으로 왕의 자리에서 쫓겨났다. 정변의 주동자였던 조카 능양군綾陽君이 즉위해 인조가 되었다. 인조는 중종보다는 왕권이 강했으나 외교정책의 실패로 병자호란이 일어나 삼전도三田渡의 치욕을 당하였다.

축제가 아닌 즉위식

앞서 화두를 던졌지만 조선시대 왕들의 즉위식 광경은 과연 어떠했을까? 먼저 일반적인 사위의 모습부터 살펴보자. 사위는 선왕의 사망을 전제로 이루어지는 형태이다. 왕이 사망하면 맨 먼저 왕실의 최고 어른인 대비가 세자(세손) 혹은 왕실의 성원을 새로운 계승자로 지정하였다. 이때의 임명은 새로운 절대자의 탄생이 아닌 선왕의 상주喪主를 정

『정조국장도감의궤』에 실린 즉위 시 왕 면복의 구성

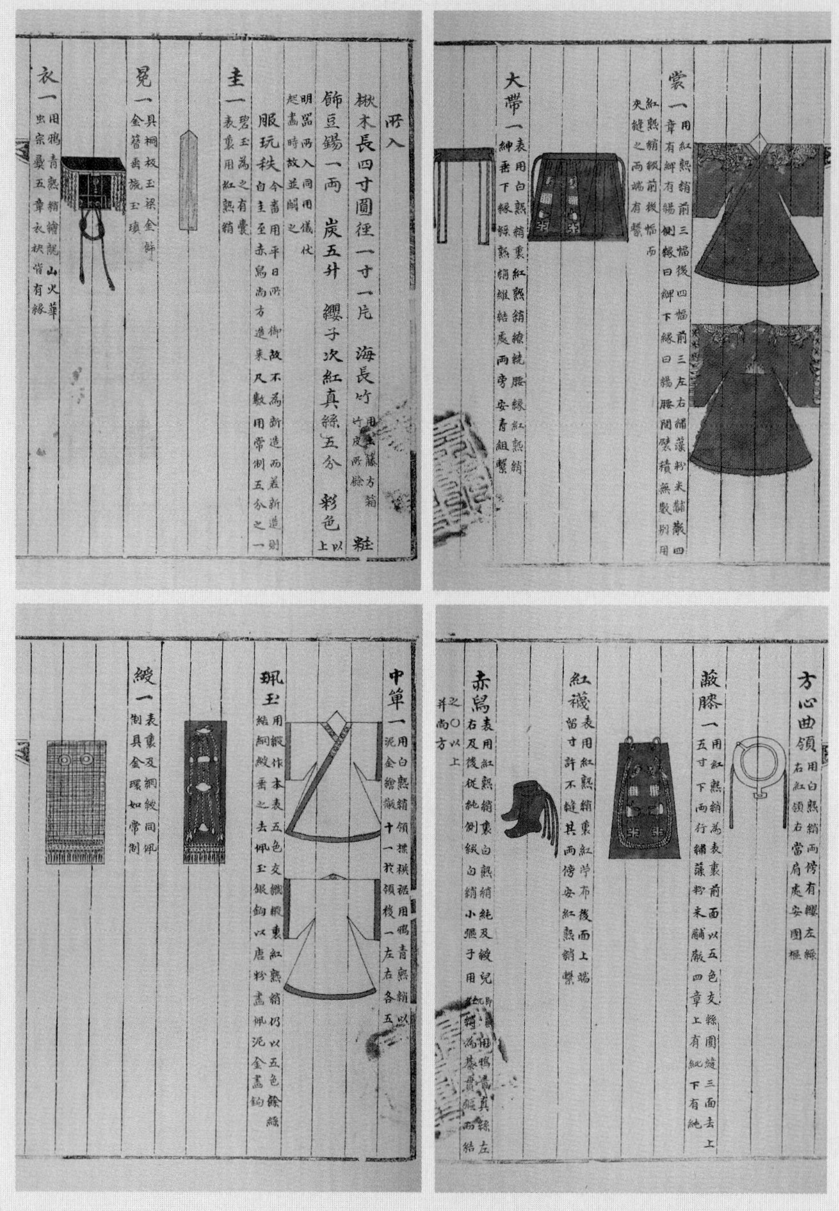

도6~9 서울대학교 규장각 소장.

『정조국장도감의궤』(1800년) 2책 (『嘉慶五年庚申六月日國葬都監二房儀軌』) 「복완질」服玩秩에서 인용. 왕은 입고 있던 상복을 잠시 벗고, 길복인 면복을 입고 즉위식을 거행했다. 즉위식이 끝나면 면복을 벗고 다시 상복을 입었다.

하는 형식을 취하였다. 신왕은 선왕의 사망 3~5일 후에 염을 할 때 정식으로 상복喪服을 입고, 그 뒤 잠시 상복을 벗고 즉위식을 거행하였다. 그리고 즉위식이 끝나면 다시 상복을 입었다. 사위에서의 즉위식은 축제 행사가 아니라 국상國喪의 한 과정으로 설정되었던 것이다.도6~9, 도10, 도11

도10 **대한문을 빠져나가는 고종황제의 영여** 1919년 3월 3일 촬영, 서울대학교 박물관 소장.

도11 **홍릉에 오르는 고종황제의 상여** 1919년 3월 3일 촬영, 서울대학교 박물관 소장.

즉위식은 크게 유교遺教와 대보大寶를 받드는 1단계와 본격적인 즉위 의식이 거행되는 2단계, 하례를 받고 사유赦宥를 내리는 3단계로 구분할 수 있다.

1단계는 먼저 선왕의 혼을 모신 빈전에서 선왕이 남긴 유교에 따라 왕의 상징인 대보를 받는 과정이다. 대보는 모든 계승자가 받들지만, 오늘날의 유언장에 해당하는 유교는 선왕의 갑작스런 죽음으로 받지 못하는 경우도 종종 있었다. 대보를 받으면 이전의 세자, 사왕嗣王 등의 칭호가 전하殿下로 바뀌었다. 이 과정은 조선 후기에 이르러 왕의 자리인 어좌御座에 앉은 뒤부터 전하라고 칭하여 좀 다르게 나타난다.

2단계는 대보를 받은 뒤에 궁궐의 정전, 즉 조선 전기에는 경복궁의 근정전, 후기에는 창덕궁의 인정전에서 시행되었던 본격적인 즉위 의식이다. 사위에서는 왕의 사망 5일 후 상복을 입은 날(성복일

도12 경복궁 근정전의 어좌

도13 창덕궁 인정전의 어좌

成服日)에 잠시 상복을 벗고 즉위식을 거행한다. 이 의식에서 중요한 것은 왕의 자리인 어좌에 나가서 앉는 행위이다.도12, 도13

3단계는 즉위 의식이 끝나고 시행된다. 먼저 신왕은 신하들의 축하인사인 하례를 받고, 이에 대한 답례로써 사면령을 내리고 신왕의 국가 정책의 대강을 반포한다. 이로써 즉위식은 종결되었다.

그런데 이러한 사위에서의 일반적인 즉위 의식과 달리 양위와 반정에서는 세부적인 내용이 다르게 나타난다. 먼저 양위의 경우 왕위 계승이 갑작스럽게 이루어져 그 긴장도가 컸는데, 태종의 양위를 통해 구체적으로 살펴볼 수 있다.

1418년 8월 8일 태종은 승지들을 불러 갑자기 왕위를 세자에게 넘기겠다고 선언하였다. 그는 이때 재위 18년간 하늘의 뜻을 받들지 못해 여러 번 수재와 한재 등의 재앙이 나타났고, 또 묵은 병이 심해졌다며 그 이유를 댔다. 갑작스러운 태종의 전위 발언에 모두 긴장했고, 영의정 이하의 모든 신하들은 왕명을 철회하라고 눈물로 애원하였다.

사실 태종의 양위 표명은 이때가 처음이 아니었다. 그는 이전에도 두 차례 양위를 선언한 적이 있었다. 그때 신하들은 모두 처음 하루 이틀 동안에는 강력히 반대했다가 태종이 계속 굳은 의지를 보이자 일부가 이를 오인하여 전위를 인정해 버렸다. 이에 태종은 전위에 동조한 인물들을 체크하여 훗날 그들을 하나하나 제거하였다. 결국 이전의 전위 파동은 태종이 반대파를 제거하는 주요한 수단으로 이용되었던 것이다. 따라서 신하들은 왕의 본심이 무엇인가를 저울질하며 일단 적극적으로 반대 의사를 표명하였다.

그러나 태종은 승정원으로 하여금 대보를 가져오게 한 다음 세자에게 그것을 직접 줌으로써 자신의 결심을 분명히 보였다.

> (상이) 내신으로 하여금 세자를 부르고, 상서사에 명하여 대보를 바치라고 재삼 독촉하였다. 영돈녕 유정현 및 정부·육조·공신·삼군 총제·6대언 등이 문을 밀치고 바로 들어가 보평전 문밖에 이르러 하늘을 부르며 통곡하면서, 내선의 행동을 정지할 것을 청하고, 함께 대보를 붙잡고 바치지 못하게 하였다. 상이 큰 소리로 이명덕을 윽박지르기를, "임금의 명이 있는데, 신하가 듣지 않는 것이 의리인가?" 하니, 이명덕이 마지못해 대보를 상 앞에 바치었다. 세자가 급히 왕명으로 부르는 것이 무슨 일인지를 모르고 허둥지둥 급히 와서 서쪽 지게문으로 들어왔다. 상이 세자를 보고, "애야! 이제 대보를 주겠으니, 이를 받아라" 하였다. 세자가 엎드려 일어나지 않으니, 상이 세자의 소매를 잡아 일으켜서 대보를 주고 곧 안으로 들어갔다. 세자가 몸 둘 바를 몰라 대보를 안案에 놓고, 안으로 따라 들어가 지성으로 사양하고, 여러 신하들도 또한 통곡하여 마지않으며 국새를 되돌려 받도록 청하였다.[3]

3_ 『태종실록』 권36, 태종 18년 8월 을유.

양위를 하기 위해 태종은 대보를 가져오라고 호통치면서 한편으로 세자를 불렀다. 영문도 모른 채 보평전에 들어와 엎드린 세자를

도14 **문종 즉위년에 제작된 세종의 금보** 1450년, 10×10×7cm, 국립고궁박물관 소장.

태종은 손으로 잡아 일으킨 후 대보를 직접 넘겨주고 전각 안으로 들어갔다. 그제야 상황을 판단한 세자는 대보를 들고 들어가 왕명의 철회를 애걸하였지만 태종은 양위의 뜻을 분명히 나타냈다.

양위를 철회하라는 반대의 목소리는 이틀간 계속되었다. 모든 신하들, 그리고 성균관 유생들의 반대 상소가 계속 이어졌고, 세자 역시 어찌할 바를 모르면서 아버지에게 애원하였다. 그러나 이틀 후 태종은 세자에게 직접 임금의 관인 익선관을 씌우면서 왕의 의장을 갖추어 경복궁에서 즉위하도록 강요하였다. 결국 8월 10일 세자는 경복궁의 근정전에서 즉위하였는데, 그가 바로 세종이었다.도14

세종의 사례에서 보듯이 양위에 따른 즉위식은 전위를 철회하라는 세자와 신하들의 애원이 며칠간 계속된 후 마지못해 이루어졌다. 여기서는 선왕이 살아 있기 때문에 유교를 받들거나 상복을 길복으로 갈아입는 과정이 생략되었다. 그렇지만 나머지 과정은 사위와 동일하게 이루어졌다.

반정을 통한 즉위는 양위와 비슷한 모습을 보인다. 그러나 신왕의 즉위를 인정해주는 주체가 왕이 아닌 대비로 바뀌고, 반정의 긴장된 상황에서 서둘러 시행되었다.

1506년 9월 2일 박원종朴元宗(1467~1510), 성희안成希顔(1461~1513) 등이 주동이 되어 중종반정을 일으켰다. 반정 세력은 연산군과 측근 신하, 시위 군사 등을 제압한 후 왕실의 최고 어른인 성종의 계비 정현왕후貞顯王后 윤씨尹氏(1462~1530)에게 달려갔다. 그들은 대비에게 반정의 정당성을 알리고, 진성대군晉城大君을 새 왕으로 삼아줄 것을 요청하였다. 이때 대비는 진성대군의 자질이 부족하다며 세자를 왕으로 삼으라고 사양하였다. 그러나 반정 세력은 신하들이 합의한 것이라며 진성대군의 집으로 몰려가 그를 사정전으로 모셔왔다. 사실 진성대군은 대비의 친아들이었기 때문에 대비가 한 차례 사양하는 시늉을 했을 뿐 별다른 뜻은 없었다.

진성대군이 궁으로 들어오자 반정 세력은 연산군을 윽박질러 대보를 내놓게 하였다. 그리고 바로 미시未時(오후 1~3시)에 궐정闕廷에서 백관을 정렬시킨 후 즉위 의식을 거행하였다. 이때 연산군의 폐위와 신왕의 즉위를 알리는 대비의 교지를 반포하고, 익선관·곤룡포를 입은 진성대군이 근정전에 나와 즉위 의식을 거행하였다. 의식이 끝난 후 하례를 드리고 사유를 반포하는 등의 과정은 양위와 마찬가지였다. 여기서 보듯이 반정 후 신왕의 즉위는 폐군에게 대보를 받은 후 즉시 거행되었다. 반정의 정당성을 확보하고 신왕의 즉위를 기정사실화하기 위하여 즉위식을 재빨리 행한 것이다.

1623년 3월 13일에 이루어진 인조의 즉위 과정은 중종반정 때보다 좀 더 긴박하였다. 능양군(인조)과 김자점金自點(1588~1651), 이귀李貴(1557~1633) 등은 반정이 성공하자 당시 광해군에 의해 경운궁에 유폐되어 있던 인목대비仁穆大妃에게 사람을 보내 정전으로 납시도록 요청하였다. 반정의 정당성을 확보하기 위해서는 무엇보다 대비의 존재가 필요하기 때문에 나온 조처였는데, 대비는 이러한 요청을 묵살하였다. 이에 반정의 주동자인 능양군이 직접 광해군을 끌고 경운궁에 와서 정전의 앞마당에 엎드렸다. 그는 대비에게 상황을 설명하며 양해를 구했지만 대비는 호락호락하게 이들을 인정하지 않았다.

얼마 후 대비는 신하들에게 대보를 가져오라고 명하였다. 이때 이귀는 대비가 정전에 나가서 대보를 능양군에게 전해주어야 한다며 이를 반대하였다. 그러나 대비는 끝까지 대보를 가져오라고 명하였고, 결국 대보가 그녀의 수중에 들어갔다. 양자의 신경전은 오랜 시간 동안 계속되었다. 날이 어두워졌지만 능양군는 여전히 정전의 마당에 엎드려 있었고, 대비는 어떠한 말도 하지 않고 안에 머물렀다. 밤이 깊어지자 능양군은 집으로 돌아가 대비에게 대죄하겠다고 선언하였고, 반정 세력이 이를 말리는 실랑이를 벌이자 그때서야 대비는 능양군을 불렀다.

일단 안으로 들어간 반정 세력은 대비에게 즉시 대보를 능양군에게 전할 것을 독촉하였다. 신왕이 대보를 빨리 받아 인심을 안정시켜야 한다고 주장한 것이다. 그러나 대비는 다음 날 서청에서 법도에 맞게 의식을 거행할 때 대보를 전달하겠다며 반대하였다. 대보의 전달은 무엇보다 중요한 일이기 때문에 법도에 맞게 시행해야 하는데, 한밤중에 급하게 줄 수 없다고 버틴 것이다. 그렇지만 결국 반정 세력의 압박으로 대보는 능양군에게 넘어갔다. 대보를 받자 능양군은 대비에게 절하고 즉시 별당에서 약식으로 즉위식을 행하였다. 그리고 다음 날 날이 새자 나머지 의식을 거행하였다. 즉 대비의 교서를 통해 광해군의 폐위와 능양군의 즉위를 선언하였고, 이어 왕이 대비에게 축하를 드리고 신하들의 하례를 받으며, 전국에 사유를 반포하는 등의 의식을 시행한 것이다.

이상에서 보듯이 왕이 즉위하는 유형과 방식은 다양하였다. 그런데 즉위식 광경은 현대와 같이 축제의 마당이 아니었다는 공통점을 보였다. 앞서 세종의 경우에서 보듯이 양위에서는 세자가 왕의 명령을 따를 수 없다고 며칠씩 실랑이를 벌이다가 마지못해 따랐다. 반정을 통한 즉위에서는 정변에 대한 여론을 신경 쓰고, 신왕의 즉위를 기정사실화하기 위해 서둘러 의식을 시행할 뿐 화려하게

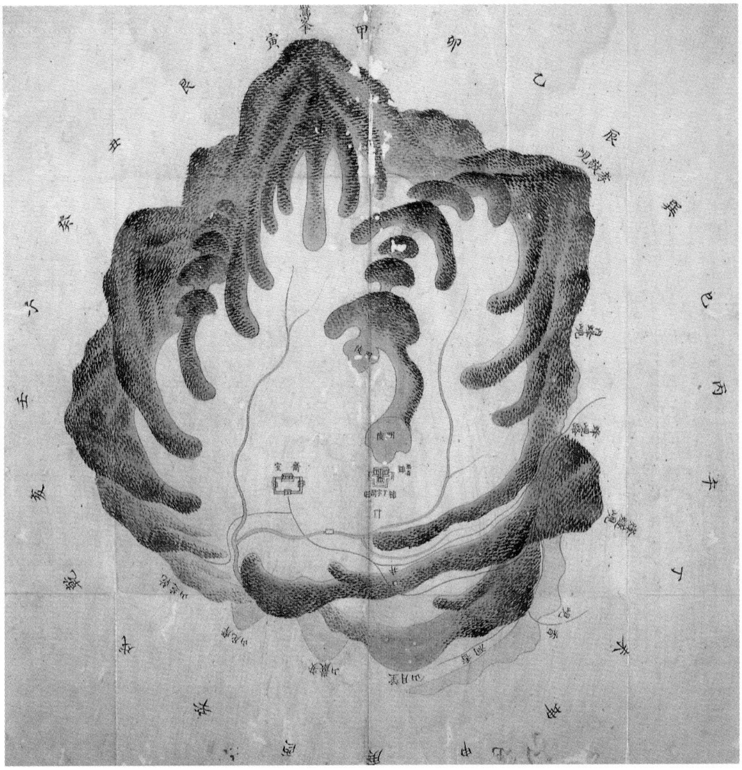

도15 **명릉도** 조선 18세기 중반, 종이에 채색, 53×53cm, 국립문화재연구소 소장.

치를 수 없었다. 더구나 일반적인 계승 방식인 사위의 경우 선왕의 상례를 치르는 과정에서 이루어졌기 때문에 절대로 화려할 수가 없었던 것이다.

아버지를 높여 자신을 드러내다

사위로 즉위한 경우 왕은 즉위식을 마치면 다시 상복을 입고 삼년상을 경건하게 진행하였다. 신왕이 맡은 최초의 임무가 바로 상주로서의 역할인데, 이를 통해 왕실과 신하로부터 왕으로서의 능력을 평가받았다.

선왕의 사망 5개월 후 왕릉이 조성되는데, 이때 신왕은 능의 입지 선정 및 축조 등에 세심하게 신경을 쓰고, 그 뒤로도 27개월의 국상 기간 동안 몸가짐을 조심하였다.도15 삼년상이 끝나면 선왕의 혼을 담은 신주가 종묘에 봉안되었다. 이상의 과정에서 선왕의 업

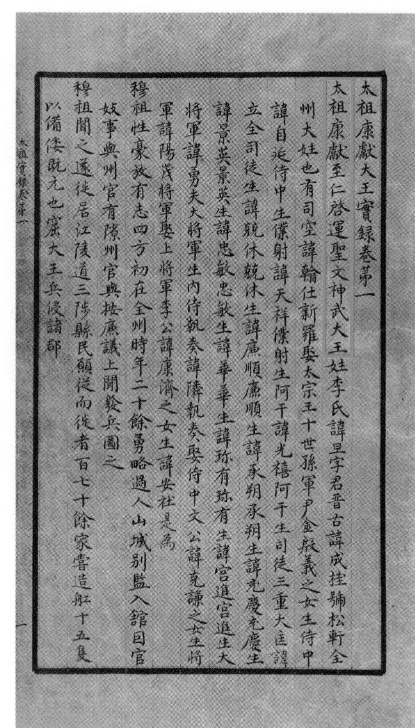

도16 『태조실록』 총서總序의 첫 면

적을 드러내기 위하여 존호尊號를 올리고 묘호廟號를 정한다.

『태조실록』을 펼치면 "태조강헌지인계운성문신무대왕太祖康獻至仁啓運聖文神武大王의 성은 이씨李氏요, 휘諱는 단旦이요, 자字는 군진君晉이다"라고 시작한다. 여기서 '태조'는 묘호, '강헌'은 시호, '지인~신무'는 존호, 대왕은 그의 직위를 각각 가리킨다.도16

묘호는 종묘에서의 칭호로, 일반적으로 선왕의 공덕을 평가하여 '조'祖 혹은 '종'宗의 칭호를 사용하였다. 이는 다음 장에서 상세히 설명하겠다.

존호는 국내에서 왕의 업적을 칭송하여 올린 아름다운 칭호로, 원래 8자로 구성되었다. 앞에서 본 태조의 존호는 '지인계운성문신무'이고, 태종은 '성덕신공문무광효'聖德神功文武光孝, 영조는 '익문선무희경현효'翼文宣武熙敬顯孝 등이다. 존호는 왕의 생전 혹은 사후에 올려지는데, 각각의 글자마다 왕의 업적을 찬양하는 뜻이 담겨 있다. 예컨대 영조의 존호 '익문선무희경현효'에서 '익'은 백성을 사랑하고 태평한 것을 좋아함, '문'은 도덕이 널리 알려짐, '선'은 성선聖善이 두루 알려짐, '무'는 대위大位를 보전하고 공功을 정함, '경'은 이른 아침부터 늦은 밤까지 경계함, '현'은 행실이 중외에 나타남을 각각 뜻하였다.

이같이 국내에서 올린 존호 외에 중국에서 조선 왕을 평가하여 두 자의 시호를 내려주었다. 예컨대 태조의 '강헌'은 명나라에서 내려준 것인데, 온유하고 선량하며 음악을 좋아해서 '강', 총명하고 지혜로워 '헌'이라 하였다. 이같이 국내외 선왕 평가와 관련된 용어는 존호와 시호를 합쳐 총 10자가 되었다.

이상과 같이 삼년상 과정에서 선왕의 존호 및 묘호 등을 올리는 것이 일반적이다. 그런데 만약 신왕과 선왕이 부자 관계가 아닐 경우 신왕의 친부는 어떻게 되었을까? 이 경우 선왕의 삼년상이 끝난 후 신왕은 자신의 친아버지를 왕으로 추증한 뒤 그를 종묘에 모시는 별도의 조처를 취하려고 하였다. 친아버지를 선왕과 같이 왕으로 높이는 것은 효를 실현한다는 명분으로 강행되었는데, 특히 종묘에 봉안할 경우 현왕과 선왕, 현왕의 친부 삼자 사이의 관계 설정이 애매하여 논란이 일어났다. 왜냐하면 처음 선왕을 종묘에 모실 때 신왕의 정통성을 위해 선왕을 아버지로 칭한 경우가 많았기 때문이다.

아버지가 왕이 아니었던 첫 사례는 성종의 경우였다. 세조의 큰아들인 의경세자懿敬世子(1438~1457)가 일찍 죽자 동생인 해양대군海陽大君이 세자가 되었다가 세조의 사망 후 왕위에 올라 예종이 되었다. 그러나 예종이 1년 만에 죽자 보위는 그의 아들이 아닌 의경세자의 둘째 아들 자을산군者乙山君(당시 13세)에게 돌아갔는데, 그가 바로 성종이다. 성종은 왕위에 오른 후 예종을 아버지로 칭하면서 종묘에 그 신주를 봉안하였다. 계통상 정통성을 확보하기 위한 조처였다. 그러나 그의 나이 19세에 이르자 성종은 명나라에 사신을 보내 친부인 의경왕(의경세자의 추봉된 이름)의 고명誥命을 받아내고 이를 근거로 그를 종묘에 봉안하려고 노력하였다. 당시 대부분의 신하들은 종묘에 아버지인 예종이 이미 있는데 또다시 의경왕을 봉안할 수 없다고 반대하였다. 그러나 성종은 친부의 묘호를 덕종으로 정하고 아버지를 백부로 칭하면서 종묘에 봉안하였다.[4] 작은 아버지를 아버지로, 친아버지를 큰아버지로 각각 부르면서 의례를 변통하여 종묘에 봉안한 것은 종묘의 상징성이 무엇보다 크다는 것을 알려준다.

이러한 성종의 조처는 훗날 광해군을 몰아내고 왕이 된 인조가 자신의 아버지 정원군定遠君을 원종으로 추숭하여 종묘에 봉안할 때 중요한 근거가 되었다. 이러한 성종과 인조의 행위는 아버지를 높여야 자신의 권위를 세울 수 있다는 의식의 발로였다.

4_ 한형주, 『조선 초기 국가 제례 연구』, 일조각, 2002, 113~118쪽.

국제 사회의 승인을 받다

즉위식을 거행하면 왕으로서의 떳떳한 입지가 일단 확보되었지만 이와 더불어 국제 사회의 인정이 필요하였다. 국제 사회에서 인정을 얻는 방식은 크게 두 가지이다. 첫번째는 주변의 교린국에 왕의 즉위 사실을 통고하는 방식이다. 그 대상은 일본과 유구 등인데, 이곳에 사신을 파견하여 새로운 왕의 즉위를 알리고 양국 간의 우호를 다진다. 반대로 이들 나라 역시 새 왕이 즉위하면 우리에게 알려왔고 중국 역시 마찬가지였다. 두번째는 중국에 알리는 것인데, 이것은 교린국과 달리 통고 자체가 목적이 아니라 그들의 승인을 받아야 했다.

조선은 건국 직후 명나라와의 외교 관계를 사대로 규정하고 이에 걸맞은 행동을 취하였다. 사대의 중요한 내용 중 하나는 천자로부터 제후로 임명받는 것이다. 원칙상 제후는 천자의 궁궐로 가서(이것을 입조入朝라고 한다) 정식으로 책봉례를 거쳐야만 그 지위를 인정받을 수 있었다. 그러나 조선시대에는 단 한 번도 왕이 직접 중국에 간 적이 없었기 때문에 대신 천자가 사신을 보내 왕의 임명장인 고명誥命를 내려주는 방식을 취하였다.

시대마다 약간씩의 차이는 있지만 조선과 중국 간에는 형식상 책봉과 조공의 관계가 유지될 뿐 중국의 조선에 대한 간섭은 없었다. 따라서 조선의 왕들은 내부의 결정에 따라 즉위한 뒤 중국에 사신을 보내 이를 통고하되, 고명을 받는 형식을 취하였다. 만약 중국에서 고명을 내려주지 않더라도 왕 노릇을 못 하는 것은 아니었고, 다만 때에 따라 왕의 정치력에 손상을 입는 정도였다.

태조 4년(1395) 이성계는 사신을 보내 고명을 요청했다. 그런데 명 태조 주원장朱元璋은 보낸 표문表文(외교 문서의 일종)의 내용이 불경스럽다며 사신을 구금하고 이 글을 작성한 정도전을 잡아오라고 명하였다. 이것이 유명한 표전문 사건이다.도17

이때부터 몇 년간 조선과 명의 외교 관계는 냉각 상태가 지속되었고, 명의 태도에 반발한 정도전이 요동 정벌을 꾀함으로써 양국

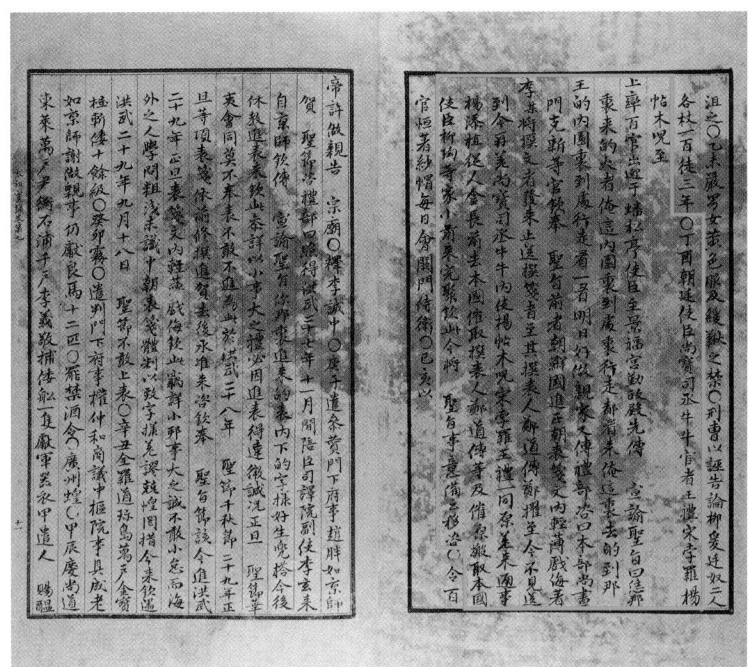

도17 **정도전 표전문 관련 기사**

『태조실록』 권9, 태조 5년 6월 11일 기사. 명나라 사신 우우가 표전문을 지은 정도전, 정탁 등을 압송하라는 내용의 기사이다.

관계는 더욱 심각해졌다. 명의 이러한 태도는 무엇보다 양국 사이에 존재했던 여진족에 대한 주도권 싸움에 그 원인이 있었다. 명은 요동으로 국경선을 확대하면서 그 지역의 여진족에게 영향력을 강화하려 했지만 당시 여진족들은 조선에게 더욱 우호적이었다. 이에 명은 표전문을 핑계로 조선을 압박했지만 이성계는 강력한 의지로 명의 야욕을 물리쳤다.

고명 문제는 태종이 즉위한 직후 해결되었다. 이때는 조선이 명에 굴복해서가 아니라 내전에 휩싸인 명이 조선과의 갈등을 피하기 위해 순순히 고명을 내준 것이다. 1398년 1차 왕자의 난으로 정종이 즉위했을 때 명나라에서는 주원장이 사망하고 그 뒤를 16세의 손자 주윤문朱允炆(혜제惠帝)이 이었다. 혜제는 황제권을 강화하기 위해 재상 방효유方孝孺의 건의에 따라 제후들의 영지를 없애는 정책(삭번책削藩策)을 시행했는데, 이에 반발한 연왕燕王 주체朱棣가 반란을 일으킴으로써 정치적 위기를 맞게 되었다. 1400년 2차 왕자의 난을 계기로 즉위한 태종이 명에 고명을 다시 요구했을 때 전세가 불리해진 명의 혜제는 태종의 고명을 즉시 보내며, 조선에 전마 1만 필의 무역을 요구하였다. 2년 뒤 내전이 끝나자 연왕 주체가 새로운 황제(영락제永樂帝)가 되었고, 그는 태종에게 새로운 고명과 인장을 보내주며 혜제 때 받은 것을 회수해 갔다.[5]

5_ 한형주, 「대명의례를 통해 본 15세기 조-명관계」 『역사민속학』 28, 2008, 50쪽~55쪽.

이같이 고명 문제는 내전 과정에서 조선과의 외교적 갈등을 피하려는 명의 혜제 및 영락제의 정책적인 결정으로 손쉽게 해결되었다. 이후 명나라와 뒤를 이은 청나라는 조선에 새 국왕이 즉위하면 별다른 이의를 제기하지 않고 고명을 내려주었다. 그렇지만 고명의 하사가 반드시 순탄하게만 이루어진 것은 아니였는데, 광해군의 경우가 그러하였다.

1592년 4월 임진왜란이 발생하자 선조는 피난길에 둘째 아들 광해군을 세자로 책봉하였다. 광해군은 왕비가 아닌 후궁의 소생으로 큰아들도 아니어서 그동안 세자 책봉이 미뤄졌는데, 전쟁 때문에 불가피하게 책봉되었다. 그런데 당시 명나라에서는 황제인 신종이 황태자인 큰아들을 내치고 둘째 아들을 황태자로 삼으려고 했다. 이 상황에서 조선의 세자 책봉 요청은 황태자 교체 사건과 결부되어 많은 논란을 일으켰고, 결국 명은 세자의 고명을 내려주지 않았다. 훗날 광해군이 즉위하여 고명 사신을 보내자 명에서는 다시 논란이 일어났는데, 결국 우여곡절 끝에 명은 고명을 내렸다. 이러한 고명 사건은 정통성이 부족했던 광해군에게 큰 정치적 부담으로 작용하였고, 뒷날 인조반정이 일어난 원인의 하나로 작용하였다.

2 왕의 권위 표현

왕의 위엄은 강요한다고 생기는 것이 아니다. 자연스럽게 관료와 백성의 동의를 유도해야만 큰 효과를 볼 수 있다. 조선의 왕들은 일반적으로 추상적 관념과 가시적 행사가 결합된 상징적 의례를 통해 그 위엄을 보였다. 조선왕조는 유교 국가를 표방했기 때문에 국가의 중요한 의례는 유교 의례였다. 그런데 유교 의례는 그 사람의 지위에 따라 차별적으로 시행되는 것이 원칙이었다. 조선은 명나라와 청나라에게 사대를 했기 때문에 천자가 아닌 제후의 의례를 시행해야만 했다. 그러나 조선의 왕들은 권위를 보이는 의례를 시행할 때 제후의 격에 맞추려고 하지 않았다. 천자의 의례인 환구제는 신료들의 반대로 폐지되었지만 종묘제는 다양한 논리를 통해 제후의 격식에서 벗어났고, 왕의 행차는 화려하고 장엄하게 시행되었다. 천자의 의례에 가깝게 시행하려는 국왕과 그것을 막으려는 신료의 갈등은 왕의 권위 표현을 이해하는 주요 키워드가 될 것이다.

하늘 제사로 황제와 견주다

전근대 중국에서 자국이 천하의 중심이라고 내세운 사상이 중화中華라면, 이 중화사상을 구체적으로 표현한 행사가 바로 제천祭天 즉 하늘 제사이다.

도18 **중국 천단**
맨 앞이 환구단, 가운데가 황궁우, 맨 뒤가 기년전이다.

하늘 제사가 시행되는 장소는 '환구단', '원구단' 혹은 '천단'이라 불리는 둥그런 3단의 제단이다. 환구단에서 하늘의 뜻, 즉 천명天命을 받든 천자가 천하의 안녕을 기원하며 드리는 제사가 환구제인 것이다. 환구제는 천하에서 단 1명 천자만이 시행할 수 있는 유교 제사이고, 따라서 환구제를 시행하는 나라는 천자국임을 뜻한다. 전근대 동아시아에서 황제 혹은 왕의 권위를 내세우는 데 이보다 더 효과적인 행사는 찾기 힘들다.도18

우리나라에서는 고대에 다양한 형태의 하늘 제사가 시행되었지만 유교적인 환구제는 없었다. 그러다가 고려시대에 유교가 치국治國의 이념으로 설정되면서 본격적으로 환구제가 시행되었다. 『고려사』의 예지禮志에는 최고의 국가 제사로 환구제가 설정되어 있고, 실제 사례가 기록되어 있다. 고려시대에 환구제가 시행된 것은 당시 사람들이 자신들의 국가를 황제국으로 인식했기 때문에 가능하였다. 고려와 송, 요(금) 3국의 세력이 균형을 이루었던 10~12세기 고려왕조는 동아시아 세계에서 형식적으로 송, 요(금)에 사대했지만 실제로 황제국을 주장했다. 고려에서 폐하, 태후, 조종祖宗의 묘호, 황제 등 천자국의 용어를 사용했던 것이 그 증거이다.

그러나 무신정권을 거쳐 몽골의 간섭을 받으면서 국가의 위신은 떨어졌고, 사회·경제적 혼란이 커졌으며, 환구제 역시 시행되지 못하였다. 공민왕 대 반원 정책으로 환구제는 일시 복구되었지만 뒤이은 원명 교체의 혼란한 국제 정세 속에서 중심을 잡지 못한 고려는 점차 멸망기에 접어들었다. 이러한 고려 말의 국가 위기를 극복하며 건국된 조선왕조에서는 국가의 안녕을 위해 명 중심의 세계 질서를 인정하고 사대를 취하였다. 따라서 천자-제후로 설정된 조명 관계에 따라 하늘 제사는 조선에서 시행되지 말아야 했다.

그렇지만 태조부터 세종 중반까지 환구제는 여전히 시행되었다. 이를 위해 환구제가 고려시대 이래의 관행이고, 조선은 중국의 봉토封土가 아니라 단군에 의해 세워진 유구한 역사를 가진 독자적인 국가라는 이유 등이 제시되었다. 그렇지만 왕이 직접 제사를 하지 않고 신하를 보내 기우제를 시행하는 방식에 한정되었다. 그나마 이것마저 명나라는 의심의 눈초리로 감시하였고, 대다수의 유학자들은 천자의 의례를 제후가 시행할 수 없다며 반대하였다. 결국 세종 대 중반 환구제의 권위를 빌리지 않아도 된다는 세종의 정치적 자신감에 따라 환구제는 폐지되었다.

1457년 1월 15일, 세조는 백관을 거느리고 환구단에 나가 하늘과 땅에 제사를 지내며 조선의 국태민안國泰民安을 기원했다. 이것은 조선왕조에서 처음으로 왕이 환구제를 직접 시행한 일대 사건이었다.

계유정난癸酉靖難을 통해 어린 조카를 밀어내고 왕이 된 세조는 기본적으로 정통성이 없었다. 이 때문에 그에 대한 비판은 컸고, 결국 사육신 사건이 발생하였다. 단종의 복위를 꾀하며 일으킨 신하들의 쿠데타로 세조의 권위는 추락하였다. 충격을 받은 세조는 자신의 권위를 회복시킬 다양한 방법을 꾀하였다. 이미 즉위 직후 재상 중심의 의정부서사제議政府署事制를 국왕이 주도하는 육조직계제로 바꾸었던 세조는 직전법職田法을 통해 경제적인 질서를 잡고, 보법保法의 시행을 통해 군사력의 증강을 꾀하는 등 다양한 방식을 시도하였다. 아울러 천자의 의례인 환구제를 전격적으로 시행함으로써 그 권위가 극대화되도록 하였다. 물론 여기에는 당시 명나라가 몽골족 계열의 오이라트와의 전쟁에서 패배해 국력이 쇠약해졌다는 국제 정세를 활용한 측면도 있었다. 게다가 세조는 "명나라는 말을 듣지 않는 오랑캐는 두려워한 반면 말을 잘 듣는 우리 조선은 우습게 본다"며 명에 대해 상당한 반감을 가지고 있었다.

도19 **현재의 황궁우** ©김성철

도20 **대한제국기의 환구단**
앞쪽의 환구단은 1914년 일제에 의해 허물어졌고, 뒤의 황궁우만 현재 왼쪽의 그림과 같이 남아 있다.

세조는 환구제를 법제화시키려고 노력하였다. 그는 부정기적으로 신하들이 기우제를 시행하는 방식에서 벗어나 매년 정월 15일에 정기적으로 시행하도록 입법화하였다. 그 의식은 명나라의 황제례와 유사했고, 반드시 왕이 친히 제사하는 형태를 취하였다. 세조 7년(1461) 왕의 병이 심해지자 신하들이 세자가 대신 제사하도록 청했는데, 이 말을 들은 세조는 "내가 제사에 참여하지 못하면 제사를 행하지 않은 것과 똑같다"라며 세자의 대행도 반대하며 아픈 몸을 이끌고 직접 제사를 주관할 정도였다.[6]

앞서 언급했듯이 환구제의 시행은 유교의 보편적 논리 및 당시 유학자들의 정서와는 맞지 않았다. 다만 세조가 전제적인 힘으로 강행했을 뿐이다. 따라서 세조가 사망하자 즉시 환구제가 폐지되고, 이후 그것의 복구가 이루어지지 않은 것은 정해진 수순이었다.

세조 대 이후 폐지되었던 환구제는 400여 년 만인 1897년 10월 11일 다시 시행되었다. 이때는 단순히 왕의 권위를 높이는 시도에서가 아니라 새로운 대한제국의 건립을 선포하며 황제의 즉위식을 치르는 과정에서 이루어졌다. 열강의 계속된 침략으로 조선왕조의 독립이 위협받는 상황에서, 우리나라의 국권을 수호하고 향후 저들과 동등하게 발전하기 위해서는 무엇보다도 국제 사회에서 그들과

6_ 세조 대 환구제의 시행은 한형주, 『조선 초기 국가 제례 연구』, 일조각, 2002의 제1장, 「제천례의 설행과 폐지」를 참조.

동등한 위상을 가져야 한다는 생각을 바탕으로 시행된 것이다. 당시 중국뿐 아니라 일본 역시 천황제를 주장하는 상황에서 조선만이 제후의 체제를 고수하는 것은 독립국의 위상과는 거리가 멀다는 판단으로, 보수파와 개화파를 막론한 모든 국민의 여망에 따라 시행되었다. 이후 환구제는 계속 시행되어 독립국의 위상을 갖추려고 했지만 결국 10여 년 후 일제에 의해 국가가 강점되면서 폐지되었다. 도19, 도20

제후국과 다른 종묘 제사

환구제가 천명을 받는 존재인 왕의 추상적 권위를 표현한 것이라면 종묘제는 혈통을 통해 왕의 신성함을 강조한 것이다. 유교적인 국상國喪이 진행되는 과정에서 왕과 왕비의 시신은 왕릉에 모셔지고, 국상이 끝나면 그

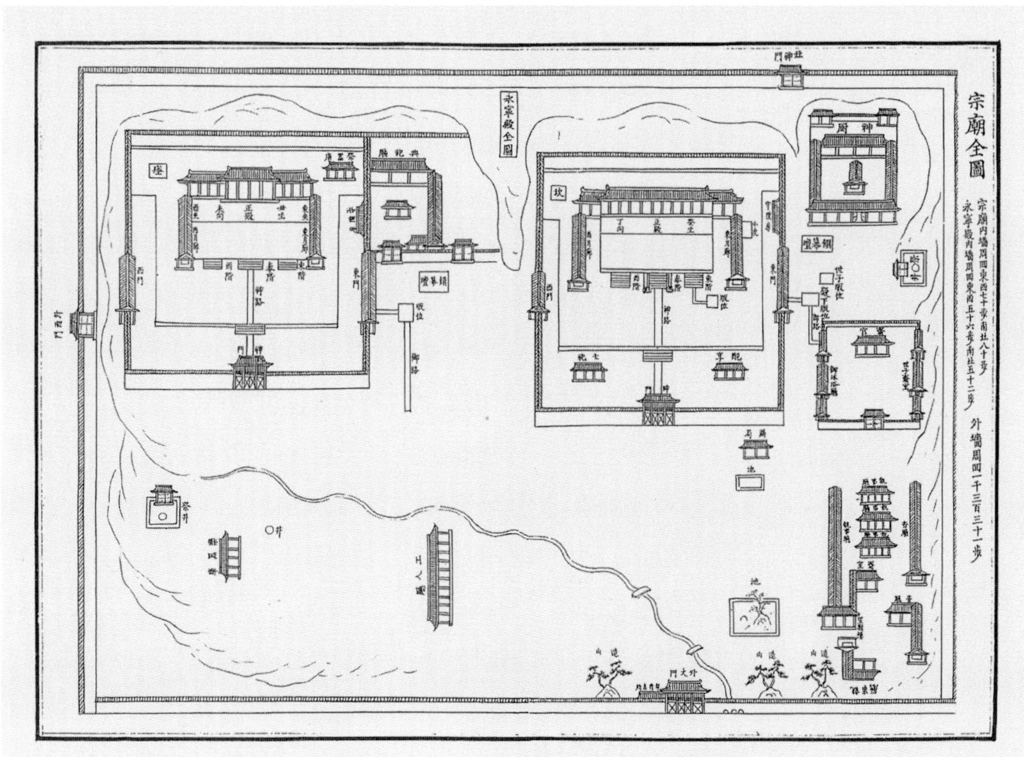

도21 『종묘의궤』에 수록된 「종묘전도」

도22 **종묘 전경** ©김성철

혼을 신주에 담아 종묘에 모신다. 종묘는 왕실의 사당으로 일반인들의 사당인 가묘와 대비되었다.도21

사당의 기본적인 원칙은 제사를 시행하는 후손의 사회적 지위에 따라, 모시는 조상의 대수가 제한된다는 점이다. 지극히 존귀할지라도 '천자는 7묘, 제후는 5묘'로 각각 제한된 것이다. 이중에서 건국자인 태조는 그 국가가 멸망하기 전에는 종묘에서 계속 모셨기 때문에 실제로 천자는 6묘, 제후는 4묘를 모셨다.

7묘 혹은 5묘는 종묘라는 큰 공간에서 세 부분으로 나뉘어 배치되었다. 북쪽의 가운데에는 태조의 묘가 있고, 태조 묘를 기준으로 왼쪽에는 2·4·6대의 짝수 묘가, 오른쪽에는 3·5·7대의 홀수 묘가 배치되었다. 이중 왼쪽의 묘를 소묘昭廟, 오른쪽의 묘를 목묘穆廟라 각각 부른다. 만약 여덟번째 신주가 새로 들어오면 2묘에 있는 신주가 나가고, 아홉번째 신주가 들어오면 3묘가 빠져나가는 방식으로 그 수가 조정되었는데, 이때 신주의 세대가 멀어져서 빠져나가

도23 **영녕전 전경** ⓒ돌베개

는 것을 친진親盡이라 말한다. 이같이 소묘와 목묘를 나누었던 것은 아버지와 아들을 같은 위치에 둘 수 없다는 사고에서 나왔다.

유교 예제의 관점에서 보면 조선은 제후국이기 때문에 5묘제로 운영되어야만 했다. 그런데 5묘가 혈통상 5세대를 의미하는지 아니면 5명의 왕대를 의미하는지 상당한 논란이 있었다. 일반적으로 사대부의 가묘에서는 4대 봉사를 할 경우 철저하게 4개의 신주를 모신다. 그런데 왕위는 할아버지－아버지－아들로만 계승되지 않는다. 아들 세대가 계승한 경우가 일반적이지만 태종, 명종, 영조 등과 같이 선왕의 동생이 계승한 경우가 있고, 인조, 정조와 같이 손자가 이은 경우도 있다. 심지어 세조와 같이 삼촌이 조카를 잇는 경우조차 발생하였다. 이런 상황을 어떻게 이해해야 할까?

처음 종묘제가 마련된 고대 중국에서는 부자 상속을 전제로 5묘를 5대의 왕으로 파악한 것 같다. 5세대와 5명이 딱 맞는 경우이다. 그러나 현실에서는 그렇지 않기 때문에 문제가 되었다. 예컨대 고려 초기 태조太祖, 혜종惠宗, 정종定宗, 광종光宗, 경종景宗의 다섯 왕이 종묘에 모셔진 상황에서 만약 1명의 왕을 1세대로 간주할 경우 6대 왕인 성종이 들어올 때 혜종은 친진되어 종묘에서 나가야 한다. 그런데 혜종, 정종, 광종의 세 왕은 형제간이라 혜종은 혈연상으로는 단 2대 만에 친진이 되는 셈이다. 이러한 불합리 때문에 중국은 한나라 이후 동일 세대는 전부 합쳐서 1묘로 계산하는 방식을 취하였는데, 이를 동세이실同世異室(같은 세대는 하나로 계산하되, 종묘의 방을 달리한다)이라 부른다. 조선의 종묘제는 이러한 동세이실을 바탕으로 운영되었다.

현재 종묘에는 19대의 왕과 왕비가 모셔져 있다. 그리고 뒤쪽의 영녕전에는 16대의 왕과 왕비의 신주가 있다.도22, 23 종묘에서 친진된 왕들을 모시는 곳이 영녕전이기 때문에 이를 제외하더라도 종묘에는 19대의 왕들이 모셔져 있는 셈이다. 그런데 이들의 세대를 따져보면 형제간이 없이 순수하게 19세대에 이른다. 19대 중 태조와 정조, 순조, 문종, 헌종, 철종, 고종, 순종 등 8명은 뒤에 황제라는 칭호가 붙어 있다. 1897년 대한제국이 세워지자 '천자는 7묘'의 원칙에 맞게 태조 및 고종의 6대조를 황제에 추증했고, 이후 고종, 순종이 사망하자 신위가 추가된 것이다.

위와 같이 황제국 체제의 7묘를 제외한다고 해도 12명의 신주가 추가되어 있다. 어떻게 이것이 가능했을까? 이 현상을 설명해주는 것이 세실世室(불천위不遷位)의 존재이다. 세대가 넘어 친진이 되어도 신주를 옮기지 않는 불천위는 원래 건국자인 태조에만 설정되어 있었다. 그러나 국가의 흥망을 좌우할 정도의 공덕功德을 세운 군주는 비록 세대가 지나도 옮기지 말고 그 신주는 대수에 포함시키지 말아야 한다는 주장이 유교의 논리로 나오게 되었다. 이 불천위의 개념은 고려시대에 이미 들어왔는데, 조선시대에 이를 광범위하게 활용하였다. 첫 사례는 연산군 대 성종이 종묘에 들어가면서 나타났다. 당시 '제후는 5묘'라는 원칙에 따르면 태조를 제외한 5대조인

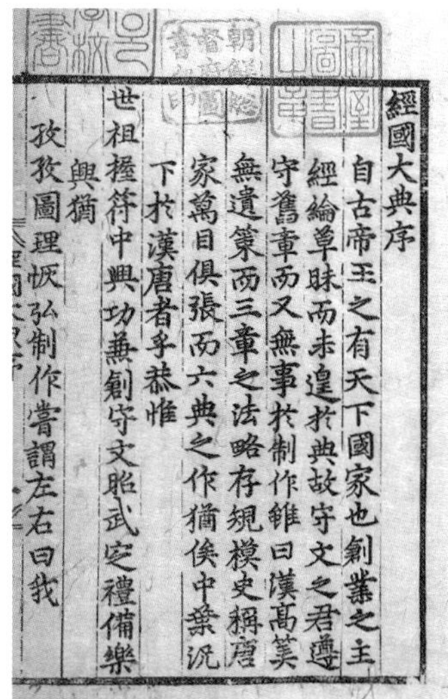
經國大典序
自古帝王之有天下國家也創業之主
經綸草昧而未遑於典故守文之君遵
守舊章而又無事於制作雖曰漢高筭
無遺策而三章之法略存規模史稱唐
家萬目俱張而六典之作猶俟中葉況
下於漢唐者乎恭惟
世祖撥亂中興功兼創守文昭武定禮備樂
興猶
孜孜圖理恢弘制作嘗謂左右曰我

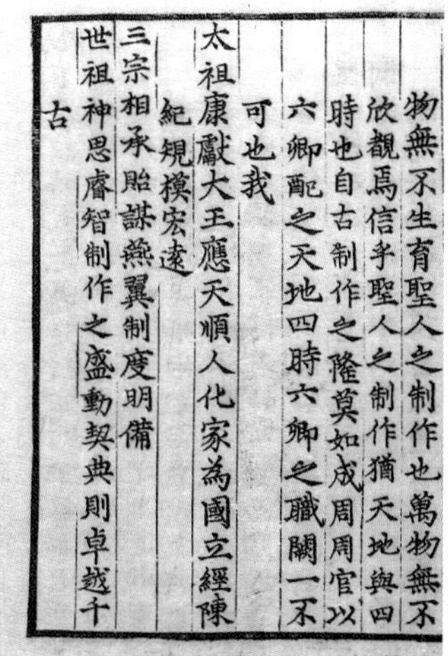
物無不生育聖人之制作也萬物無不
欣覩焉信乎聖人之制作猶天地與四
時也自古制作之隆莫如成周周官以
六卿配之天地四時六卿之職闕一不
可也我
太祖康獻大王應天順人化家為國立經陳
紀規模宏遠
三宗相承貽謀燕翼制度明備
世祖神思睿智制作之盛動契典則卓越千
古

도24 **『경국대전』 1책 표지와, 서문에 보이는 '세조', '태조'에 관한 내용** 서울대학교 규장각 소장.

정종과 태종의 신주를 옮겨야 했는데, 정종은 영녕전으로 옮겼지만 태종은 공이 큰 임금이라며 불천위로 삼아 옮기지 않았다. 그 다음 중종이 사망했을 때도 세종은 불천위로 지정되어 옮겨지지 않았다. 이후 자손의 덕으로 추증된 왕을 제외한 상당수의 신주들이 불천위로 지정되었다.[7]

불천위 지정의 근거는 선왕의 공과 덕이었다. 그런데 공덕의 평가는 상당히 주관적이라 후대의 관점에서 볼 때 고개를 갸우뚱하게 만드는 경우도 종종 있다. 태종, 세종, 세조, 성종 등은 공덕의 관점이 적용될 여지가 있지만 중종, 선조, 인조, 현종 등은 과연 어떨까? 그런데 주목되는 사실은 불천위로 지정된 왕들은 혈통이 계속 이어졌다는 점이다. 즉 현왕을 기준으로 혈통이 이어진 경우 불천위를 지정하여 종묘에 봉안한 반면 추증 왕 및 계통이 달라지는 왕은 친진이 되면 영녕전으로 옮겨진 것이다. 이것은 자신의 혈통을 신성화하려는 국왕의 의지가 종묘의 제사에 투영된 것인데, 그 결과 조선의 종묘는 명목상 '제후는 5묘'의 원칙을 내세웠지만 실제로는 계속되는 세실의 확대로 '천자는 7묘'를 넘어 19묘의 제도를

7_ 불천위의 지정으로 부족해진 종묘의 칸수는 1546년, 1726년, 1836년의 세 차례 증축을 통하여 해결하였다. 영녕전의 증축도 1608년, 1667년, 1836년의 세 차례에 걸쳐 이루어졌다.

시행한 것이다.

한편 종묘의 칭호인 묘호에는 선왕의 권위를 내세우는 다양한 내용이 포함되어 있다. 우선 묘호로 조와 종을 광범위하게 사용하는 문제이다. 흔히 공이 있는 왕에게는 조, 덕이 있는 왕에게는 종이 붙는다고 알려져 있다. 실제로 조선시대 모든 왕들은 조나 종을 묘호로 사용하였다. 원래 조나 종은 죽은 제후에게 붙일 수 없고, 천자에게만 가능한 칭호였다. 몽골 간섭기 고려 왕들의 묘호를 생각해보라. 충렬왕忠烈王, 충선왕忠宣王, 충목왕忠穆王, 충정왕忠定王 등의 묘호에는 몽골 황제에 충성한다는 충忠자가 왕의 칭호에 붙었을 뿐 아니라 조나 종이 아닌 '왕' 자를 썼다. 또한 임진왜란 중인 1593년(선조 26년) 명의 사신으로 온 병부주사 원황袁黃이 우연히 『경국대전』을 본 사실이 알려지자, 『경국대전』에 적혀 있는 왕들의 조종祖宗 칭호를 가지고 명나라에서 시비를 걸면 어떻게 하느냐로 호들갑을 떤 적이 있었다.[8] 이것은 조종의 칭호가 천자에게만 가능하다는 사실을 알면서도 조선에서는 그동안 계속 사용했음을 알려준다.도24

8_『선조실록』 권36, 선조 26년 3월 무오; 『선조실록』 권39, 선조 26년 6월 갑신.

한편 조선 전기에는 태조와 세조를 제외하면 '조'의 칭호를 쓴 적이 없었다. 반면에 후기에는 선조, 인조, 영조, 정조, 순조 등 '조'를 칭한 경우가 상당수에 이른다. 그런데 선조 이하의 왕들이 처음 종묘에 봉안되었을 때 '조'로 칭해진 것은 아니었다. 처음에는 모두 '종'을 칭하였다가 나중에 '조'로 바뀌었던 것이다. '종'보다는 '조'를 높이 평가하는 인식이 커지자 자기의 선조를 높이려고 후대 왕들이 의도적으로 바꾼 것이다.

1545년(인종仁宗 원년) 중종中宗의 삼년상이 끝나자 신하들은 선왕의 묘호를 중종으로 정하였다. 그러자 아들인 인종은 선왕은 연산군의 폭정을 없앴고 40여 년간 국가 운영을 잘한 중흥의 군주인데 어째서 '조'를 칭하지 않느냐며 반발하였다. 그렇지만 허약한 인종으로서는 신하들의 반대를 극복할 수 없어 결국 중종으로 결정하였다. 이것은 똑같이 반정으로 왕이 된 인조가 '조'로 칭해진 것과 대비된다.

1610년(광해군 2년) 선조의 삼년상이 끝나자 신하들은 선왕의 묘호를 선종宣宗으로 정하였다. 그러자 광해군은 선왕은 임진왜란을 극복하여 국가를 재건시켰는데 왜 '조'를 칭하지 않느냐며 반대했는데, 결국 신하들의 주장대로 '선종'의 칭호로 종묘에 봉안하였다. 그렇지만 이후 광해군이 대북정권大北政權을 통해 강력한 왕권을 행사하면서 1616년 선왕의 묘호를 선종에서 선조로 바꾸어 버렸다. 이러한 사례는 당대인들이 선왕의 묘호 지정을 단순히 효도의 차원이 아니라 왕권을 내세우는 중요한 작업으로 인식했음을 알려준다.

장엄한 국왕의 행차 조선시대 왕들의 행동반경은 생각보다 좁았다. 왕궁은 저택인 동시에 집무실이어서 그들은 하루의 대부분을 궁 안에서 움직였다. 왕이 궁궐 밖으로 나올 때는 종묘의 제사를 지내거나 성균관에 가는 경우, 강무講武를 시행하는 경우 등인데, 그러한 행사가 일상적인 것은 아니었다. 한편으로 왕의 궁 밖 출입을 신하들은 대개 탐탁하지 않게 여겼다. 왕이 움직일 경우 그 준비가 만만치 않고 특히 적지 않은 비용이 들었기 때문이다. 이러한 좁은 행동반경으로 왕들은 답답함을 느꼈고, 한편으로 일반 백성들과의 접촉이 거의 이루어지지 못하는 결과를 낳았다.

이 문제를 해결하고자 왕들은 때로 미행微行을 시행하였다. 평복 차림으로 나서는 미행은 도성 안에 사는 백성들의 삶을 직접 보고 여론을 파악하려는 왕의 의지를 보여주는데, 특히 숙종, 영조 등이 애용한 것으로 유명하다. 그러나 미행은 왕 자신을 백성들에게 드러내는 행동이 아니었고, 그 범위는 도성에 국한된다는 한계가 있었다.

백성들에게 왕의 존재가 드러날 때는 종묘, 사직, 문묘, 선농 및

유형		시위군 및 의장	무장	인원(명)
참여 인원	시위군사	갑사	검劍, 창, 거폭車輻, 검(長劍), 대도大刀, 등장籐杖	892
		총통위	총통銃筒	600
		별시위	검, 궁시弓矢	1,000
		충순위	검, 궁시弓矢	240
		충의위	검, 궁시弓矢	100
		내금위	은갑주銀甲冑, 검劍	85
		사금		20
		취각		6
	시위무관	중추 4, 도진무 1, 절제사 5, 대호군 4, 상호군 4, 호군 16, 사복관 6		40
의장	여연	대연 1		60
		소연 1		40
		소어 1		30
	깃발	홍문대기 2, 후전대기 2		20
		천하태평기 1, 군왕천세기 1		6
		현학기 1, 백학기 1, 벽봉기 2, 용마기 2		12
		각단기 2, 삼각기 2, 가구선인기 2, 백택기 2		16
		정해기 1, 정묘기 1, 정유기 1, 정묘기 1, 정축기 1, 정사기 1		12
		현무기 2, 주작기 2, 청룡기 1, 황룡기 1, 백호기 1		14
		금자기 1, 영자기 2, 고자기 1		8
	산선	봉선 8, 작선 10, 청산 2, 용선 2, 홍양산 1, 청양산 2		25
	기타 의장	은교의 2		4
		가서봉 10, 금월부 5, 은월부 5, 수정장 1		21
		홍개 4, 청개 2		6
		정 4, 모절 4, 간 1, 필 1		10
		금작자 2, 은작자 4, 금횡과 2, 은횡과 4, 은립과 4, 금립과 4		20
		청룡당 1, 백호당 1, 주작당 1, 현무당 1		4
		금장도 2, 은장도 2, 금등 10		14
		옹골타자 6, 표골타자 6		12
		은우 1, 은관자 1, 금 4, 은마괴 1		7
		고 4		8
	장마	18필		18
합계				3,350

『세종실록』 「오례」에 보이는 대가의 인원과 의장의 수9

9_ 깃발의 경우 대기大旗는 5명, 중기中旗는 3명, 소기小旗는 2명이 담당한 것으로 규정되어 있다. 그런데 중기와 소기가 명확하지가 않은 경우 소기의 최소인원을 기준으로 계산하였다.

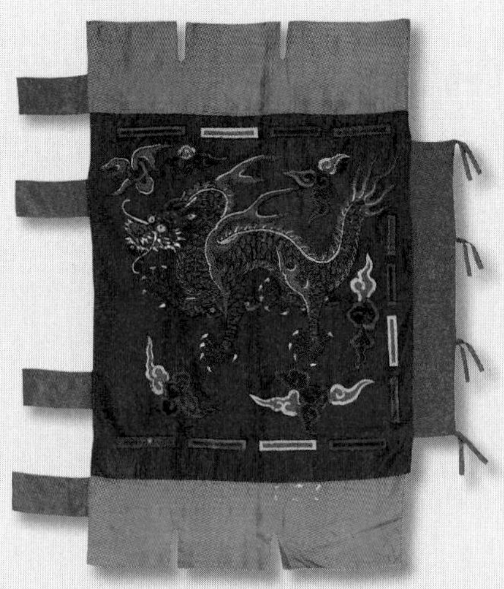
청룡기 靑龍旗

주작기 朱雀旗

현무기 玄武旗

백택기 白澤旗

백호기 白虎旗

도25~29 국립고궁박물관 소장.

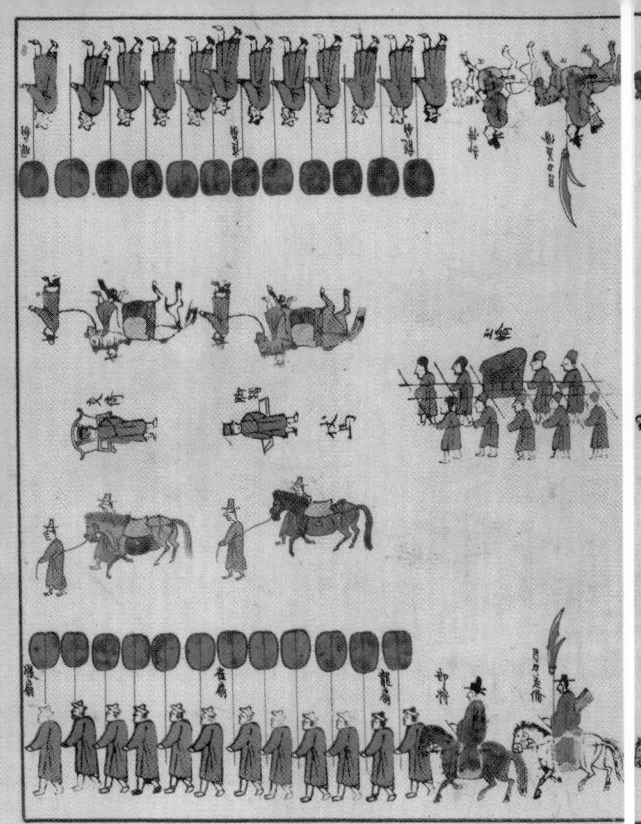
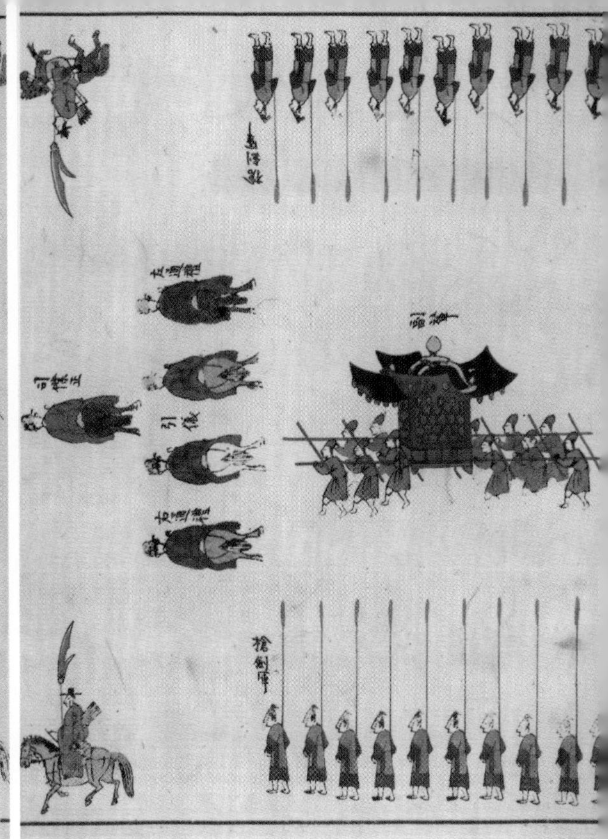

도30 **『영조정순왕후가례도감의궤』 반차도 중 왕의 행렬** 조선 1759년(영조 35), 서울대학교 규장각 소장.

왕릉에서의 제사가 있을 때였다. 국가 제사는 국가의 안녕을 기원하고 효를 실천한다는 명분으로 시행되었다. 이들 제사를 시행하기 위해서는 일단 궁 밖으로 나가야 하는데, 이때 장엄한 왕의 행차를 백성들이 볼 수 있었다. 왕의 행렬은 그 규모에 따라 대가大駕, 법가法駕, 소가小駕 등의 구분이 있는데, 대개 수천 명의 인원과 갖가지 의장이 동반되었다. 예컨대 대가의 경우 『세종실록』「오례」五禮에는 앞쪽 표와 같은 인원과 의장이 규정되어 있다. 도25~29

표에 따르면 왕의 시위와 관련된 무관과 군사가 2,983명에 이르고, 의장을 담당한 인원이 거의 400명에 달한다. 여기에 왕세자의 시위와 문관과 무관, 종친의 수가 포함될 경우 왕의 행렬에 참여하는 인원은 대략 5,000명 내외에 이를 것으로 추산된다. 신하들이 왕의 바깥나들이를 꺼린 데는 다 이유가 있었던 것이다.

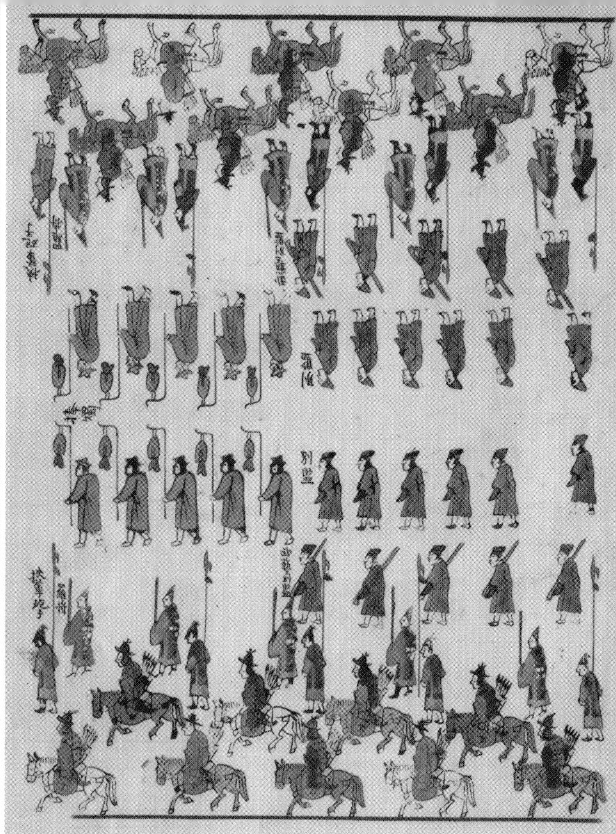

왕의 공식 나들이는 간단히 이루어질 수 없었다. 경호와 관련된 인원이 충분히 확보되어야 할 뿐 아니라 그의 위엄을 충분히 보여줄 수 있는 형태가 되어야 했다. 수십 개의 깃발과 다양한 의물을 앞세우고 사방에 번쩍이는 갑옷과 활, 칼을 찬 수천 군사들의 호위 속에서 이루어지는 장엄한 왕의 행렬은 백성들에게 감탄과 두려움을 자아냈다. 현재 유럽의 왕국에서는 아직도 왕이나 왕세자의 결혼식을 시행할 때 호화로운 거리 행진을 벌여 주목을 끄는 경우가 있는데, 조선시대 왕의 행렬은 이보다 더 화려하고 장엄하였다. 도30

제사를 위한 왕의 행렬은 대부분 서울 지역에 한정되었다. 이러한 한계를 벗어난 유일한 제사가 왕릉의 제사이다. 조선시대 왕과 왕비의 능은 서울을 벗어나 경기도 일대에 있었다. 왕이 능에 참배할 때는 1~3일 정도의 시일이 소요되는데, 대부분의 왕들은 1년에

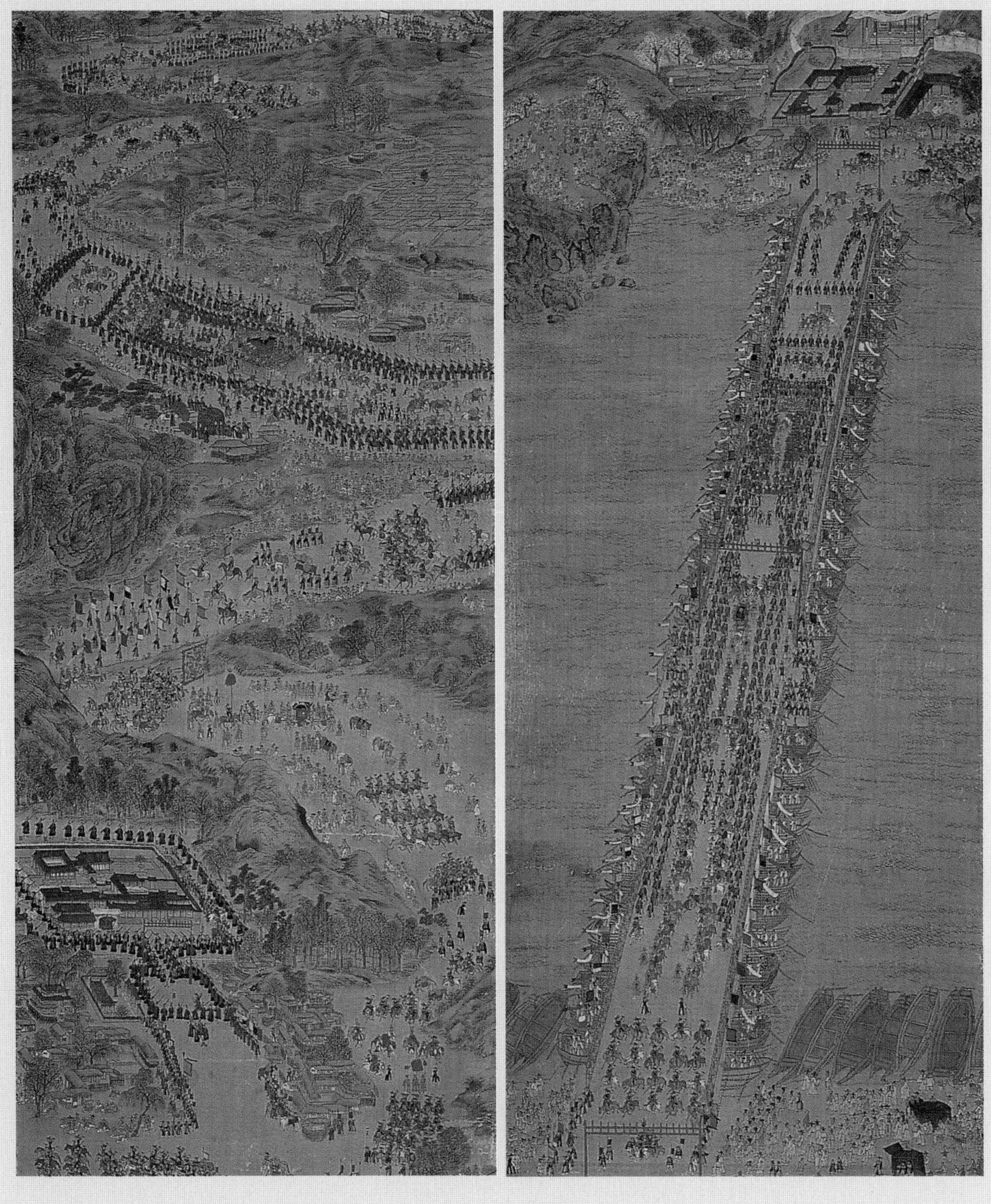

도31, 도32 **〈화성행행도〉華城行幸圖 병풍 중 제7폭 〈환어행렬도〉와 제8폭 〈한강주교환어도〉** 조선 18세기 후반, 비단에 채색, 각 149.8×64.5cm, 국립고궁박물관 소장.

2~5회 정도 능에 참배하였다. 능 제사는 선왕에 대한 효를 내세우며 시행되었다. 유교 국가에서 부모에 대한 효를 다하기 위해 능을 간다는데 누가 반대할 것인가. 물론 능행은 내세운 명분과 달리 효도만이 목적은 아니었다. 능의 참배가 끝나면 대부분의 왕들은 근처를 돌면서 며칠간 휴식을 취하였다. 또한 이 과정에서 많은 백성들에게 왕 자신을 과시하고 그들과의 접촉을 통해 민심을 알아보기도 하였다.

1789년 윤2월 정조는 생모인 혜경궁 홍씨惠慶宮洪氏를 모시고 화성(지금의 수원)에 행차하여 아버지 사도세자의 묘소인 현륭원顯隆園에 참배하였다. 참배가 끝나자 그는 화성의 행궁으로 가서 혜경궁 홍씨의 회갑연을 베풀었다. 이 과정은 총 7박 8일에 걸쳐 이루어졌다. 이 능행을 통해 정조는 무엇보다 불운했던 아버지 사도세자를 높이고 어머니의 환갑잔치를 하는 등 효도라는 본래의 목적을 다하였다. 그렇지만 그는 화성의 행궁을 오가면서 그 지역의 서원과 향교에 들러 유생들에게 학문을 권장했고, 별시 문과와 무과의 시험을 치렀다. 이때 왕의 행렬을 보기 위해 전국에서 수만 명의 사람들이 몰려들었는데, 이들을 관광민인觀光民人이라고 불렀다.[10] 도31, 도32

10_ 김문식, 「18세기 후반 정조 능행의 의의」 『한국학보』 88, 1997.

왕의 행렬은 백성들에게 단순한 구경거리만이 아니었다. 구경 나온 백성들 중 일부는 자신들의 억울한 사정을 하소연하며 그 해결을 애원하였다. 정조는 백성들의 민원이 많아지자 상소나 격쟁擊錚(징을 침)을 통해 민원이 전달되도록 조처했는데, 1779년 효종의 영릉에 갔을 때는 3,000건이 넘는 민원이 접수되었다고 한다. 이러한 대민 접촉은 백성들과의 거리를 좁히는 데 큰 역할을 하였다. 1784년 정조가 영릉에 참배하고 돌아갈 때 일부 백성들은 자신들이 만든 떡을 가져와 왕에게 직접 바치기도 하였다. 이때 신하들은 경호와 위생을 문제 삼아 이를 막으려 했지만 정조는 이들을 칭찬하며 상을 주기도 하였다.

國王日常

3 권력자로서의 왕

조선시대의 왕은 입법, 사법, 행정상 최고의 권력자였다. 그들은 선왕 대에 이루어진 법, 즉 성헌成憲을 기본적으로 준수했지만 종종 법의 테두리를 벗어나 권력을 행사하였다. 왕의 권력 행사를 위해서는 무엇보다 군사력이라는 물리적인 힘이 뒷받침되어야 했다. 이를 위해 왕은 수시로 수만 명을 동원한 강무를 통해 군사훈련을 하거나 때로 오랑캐의 정벌을 통해 그 위엄을 드러냈다. 그렇지만 왕의 전제권은 권력 구조 및 삼사의 언론 활동 등을 통해 견제되었고, 심한 경우 반정을 통해 왕이 축출되기도 하였다. 조선시대 왕권의 행사는 시대적으로 차이가 있었다. 강무와 정벌 등의 대규모 군사 동원은 16세기 중반 이후 끊어졌고, 17세기 이후 붕당정치가 심화되면서 국왕의 권력은 전반적으로 약화되었다.

왕의 자존의식과 권력 행사

프랑스의 왕 루이 14세가 "짐이 곧 국가다"라는 유명한 말을 남겼는데, 이것은 조선시대 왕에게도 그대로 적용될 수 있다. 조선시대의 법전인 『경국대전』에는 왕의 권한과 역할이 기록되어 있지 않다. 왕이 법을 초월하는 존재임을 나타내주는 것이라 하겠다. 그런데 심한 경우 왕 스

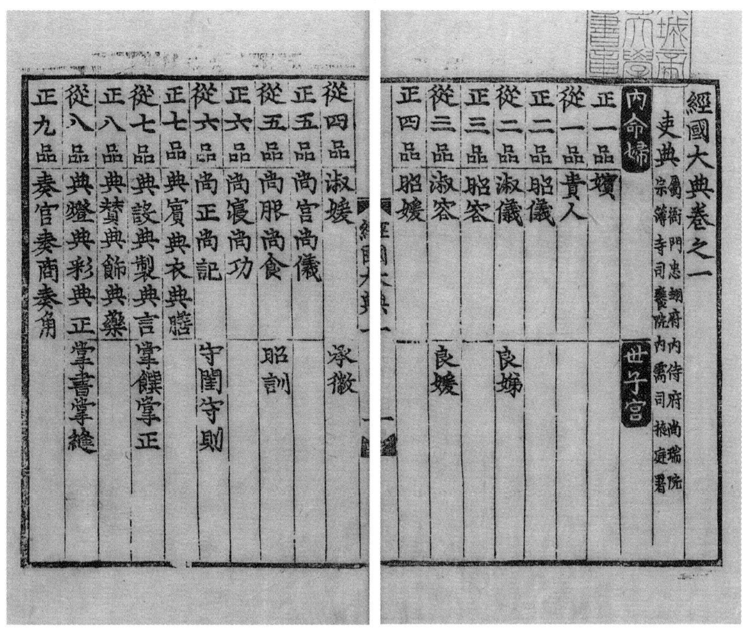
經國大典卷之一
吏典 屬衙門 忠翊府 內侍府 尙瑞院 宗簿寺 司饔院 內需司 掖庭署
內命婦
正一品 嬪
從一品 貴人
正二品 昭儀
從二品 淑儀
正三品 昭容
從三品 淑容
正四品 昭媛
從四品 淑媛
正五品 尙宮 尙儀
從五品 尙服 尙食
正六品 尙寢 尙功
從六品 尙正 尙記
正七品 典賓 典衣 典膳
從七品 典設 典製 典言
正八品 典贊 典飾 典藥
從八品 典燈 典彩 典正
正九品 奏宮 奏商 奏角
世子宮
良娣
良媛
承徽
昭訓
守閨 守則
掌饌 掌正
掌書 掌縫

도33 『경국대전』 권1, 「이전」吏典

『경국대전』의 첫 면은 왕과 왕비에 대한 언급 없이 내명부에서 시작한다. 그리고 『경국대전』 전체의 내용 중 왕과 왕비에 대한 규정은 별도로 나오지 않는다.

스로 자신을 국가보다 우선시하는 경향을 보이기도 하였다.도33

1592년 4월 임진왜란이 발생한 뒤 왜군은 파죽지세로 서울을 함락하고 6월에 평양을 무너뜨렸다. 당시 피난 중이던 선조는 평양의 함락 소식을 듣고 충격을 받아 바로 압록강을 건너 요동遼東으로 도망가려고 하였다.

상이 이어 요동으로 들어갈 일에 대하여 말하였다. …… "내가 천자의 나라에서 죽는 것은 괜찮지만 왜적의 손에 죽을 수는 없다" 하였다. …… 상이 이곽李廓에게 하문하기를, "요동으로 건너가는 것이 어떠한가?" 하자, …… 이항복李恒福이 아뢰기를, "부득이 창업할 때처럼 비바람을 무릅쓴 뒤에야 보전할 수 있습니다. 양궁兩宮이 한 곳으로 함께 가시면 사람들이 기대를 부칠 곳이 없게 됩니다." …… 정철鄭澈이 아뢰기를, "요동으로 들어가겠다는 생각이 드러나자 인심이 해이되었는데, 하물며 참으로 요동으로 들어가는 경우이겠습니까. 일이 궁박한 지경에 이르렀기 때문에 이런 의논이 나오게 된 것입니다" 하니, 상이 이르기를, "의논이 많으면 좋지 않은 것이다. 지금 백방으로 생각해봐도 내가 가는 곳에는 왜적도 갈 수 있으므로 본국에 있으면 발붙일 땅이 없을 것이다" 하였다. 최흥원崔興源이 아뢰기를, "소신의 생각에는 요동으로 들어가는 것은 불가합니다. 들어갔다가 허락하지 않으면 어떻게 하겠습니까?" 하니, 상이 이르기를, "아무리 그렇더라도 나는 반드시 압록강을 건너갈 것이다" 하였다. 심충겸沈忠謙이 아뢰기를, "요동으로 들어가면 내전과 비빈은 어떻게 하시렵니까?" 하니, …… 상이 이르기를, "세자와 함께 북도로 보내는 것이 어떻겠는가? 요동으로 가는 데는 내전 및 두세 명의 비빈은 부득이 대동하고 가야겠다" 하고, 또 이르기를, "중국으로 들어가면 구원병을 청하여 혹 우리나라를 회복시킬 수가 있을 성싶다" 하자, 최흥원이 아뢰기를, "중국에서 허락하여 주지 아니하면 그 걱정이 적지 않을 것입니다" 하였다.[11]

11_『선조실록』 권27, 선조 25년 6월 신축.

선조와 신하들이 나눈 위의 대화를 보면 참으로 기가 막힌다. 왜군에게 전 국토가 유린된 상황에서 왕이 책임을 통감하고 결전을 하겠다는 의지를 보인 것이 아니라 자신의 처첩 몇 명을 데리고 요동으로 들어가겠다고 우기고 있다. 이항복은 창업할 때처럼 비바람을 무릅써야 국가가 보존될 수 있다고 결전의 의지를 강조했고, 정철과 최흥원은 전하가 요동으로 들어간다는 소식으로 민심이 동요하고 있고, 만약 요동으로 들어가면 종묘와 사직을 누구에게 맡기겠냐며 반대하였다. 이에 선조는 명으로 들어가면 구원병을 청할 수 있다고 변명을 하고 있다. 위의 기사를 보면 선조는 국가가 무너지고 백성이 없어져도 나는 살아야겠다는 뜻을 신하들과의 공식 회의석상에서 당당하게 밝히고 있다. 왕이 곧 국가라는 의식, 나아가 국가보다 왕이 더 높다는 의식을 분명히 드러낸 사례인 것이다. 도34

도34 **〈임진전란도〉** 조선 1834년(순조 34), 이시눌李時訥 필, 비단에 채색, 141×85.5cm, 서울대학교 규장각 소장.
임진왜란 당시 부산진과 다대포진의 전쟁 장면과 주변의 지리적 환경을 묘사하였다.

조선시대의 왕은 기본적으로 법에 구속되는 존재라기보다는 법을 만드는 존재였다. 법은 말과 글로써 전달된 왕명을 토대로 만들

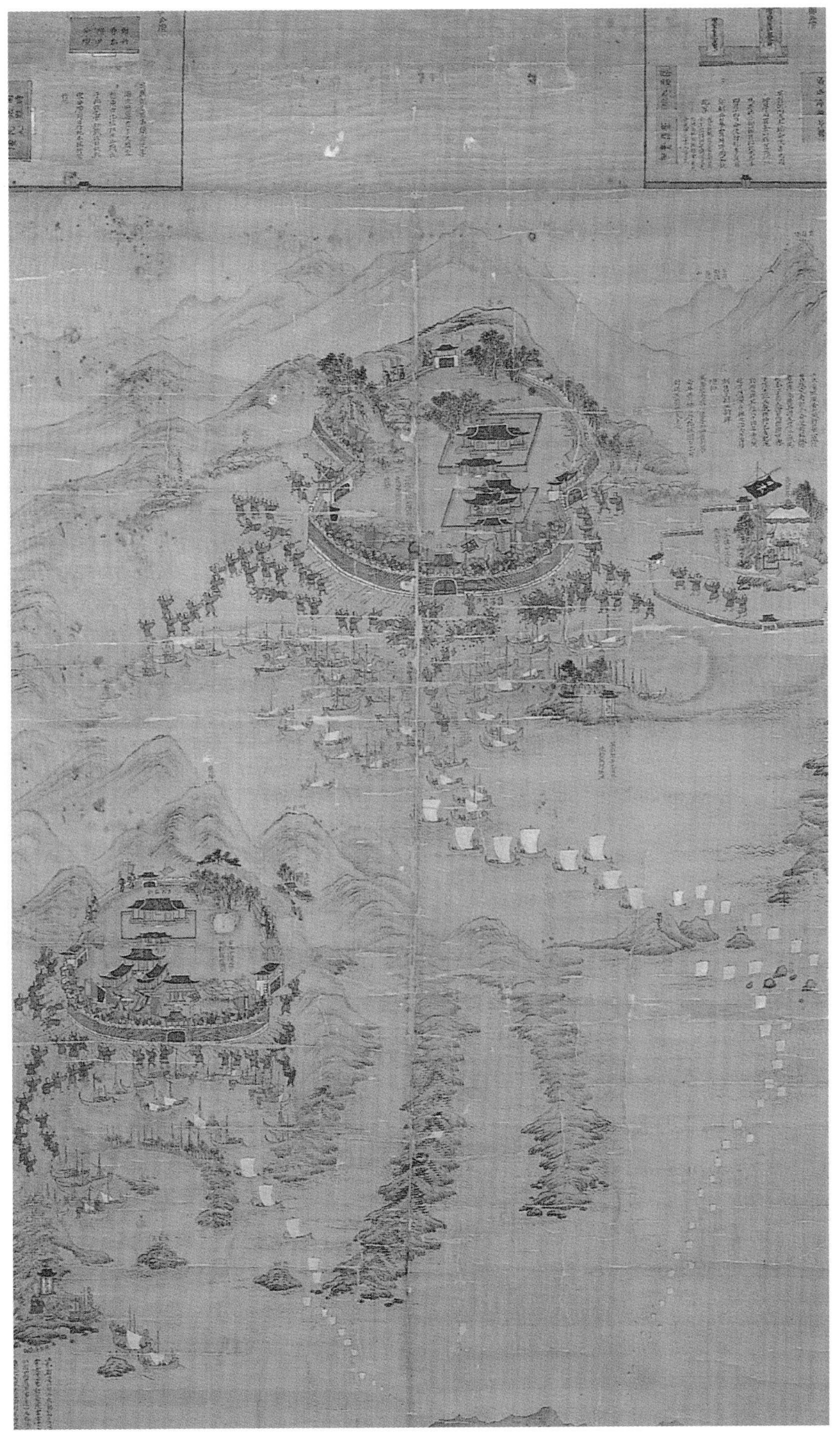

어졌다. 왕의 명령서인 교지敎旨를 각 관청에서 받아(이를 수교受敎라 한다) 시행하는 것이 법 집행의 방식이었다. 물론 각 관청에서 필요한 사항들을 정리하여 올리면 왕이 이를 재가해 시행하는 경우가 더 많았다. 새로운 법은 왕의 재가에 의해 제정되는데, 제정된 법 조문들을 모아서 정리한 것이 『경국대전』이었다. 그런데 『경국대전』에는 모든 사람들에 대한 규정은 있지만 왕과 왕비에 대한 것은 없다. 왕과 왕비에 대한 규정이 『경국대전』에 없는 이유는 분명하지 않지만 그들을 법의 테두리 안에 한정시킬 수 없다는 의식을 드러낸 것은 분명하다. 그렇지만 이러한 초법적인 왕도 선왕이 만든 법에는 상당히 구속되었다. 법을 제정할 때 선왕 대에 이루어진 성헌成憲을 마음대로 바꾸는 것이 아니라 성헌을 토대로 일부의 내용을 보충하는 것이 입법의 중요한 원칙이었던 것이다.

조선시대의 왕은 의정부와 육조를 기반으로 한 광대한 행정 기관을 통하여 국가의 제반 업무를 총괄하였다. 이러한 행정 업무를 효율적으로 총괄하기 위해서는 무엇보다 관리들의 원만한 협조가 필요하였다. 왕의 관리 통제는 인사권 장악만큼 확실한 수단이 없었다. 마찬가지로 왕의 인사권 행사에 일정한 제약을 가하는 장치 역시 마련되었는데, 사간원과 사헌부 관리들의 서경권署經權 행사가 바로 그것이다. 서경은 관리의 임명이나 법령의 제정에 대간이 서명하는 것을 말하는데, 만약 그들의 서명이 없을 경우 왕의 명령은 효력이 발생되지 않았다. 왕의 부당한 인사 조처에 관리들이 저항할 수 있는 합법적인 방식이었던 것이다. 고려시대에는 서경의 대상이 문무관 전체였다. 비록 수상인 문하시중이라도 대간의 서경이 없으면 그 권한을 행사할 수 없었다. 그렇지만 조선시대에 들어와 서경의 범위는 대폭 축소되었다. 태종, 세조와 같은 강력한 군주들은 서경권을 대폭 축소시키려고 했고, 결국 『경국대전』에는 5품 이하의 관원 임명 시에만 대간의 서경이 가능하도록 규정되었다.

도35, 도36 **『대사례도』 중 〈어사례도〉와 〈시사례도〉** 조선 1734년(영조 19), 비단에 채색, 각 46.7×60.4cm, 고려대학교 도서관 소장. 〈어사례도〉는 왕이 직접 활 쏘는 모습을 그린 것이고, 〈시사례도〉는 종친·의빈·문무관 등 신하들이 짝지어 활쏘는 모습을 그린 것이다.

사냥과 정벌을 통한 군사권 장악

국가 의례가 왕의 권위를 상징적으로 표현한다면 군사권은 왕의 실제적인 힘의 원천이었다. 왕이 군사권을 장악하지 못할 경우 언제 쿠데타가 일어날지 몰라 정치적으로 늘 불안할 수밖에 없었다. 국초에 사병을 기반으로 이방원이 쿠데타를 통해 왕이 된 사실이나 국가가 안정된 이후에도 단종, 연산군, 광해군의 예에서 보듯이 군사권을 장악하지 못할 경우 반정이라는 최악의 상황으로 이어지기도 했다.

왕이 군대의 최고 통수권자임을 보여주는 장치는 여러 방식으로 존재하였다. 강무와 대열大閱, 취각령吹角令, 대사례大射禮 등이 의례와 결부된 군사적인 상징이라면 군사 정벌은 실제의 행동으로 나타난 것이다.

대열은 국왕이 참여하는 일종의 대규모 군사 사열을 말하는데, 군기軍器와 의장을 점검하여 평상시에 군기軍紀를 확립하는 의식이다. 취각령은 군 명령 체계의 전달을 연습하는 것으로, 긴급한 위기 상황에 대처하기 위한 군사 훈련의 일종으로 시행되었다. 그리고 대사례는 왕이 직접 궁궐의 뜰에서 활을 쏘는 의식이다. 대사례는 왕의 신체 단련과 더불어 군신 간의 화합을 도모하는 의례였다. 도35, 도36 그렇지만 왕의 군권 장악을 무엇보다도 잘 보여주는 행사는 강무라 할 수 있다.

강무는 왕이 참여하는 일종의 사냥이다. 강무는 종묘와 사직의 제사에 쓸 희생(제물)을 마련한다는 명분으로 시행되었다. 그렇지만 강무의 진정한 의미는 대규모의 군사를 동원한 군사 훈련이자 진법 훈련에 있었다. 기병과 보병, 짐승몰이꾼 등으로 구성된 대규모 인원이 각각의 대오를 지어 지휘관의 신호에 따라 진퇴進退하며 짐승을 사냥하는 모습은 그 자체가 장관일 뿐 아니라 훈련의 효과가 높았다. 강무 때 동원되는 인원은 적게는 수천 명 정도에서 많게는 3만 명에 이르렀는데, 이중 절대 다수는 구군驅軍이라고 불리는 짐승몰이꾼이었다. 예컨대 1419(세종 1년) 11월의 강무에는 1만 2,000명이 동원되었는데, 이중 갑사, 시위패 등의 군사가 3,000명인 반면 구군은 9,000명에 이르렀다.

강무의 결과 다양한 동물들이 포획되는데, 이중 호랑이는 중요한 목표물이었다. 『조선왕조실록』의 기록에 따르면 서울의 인왕산에서조차 종종 호랑이가 나올 정도로 전국적으로 호랑이에 의한 피해는 적지 않았다. 따라서 호랑이를 잡는 것은 백성들의 안전을 도모하는 일과 직접 관련되어 있었다. 세조 2년(1456) 5월 삭녕(경기도와 강원도의 접경 지역)에서 시행된 강무에서는 호랑이 3마리, 노루 2마리, 사슴 1마리를 잡았고, 세조 6년(1460) 주엽산에서는 호랑이 1마리, 노루 2마리, 사슴 3마리, 여우 4마리, 돼지 5마리를 잡았다. 물론 토끼와 같은 작은 짐승들은 통계에서 빠져 있다. 이중에서 호랑이는 백성에게 피해를 주는 짐승을 포획한 것일 뿐 실제로 종묘에 바치는 희생으로 쓰인 것은 노루와 사슴 등이었다.[12]

12_ 김동진, 「조선 전기의 강무의 실행과 포호 정책」 『조선시대사학보』 40, 2007.

강무는 이미 중국 주나라의 제도를 설명한 문헌인 『주례』에 나오듯이 고대부터의 오래된 행사였지만 그 성격상 왕의 사냥놀이라는 비판을 면할 수가 없었다. 수만 명에 달하는 인원과 장비, 그리고 강무를 시행하는 인근 고을의 접대 비용 등은 국가 재정에 큰 부담으로 작용하였다. 이 때문에 강무는 국왕이 주도하여 시행했던 반면 신하들은 재정 부담과 민폐를 이유로 반대하였다. 특히 16세기 이후 국가 재정이 파탄에 이르면서 강무는 거의 시행되지 않았다.

왕의 군사권 장악을 실제로 보여주는 것은 여진과 왜에 대한 군사 정벌이었다. 조선은 건국 이후 명에 대해 사대를 취하여 평화로운 관계를 유지했지만 만주 지역의 여진과 남쪽의 왜에 대해서는 회유와 정벌의 양면책을 썼다. 부족 단위로 생활했던 여진족은 식량을 비롯한 물자가 부족할 때 일상적으로 국경을 넘어 약탈했고, 대마도를 비롯한 한반도 남쪽의 왜 역시 왜구의 형태로 자주 침범하였다. 조선 정부는 기본적으로 이들에게 부족한 식량을 주고 유력자에게 관직을 주는 등 회유책을 썼다. 그러나 이들의 약탈이 심해질 경우 가차 없이 군사적인 정벌을 가하였다. 태종~세종 대에 단행된 4군 6진의 개척과 대마도 정벌은 이러한 군사적 정벌을 보여주는 대표적인 사건이었다. 당시 태종과 세종은 여진족과 왜가 틈을 보여주면 침략하는 속성이 있었기 때문에 회유에 못지않게 조선의 위엄을 보여줄 필요가 있다고 판단해 적극적으로 정벌을 단행하였다.

1491년(성종 22년) 여진족의 일파인 올적합兀狄哈이 함경도 방면에 침입하자 왕은 허종許琮을 북정도원수로 삼아 2만 명의 군사를 동원하여 두만강을 건너 올적합을 공격하도록 명하였다. 그러나 몇 개월간의 군사 동원과 준비 과정에서 올적합은 전부 도망가 산속으로 숨었다. 따라서 조선군의 전과는 수백 채의 빈집을 태우고, 돌아오는 길에 우연히 마주친 몇 명의 여진인을 잡거나 죽이는 정도에 불과하였다. 그렇지만 북정의 효과는 커서 이후 수십 년간 여진족의 도발은 거의 일어나지 않았다. 즉 여진 정벌은 여진족을 포획, 사살하는 데 목적이 있었던 것이 아니라 가끔씩 조선의 힘을 보여줌으로써 그들의 침략적 야욕을 사전에 분쇄하고 아울러 정벌을 주도한 왕권의 강력함을 내외에 과시하는 데 목적이 있었다.

이러한 대규모 정벌은 성종 대 이후 한 차례도 시행되지 못하였다. 군사 정벌에는 무엇보다 재정적인 뒷받침이 필요했지만 연산군 대 이후 이를 감당할 수 없었기 때문이었다. 이에 여진 및 왜에 대한 조선의 통제력은 상실되었고, 이는 임진왜란과 병자호란이라는 비극의 주요 원인이 되었다.

임진왜란과 병자호란의 양란을 겪은 후 조선왕조의 군사력은 중앙의 5군영과 지방의 속오군으로 재편성되었지만 기본적으로 군사력은 대단히 빈약해졌다. 비록 효종 대에 '북벌론'의 기치 아래 일부 중앙군의 병력이 확대되기는 했지만 기본적으로 수도와 왕성을 수비하는 정도의 수준에 머물렀고, 영·정조 대에 이르러 군액의 증대를 꾀하였지만 전체적으로 미미하였다. 이것은 군대를 확장시킬 재정적 뒷받침이 미흡한 상황에서 불가피하였다. 게다가 숙종 대 이후 외척과 붕당이 5군영의 군권을 장악하는 경우가 생김으로써 군사력은 오히려 왕권에 위협이 되기도 하였다.

왕권을 견제하는 장치

왕의 행동은 적절한 견제가 없을 경우 절대권력의 속성상 폭주하기가 쉽다. 따라서 일찍부터 왕의 폭주를 막기 위한 다양한 방법들이 모색되었다. 왕의 행동을 통제하는 최상의 방법은 무엇보다도 그에게 도덕성과 책임성 등을 강조하여 자발적으로 권력 남용을 자제하도록 유도하는 것이었다. 자연재해가 발생할 경우 왕에게 자기반성을 촉구하여 이른바 천견론天譴論을 내세운다거나 왕의 책임감과 도덕성을 깨우치는 언론이 계속 이어졌다. 경연에서는 옛 성현들의 모범적 언행을 본받고 신하의 충언, 직언을 경청하라고 강조하였다. 또한 새벽에 시

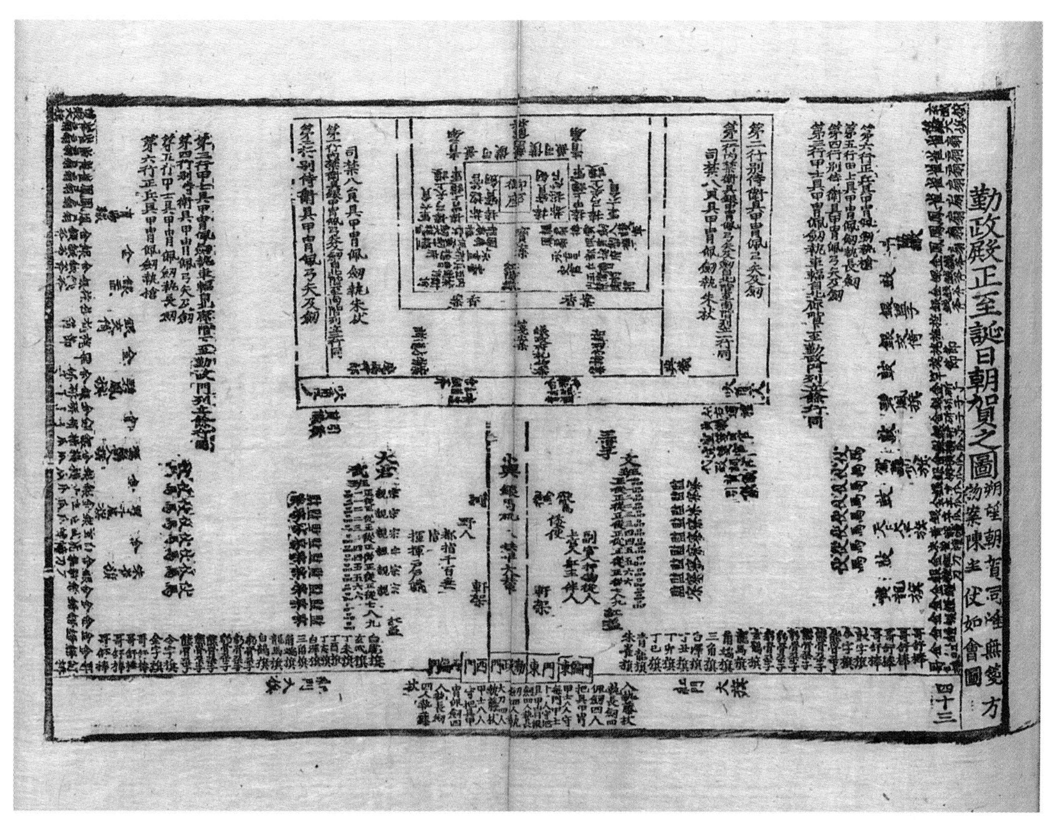

도37 『국조오례서례』 권2 「배반도」 중 근정전정지탄일조하지도勤政殿正至誕日朝賀之圖

정월 초하루와 동지, 왕의 탄신일에 시행되는 조회는 가장 규모가 큰 것으로, 축하행사가 이어지기 때문에 '조하'라는 명칭을 썼다. 근정전을 배경으로 행사에 참여하는 사람과 의장의 위치가 표시되어 있어, 전체적인 규모를 알 수 있다.

행되는 조회朝會에서는 위엄을 갖추고 신하들을 예대禮待하라며 왕의 올바른 행동을 주장하였다.도37

이상과 같은 올바른 심성의 유도와 더불어 권력 구조를 통해 제도적으로 왕을 견제하였다. 조선시대 최고의 권력 기관은 전기에는 의정부, 후기에는 비변사였다. 양 기관은 소속 관원 및 임무에서 일정한 차이가 있지만 대신들의 협의로 국정을 이끌어간다는 공통의 특징을 보인다. 국가의 주요 정책은 대신들의 회의를 통해 협의되고, 합의된 사항은 국왕에게 보고한 후 결정짓는 방식이었다. 강력한 왕권을 행사했던 태종과 세조가 의정부서사제를 폐지하고 육조직계제를 강행했던 것은 이러한 합의적 국정 운영을 탈피하려는 모습이었고, 비대해진 비변사의 권한을 축소하려던 후기 왕들의 노력 역시 이러한 맥락으로 이해할 수 있다.

한편 왕의 잘못을 지적하는 제도적인 장치로 언론 기관인 대간이 존재하였다. 대간은 사헌부와 사간원의 합칭인데, 원래 사간원은 왕의 잘못을 간쟁하였고, 사헌부는 관리의 부정을 감찰하여 양자의 임무는 서로 구분되었다. 그러나 '대간은 일체'라는 말과 같이 사헌부는 왕에게 간쟁을, 사간원은 관리의 규찰을 시행하여 양자의 언론 활동은 구분이 없었고, 때로는 공동으로 왕에게 간쟁을 하였다. 여기에 성종 대에 설치된 홍문관이 가세하면서 이들 세 기관을 '삼사'라 불렀는데, 이들 기관의 관원이 언론을 주도하였다. 원래 홍문관은 집현전集賢殿의 후신으로 경연과 왕의 자문 등 문한文翰 활동이 주 업무였지만, 해박한 지식을 바탕으로 언론 활동을 전개함으로써 오히려 대간보다 권위가 있었다. 삼사의 관원은 업무상 과실이 있더라도 지방관으로 전출되지 않는 등 제도적으로 간쟁에 따른 피해를 최소화함으로써 왕의 권력 남용을 감시, 강력하게 비판하도록 유도되었다.

간쟁은 삼사에만 허용된 것이 아니었다. 모든 관료들은 중요한 사안이 있을 경우 상소를 통해 왕에게 간쟁을 할 수 있었다. 게다가 성균관의 학생들은 일종의 수업 및 출석을 거부하는 공관空館·권당捲堂을 하면서 집단으로 상소를 올려 왕에게 호소하였고, 지방의 유생들 역시 공론公論을 표방하면서 개인이나 집단, 더 나아가 군현 및 도 단위로 무리를 지어 상소를 올림으로써 자신들의 주장을 관철시키려고 하였다.[도38]

한마디 말도 없이 진행되는 사관의 기록 역시 왕의 권력을 견제하는 중요한 장치였다. 사관은 왕과 신하들의 만남, 즉 경연, 윤대, 시사 등의 공식적인 만남에는 어디든지 참관하여 논의된 내용을 전부 기록하였다. 또한 왕의 주연酒宴 자리 및 바깥나들이에도 어김없이 쫓아가 왕의 언행을 기록하였고, 특정 신하와 독대를 할 경우에도 참석함으로써 왕과 마찰을 빚기도 하였다. 심지어 사관은 다음과 같은 상황에서도 왕의 언행을 기록하였다.

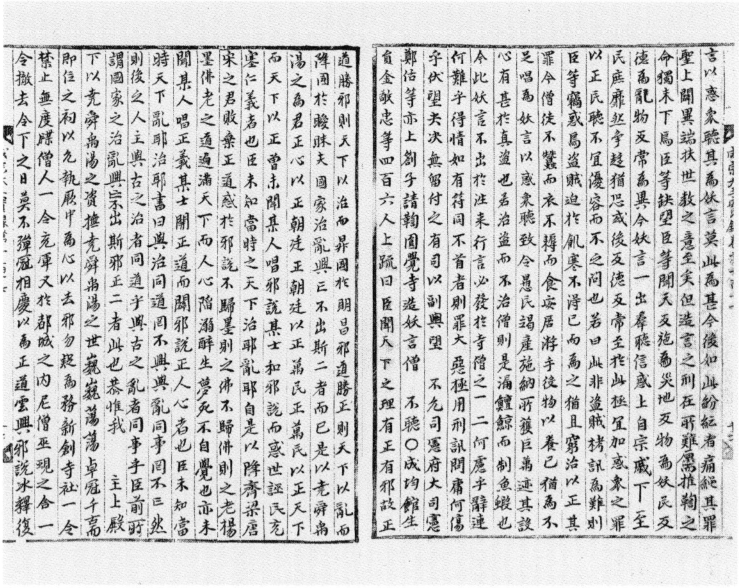

도38 **성균관 유생의 상소문 관련 기사**

『성종실록』 권117, 성종 11년 5월 28일 기사. 성균관 유생 김경충 등이 이단을 금하도록 상소하니, 임금이 노하여 김경충을 국문하게 했다는 내용 등이 기록되어 있다.

사헌부 대사헌 정역鄭易이 사관이 조계朝啓에 입시入侍하도록 허락하기를 청하였다. 계문에 이르기를, "매양 조계 때마다 사관이 직필直筆을 잡고도 유독 참여하지 못하니, 신은 전하의 아름다운 말과 훌륭한 정치가 혹시 후세에 다 전해지지 못할까 염려됩니다." 상이 대답하지 않았다. 조회가 끝나자, 상이 김여지金汝知 등에게 이르기를, "예전에 사관 민인생閔麟生이 경연 때 병풍 뒤에서 엿듣고, 곧장 내연內宴으로 들어왔었다. 또 내가 교郊에서 매사냥을 할 때 얼굴을 가리고 따라왔으니, 이런 것은 모두 음흉한 짓이다. 지난해에 또 한 사관이 곧장 내전으로 들어오므로 그 뒤로는 들어오지 못하게 한 것이다" 하였다.[13]

13_ 『태종실록』 권24, 태종 12년 11월 신축.

태종 대의 사관 민인생은 병풍 뒤에 숨어 왕의 말을 기록하고 얼굴을 가리고 숨어 들어와 왕의 사냥놀이를 기록하였다. 신하들에게 상당히 위압적이던 태종시대였지만 사관들은 시간과 장소에 구애받지 않고 거리낌 없이 왕의 언행을 그대로 기록했다. 이러한 사관의 행동은 왕들에게 상당한 스트레스를 주었다. 왕들은 공식석상은 물론 비공식적인 술자리조차 따라붙는 사관들을 꺼림칙하게 생

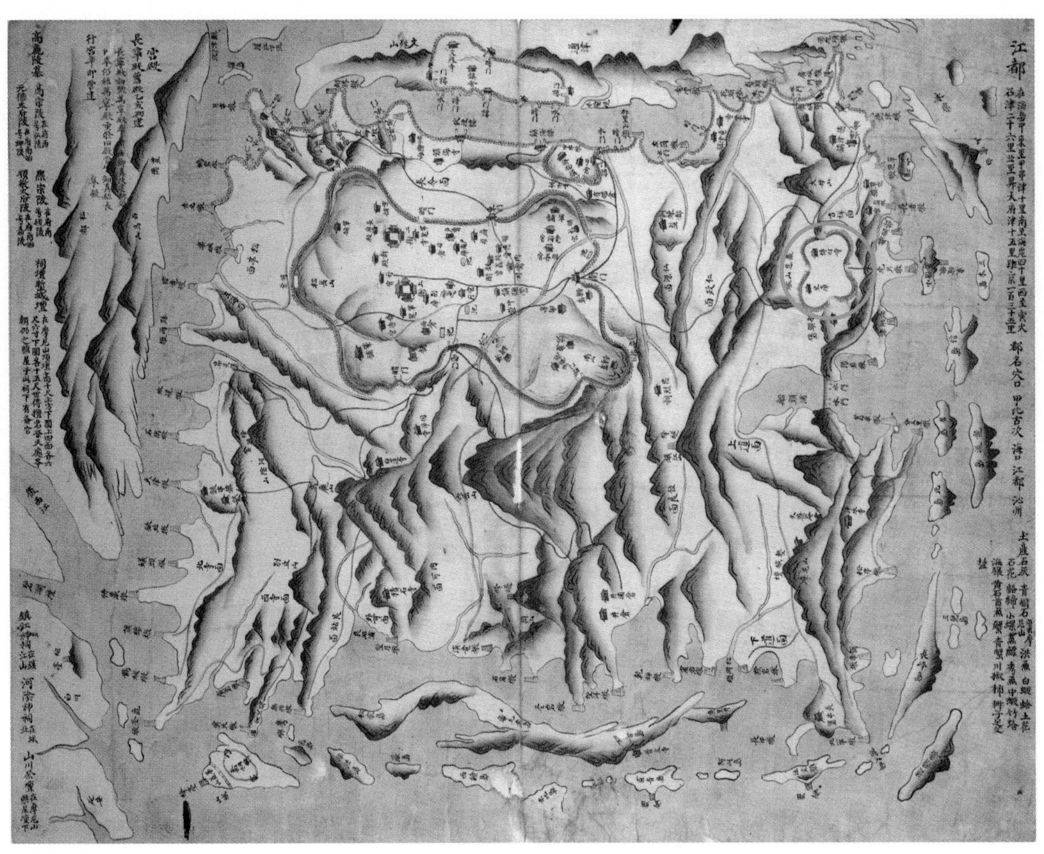

도39 **『해동지도』「강도」에 표시된 강화 정족산 사고** 서울대학교 규장각 소장.

임진왜란 후 설치된 강화도의 마니산 사고가 1636년 병자호란 때 크게 파괴되자 1678년(숙종 4)에 새로 설치한 조선시대 5대 사고 중 하나이다. 사초史草를 기반으로 쓴 『조선왕조실록』과 『승정원일기』 등 중요한 역사서와 기록 등을 보관하였다.

각했지만 그렇다고 그들의 행동을 막을 수가 없었다. 태종조차도 재위 2년(1402) 3월 나들이 때 말에서 떨어지자 바로 좌우를 보며, "이 사실을 사관이 알지 못하게 하라"며 엄명을 내렸다. 그런데 이러한 엄명 역시 실록에 그대로 적혀 있다.

사관이 이렇게 행동할 수 있었던 것은 무엇보다도 그들이 기록한 '사초'史草는 말할 것도 없고, 사초를 기반으로 편찬된 실록조차 왕이 함부로 볼 수 없었다는 사실에 기반을 둔다. 물론 연산군 대에는 김종직의 사초 때문에 사화(갑자사화)가 발생한 적도 있지만 이는 특별한 경우라 하겠다.도39

17세기 붕당정치가 본격화되면서 왕과 직접 부딪치는 존재는 산림山林을 앞세운 각 당파들이었다. 흔히 붕당정치로 설명되는 17세기 이후의 정치사는 왕과 붕당 간의 정치적 투쟁이라 할 것이다. 그 붕당의 대표자인 산림은 군신 간의 범위를 넘어 국왕의 정적으로 설명할 수 있을 정도이다. 효종~숙종 대에 서인(노론)의 영수였던 송시열宋時烈(1607~1689)이 효종 및 숙종과 대립했던 사실은 잘 알려져 있다. 그는 효종 대에 북벌이라는 정치적 목표에서는 왕과 궤를 같이했지만 군사력을 증가시키려는 효종에 대해 북벌 준비라는 내수內修를 강조함으로써 대립하였고, 숙종 대에는 희빈 장씨의 아들을 세자로 세우려는 왕과 대립하다 결국 죽임을 당하였다.

이같이 왕의 전제권을 막으려는 노력은 다양한 측면에서 강구되었다. 따라서 강력한 왕과 허약한 왕의 기준은 이러한 견제를 얼마나 효율적으로 막으면서 자신의 권력을 최대한 행사했느냐의 여부에 달려 있다. 그러나 양자의 균형이 깨지고 왕의 권력이 폭주할 경우 결국 반정을 통해 왕을 축출하는 극단적인 상황이 발생하고, 반면에 왕의 권력이 지나치게 억제될 경우 세도 정권과 같은 파행적인 정치 형태가 나오기도 하였다.

國王日常

4 백성과 함께하는 왕

조선시대의 왕들은 유교적인 '왕도정치'를 바람직한 정치 형태로 생각하였다. 왕들은 백성을 나라의 근본으로 내세우고 그들과 동고동락하는 통치자의 모습을 보이려고 노력하였다. 그렇지만 가뭄과 전염병을 비롯해 빈번하게 발생하는 자연재해는 정부의 다양한 노력에도 불구하고 농민 생활을 파괴하였다. 이 상황에서 왕들은 가뭄을 자기 탓으로 돌리고, 직접 농사를 지으며, 고통받은 영혼들을 위로하는 등 '인정'仁政을 구현하는 통치자의 노력을 선보였다. 물론 이러한 왕의 모습은 백성들의 불만을 무마시키려는 정치적 연출에서 나왔지만 통치자들의 도덕적 성찰을 고양시킨 것 또한 사실이다. 무서운 권력자가 아닌 백성과 함께한 조선시대 왕의 모습을 살펴보자.

가뭄을 자책하다

1789년 프랑스 루이 16세의 왕비 마리 앙투아네트는 빵을 달라는 군중에게 '빵이 없으면 케이크를 먹으라'는 말을 했고, 이 말을 들은 군중들이 흥분하여 프랑스혁명을 일으켰다고 전해진다. 마리 앙투아네트가 했다는 이 발언은 역사적 사실이 아닌 것으로 판명되었지만 이 일화는 절대왕정 시기 서구 왕실의 대민의식을 보여주는 사례로 충분하다. 그런데 백성이 나라의 근본이라는 '민유방본'民惟邦本을 강조했던 조선의 왕에게서 과연 이러한 말들이 나올 수 있었을까?

조선시대에는 전쟁을 제외해도 가뭄, 홍수, 전염병, 지진을 비롯해 다양한 천재지변이 빈번하게 발생하였다. 이중에서도 가장 심각한 재앙은 가뭄이었다. 다른 재앙이 잠시 동안 특정 지역에 집중된 피해를 준다면, 가뭄은 오랜 기간 광범위한 지역에 영향을 미쳐 그 피해는 막대하였다. 가뭄의 영향을 받은 지역 사람들은 다음 해 봄부터 혹독한 시련을 겪는데, 굶주려 영양실조에 걸릴 뿐 아니라 시간이 지나갈수록 굶어 죽는 사람이 속출하였다. 예컨대 1672년(현종 12)에 기민飢民의 수는 68만 6,114명, 굶어 죽은 사람은 1만 8,950명에 이르렀고, 1733년(영조 9)에는 충청도와 경상도의 가뭄으로 40만 8,808명의 기민과 1만 3,113명의 아사자가 발생하였으며, 1839년(헌종 5)에는 경기와 충청도의 기민이 88만 4,731명으로 보고되었다.[14] 이들의 실상은 다음의 자료에서 잘 드러난다.

14_ 조광, 「19세기 민란의 사회적 배경」 『19세기 한국 전통사회의 변모와 민중의식』, 고려대 민족문화연구소, 1982, 188~189쪽.

> 광주목사 송지렴宋知濂 …… 부안현감 유원명柳遠鳴이 연명으로 상소하기를, …… 소민小民 가운데 항산恒産이 있는 자가 지극히 적습니다. 지금은 항산이 있는 집도 한결같이 부황이 들어 아침저녁을 보전할 수 없는 상황이니, 더구나 항산이 없는 백성들이야 어떻게 내년까지 도움을 받아 살아가겠습니까? 처음에는 나물과 풀뿌리로 시각을 연명하였지만 지금은 마을을 떠나 각기 살기를 도모합니다. 어미는 자식을 버리고 남편은 아내와 결별하니, 길에는 굶주려 죽은 자가 잇따르고, 떠도는 걸인들이 무리를 이룹니다. 이들은 입에 풀칠이라도 할 수 있다면 반드시 흩어져 사방으로 갈 것이지만 사경四境 밖도 기근이 똑같으니 또한 어디로 가서 잠시나마 목숨을 연장할 수 있겠습니까? 원야原野를 맴돌면서 아득히 갈 곳이 없으니, 그 경색景色이 참담하여 인심이 당황하고 겁에 질려 있습니다.[15]

15_ 『순조실록』 권12, 순조 9년 12월 기축.

위의 기록은 1809년(순조 9) 전라도의 광주, 순천, 무안, 무장, 함평, 부안 등지의 수령들이 담당 고을에서 발생한 흉년의 상황을 설명하며 중앙 정부의 구제를 요청한 것이다. 그들은 당시의 상황이 토지가 있는 사람조차 아침저녁을 기약할 수 없는 상황이고, 이보다 열악한 빈농들은 나물과 풀뿌리로 연명하다가 그것마저 여의치 않으면 가족이 흩어져 걸인을 되거나 굶주려 죽는다고 설명하고 있다. 더욱이 어디를 가도 목숨을 연명할 수 있는 방도가 없어 민심이 참담하여 두려워하고 있다고 지적하였다.

이 같은 대규모의 기근이 발생할 경우 통치자들은 극도로 긴장하여 그 대책을 모색하였다. 굶어 죽는 극한의 상황에서 이를 잘못 대처할 경우 민란과 같은 대규모의 반국가적인 행동이 나오기 때문이다. 정부에서는 일차적으로 구휼미를 풀어 농민들의 굶주림을 해소한 후 군역과 공납 등의 세금을 면제하고, 곡식을 빌려주어 다음 수확기에 갚도록 하는 등의 대민 구제책을 폈다. 그런데 이런 구제사업은 시기별로 상당히 달리 나타났다. 초기의 태종, 세종 대에는 군현 단위의 기근에 수만 석을, 도 단위의 기근에 10만 석이 넘는 구휼미를 방출하였다. "나의 시대에 굶어 죽는 자가 없다"는 세종의 자부심은 그냥 나온 것이 아니었다. 그러나 후기에는 대규모의 기근이 발생해도 몇만 석의 구휼미를 방출하기가 쉽지 않았고, 그나마 19세기에 들어가면 그 수가 몇백 석에 불과하였다. 세도정치의 폐해가 농민 구제에서도 그대로 드러난 것이다.도40

도40 **'구황절목' 관련 기사**
『성종실록』 131권, 성종 12년 7월 12일 기사. 호조에서 경외의 비용을 줄이고 굶주린 백성을 구휼하는 방법의 목록(구황절목救荒節目)을 만들어 왕께 제출한 내용이다.

이러한 상황을 조선시대의 왕들은 어떻게 받아들였을까? 그들은 가뭄의 발생은 하늘이 백성들에게 재앙을 내리는 것이 아니라 하늘의 뜻을 받들어 세상을 다스리는 왕에게 경고하는 것이라고 인

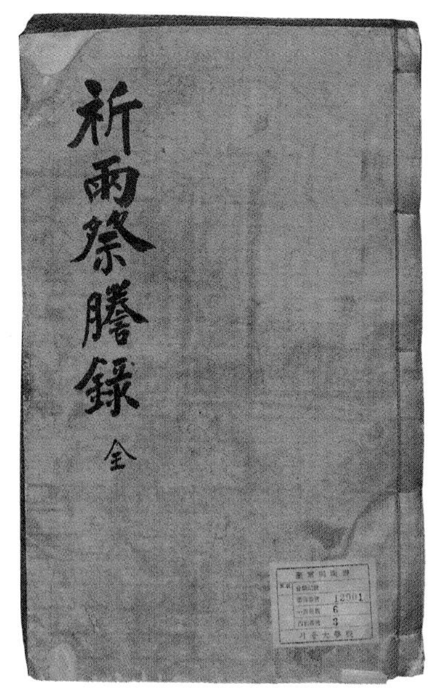
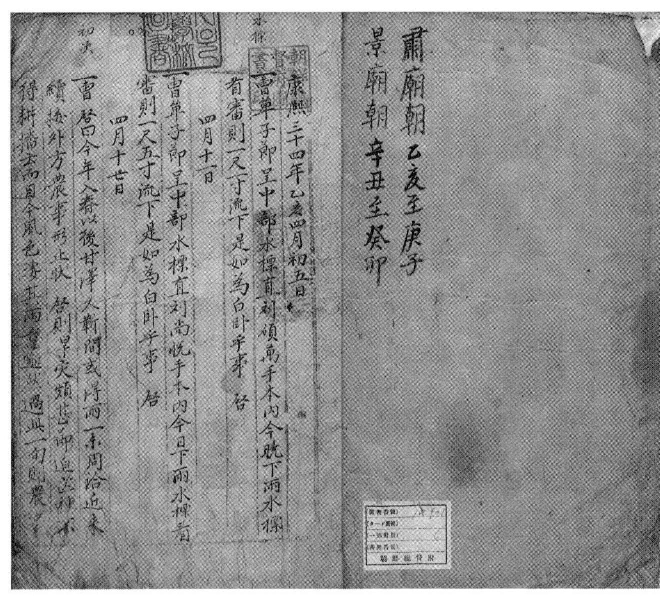

도41, 도42 **「기우제등록」의 표지와 본문** 서울대학교 규장각 소장. 1636년(인조 14)부터 1889년(고종 26)까지 가뭄이 심할 때 기우제를 지낸 것에 관한 기록을 예조에서 모아 편찬한 책.

식하였다. 왕이 통치를 잘못하면 하늘에서 먼저 재해를 내려 경고하는 것을 '천견'天譴이라 하는데, 천견이 내려지면 왕이 겸허하게 하늘의 뜻을 알고 스스로 반성해야 했다.

왕이 반성하는 방식은 여러 가지였다. 먼저 개인적으로 자신의 실정失政이 무엇인가를 반성하여 고치고, 백성의 어려움을 함께한다는 의미에서 식사 시에 반찬 수를 줄이고(이를 감선減膳이라 한다) 후궁의 처소에 들지 않는 등 경건한 마음가짐을 가졌다. 둘째는 하늘의 노여움을 풀고 달래기 위해 경건하게 하늘과 땅에 기도하였다. 산과 강을 대상으로 시행되는 각종 산신제와 용왕제 등을 지내 비를 기원하고, 한편으로 종묘, 사직과 같은 곳에서도 기우제를 시행하였다. 기우제는 불가피한 상황에서 지내기 때문에 반드시 유교적인 형태로만 이루어지지 않았다. 한강의 용왕제를 지낼 때 국무당이 굿을 하는 것은 그러한 이유 때문이다. 원래 초기에는 왕이 직접 산신과 용왕신에게 기우제를 지내는 의례가 없었으나 16세기 이후 그 제도가 모색되어 국가의 예전禮典에 왕이 기우제를 지내는 의식이 제정되었다.도41, 도42

이러한 기도 외에 백성들의 고통이 재난을 불렀다고 생각하여 구언求言을 통해 백성을 위한 정책을 모색하였다. 구언은 상소문을 통해 현재 시행되는 국가 정책의 문제점을 지적하고 그 해결책을 제시하는 방식이었다. 일반적으로 구언에서는 관리들의 불법 행위와 정책의 잘못을 지적하고 그의 시정을 요구하는 경우가 대다수였지만 국왕에 대한 직접적인 공격을 하기도 했다. 국왕에 대한 비판은 심한 경우 왕을 '폭군' '패도' 등으로 지칭하면서 비판하는 경우도 있었다. 이에 대하여 왕은 화가 났지만 구언의 내용을 문제 삼아 처벌하면 진짜로 폭군의 오명을 뒤집어쓸 수 있기에 참을 수밖에 없었다.

왕의 재해에 대한 자기반성의 극치는 양위를 하려는 행동이었다. 재난이 해소되지 않고 계속 이어지면 왕들은 자신의 부덕으로 하늘이 노하여 백성들이 피해를 본다며 왕위를 내놓는 제스처를 취하였다. 예컨대 태종은 두 차례에 걸쳐 양위 소동을 벌였는데, 그는 자신의 부덕으로 가뭄이 계속된다며 왕위를 내놓을 뜻을 비쳤다. 물론 태종의 양위는 공신 세력을 제거하려는 고도의 정치적 계산 속에서 나온 것이지만 그 명분으로 내세울 정도로 가뭄은 중요한 문제였다. 후대에 성군으로 칭송되는 세종 역시 자신의 재위 기간에 풍년이 든 적이 없다고 한탄할 정도로 가뭄은 조선시대 왕들에게 스트레스를 주는 재난이었다.

왕도 직접 농사를 지었다

조선시대에는 전 국민의 90% 이상이 농업에 종사하였다. 농업은 전 국민의 생업일 뿐 아니라 국가 재정의 절대적 비중을 차지했기 때문에 '농사가 천하의 대본이다'라는 말이 자연스러웠다. 이 같은 현실에서 왕 역시 농업에 대해 적극적인 관심을 표명했는데, 선농제先農祭는 이러한 농민의 염원이 국가 의례로 전환된 것이다.

선농제는 농업신인 신농神農과 후직后稷에게 풍년을 기원하며 드리던 국가 제사로, 지금의 동대문 밖에 있는 선농단에서 시행되었다. 제사가 끝난 후에는 왕이 동교東郊의 적전籍田에서 다섯 번 가래질을 시행하여 농사의 모범을 보였다. 이 때문에 경적례耕籍禮 또는 적전례籍田禮라고도 불렀다. 선농제는 고려시대까지 정월달에 시행되었으나 조선시대에는 정월은 너무 추워 파종할 수 없다는 이유로 경칩 이후 길한 해일亥日로 바꾸어 시행하였다.

당시 왕이 농사를 지었던 땅을 적전이라고 불렀다. 적전은 위치에 따라 동적전과 서적전으로 나뉘었는데, 이곳에서 나온 소출은 국가의 각종 제사의 비용으로 쓰였다. 적전의 규모는 태종 대에 400결로 정해졌는데, 그 소출은 서적전의 경우에만 5,000석이 넘었다고 한다.

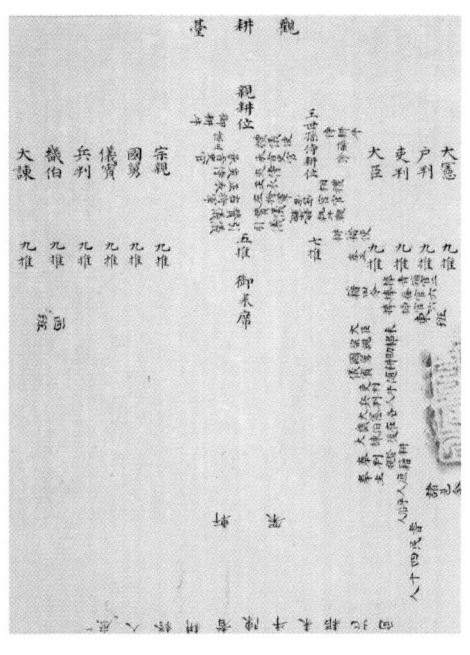

도43 『친경의궤』의 「관경대도」
영조 대의 『친경의궤』는 1739년(영조 15)과 1767년(영조 43)에 작성된 두 가지가 있다. 그림은 영조 43년에 작성된 『친경의궤』의 부분이다. 왕이 다섯 번의 쟁기질을 마친 후 신하들과 서민들이 밭 갈고 씨 뿌리는 것을 관람하는 장소인 관경대의 모습을 묘사한 도표식 그림이다.

적전에서의 친경은 선농단에서의 제사가 끝나면 적전으로 이동한 후 시행되었다. 먼저 왕이 경적위耕籍位에 나가 다섯 번 밭 가는 예(오추례五推禮)를 행하고 관경대觀耕臺에 올라가 의식을 지켜보았다. 이어 종친과 재상들이 일곱 번 밭 갈고, 판서와 대간이 아홉 번 밭 갈며, 이후에 서인이 경작하였다. 그리고 왕이 교서를 반포하면 의식이 종결되는데, 왕의 대가가 자리를 뜨면 서인이 파종을 하여 마무리 지었다.도43

왕이 적전에서 농사의 시범을 보인다면 왕비는 채상단에서 누에 치는 시범을 보였는데, 이 의식을 선잠례先蠶禮라고 한다. 선잠례는 인간에게 처음으로 누에 치는 법을 가르쳤던 서릉씨西陵氏를 제사하고, 제사 후에 왕비가 궁의 후원에 마련된 채상단에서 뽕 따는 시범을 보이는 의례이다. 제사의 시기는 음력 3월의 길한 사일巳日이었다.

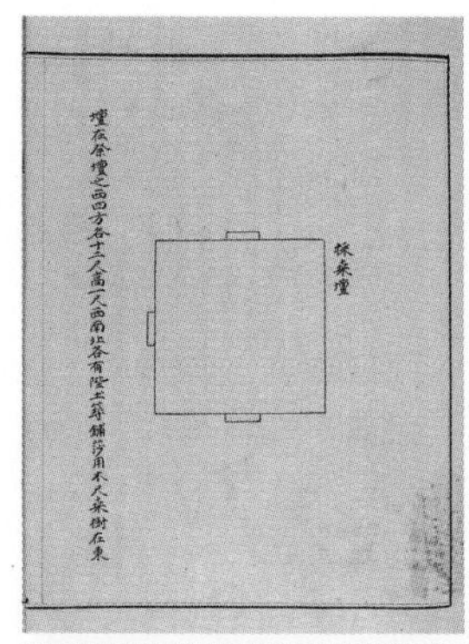

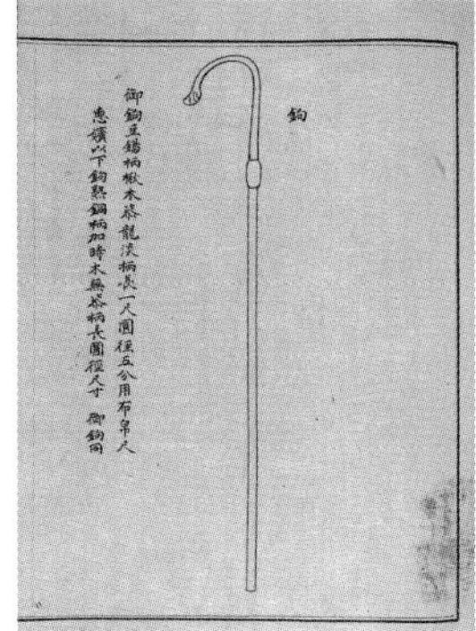

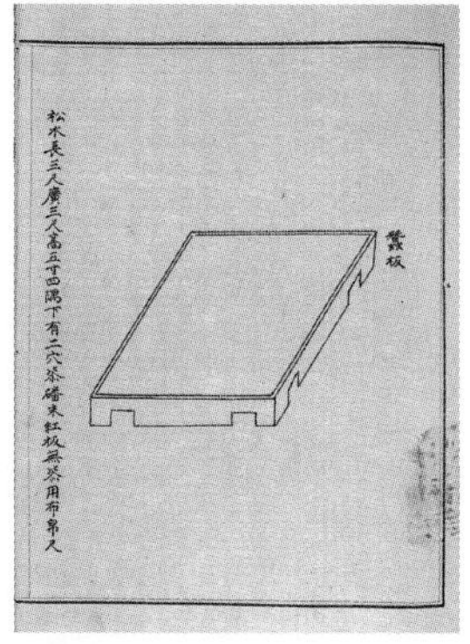

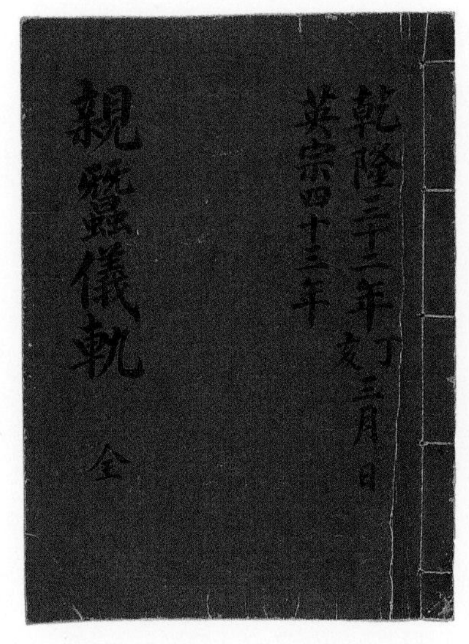

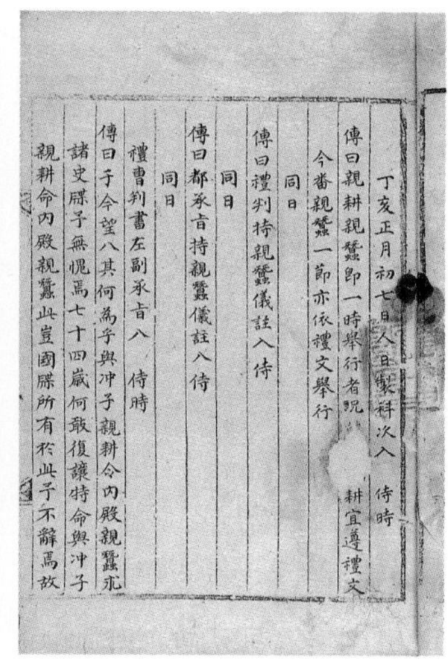

丁亥正月初七日人日製科次入 侍時
傳曰親耕親蠶卽一時擧行者況 耕宜遵禮文
今番親蠶一節亦依禮文擧行
同日
傳曰禮判持親蠶儀註入侍
同日
傳曰都承旨持親蠶儀註入侍
同日
禮曹判書左副承旨入 侍時
傳曰予今望八其何爲予與沖子親耕令內殿親蠶亦
諸史牒予無愧焉七十四歲何敢復讓特命與沖子
親耕命內殿親蠶此豈國牒所有於此予不辭焉故

도44, 도45 **『친잠의궤』 표지와 본문 부분** 서울대학교 규장각 소장. 1767년(영조 43) 3월에 영조의 계비 정순왕후가 봉행했던 선잠제와 친잠례의 과정을 기록하였다.

도46 **『친잠의궤』에 수록된 친잠례에 사용했던 도구들**

선잠제는 왕이 선농단에서 제사한 후 적전에서 농사지어 제수祭需를 마련하면, 왕비는 선잠단에서 제사한 후 북교北郊에서 누에를 쳐 제복祭服을 만든다는 관념하에 시행되었다. 인간에게 가장 중요한 의식衣食을 풍족하게 만든다는 사고 속에서 양자가 결합된 것이다. 그렇지만 조선에서는 선잠단이 궁궐 밖 북쪽에 있는 까닭에 영의정 이하의 제관이 먼저 선잠단에서 서릉씨에게 제사하고, 그후에 왕비가 채상단에서 뽕잎을 따는 방식으로 의식이 구분되었다. 이중 중요한 것은 후반부인데, 제사가 끝나면 왕비가 내명부와 외명부를 거느리고 궁을 나와 후원의 채상단에서 뽕잎 다섯 가지를 따고, 이후 내외명부의 1품이 일곱 가지, 내외명부의 2품과 3품이 아홉 가지를 차례대로 땄다. 이후 왕비가 궁으로 돌아가고, 내외명부가 잠실에서 뽕잎을 누에에게 뿌리면 의식이 마무리되었다.[16] 도44~46

선농제와 선잠제는 매년 한 차례씩 시행되었다. 그런데 선농과 선잠에서의 의례는 위에서 언급했듯이 전반부의 제사보다 후반부에 시행되는 왕과 왕비의 농상農桑 시범이 더 중요했다. 그렇지만 선농제의 국왕 참석은 왕조가 세워진 지 80여 년이 지난 1475년(성종 6)에야 처음으로 이루어졌고, 이후에도 수십 년에 한 번씩 시행

16_ 한형주, 『조선 초기 국가 제례 연구』, 일조각, 2002, 148~159쪽.

될 정도로 특별한 행사였고, 그나마 가장 많이 시행했던 영조 대에도 네 차례에 불과할 정도였다.[17]

17_ 이욱, 「조선시대 친경례의 변천과 그 의미」 『종교연구』 34, 2004.

왕비의 선잠 의례 역시 성종 대에 처음으로 시작된 후 조선시대 전 기간 동안 여덟 차례에 불과할 정도였다. 이것은 왕과 왕비의 중농의식이 반드시 그 실천을 기반으로 이루어진 것이 아니었음을 보여준다고 해석할 수 있겠다.

원한 맺힌 귀신을 달래다

조선시대 사람들은 죽은 사람에게 대단히 경건하게 상례를 치르고 제사를 지냈다. 그러나 특수한 상황에서 이른바 제삿밥도 얻어먹을 수 없는 억울한 귀신들이 발생하는데, 이들을 대상으로 시행하는 제사를 여제厲祭라 한다. 이 여제는 왕이 백성들을 위해 시행한 중요한 일 중의 하나였다.[도47]

여제는 비명횡사한 원혼이나 후손에게 제사를 받지 못하는 귀신들에 대해 '불쌍하다'는 인간적인 감정을 바탕으로 시행되었지만 그 내면에는 원혼이 살아 있는 사람에게 질병과 같은 해를 끼칠 수 있다는 두려움에 이들을 달래야 한다는 생각이 컸다. 그러면 구체적으로 여제의 대상은 무엇인가? 성종 대에 편찬된 『국조오례의』에는 여제의 대상으로 15가지 종류의 귀신을 열거하고 있다.

> 왕이 말하기를, …… 오히려 생각건대 사경四境 안에 예로부터 지금까지 제대로 죽지 못한 자는 그 종류가 하나가 아니다. 혹은 ①수재나 화재(水火), 도적 때문에 죽고, ②기한飢寒이나 질역疾疫에 걸려 죽고, ③담장이나 지붕이 무너져 깔려 죽거나, ④벌레나 짐승에 물려 죽고, ⑤공축工築 중에 죽거나, ⑥싸움터에서 국가를 위해 죽거나, ⑦싸우다가 맞아서 횡액을 당하거나, ⑧죄가 없이 형벽刑辟에 빠졌거나, ⑨타인에게 재물을 빼앗기고 핍박을 받아 죽거나, ⑩처첩妻妾을 강탈당하고 목숨을 잃거나, ⑪위급한 상황에서 스스로 목을 매거나, ⑫죽어서 자식

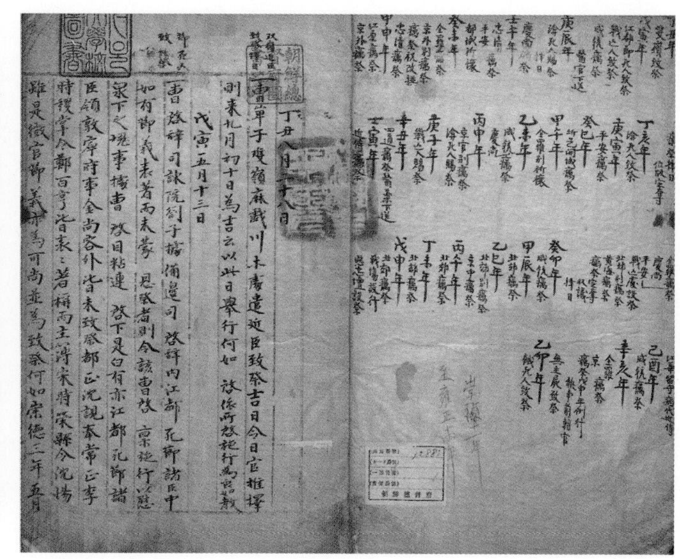

도47 『여제등록』 표지와 본문 부분
서울대학교 규장각 소장.

이 없거나, ⑬난산難産으로 죽거나, ⑭벼락 맞아 죽거나, ⑮떨어져 죽는 등 이같은 유는 그 얼마나 되는지 모른다. 외로운 혼령이 의지할 곳이 없고 제사가 미치지 아니하니, 별과 달 아래에서 슬피 울고, 비바람 불 때에 원통하게 울부짖는다. 이러한 음귀는 흩어지지 않고 뭉쳐서 요귀가 되어 요언妖言을 일으켜 여기에 이르니 진실로 불쌍하도다. 이에 유사에게 명하여 성북에 제단을 만들고 두루 온 경내의 무사귀신無祀鬼神에게 제사한다.[18]

18_ 『국조오례서례』 권1, 길례 축판祝版 조.

위의 내용을 보면 세상에는 억울하게 죽은 사람이 참 다양하구나라는 느낌을 갖는데, 중요한 점은 이렇게 억울하게 죽은 자들의 음귀가 뭉쳐서 산 사람들에게 해를 끼친다는 점이다. 예전의 TV 드라마 '전설의 고향'에서 귀신들이 사람들을 해코지했던 장면이 연상된다.

이 사례 중의 대다수는 특수한 상황에서 발생했고 그 수도 많지 않다. 그러나 ②와 ⑥의 경우는 상당히 심각하였다. 이중 ⑥은 전쟁을 통해 발생한 것이다. 특히 임진왜란과 병자호란 같은 대규모

전쟁에서는 수십만 명의 사망자가 나왔다. 전쟁이라는 어쩔 수 없는 상황이지만 이런 전쟁을 막지 못한 왕과 지배층의 무능, 그리고 전쟁 이후의 미흡했던 사후 처리에 대한 백성들의 불만을 막기 위한 조처로 이루어졌다. ②는 평상시 왕조의 무능함을 노출시킨 대상이다. 기근 속에서 굶어 죽는 것은 왕조의 농정農政 실패에 따른 결과이고, 전염병으로 인한 대규모의 사망은 빈약한 의료 시설과 질병 대책의 실패에 기인한다.

조선시대 여제에서 주 대상으로 삼은 것은 전염병으로 죽은 귀신이었다. 굶주림과 전염병은 결합되어 성행하는 경우가 대다수인데, 정부는 굶주림은 농사와 연결된 기우제를 통하여 접근하였고, 전염병은 여제의 시행을 통하여 해결하고자 하였다. 물론 양자를 결합시켜 운영한 경우도 있는데, 조선 후기에 기우제단에서 빈번하게 여제를 시행했던 방식이 그것이었다.

조선시대에 성행했던 전염병은 다양하였다. 15세기에는 발진티푸스나 장티푸스가 유행하였고, 16세기에는 말라리아와 황달 등이 심하였다. 이 상황은 18세기 이후 10여 년을 단위로 역질이 계속 일어남으로써 막대한 인명 피해로 이어졌다. 예컨대 1742년(영조 18)에 수십만 명이 역질로 죽었고, 1749년(영조 25)의 기록에는 전국 팔도에 퍼진 역질로 5~60만 명이 죽었는데, 다음 해에도 10만여 명의 사망자가 나왔다고 한다. 또한 1817년 인도의 벵골 지방에서 시작되어 유럽과 중국에 급격히 퍼졌던 콜레라가 1821년(순조 21) 여름 압록강을 넘어 확산됨으로써 다음 해까지 전국을 강타하여 수십만 명의 사망자를 발생시켰다. 이러한 역질의 피해 상황은 다음의 자료에서 잘 드러난다.

> 대사헌 장선징張善澂 등이 차자箚子를 올렸다. 대략에 이르기를 …… 서울 내외에 굶어 죽은 시체가 도로에 이어지고 있습니다. 혹은 부모처자가 서로 베고 깔고 함께 죽은 경우도 있고, 혹은 어미는 이미 죽고 아

이가 그 곁에서 엎드려 그 젖을 만지며 빨다가 곧이어 따라 죽기도 합니다. 울고불고 신음하는 소리에 지나가는 자도 흐느낍니다. 더욱이 전염병은 날로 치솟아 열풍이 불꽃을 일으키는 듯한 기세입니다. 병에 걸리지 않은 사람이 드문데, 걸렸다 하면 곧 성 밖에서 죽습니다. 사방이 염병이라 온통 움막을 지어 끝없이 펼쳐지니, 참혹한 광경과 놀라운 심정을 이루 말할 수 있겠습니까? 서울 밖의 죽어가는 참상은 이미 전쟁에 비길 바가 아닙니다. 더군다나 보리와 밀을 이미 그르쳤고 수수와 좁쌀도 다시 벌레가 먹었으니, 이로부터 겨우 살아남은 백성들은 생기가 모두 사라져 버렸습니다.[19]

19_『현종수정실록』 권24, 현종 12년 6월 계미.

위의 자료는 1671년 대사헌 장선징 등이 도성 근방의 기민이 사망하는 상황을 전염병의 확대와 결부시켜 묘사한 것이다. 그에 따르면 대규모 아사자의 발생은 극도의 불결한 위생으로 말미암아 전염병으로 이어져 다시 대규모의 사상자를 발생시켰다. 심각한 것은 그나마 상황이 나은 서울 인근이 이 정도이고, 지방의 경우 전쟁보다 심할 정도로 더욱 어려웠다는 점이다.

이 같은 역질이 발생하면 정부에서는 일단 감염 지역을 폐쇄하고, 역병 환자들을 동서의 활인소活人所를 비롯한 의료 기관에 격리시켜 전염을 예방하며 환자를 치료하였다. 그리고 길가에 버려진 주검 및 짐승의 사체를 매장함으로써 시체의 부패와 그로 인한 식수 및 공기 전염을 방지하였다. 아울러 감염에 취약한 지역민들을 구휼하여 전염을 예방하였다. 그러나 이러한 조처는 미봉책일 뿐 근본적인 대책이 될 수 없었다. 바이러스의 확산에 의한 무차별적인 인명 피해는 당시의 의료 수준에서 어찌할 수가 없었다. 정부가 그 상황에서 기댈 수 있는 것은 오로지 하늘의 자비뿐이었고, 지배층이 정성을 보여 살아 있는 사람들의 불만을 달랠 수밖에 없었다. 그로 인해 역질이 성행할 경우 왕명으로 각 지역에서 여제가 빈번하게 시행되었다.

여제는 일반 백성들을 대상으로 했기 때문에 여타의 유교 제사와는 다른 방식으로 진행되었다. 즉 제사는 남단에 있는 성황당에서 성황신에게 발고제發告祭를 드리고, 3일 후에 북교에 있는 여단에서 여제를 드리는 2단계로 구성된 것이다. 그런데 본 제사를 시행하기 전에 성황단에서 먼저 발고를 한 까닭은 성황신에게 다양한 무사귀신無祀鬼神(제사를 못 받는 귀신)을 불러 모으고 그들을 일정 정도 통제하는 역할을 부여했기 때문이다. 일반 백성을 대상으로 한 제사이기 때문에 그들과 친숙한 성황신을 제관과 무사귀신 사이의 중간 매개체로 설정함으로써 무속을 포용하는 모습을 보인 것이다.

이상과 같이 여제의 시행은 조선의 영토에 살고 있는 사람들뿐 아니라 억울하게 죽은 귀신들까지도 왕정王政의 대상으로 삼는다는 유교적 위민정치爲民政治의 구현으로 설명할 수 있다. 그렇지만 내면적으로는 각종 재해를 통해 피해를 입은 민심을 달램으로써 그들의 반정부적인 행동을 미연에 방지하려는 왕조 측의 노력의 일환이었다.

국왕의 기상 시간은 보통 새벽 5시였다. 문안인사를 받은 국왕은 침전 바로 앞에 보이는 편전이나 다른 당으로 자리를 옮겼다. 영조는 존현각, 정조는 성정각, 헌종은 중희당을 주로 이용했다. 그곳에는 경연관들과 학문을 토론하고 정치를 논하는 자리가 마련되어 있었다. 『일성록』의 서문을 보면, "어제의 일을 오늘 기록하고 오늘의 기록을 내일 반성한다"(昨日之事 今日錄之 今日之錄 明日省之)고 했다. 그래서 책 이름이 '일성록'이다. 국왕의 오늘 일에 대한 반성의 자료로 편찬된 이 책의 내용은 당시 국왕의 일상생활에서 가장 중시했던 일들이 무엇인지를 전해준다. 그중의 하나가 학문 활동이었다.

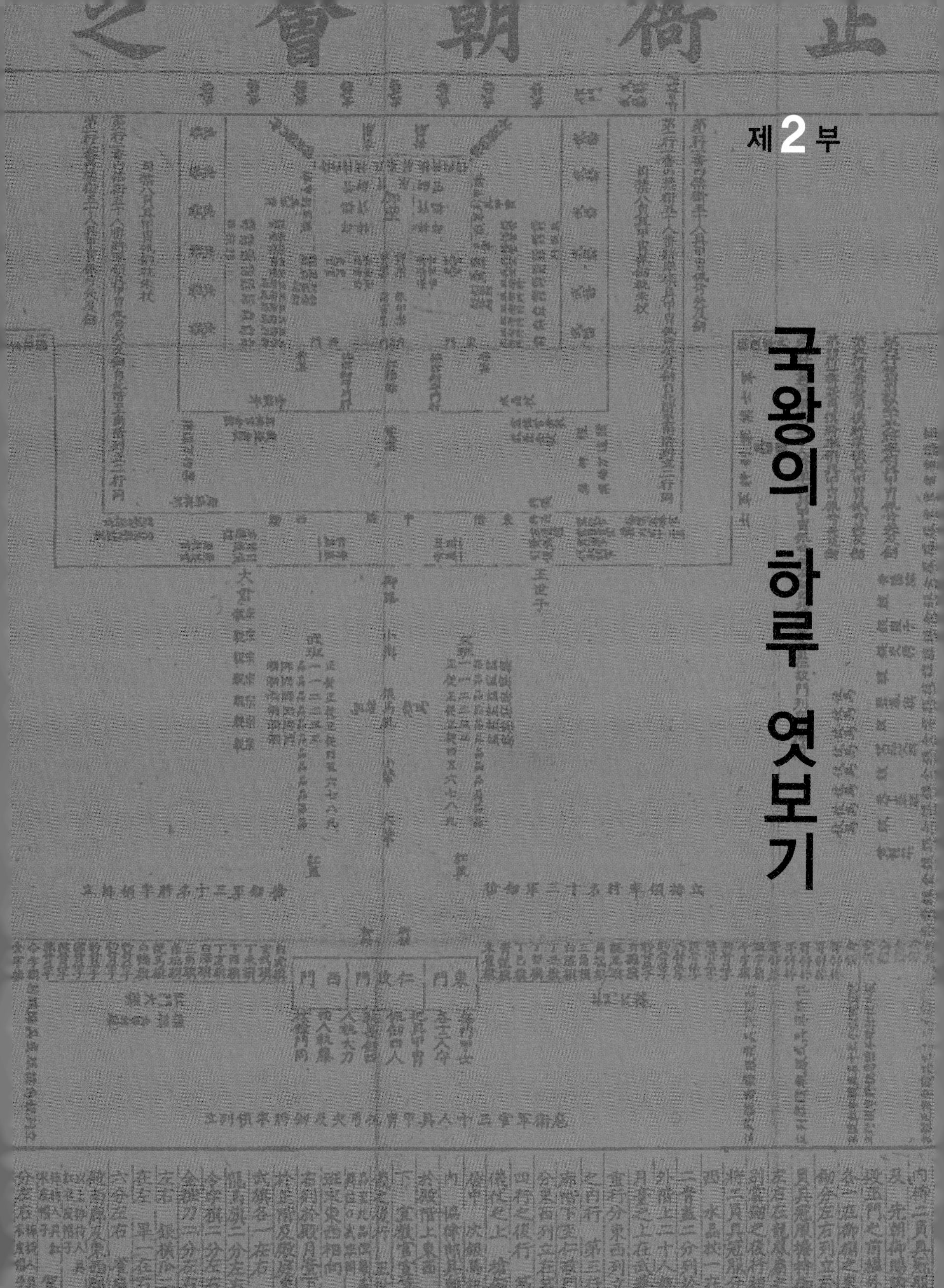

제2부

국왕의 하루 엿보기

國王日常

1 조선의 하루해가 열리다

50여 년 동안 국정을 이끈 노회한 정치가요 군주였던 영조는, 그의 말년에 조선의 하루해를 어떻게 시작했을까? 그는 백성들의 고단한 삶과 자신의 구차한 삶에 대한 고뇌와 번민으로 밤마다 뜬눈으로 새우는 것이 다반사였다. 숙종과 사친私親인 숙빈 최씨, 경종 등에게 효제孝悌를 다하지 못한 죄스러움에 몸부림치면서, 홀로 80여 년을 강녕하게 살아온 삶이 구차하고 명연冥然하다는 생각을 떨칠 수 없었다. 한편으로는 한재旱災로 인한 흉년으로 아사 직전인 백성들의 고통 또한 구제해야 하는 절박한 심정에 마음을 가눌 수가 없었다. 백성의 나라, 민국民國을 고뇌하면서 늘 새벽을 맞는 영조가 아니었던가!

영조는 경희궁과 창덕궁의 여러 전당을 전전하면서 유숙하는 일이 잦았다. 심지어 세제로 책봉되기 이전에 살던 궁궐 밖의 사저로 출행하여 자기도 했다. 본래 국왕의 숙소로 건립된 건물은 각 궁궐의 편전 바로 뒤나 옆에 있는 침전이었다. 경복궁의 침전은 강녕전이며, 창덕궁은 대조전, 경희궁은 회상전이었다. 이 침전에는 대청의 동편과 서편에 방이 있다. 일관日官(천체 관측과 점성占星을 담당하던 관상감 소속 관리)이 그날의 길흉을 점쳐 대청의 동편과 서편의 방 중

도1 경복궁 강녕전
도2 경복궁 강녕전 내부
도3 창덕궁 대조전
도4 창덕궁 대조전 내부
©김성철

하나를 지정하여 들게 하였다고 한다. 겨울이면 침상 둘레에 유막을 늘이고 방장을 치거나 병풍을 두르기도 하였다. 이렇게 하면 거의 외풍을 느끼지 않고 따뜻하게 지낼 수 있었다.도1~4

방의 벽면은 맞벽을 친 토벽 안쪽에 다시 올개미(끈으로 엮어 만든 그물 같은 물건)를 대고 종이를 두껍게 발랐다. 이중벽인 셈이다. 방 안에는 큰 세간을 들이지 못하도록 하였다. 혹 사람이 들어가 숨을 수 있을 만큼 큰 세간은 보안상 들여서는 안 되었다. 대전에 쓰이는 세간은 다 뒷방이나 골방에 따로 비치해두었다.

국왕이 침수에 들 때에는 내관과 노상궁이 퇴간방에서 입직入直하였다. 미령하거나 불측한 일이 발생하면 당장 조처해야 했기 때문이다. 궁녀와 환관은 국왕의 수족처럼 늘 곁에 붙어 있으면서 시중을 들었다. 심지어 용변을 보는 데 필요한 요강과 매화틀도 마련해놓았다. 대변을 마쳤을 때에는 상궁이 명주 수건을 들고 섰다가

도5 **매화틀** 조선시대, 나무(오른쪽), 63.5×56cm, 국립고궁박물관 소장. 왕실 전용 이동식 용변기로, 발받침이 있는 좌대와 용변기로 구성되어 있다. 조선시대에는 임금의 용변을 은유하여 매화라 불렀다.

깨끗이 닦아드렸다.도5

국왕이 기침起寢해서는 제일 먼저 행하는 일이 문안을 받거나 이를 행하는 것이다. 생활 예절의 기본 도리인 문안은 침수에 들기 전에도 역시 마찬가지였다. 국왕은 국부國父로서 문안을 받고 자식으로서 문안을 했다.

성스런 몸이란 뜻의 성궁聖躬인 국왕은 신성한 존재 그 자체였다. 도덕적 측면에서 완전한 존재인 국왕은 교화敎化를 책임져야 할 의무가 있으며, 한편으로는 교화의 대상이기도 했다. 따라서 국왕 자신은 유교 윤리를 몸소 실천할 것을 요구받았다. 그중의 하나가 혼정신성昏定晨省으로, 이것이 문안이다. 『예기』禮記 「곡례」曲禮를 보면, "昏定而晨省"이라 하여, 밤에는 부모의 이부자리를 정해드리고 새벽에는 안부를 살피고 여쭙는다고 하였다. 『소학』이나 『가례』家禮에도 등장하는 이 실천 덕목은 유교 사회에서는 어릴 때부터 일상화되어 있었다. 지위의 높낮이에 관계없이 자식 된 도리로서 당연히 행해야 할 법도이므로 왕이라도 예외는 아니었다.

영조가 즉위한 후에, 어른으로는 숙종의 계비인 인원왕후仁元王后와 경종의 계비인 선의왕후宣懿王后가 생존해 있었다. 선의왕후는 영조 6년(1730) 6월에, 인원왕후는 33년(1757) 3월에 승하하였으므로 그 이후에는 영조가 조선 왕실의 최고 어른이었다. 아니, 왕실뿐 아니라 조선 전체에서 가장 웃어른으로 군림하였다. 영조의 계비 정순왕후는 내외명부를 아우른 조선 여성의 최고 어른으로 내전을 지켰다.

영조는 14명의 자녀를 두었다. 왕자는 둘을 낳았는데, 장자는 후궁 정빈 이씨에게서 태어난 효장세자孝章世子이다. 그는 열 살에 조졸早卒하였다. 차자는 역시 후궁인 영빈 이씨에게서 태어난 사도세자思悼世子이다. 뒤주 속에서 굶어 죽은 비운의 세자가 바로 그이다. 그 나머지는 모두 딸들로, 정빈 이씨가 2명, 영빈 이씨가 6명, 귀인 조씨가 2명, 숙의 문씨가 2명을 낳았다. 정비 소생의 자녀는 없었다. 여러 후궁들 중에서 영조의 사랑을 가장 많이 받은 사람은 영빈 이씨였던 듯하다. 영빈 이씨는 딸 여섯 중 넷을 일찍 잃는 아픔을 겪었다. 무사히 살아난 딸들은 하가下嫁(시집 가다)하였다. '정조 이산'이라는 사극에서 권력 암투의 한 축으로 널리 알려진 화완옹주和緩翁主는 영빈 이씨가 낳은 막내딸이었다. 그녀를 제외하고는 영빈 이씨의 또다른 딸인 화협옹주를 비롯해 다른 후궁에게서 낳은 딸들까지 공교롭게도 모두 일찍 죽었다. 그리하여 영조 후반기에 궁중에 살던 자손들은 사도세자의 자식들이었다. 그중에서 훗날 정조가 되는 세손에 대한 영조의 사랑은 애틋하였다.

그러면 세자(세손)의 혼정신성은 어떠하였을까? 영조는 새벽에 문안인사를 받았다. 평명平明(곧 해가 뜰 무렵)에 조강이 행해졌으니, 그 이전에 세손의 신성이 행해졌을 것이다. 세손의 문안은 매우 철저했다. 궁궐 내에서뿐만 아니라 영조가 출행한 곳이면 어디든지 궁관宮官을 보내어 문안했다.

어느 정월 초하룻날 태묘(종묘)와 영희전永禧殿, 영수각靈壽閣, 육상궁毓祥宮을 차례로 방문한 영조는 가는 곳마다 문안을 받았다. 승정원과 홍문관, 약방藥房에서도 구전口傳으로 문안했다. 태묘에서 재궁齋宮에 들어가거나 전배展拜 혹은 봉심奉審한 후 그리고 환궁한 후에도 어김이 없었다. 영조의 걸음걸음마다 '사뿐히 지르밟아' 행여나 탈이 없기를 기원하는 정성이 넘친다. 따라서 문안은 혼정신성만을 가리키지 않았다. 영조가 황단皇壇에 이르러 배알할 때에도 세손은 궁관을 보내 문안하였다. 이때 영조는 수서手書를 내려, "내가 하룻밤 자면서 작은 정성을 조금이라도 펴는 뜻을 본받으라"고 했다. 이를 받아본 세손은 "장래에 지성으로 존주尊周하겠습니다"라고 우러러 답하였다고 한다. 이처럼 출행지에 무사히 도착하셨는지 혹은 심신 상태는 어떠하신지 등 근황을 여쭙는 인사는 다반사로 행해졌다.

영조는 동궁(세손궁) 문안이 너무 잦아 가엾은 생각이 들었던지 그의 편의를 봐주는 조치를 취했다. 이틀은 중관中官이 하고 삼일째는 궁관(춘방관원春坊官員, 춘방은 세자시강원)이 하도록 한 것이다. 동궁이 직접 문안하는 횟수를 줄여주려는 배려로서, 중관 곧 동궁을 모시는 내시나 궁관이 대신하도록 한 것이다.

신료들의 경우에는 때에 따라 문안하는 횟수와 방식 및 대상이 달랐다. 약방에서는 늘 아침마다 일찍 승지를 대동하고서 국왕과 왕비를 문안했다. 국가나 왕실에 우환이 생겼을 때에는 약방에서 직접 대왕대비전과 중궁전, 빈궁에게 구전口傳(구두로 의사를 전함)으로 문안하기도 했다. 영조 연간의 한 사례를 살펴보면, 약방제조藥房提調 송인명宋寅明(1689~1746)과 동부승지同副承旨 이광세李光世는 "엎드려 살펴보지 못한 일간에 성체는 어떠하십니까? 탕제는 어제 다 드셨기 때문에, 오늘 신 등이 여러 어의를 데리고서 입진하여 자세히 성상의 건강을 살피는 것을 의논해 정해서, 이어서 마땅한지 그른지를 진달하는 것이 옳을 것입니다. 대왕대비전의 건강은 어떠하십니까? 감히 와서 문안하고 아울러서 이것을 아룁니다"라고 하자, "알겠다. 자전의 건강은 안녕하다. 나는 일없다"고 했다.

국왕의 답변에서 '일없다'고 하는 말이 인상적이다. 영조가 신료들을 불러 대면한 자리에서는 우의정 김흥경金興慶(1677~1750)이 "일기가 아침과 낮이 다른데 성체는 어떠하십니까?" 하니, "일없다"는 대답이 돌아왔다. 또 "눈은 정상으로 회복되셨습니까?" 하니, "지금 거의 다 나았다" 하고, "대왕대비전의 건강은 어떠하십니까?" 하니, "안녕하다"고 했다. 이러한 문안인사는 경연과 소대召對(불시에 관원을 불러서 행하는 약식 강의), 차대次對(밤에 행하는 약식 강의) 등 신하들이 국왕을 만나는 자리에서는 의당 행해야 하는 기본예절이었다. 물론 문안인사를 여쭙기 전에 신하는 장지문을 들어서자마자 곡배曲拜를 하였다.

어느 나라, 어느 민족, 어느 사회건 인간관계의 기본예절은 인사였다. 그 방법은 예부터 내려오는 전통과 관습 그리고 사회 조건, 자연 환경 등으로 인해 다양한 형태로 나타난다. 조선 유교 사회에서는 하루의 모든 일과를 마치고 나서 '혼정'하고 아침 해가 밝기 전에 '신성'하였다. 국왕의 혼정이 민국을 위해 고뇌하면서 새로운 역사를 잉태하고자 침잠하는 과정이라면, 신성은 조선 하루해의 시작을 알리는 빛이었다.

2 학문으로 일과를 시작하다

국왕의 공부 방법 국왕의 기상 시간은 보통 새벽 5시였다. 문안인사를 받은 국왕은 침전 바로 앞에 보이는 편전이나 다른 당으로 자리를 옮겼다. 영조는 존현각, 정조는 성정각, 헌종은 중희당을 주로 이용했다. 그곳에는 경연관들과 학문을 토론하고 정치를 논하는 자리가 마련되어 있었다. 『일성록』의 서문을 보면, “어제의 일을 오늘 기록하고 오늘의 기록을 내일 반

日省錄 序

戒昨日之事今日錄之今日之錄明日省之繼此書而又書編隨歲增不知爲幾千萬編而將見有得而無失有臧而無否可戒者漸少而至於無可戒可灋者益多而至於皆可法一部日曆與典謨相表裏則其義之親切固非前言往行之比而其用之廣大又奚可與曾子子夏之日省日知同日語哉且日伏覩 聖祖御製自省編 九丁載躬行心得蘊之爲盛德發之爲大業享受遐福垂裕後昆者實本於一箇省字今此日錄名義

도6 「일성록」 서문 부분

도7 **편전인 경복궁 사정전과 강녕전 영역** ⓒ김성철

도8 **편전인 창덕궁 선정전 내부** ⓒ김성철

성한다"(昨日之事 今日錄之 今日之錄 明日省之)고 했다. 그래서 책 이름이 '일성록'이다. 국왕의 오늘 일에 대한 반성의 자료로 편찬된 이 책의 내용은 당시 국왕의 일상생활에서 가장 중시했던 일들이 무엇인지를 전해준다. 그중의 하나가 학문 활동이었다.도6

국왕의 공부는 경연經筵이라 했다. 경전을 공부하는 자리라는 뜻이다. 경연 시간은 『홍문관지』弘文館志를 보면, 조강朝講은 평명平明, 주강晝講은 오정午正, 석강夕講은 미정未正이 정시正時라고 했다. 평명은 해가 뜰 때이며, 오정은 정오 곧 12시를 가리킨다. 미정은 미시未時의 정각이니, 미시는 오후 1시부터 3시까지이며 그 정시는 오후 2시이다. 영조는 조강의 경우에 계절에 관계없이 보통 진시辰時 곧 오전 7시에 시작하였다. 가장 빈도가 높았던 주강은 오시午時(오전 11시부터 오후 1시까지)에 행했으며, 석강은 시간이 불규칙했다.도7, 도8

경연에는 입시入侍 절차가 마련되어 있었다. 세종이 즉위 후 처음 개강할 때에는 영경연사領經筵事 이하 경연관 전원이 입시하였다. 이때 정한 자리의 차례는 그후에도 그대로 적용되었다. 곧 정1품인 영사領事는 경연이 행해지는 전각 실내의 동쪽 벽에서 서쪽을 향해 앉았다. 그래서 동벽이라 별칭했다. 2품인 지사知事와 동지사同知事는 서쪽 벽에서 동향하여 앉았다. 그래서 서벽이라 별칭했다. 3품 이하는 모두 남쪽에서 북향하여 앉았다.

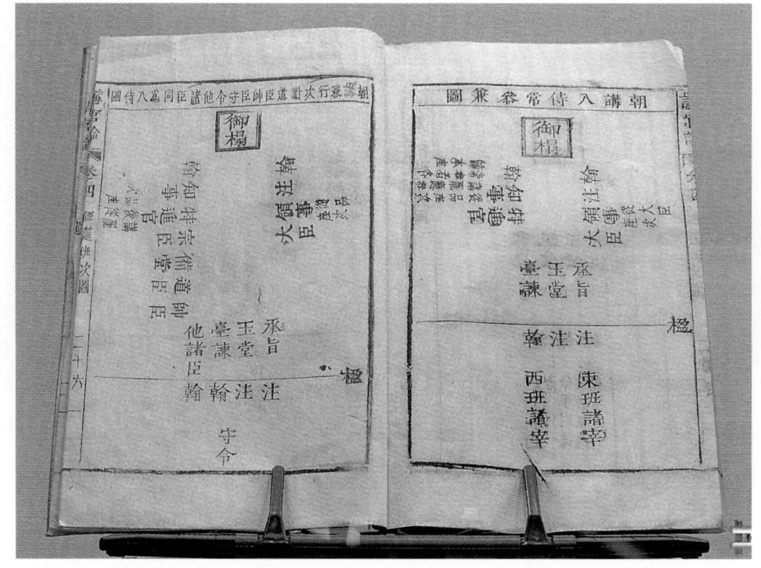

도9 **경연 좌석 배치도** 최한기崔漢綺가 쓴 『강관론』講官論의 부분. 서울대학교 규장각 소장.

책의 오른쪽 면을 보면, "朝講入侍常參兼圖"(조강입시상참겸도)라 씌어 있다. 왕이 앉는 어탑 바로 앞에 사관인 한림과 주서가 좌우에 자리하여 기록을 담당하고, 이어서 지사, 특진관, 영사, 대신 등 경연관이 좌우에 자리하였다.

경연관 이외의 참석자들로는 승지承旨와 강관講官, 사관史官 등이 있었으며, 대신이나 간관諫官이 입시하기도 하였다. 사관은 남쪽의 말석에 앉다가 성종 대에 왕의 앞 좌우에 자리 잡았는데, 이들이 한림(예문관 검열, 종9품)과 주서(승정원의 정7품직)이다. 동벽은 영사 한 사람이었으므로 자리의 차례에 문제가 있을 리 없지만, 서벽의 경우에는 지사와 동지사가 왕과 가까운 상석에 자리하고 특진관特進官이 아랫자리에 앉았다. 도9, 도10

경연은 왕의 의사를 물어 행했다. 아침마다 승지가 다음 날 경연을 실시할 것인지의 여부를 왕에게 묻도록 되어 있었다. 승지가 "다음 날 상참常參(매일 행하는 조회)과 경연을 행할 것인지 아룁니다"라고 하면, 왕은 "주강만 하겠다"고 전교하는 식이었다. 승정원에서는 이 결정 사항을 분판粉板에 써서 대문 밖에 게시하였다. 주강이라면 '오는 며칠 오시에 강한다'(來某日午時講)라고 쓰고, 강학을 하지 않을 경우는 '오는 며칠에 일없다'(來某日無事)라고 썼다. 홍문관 등 해당 관청의 기별서리는 승정원의 이 게시판을 보고 소속 관청에 연락했다. 반면에, 소대召對와 야대夜對(밤에 신하를 불러 행하는 경

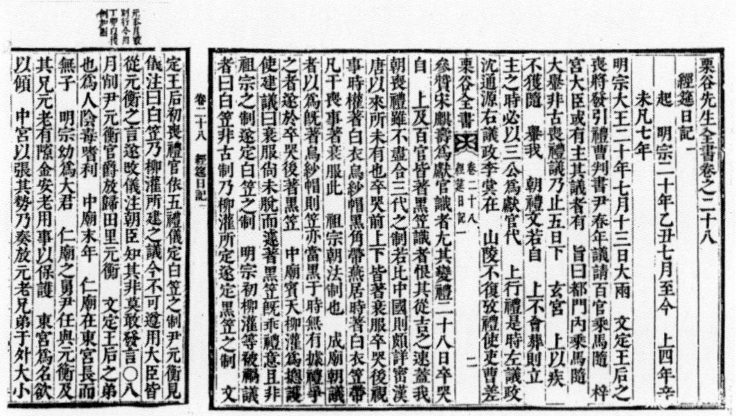
栗谷先生全書卷之二十八
經筵日記一
起 明宗二十年乙丑七月至今 上四年辛
未凡七年
明宗大王二十年七月十三日大雨 文定王后之
喪將發引禮曹判書尹春年議請百官乘馬隨 梓
宮大臣或有主其議者有 旨曰都門內乘馬隨
大轝非古喪禮議乃止五日下 玄宮 上以疾
不獲隨 轝我 朝禮文若自 上不會葬則立
主之時必以三公爲獻官代 上行禮是時左議政
沈通源右議政李蓂在 山陵不復攷禮使吏曹差
栗谷全書 卷二十八 經筵日記一 二
參贊宋麒壽爲獻官識者尤其變禮二十八日卒哭
自 上及百官皆著黑笠識者恨其從吉之速蓋我
朝喪禮雖不盡合三代之制若比中國則頗詳審漢
唐以來所未有也卒哭前上下皆著衰服卒哭後親
事時權著白衣烏紗帽黑角帶燕居時著白衣笠帶
凡干喪事著衰服此 祖宗朝法制也 成廟朝議
者以爲旣著烏紗帽則笠亦當黑于時無有據禮爭
之者遂於卒哭後著黑笠 中廟賓天柳灌爲摠護
使建議曰衰服尙未脫而遽著黑笠旣乖禮意且非
祖宗之制遂定白笠之制 明宗初柳灌等被禍議
者曰白笠非古制乃柳灌所定遂定黑笠之制 文
卷二十八 經筵日記一
定王后初喪禮官依五禮儀定白笠之制尹元衡見
儀注曰白笠乃柳灌所建之議今不可遵用大臣皆
從元衡之言遂改儀注朝臣知其非莫敢發言○八
月削尹元衡官爵放歸田里元衡 文定王后之弟
也爲人陰毒嗜利 中廟末年 仁廟在東宮長而
無子 明宗幼爲大君 仁廟之舅尹任與元衡及
其兄元老有隙金安老用事以保護 東宮爲名欲
以傾 中宮以張其勢乃奏放元老兄弟于外大小

도10 「율곡전서」의 「경연일기」 부분
조선시대 경연에서 강의하고 토론한 내용을 경연에 참석했던 율곡이 기록한 일지. 1565년(명종 20)부터 기록하기 시작하였다. 내용은 그날 강독한 책의 제목, 강독범위, 왕과 신하들의 토론 그리고 조강朝講·주강晝講·석강夕講과 야대夜對를 모두 기록하였다.

연)는 왕이 필요할 때에 승정원으로 하여금 홍문관에 통보하여 실시하도록 했다.

강독 교재는 사전에 치밀히 준비했는데, 이를 현독懸讀이라 하였다. 홍문관의 책리冊吏가 대전으로 가서 왕이 전용으로 보는 어람용 책을 가져오면, 당번인 홍문관 관원은 강의할 범위를 적고, 어람용 책에 붉은 글씨로 토를 달아서 궐 안으로 돌려보냈다.

경연을 시작하기 전에는 예행연습인 습강習講을 했다. 참석자들은 공복을 입고서 정해진 시각 30분 전에 합문閤門 밖에 설치된 막차幕次에서 대기하였다. 좌장이 좌정하면 차례로 나가서 절하고 정해진 자리에 앉았다. 책리가 책을 한 권씩 각자의 앞에 갖다놓으면, 홍문관 관원 2명이 좌장 앞으로 나가서 상번上番(근무자 중 상급자)이 교재를 읽었다. 홍문관의 부제학副提學이 입시할 때에는 하번下番(근무자 중 하급자)이 읽었다. 습강이 끝나면, 사관이 좌목단자座目單子를 참석자들에게 차례로 보여주어 확인한 후에 대전으로 보냈다. 좌목단자는 경연에 참석할 사람들의 명단이다. 이를 해당자에게 보여주어 참석에 차질을 빚지 않도록 다시금 확인시키고, 그 명단을 국왕에게 미리 통지했다. 국왕은 이 명단을 보고서 자신이 원하는 유신儒臣을 지정해 참석토록 요구하기도 했다.

정해진 시간이 되자, 금루관禁漏官이 국왕에게 시간을 알렸다.

국왕이 외전外殿으로 납셨다는 통보를 받으면, 막차에서 대기하고 있던 참석자들은 각자 책을 들고서 좌목의 차례대로 들어가 지정된 자리에 부복俯伏하였다. 강講을 할 때에는 무릎을 꿇고 납작 엎드렸다가 상체를 일으킨 자세여야 했다. 조선 초기 이래의 오랜 전통이긴 하지만, 그동안 몇 차례 앉아서 진강進講(글을 강론함)할 것을 거론하였으나 실현되지 못하였다.

그러면 진강의 실제 모습을 정조 때 관직 생활을 한 어용겸魚用謙(1742~?)의 『입조일기』入朝日記를 통해 살펴보자. 어용겸이 홍문관 관료로서 소대하여 입시했을 때의 이야기이다. 임금이 신하를 불러 마주한 자리에서 홍문관 관료들은 『송명신록』宋名臣錄의 「장도」張燾편을 시강하였다. 홍문관 상번이 두 개의 대문大文을 진강하고 나서 어용겸이 부복하였다가 일어나 세번째 대문부터 네번째 대문까지를 진강했다.

이때 정조는 강독을 그만두고 문장의 뜻을 진강하는 것이 좋겠다는 의견을 제시했다. 그 명에 따라 어용겸은 다시 부복하였다가 일어나서 문장의 뜻을 진강하였다. 끝나고 나서 정조는 몇 가지 사실을 물었는데, 그때마다 어용겸은 부복하였다가 일어나서 대답했다. 진강하는 자리에서 신하는 강독을 하거나 임금의 하문에는 반드시 부복하였다가 일어나 답변해야 했던 것이다. 경연에 들어갈 때에는 품계가 높은 사람부터 차례로 들어갔으나, 끝나고 나올 때에는 반대로 낮은 사람부터 차례로 나왔다.

국왕의 경연 참석은 세종의 경우 재위 32년 중 전반의 16년 동안 매일 참석하는 것을 원칙으로 했다. 이 기간 동안에는 매년 평균 100회를 초과하였다. 성종 대에는 하루에도 여러 번 경연에 참석하는 관례가 생겨났다. 왕이 미성년으로 하루에 세 번 강학하는 선례는 단종 대에 볼 수 있는데, 성종은 죽을 때까지 이 원칙을 지켰다. 이외에 이따금 야대夜對라 하여 밤에도 경사를 강독하였다.

명종 초에는 소대召對라는 약식의 강의가 생겨났다. 불시에 불러

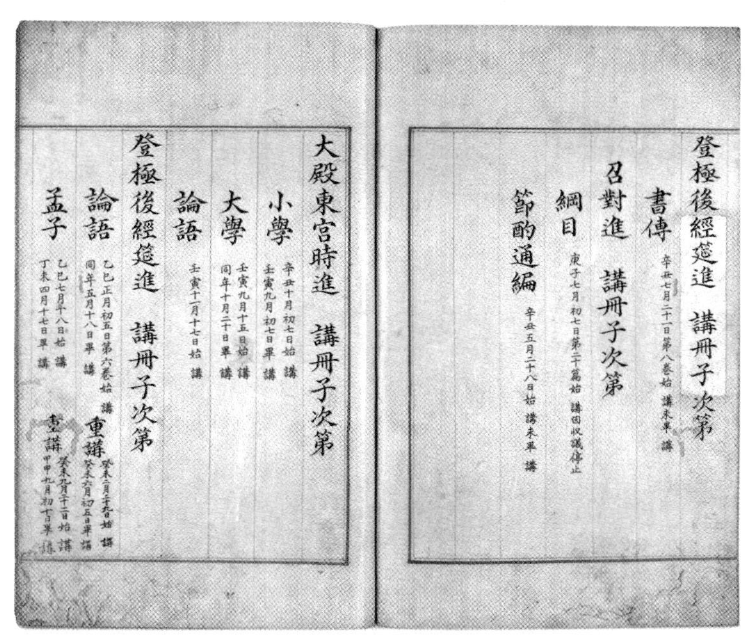
登極後經筵進講冊子次第
書傳 辛丑七月二十一日第八卷始 講未畢 講
召對進講冊子次第
綱目 庚子七月初七日第二十篇始 講因收議停止
節酌通編 辛丑五月二十八日始 講未畢 講
大殿東宮時進講冊子次第
小學 辛丑十月初七日始 講 壬寅九月初七日畢 講
大學 壬寅九月十五日始 講 同年十月二十日畢 講
論語 壬寅十一月十七日始 講
登極後經筵進講冊子次第
論語 乙巳正月初五日第六卷始 講 同年五月十八日畢 講
重講 癸未二月二十五日始 講 癸未六月初五日畢 講
孟子 乙巳七月十八日始 講 丁未四月十七日畢 講
重講 癸未九月二十二日始 講 甲申九月初十日畢 講

도11 **경연진강책자목록** 한국학중앙연구원 장서각 소장.

강의하는 방식이어서 참석자의 수가 적었으며, 주간에 실시했다. 삼강三講(조강·주강·석강의 통칭)에는 1품 내지 2품의 대신도 참석했는데, 소대는 3품 이하의 관원만 입시하였다.

영조는 경연에 꽤 부지런히 출석하였다. 그렇지만 기복이 심했다. 『승정원일기』의 기록을 보면, 영조는 52년의 재위 기간 동안 약 3,500여 회의 경연을 실시했다. 연평균 약 67회이며, 한 달 평균 6회 정도였다. 말년에는 더욱 의욕이 넘쳐 재위 39년(1763)에는 209회, 40년(1764)에는 188회, 41년(1765)에는 164회, 46년(1770)에는 199회였다. 월평균 1회 이하로 극히 저조했던 해도 있었다. 특히 영조 25년(1749)에 세자에게 대리청정을 시키고 나서는 경연을 폐지하고 그후 10여 년 동안 소대만 이따금 실시했다. 경연은 국상이나 정변, 질병 등 여러 가지 요인이 발생했을 때에는 중단되기 마련이었는데, 영조 치세 기간에는 워낙 다사다난했기 때문에 경연 출석이 일관되지 않았다. 게다가 영조는 감정의 기복이 심하여 더욱 들쭉날쭉했다.

도12 **『성학집요』** 13권 7책, 활자본, 국립중앙박물관 소장.

조선 중기의 학자 이이李珥가 1575년(선조 8년)에 지은 책으로, 군주의 학문에 요점이 되고 도학道學의 정수가 될 만한 내용을 유교 경전에서 뽑아 엮었다. 사진은 1759년(영조 35년)에 간행된 판본이다. 서문에서 이이는 송宋 나라 진덕수眞德秀의 『대학연의』大學衍義가 지나치게 방대하므로 바쁜 군주가 보기에 편하도록 요약하여 이 책을 엮었음을 밝히고 있다.

경연, 학문과 정치 토론의 장

경연 교재는 세종 대에 사서四書와 삼경三經, 『춘추』春秋, 『통감강목』通鑑綱目, 『대학연의』大學衍義, 『송감』宋鑑, 『사기』史記, 『통감속편』通鑑續編, 『성리대전』性理大典 등이었다. 성종은 여기에다 『예기』와 『근사록』近思錄, 『정관정요』貞觀政要, 『한서』漢書, 『고려사』高麗史, 『국조보감』國朝寶鑑 등을 추가했다. 그후에 교재는 국왕의 취향에 따라 더 추가되기도 하고 빼기도 했다. 영조 대에는 『소학』과 『심경』心經, 『대학연의보』大學衍義補, 『동국통감』東國通鑑, 『성학집요』聖學輯要, 『절작통편』節酌通編 등이 중시되었다. 도11, 도12, 도13

도13 **『동국통감』** 56권 28책, 서울대학교 규장각 소장.

1485년(성종 16)에 서거정徐居正 등이 왕명을 받아 신라 초부터 고려 말까지의 역사를 편찬한 사서.

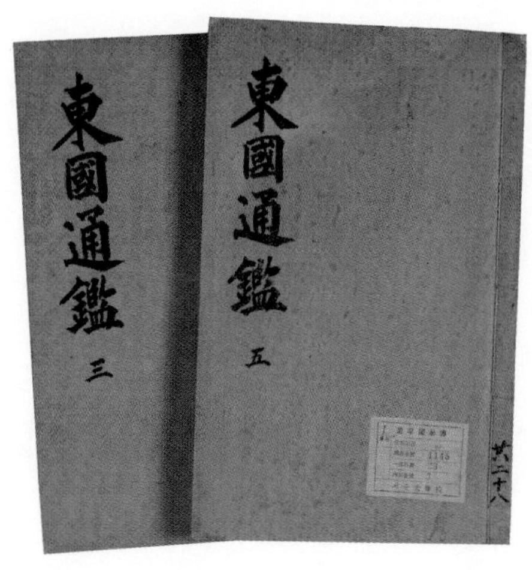

강의 내용은 철저한 이데올로기 주입식이었다. 경서는 모두 송나라 성리학자들의 주석에 따라 읽었다. 『시경』에 나오는 소박한 서정시는 엄숙한 윤리적 교훈으로 해석하였다. 성종 15년(1484) 10월 경연의 강의 교재에 대해, 성종은 "이제 『문한유선』文翰類選(명나라 때 편찬된 중국 역대의 시문집)을 보니, 이해하지 못할 곳이 많이 있다. 선유先儒가 말하기를, '임금이 사장詞章(시가와 문장)을 지나치게 좋아해서는 안 되지만, 모를 수도 없다'고 하였다. 또 『시경』의 국풍國風은 음란한 시인데, 선유가 진강進講할 수 없다거나 진강해야 한다고 말했다. 또 『삼국사』三國史도 역시 괴탄怪誕한 말이 많으나, 야대에서 역시 진강한다. 내가 『문한유선』에서 소시小詩·사운四韻 같은 것을 제외하고 『삼국사』를 진강한 뒤에 아울러 강하고자 하는데, 승정원의 뜻은 어떠한가?" 하고 물었다.

승지들은 야대라고 하더라도 사장을 진강하는 것은 적당치 못하다면서 이를 반대했다. 좌승지 권건權健(1458~1501)은 "예전 태종께서 『두시』杜詩를 진강하고자 하시니, 『두시』는 시사詩史로서 모두 임금에 충성하고 나라를 사랑하는 말이지만, 신의 조부 권근權近(1352~1409)이 오히려 진강할 수 없다고 하였는데, 하물며 이 『문한유선』이겠습니까!"라고 하여, 반대의 근거로 태종 때의 예를 들었다. 태종이 『두시』의 진강을 원했음에도 불구하고 권근이 이를 반대했다는 것이다. 충군애국忠君愛國의 내용이라 하더라도, 『두시』와 『문한유선』은 시가와 문장이므로 무조건 안 된다는 것이다.

이에 성종은 "태종께서 『두시』를 보고자 하신 것은 임금에 충성하고 나라를 사랑하는 뜻을 취한 것이 아니겠는가? 선유가 말하기를, '임금이 나라를 다스리는 데에는 마땅히 알지 못함이 없어야 한다'고 하였으니 내가 사장에 호착好着함이 아니라, 아는 데 그치고자 할 뿐이다. 이제 승지들이 진강할 수 없다고 하니, 예전에 국풍을 진강할 수 없다고 하는 것과 무엇이 다르겠는가?"라고 하면서, 『시경』 국풍과 비유하여 승지들의 반대를 비판하였다. 국풍은 『시경』의 편명이다. 그 내용 중에는 숙녀가 군자를 유혹하고 남녀의 상열相烈을 노골적으로 묘사한 노래들이 많다. 그래서 음란하다는 것이며, 이것이 진강 대상이 될 수 없는 이유였다.

그러자 승지들은 "국풍을 진강할 수 없다고 한 것은 이것이 왕안석王安石(1021~1086)의 실언입니다. 국풍은 성경聖經인지라 비록 음란한 글이 실렸다고 하더라도 또한 이로 인해 경계할 수 있으니, 임금이 알지 아니할 수 없습니다. 『문한유선』 같은 것은 바로 사조

詞藻(시가詩歌나 문장)를 편집한 것인데, 어찌 감히 국풍에 비하겠습니까?"라고 하면서, 경연관으로 하여금 진강하게 할 수 없음을 분명히 했다.

이처럼 경연 교재는 경經과 사史를 위주로 하고, 자子와 집集은 철저히 배제되었다. 제자諸子는 이단이며, 문집은 말기末技에 지나지 않아 제왕학에 적합하지 않았다. 『문한유선』과 『두시』 등을 진강하지 못하게 한 것이나, 문종 때에는 병서兵書를, 성종 때에는 『장자』莊子와 『노자』老子, 『열자』列子, 『전국책』戰國策 등을 배우는 것을 반대한 것들이 모두 같은 이유 때문이었다.

강의 방식은 경과 사가 달랐다. 강경講經(경서를 강론하는 공부)은 한나라 이래의 여러 주석을 정독해가면서 자구를 철저히 따졌다. 반면에 독사讀史(사서를 읽는 공부)는 통독을 위주로 하면서 중요한 대목만을 설명하는 방식이었다. 성종이 경연을 시작할 때 정한 강독의 규례에는 음독音讀과 석문釋文, 설명, 복습 등 네 가지 절차를 거치도록 되어 있었다.

삼강(조강·주강·석강)은 위 규례처럼 강의 방식이 매우 철저하였다. 영조 원년 정월 24일의 주강을 예로 들면, 영조는 지난번에 공부한 내용을 복습하면서 경문과 주석을 모두 읽었다. 이어서 시독관侍讀官 서종섭徐宗燮(1680~1734)이 새로 공부할 내용을 읽고, 이를 왕이 다시 읽었다. 끝나면 시독관을 비롯하여 지사와 특진관 등이 번갈아 문장의 뜻을 부연하여 설명하고 교훈을 도출해냈다. 문장의 뜻에 대한 설명은 격의 없이 옥당玉堂이 주도했다. 이 자리에 참석한 승지와 사관·종신宗臣·무신武臣 등은 듣고만 있었다.

한편, 소대는 강의 방식이 전혀 달랐다. 특정 교재의 학습 진도를 편성하여 진행하는 강의가 아니어서, 전에 배운 내용을 복습할 이유가 없었다. 또 강관이 교재를 읽은 후에도 왕이 이를 되풀이하여 읽지 않았다. 오히려 왕은 옥당과 사관, 승지 등 참석자들을 하나씩 지명하여 읽게 했다. 윤독輪讀하는 중간에는 옥당과 승지가 교훈이 될 만한 대목을 설명하거나, 왕이 이따금 질문을 하였다.

소대에서는 주로 사서史書를 읽으면서, 옛날 군주들의 잘잘못을 거울로 삼아 왕이 현재의 정치를 반성하도록 유도했다. 삼강이건 이대(소대와 야대)건 경사를 강독하는 목적은 단순한 지식의 축적이 아니라, 성현의 가르침과 역사의 교훈을 현재의 정치에 반영하는 것이었다. 그래서 보통 강관들의 설명은 시비곡직是非曲直이 분명하였고 국왕의 허물을 지척指斥(잘못된 언행을 지적하여 배척함)하기에 인색하지 않았다.

영조는 어느 날 소대에서 시신侍臣에게 뜻밖의 소견을 물었다. "『주의』奏議에 이른바 '군상육폐'君上六弊 가운데 내가 면치 못하는 것이 얼마나 되는가?" 이 질문에 대해 참찬관參贊官 홍경보洪景輔는 "총명을 자랑하고, 남을 이기기를 좋아하며, 허물 듣기를 부끄러워하고, 변급辯給이 빠른 것 네 가지가 전하께서 면하지 못하는 것입니다"라 하고, 시독관 오원吳瑗과 검토관 윤득화尹得和는 "신이 가만히 생각하니 강퍅함을 제멋대로 하는 것 외에 모두 있는 듯합니다"라고 했다.

이 대답에 한편으로는 부끄럽고 한편으로는 화도 날 만하건만, 영조는 "나는 아는 것이 적고 배운 것이 많지 않으며 뜻은 크나 재주가 적어 말을 하고 일을 하는 사이에 과연 허다한 병통이 있다. 대저 세도世道를 개탄하는 마음은 지나치고 사람을 용납하는 도량은 작으니, 남에게 이기기를 좋아하는 병통이 있게 된 것이요, 일에 실수가 있으면 문득 깨닫고 마음속으로 후회하니 허물 듣는 것을 부끄러워하는 병통이 있는 것이며, 변급에 빠르다는 것은 학문이 부족한 소치요, 총명을 자랑함은 아는 것이 적은데 뜻만 크기 때문이다. 또 위엄을 부리지 않아야 하는데 위엄을 부리는 것은 위엄을 사납게 부리는 데 가까운 것이다. 오직 강퍅함을 제멋대로 하는 한 가지는 나에게 실제 없다"라고 하여, 자신의 병폐를 인정하는 듯이 장황하게 변명을 늘어놓았다. 그러고 나서는 "이른바 '신하삼폐'臣下三弊는 여러 신하들이 스스로 어떻게 생각하는가?"라는 질문을 던졌다.

홍경보는 주저 없이 '아첨하며 눈치를 보는 것은 아직도 면하기 어렵다'고 하였다. 신하들이 임금에게 아첨하고 눈치를 보는 폐해는 여전하다는 것이다. 이것은 곧 '두려워하고 겁이 많다'(畏懦)는 말이니, 이를 논할 명분이 있겠느냐면서 선비의 지조와 기개를 저버린 현실에 왕의 잘못을 탓할 일만은 아님을 인정했다.

이 자리에서 벌어진 논란의 주제는 『육선공주의』陸宣公奏議(당나라 때의 학자 육지陸贄가 간諫한 글을 모은 책)에서 육지가 당 덕종德宗에게 말한 임금의 여섯 가지 폐해였다. 승지들은 호승인好勝人(남을 이기기를 좋아함), 치문과恥聞過(허물 듣기를 부끄러워 함), 빙변급騁辯給(변명하며 합리화시킴), 현총명眩聰明(총명을 자랑함) 네 가지를 들었지만, 옥당은 여기에 여위엄厲威嚴(위엄으로 겁을 줌)을 추가했다. 모두 자강복恣强愎(강팍한 행위를 제멋대로 함)만은 제외시켰다. 이를 놓고 영조와 승지, 옥당은 서로 반박을 주고받았다. 군신의 도리와 서로의 관계에 관한 학문토론의 장이 아니라, 당장의 정치 현안에 대한 공방이 군신의 폐해를 주제로 이루어진 것이다.

이때의 정치 현안은 권영權瑩(1678~?)을 귀양 보낸 문제였다. 승지와 옥당은 이를 지나친 처분으로 보고, 그에 대한 불만을 영조의 폐단을 지척指斥하는 것으로 쏟아냈다. 이를 눈치 챈 영조는 "군신이 서로 대하여 각각 단점을 말하는 것은 진실로 또한 아름다운 일이나, 끝내 권영을 구원하는 데로 돌아가니, 참으로 개탄할 만하다"고 했다.

사실 경연의 자리는 순수한 학문의 장이 아니었다. 오히려 정치 현안을 토론하는 장으로 변질되기 일쑤였다. 군신 간의 치열한 논쟁이 벌어지기도 했던 경연은 군주를 성군聖君으로 이끄는 학문의 장이면서 군주권의 절대성을 확인하는 자리이기도 하고, 대화와 타협을 통한 절차적 정치 행위의 과정이기도 했다.

3 신하들의 접견과 업무 보고

조회와 국왕 알현

한 시간여의 조강을 마친 국왕은 편전에서 신하들을 접견하는 것으로 국정 업무를 시작했다. 이때의 시간은 보통 7시 15분이었다. 국왕은 이 시간에 별일이 없는 한 매일 신하들을 접견했다. 이를 조회라고 하는데, 조강과 겹치는 경우가 많아 상참을 위주로 시행되었다.

조회를 거행하는 시간은 평명인 해 뜰 무렵이었다. 그런데 세조대에 와서 이 원칙이 깨졌다. 일출 후 5각(1각이 15분이므로, 5각은 한 시간 15분)에 시행하자는 것이었다. 그 이유는 원로대신이 이른 시각에 조회에 참여했다가 병이 생길지 모른다는 우려에서였다. 사헌부에서는 상참 후 식사를 하므로 일출 후에 상참하면 업무에 지장을 초래할 수 있다고 하자, 세조는 "상참이 너무 이르면 늙은 군주는 힘이 부쳐 할 수 없고 게으른 군주는 엄두를 못 낼 것이다"라고 답변하였다. 그리하여 조회 시간을 조정하였으나, 실제에 있어서는 조회 시행의 감소로 이어져 이에 대한 의정부의 비판이 제기되었다. 그리하여 결국 새벽 시간으로 다시 환원되었다.

평명은 사실 시간이 모호한데다가 일출시간도 계절마다 달랐다. 그리고 국왕의 일과를 사전 예약 없이 정해진 규식으로 제어할 수도 없었다. 국왕의 모든 일과는 사전에 국왕의 명으로 시간을 정해 시행하는 것이 원칙이었다. 조참할 때, 출궁의 삼엄三嚴은 진시 초 1각(오전 7시 15분)으로 하라는 전지傳旨를 내리는 것이 곧 이를 증명한다.

조회는 일상으로 행하던 의례였지만, 그 의미는 자못 컸다. 『태조실록』에는 다음과 같은 기록이 있다.

> 대개 임금은 깊은 궁궐 속에서 팔짱을 높이 끼고 있어 세세한 온갖 일을 두루 알지 못합니다. 반드시 누구를 인견하여 물어보고서 그 득실을 알게 된 뒤에야, 민정民情이 막히지 않고 정사에 잘못이 없게 될 것입니다. 우리 조정에서 한 달에 여섯 번 아일조회衙□朝會를 하는 법은 한갓 여러 신하들의 조알朝謁만을 받으려 하는 것이 아니라, 대개 조정의 나라 다스리는 일을 듣고서 결정하려는 것입니다.

이렇듯 조정에서 나라 다스리는 일에는 조회가 반드시 필요했다. 임금은 실무 관료들을 만나서 국정의 제반 현황을 청취하고 나서야 어떠한 결정이라도 내릴 수 있기 때문이다. 그렇게 해야 잃는 것을 방지하고, 그런 뒤에야 백성들의 뜻이 막히지 않아 원망이 없고 나라 다스리는 일도 잘못이 없다. 신하들의 알현만을 받는 것이 아니라 국정 현안을 전달하는 정치적 성격이 강한 의식이 조회였던 것이다.

여기서 조회의 유래와 정치적 의미를 부연해보자. 『서경』書經 순전舜典을 보면, "천자는 5년마다 한 번 순수巡狩하고, 제후는 사방이 돌아가면서 4년에 한 번 천자를 뵙는다"고 하였다. 이때 천자를 뵙는 것을 '조'朝라 한다. 제후는 천자에게 자신의 일을 보고하고 천자는 이를 평가하였다. 『주례』周禮에서는 봄에 천자를 뵙는 것을 '조', 때를 정하지 않고 뵙는 것을 '회'會라 하였다. 때를 정하지 않는다는 것은 전쟁과 같이 특별한 사안이 생겼을 때를 말한다. '회맹'會盟이라는 용어의 의미도 여기에서 유래했다.

천자가 제후를 만나는 것은 친한 이를 가까이 하는 '친친'親親의 의례의 본질을 구현하는 방법이었다. 또한 '존존'尊尊의 도리를 가르치고자 천자는 제후를 거느리고서 하늘에 제사를 지내고 돌아와 제후를 만난다고 하였다. 제후는 예의를 밝히고 형벌을 올바르게 하며 덕을 한결같게 해야 하니, 이것은 천명에 의해 왕 노릇 하는 천자가 제후에게 명한 정치였다. 따라서 제후가 나라를 잘 다스리는 것은 천자를 높이는 도리였다. 그렇다면 제후의 정치적 잘잘못은 어떻게 알 수 있을까? 천자가 순수하거나 입조入朝한 제후를 직접 대면하고서 물어 알 수 있었다. 오래도록 입조하지 않을 경우에는 그 정情이 혹 의심스러울 수도 있었다.

이를 통해 볼 때, 조회는 두 가지 정치적 목적을 띠었다. 하나는 천자가 제후를 친히 하며 높이는 의례의 본질을 구현하여 관계를 돈목敦睦히 하는 일이었다. 다른 하나는 천자가 명한 정치(지방 통치)를 제후가 훌륭히 수행하고 있는가를 확인하는 일이었다. 특히 임금과 신하는 부자와 같은 정을 공유하는 관계로 인식되어, 오래도록 만나지 못할 경우에는 그 정을 의심하거나 두려워할 수도 있었다. 제후 중에 반란을 획책하는 이가 있을지 신하들을 만나지 않으면 알 수 없는 노릇이었다.

조회는 대조회大朝會와 조회, 조참朝參, 상참常參 등 여러 종류가 행해졌다. 중국의 각 왕조에 따라 상이하게 시행되어온 조회는 정월 초하루와 동지, 매월 초하루, 보름 등 일정한 시차를 두고 실시하다가 점차 매일 행하는 상참으로 정착되어갔다. 조선의 조회 제도도 이와 맥락을 같이했다.

조회의 이러한 정치적 성격은 당시 위정자들에게 충분히 인식되어 있었다. 성삼문成三問(1418~1456)이 단종에게 진언한 『단종실록』의 다음 기사記事는 그래서 주목된다.

옛날에 주공周公이 성왕成王을 업고서 제후의 조회를 받은 것은 천하의 마음을 정하려 했기 때문이었습니다. 지금 주상께서 어리신데 궁중에 깊이 거처하면서 여러 신하들을 한 번도 만나지 않으시니, 인심이 정하여지지 않을까 두렵습니다. 청컨대, 초하루와 16일에 흰옷을 입고서 근정문에 납시어 여러 신하들의 조참을 받으시면, 뭇 신하들이 용안을 뵈올 수 있어 인심이 정해질 수 있을 것입니다.

어린 국왕의 즉위로 민심이 불안을 떨칠 수 없는 사회 분위기 속에서, 성삼문이 민심을 안정시킬 목적으로 단종에게 조참을 행할 것을 조언한 내용이다. 조참의 기일은 매달 초하루와 16일, 장소는 근정문으로 할 것을 건의했다. 조참하는 자리에 단종이 얼굴을 드러내면, 민심이 안정될 것이라는 민심 회유 방안으로 제시된 것이다.

국가 의례와 민심의 안정은 매우 밀접한 관계를 가졌다. 의례의 주인인 국왕이나 왕세자가 등장해야 관민들은 안심하고 태평성대를 노래할 수 있다는 것이다. 왜냐하면 국왕과 왕세자는 나라의 근본이었기 때문이다. 그런데 어찌하여 국왕과 왕세자 모두 국본國本이라고 할까?

왕세자를 세우는 일은 나라의 근본을 정하거나 바로잡는 일이었다. 동아시아의 공통된 규례였던 왕세자 책봉은 그 의미를 표현하는 말이 다양했다. 그중의 핵심이 나라의 근본을 정한다는 말이다. 하지만 이 말은 유심히 살펴볼 필요가 있다.

왕세자 책봉은 왕실 조상들의 신주를 모신 종묘를 받들고 국왕을 상징하는 기물인 신기神器를 지켜 보존해나갈 존재를 정하는 일이었다. 종묘의 주창主鬯을 정한다는 말도 있는데, 주창은 종묘 제사에서의 첫 술인 울창주를 올리는 주체를 가리킨다. 이 첫 술잔을 올리는 초헌初獻은 국왕이 담당하며, 초헌의 주재자는 제사의 주재권을 가진 국왕으로서 그의 제사권은 신성불가침이다. 따라서 주창은 국왕을 상징하는 용어 중의 하나이다. 종묘를 받들고 신기를 지키는 자가 국본이며, 그는 현재의 국왕이라 하겠다. 이에 비해 왕세자는 장차 국왕의 자리를 계승할 존재이기 때문에, 예비 국본인 셈이다. 그러므로 왕세자를 세우는 일은 장차 국본이 될 존재를 정하거나 바로잡는다는 것이지 왕세자가 곧 국본이라는 것은 아니다. 왕세자를 국본이라 지칭할 수는 없는 것이다.

국본이 될 왕세자의 책봉을 그래서 적당히 치를 수 없다는 생각은 예나 지금이나 다름이 없다. 대통령 취임식을 소수가 모인 허접한 장소에서 치를 수 없듯이, 왕세자 책봉례는 모름지기 광명정대한 곳에서 백관과 만백성들이 다 같이 그 일을 볼 수 있도록 성대하게 거행했다. 정전 큰 뜰에서 행하여 모든 관원으로 하여금 다 보게 하고 온 나라가 함께 하도록 한 것이다. 그렇게 하면, 삼봉三峰 정도전鄭道傳(1342~1398)이 언급하였듯이 사람들의 보고 듣는 것이 통일되고 마음이 안정된다고 했다. 『예기』「악기」樂記에서, 예악형정禮樂刑政의 정치적 목적은 동민심同民心이라 한 것도 이를 두고 한 말이다. 민심을 하나로 통일하여 같게 하여야 모든 백성들이 서로 친해지며, 이는 궁극적으로 정치적·사회적 안정을 도모하는 일이었다.

성삼문이 단종에게 조회의 거행을 권유한 것도 이러한 이유에서였다. 깊디깊은 궁궐의 어좌에 앉아 있는 단종은 만민이 우러러보는 존재였다. 단종이 생활하는 공간인 궁궐은 존엄성을 보이며 정령政令을 내는 곳이었다. 정도전이 "궁궐은 임금이 정사政事하는 곳이요, 사방에서 우러러보는 곳"이라 한 바와 같이, 궁궐은 그 제도를 장엄하게 하여 존엄성을 보이고 그 명칭을 아름답게 하여 보고 감동되게 하여야 한다. 국왕을 상징하는 각 요소들이 가장 존엄하고 화려한 것은 이러한 이유 때문이었다.

근정전의 용상에 면복을 갖추어 입고 앉아 있는 국왕은 천명을 받은 신성하고 거룩한 존재였다. 「정아조회지도」正衙朝會之圖를 통해 조회의 모습을 그려보면, 국왕의 권위를 확연히 느낄 수 있다. 임금은 해와 달 아래 국토의 산천을 배경으로 가장 높은 곳에 앉았

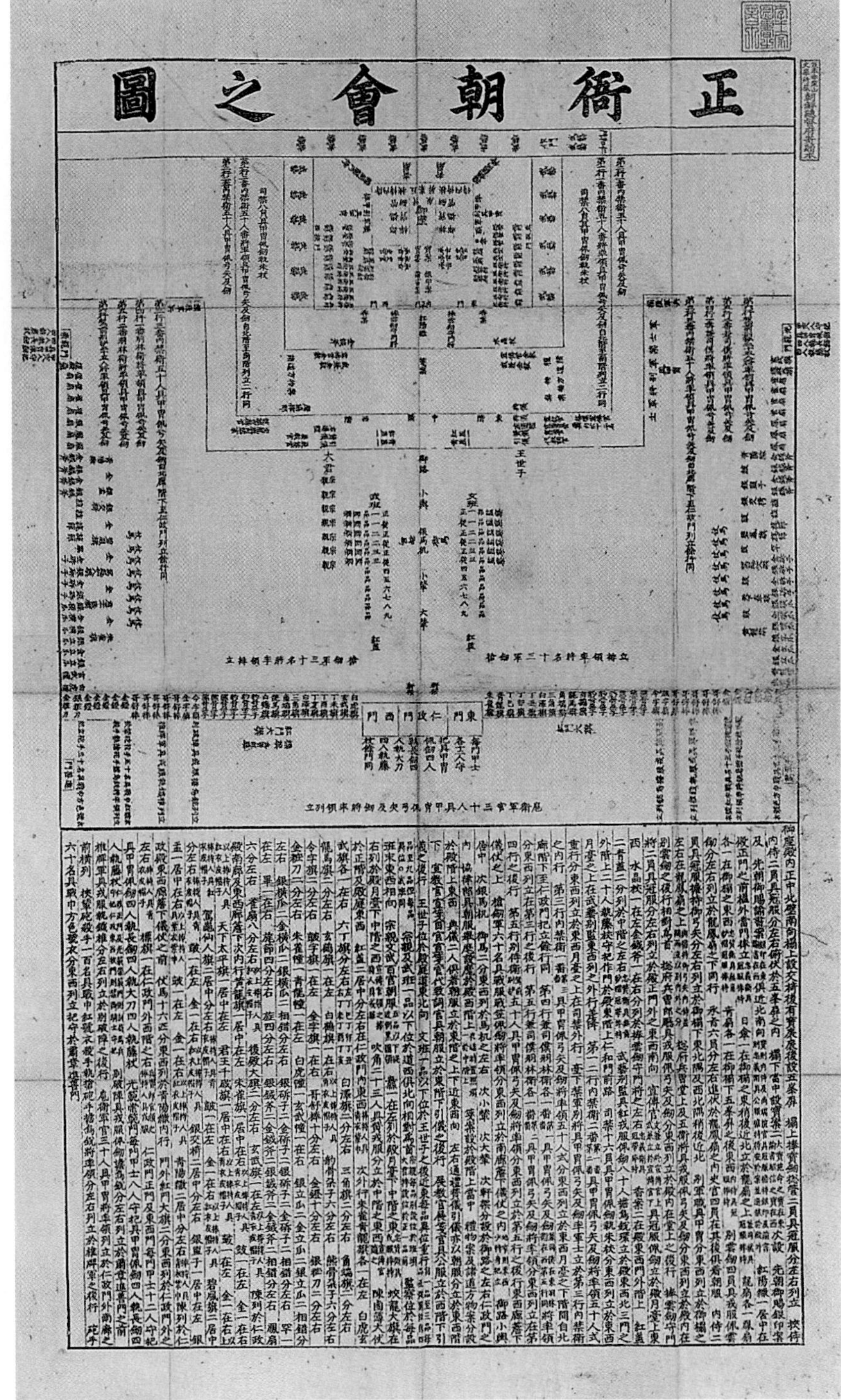
正衙朝會之圖

도15 **조선시대 조회인 상참의 재현 행사** 사진 협조: 한국문화재보호재단, ⓒ주병수

다. 이를 수십 명의 수호군이 겹겹이 에워싸고 있는데, 어좌에 가장 근접해 있는 시위侍衛가 도총관都摠管이다. 그들은 좌우에서 보검을 들고 있다. 그 뒤에는 협시夾侍 내시와 통개筒箇(활과 화살을 넣은 통)를 걸머진 내시가 버티고 서 있다. 어좌 바로 앞에는 늘 임금의 지근거리에서 보좌하는 승지 3명과 사관 2명이 좌우로 나뉘어 부복해 있다. 어탑御榻 좌우에는 갑주甲胄(갑옷과 투구)를 받들고 있는 별군직과 별운검 그리고 그 뒤에는 총관과 병조당상, 오위장, 도총부낭청, 병조낭청 등 40명이 두 겹으로 줄지어 있다. 인정전 바깥에는 정면에 운검雲劍을 든 수문장이 있고 동서에는 무예별감들이 지키고 서 있다. 이외에 산선傘扇을 든 내시들이 시립하고 있다.

청동향로에 향이 피어오르는 가운데, 찬의가 "국궁 사배 흥 평신"(鞠躬四拜興平身)을 외쳤다. 왕세자를 비롯한 모든 종친과 문무백관은 삼엄한 분위기 속에 우뚝한 국왕을 우러러 사배를 올렸다. 이날은 정월 초하루와 동지로서 조하朝賀를 행하는 날이었다. 신료들은 아일조회와 상참에도 국왕을 알현했다. 매달 초하루와 6, 11, 16, 21, 26일을 아일衙日(조회를 하고 정사를 보는 날)이라 하여 행하는 조회가 아일조회이며, 매일 행하는 조회가 상참이다.도15

조선이 건국되자마자, 신료들은 국왕의 게으름을 질타하였다. 옛 군왕들이 새벽에 일어나서 조회를 받고 정사를 들었다는 고사를 본받아야 하는데, 그렇지 못하다는 것이다. 고려의 마지막 왕인 공

도14 **정아조회지도正衙朝會之圖(왼쪽 면)** 조선 19세기, 1책, 목판본, 한국학중앙연구원 장서각 소장.

양왕恭讓王 대에는 일체의 조회를 새벽녘에 정전의 뜰에 들어가서 해 뜰 무렵 의식을 행한다는 규정을 만들기도 하였다. 태종 원년에는 권근이 아일조회 제도는 정사에 게으른 결과라고 하면서 이것이 망국의 정치 행태라고 비난하는가 하면, 간원들은 그나마 아일의 시사視事(왕이 정사를 보는 일)조차 폐지되었다고 비판하였다. 그러자 태종은 특별한 일이 없는 한, 매일 조회를 보겠다고 언명하였다. 그렇지만 매일의 새벽 조회는 군신 모두에게 번거로운 일이었다. 그리하여 조참에서의 계사啓辭(신하가 임금에게 아뢰는 말)는 점차 사라지고, 청정聽政(임금이 정사를 들어 행함)은 상참을 중심으로 운영되기 시작했다.

상참의는 1품에서 6품까지의 주요 관원 중에서 지정된 상참관이 절하는 자리로 가서 절을 하고 이어서 업무 보고를 하는 자리로 가서 보고하는 절차로 구성되었다. 그 장소는 편전인 사정전이었다.

상참의 자리배치는 동쪽 줄인 동반에는 정승과 이조·호조·예조의 당상과 낭청, 간관諫官 등이, 서쪽 줄인 서반에는 외척과 부마, 형조·병조·공조의 당상과 낭청, 왕자 등이 자리했다. 사관이 업무를 보고할 관원은 당에 오르고 없는 관원은 물러가라고 소리 지르면, 제신들은 차례로 당에 올라 자리로 나아가서 부복했다. 그러고는 각 부서의 업무를 차례로 보고했다.

종친과 문무백관이 모두 참석하는 조하와 조참은 국왕을 조알하고 하례하는 의례이나, 상참에는 조회를 받는 수조受朝와 정사를 듣는 청정을 동시에 행했다. 신하의 입장에서는 업무를 보고하는 자리이기도 하여 조계朝啓라 하였다. 조참은 매월 5일과 11일, 21일, 25일 등 4차례로 정해졌다. 상참은 의정부와 육조 등 주요 관서의 정해진 인원만 참석했다. 또 윤대輪對라는 것이 행해졌는데, 동반 6품 이상과 서반 4품 이상이 각각 관아의 차례에 따라 매일 참석하도록 했다. 하루에 5개 부서로 제한한 이 자리에서는 각 부서의 업무 보고와 현안에 대한 논의가 이루어졌다.

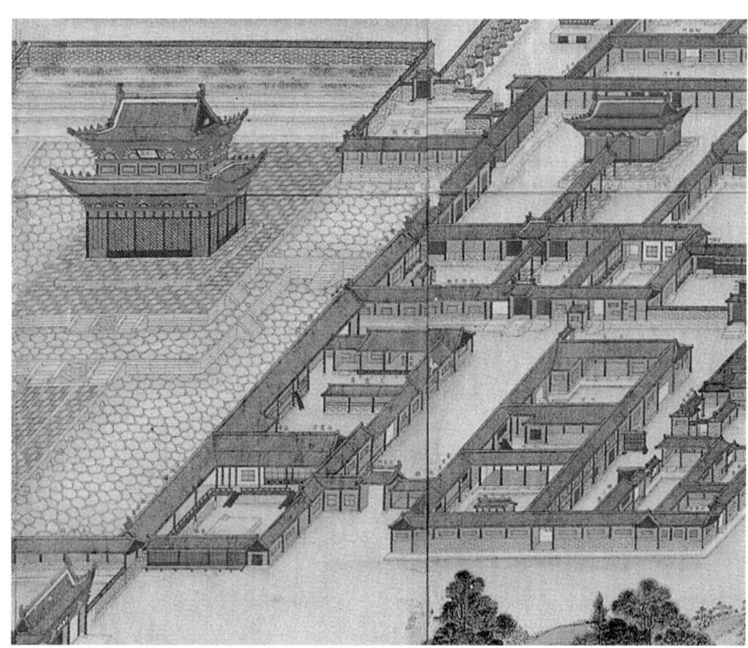

도16 〈동궐도〉에 그려진 승정원 일대

비서실의 업무 보고와 비망기

국왕이 매일 만나야 하는 사람들은 승지였다. 편전에서 어떤 정부기관보다 가까운 거리에 있는 기관이 승정원이며, 국왕이 친림親臨하는 조회와 신료들의 면대面對, 각종의 행사, 궁궐 안팎의 행차, 일상생활 등에 항상 시종하는 관료들이 승지였다. 그들은 국가 행사에서 어좌 좌우에 납작 엎드려 국왕의 몸종이라 할 수 있는 내시(환관) 다음으로 국왕을 가까운 거리에서 모셨는데, 오늘날 청와대 비서실의 비서관에 비유할 수 있겠다.도16

승지의 법제상 기능은 잘 알다시피 왕명의 출납이었다. 왕명의 출납이란, 국왕이 내리는 어떠한 명령이건 승정원을 거쳐서 하달되고 국왕에게 올리는 모든 상계上啓와 상소도 역시 승정원을 경유하여 전달되는 것을 말한다.

이러한 역할을 맡은 승지는 국왕의 목구멍과 혀 같은 직책이었다. 성문과 궁궐의 문은 모두 파루罷漏(종을 쳐 통행금지를 해제하는 시간으로서 5경인 새벽 4시)에 열고 인정人定(통행금지를 시작하는 시간으로서 2경

今十一月十八日次對禮房承旨同
爲入 侍時
傳曰今者懿昭廟其時欲建舊邸故
行祭時亦無非便之端而孝章廟
內外神門典祀廳守僕房井井方
方此後安陞於孝章廟而此廟中
孝章孝純年譜懿昭年譜板本櫝
糚於龕室閣名以書下
御筆其時鐫揭而冊印欌蓋扇自然
同陞孝章宮冊印欌朱漆用於靖
嬪房

도17 **전교傳敎** 한국학중앙연구원 장서각 소장.
효장세자 사당의 책인장冊印欌은 주칠하여 정빈방靖嬪房에서 쓰라는 영조의 전교.

인 밤 10시경)에 닫았다. 승지들은 4경이 되면 대궐에 나가서 문이 열리기를 기다려 들어갔다가 밤이 깊은 뒤에야 귀가하였다고 한다. 국왕이 기침하면, 새벽 이른 시간에 입궐하여 국정의 각종 현안과 정책, 보고 사항 등을 개별적으로 보고하고, 각지에서 올라온 상계와 차자箚子(간단한 서식의 상소문), 상소문 등을 바쳤다. 국왕은 그 보고를 받고서 바로 전교傳敎나 비망기備忘記를 내렸다. 그리고 상소문 등을 열람한 후에는 비답批答을 내렸다.도17

국왕의 말은 교敎, 비망기, 교지敎旨, 비批, 유諭, 전지傳旨, 윤발綸綍 등 22종에 달한다. 교는 임금의 말 또는 명령을 나타내는 용어이며, 그 나머지는 용도와 방법에 따라 구분했다. 비망기는 임금이 명령을 적어서 승지나 당사자에게 전하던 문서이다. 교지는 임금이 관직 등을 내려준다는 명령이며, 비 또는 비답은 상소 등에 대한 임금의 답변이다. 유는 지방으로 부임하는 관원에게 준 군사관계의 명령이며, 전지는 관청이나 관리에게 전하는 임금의 뜻이다. 윤발은 황제의 칙서를 말하는데, 영조가 왕권 강화 차원에서 이를 수용하여 왕의 말을 나타내는 공식 용어로 사용했다. 윤음綸音이라고도

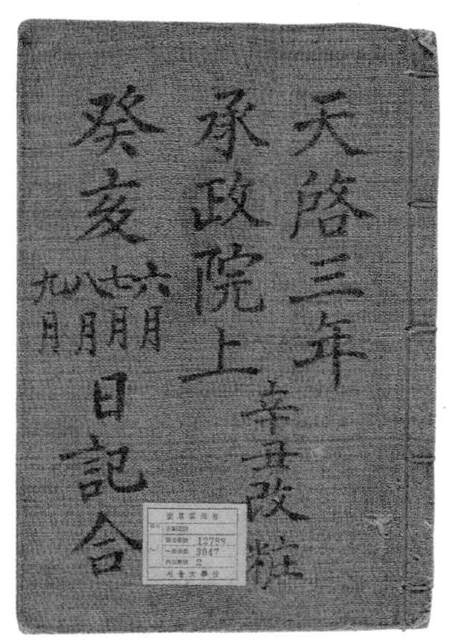
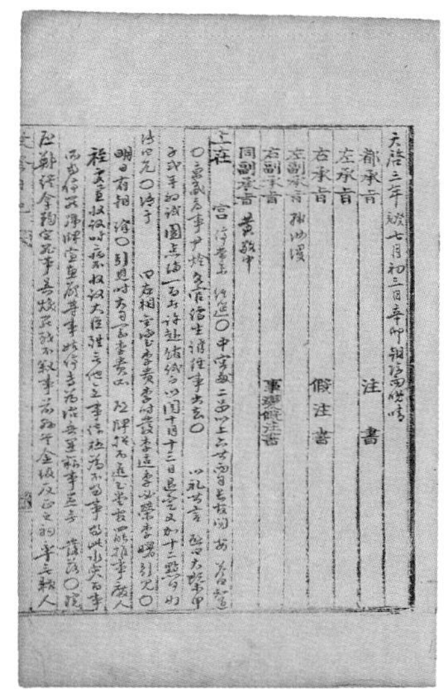

도18 『승정원일기』 3,243책, 서울대학교 규장각 소장.

한다. 『예기』에 '왕의 말은 명주실과 같지만 그 나오면 벼리 줄 같으며, 왕의 말은 벼리 줄 같지만 그 나오면 동아줄과 같다'(王言如絲 其出如綸 王言如綸 其出如綍)고 한 데서 유래했다.

임금이 평상복으로 편전便殿에 앉았다. 승지와 주서注書(승정원의 정7품 관직) 및 사관 2명이 들어와 아뢰고 물러났다. 작은 일은 승전색承傳色(임금의 전교를 받드는 역할 담당자)이 출납하게 하였다. 그런데 성종 초에는 정희왕후貞熹王后의 수렴청정으로 승지들이 직접 보고할 수 없었다. 승지들이 드나들 수 없는 상황이었기 때문이다. 그러다 중종 14년(1519) 6월에 이르러 승지로 하여금 직접 들어와서 일을 아뢰게 하였다. 성종의 친정이 시작된 이래로 바뀌지 않은 것을 중종이 조종조朝宗朝에서 시사視事하고 친계親啓(직접 임금에게 아룀) 하던 규모대로 아침 경연이 끝난 다음에 강녕전이나 편전에서 신하들을 접견하게 된 것이다. 그리하여 청정, 시사 및 승지가 친계하는 일에 대한 규모를 의논하여 정하도록 하였다.

선조 때 이이李珥(1536~1584)도 "승지가 직접 들어가서 아뢰는 일은 까마득한 옛 법이 아니고 중종조 때 행한 바이다. 이 예는 회복할 만하다"라고 한 바 있다. 그전에는 크고 작은 공사公事를 모든 관리가 반드시 직접 탑전에 아뢰었다. 그런데 중기 이후로 이 법이 폐지되고 모든 계사를 승지에게 말로 전하면, 주서가 글로 써서 아뢰었다. 이 글을 초기草記라고 하는데, 대략 소疏나 차자처럼 만들었다. 『정원일기』政院日記에서 '어느 승지가 어느 관원의 말로써 아뢰었다'고 한 것은 아마도 옛 법에 있었던 것인 듯하다.[도18]

그런데 보고 사항이 비밀에 속하는 공사公事의 경우 명종明宗 이전에는 승정원에서도 열어볼 수 없었다. 그러다가 명종 때 황해도의 도둑 임꺽정林巨正(?~1562)이 자기 패거리를 시켜 한 통의 문서를 마치 반란을 고발하는 것처럼 쓴 것을 승지가 살피지 못하고 아뢰었다가 화가 난 국왕이 승지를 갈아치우는 일이 있었다. 그 뒤로 승정원에서는 비밀에 관한 일도 모두 먼저 뜯어본 뒤에 올리도록 하였다. 상소의 피봉에, '임금 앞에서 뜯어보라'(上前開坼)고 하는 것은 이러한 예에 따른 것이다.

국왕은 늘 측근에서 시종하는 승지에게 국가의 대소사나 궁금한 사항을 하문하였다. 그에 따라 내려지는 모든 정령政令이 이로운지 해로운지 또는 임금의 덕에 득이 되는지 실이 되는지를 승지들은 듣고 판단할 기회를 가졌다. 대신이나 대간臺諫들조차 가질 수 없는 특권이었다. 백관이 알아서는 곤란한 내명부의 일이나 왕위를 전수하는 일 등 국가의 중대사가 그 논의 대상이 될 수도 있었다. 따라서 승지는 물망物望이 있는 사람을 골라서 선임해야 하며, 그 권한을 무겁게 하였다. 일에 따라서는 상언上言 혹은 상소하여 반박함으로써, 직접 왕의 국정에 참여하는 정치적 기능을 담당했다.

승지의 권한 중에는 왕이 내린 전지를 도로 봉해서 반환하는 법인 봉환封還이라는 것도 있었다. 인조 때 승지 김덕함金德諴(1562~1636)은 국왕이 내린 비답에 대하여 봉환한 것이 많았다고 한다. 인조 2년(1624) 6월에 국왕은 인경궁仁慶宮의 재목과 기와를 정명공주貞明公主의 집에 하사하라고 호조에 하교하였다. 그러자 우부승지 김덕함은 아뢰기를,

호조의 계사에 따라 영건에 쓰고 남은 재목과 기와 중에서 200칸을 짓는 데에 드는 물량을 공주의 집에 주라고 명하셨습니다. 그러나 이 재목과 기와는 다 민력民力과 민원民怨에서 나왔으니, 성상께서 이 재목 하나를 보면 이것을 백성의 고혈이라 생각하시고 이 기와 하나를 보면 침학侵虐하는 불꽃이 구운 것이라 생각하시어 써야 할 데에 쓰고 쓰지 말아야 할 데에는 쓰지 않아야 하실 것입니다.

라고 하면서 이를 노골적으로 반대하였다. 또 김공량의 당상堂上 특진과 관련하여 김덕함이 또 봉환의 타당성을 극력 주장하였으나, 좌중이 서로 미루자 김덕함이 상소의 초草를 잡아 도로 바쳤다.

국왕과 승지의 이러한 관계는 덕치를 실현하는 한 방법이었다. 『서전』書傳을 보면, 옛날 순임금이 용龍에게 명하기를, "아침저녁으로 나의 명을 출납하되 오직 성실히 하라"고 하였다. 또 상나라 고종은 부열傅說에게 명하기를, "아침저녁으로 착한 말을 들려주어 내 덕을 도와주고, 네 마음을 열어서 내 마음에 물을 대듯 하여다오" 하였다. 국왕의 명령을 출납하고 승지의 마음을 열어 국왕의 마음을 적셔주는 사이에, 신하의 마음이 충성인가 아첨인가, 임금의 덕이 닦이는가 그렇지 않은가가 달려 있는 것이다. 이 말은 승지의 능력과 충성된 마음, 우환의식憂患意識에 기반한 상하 소통 여부에 따라 덕치의 실현이 좌우될 수 있어, 군신이 이를 경계하고자 한 것이다.

국왕과 승지의 긴밀한 관계는 명종 때의 고사에서 엿볼 수 있다. 승지 경혼慶渾(1498~1568)은 나이가 많아 잘 잊어버리는 경향이 있었다. 마침 국왕이 은대銀臺(승정원의 별칭)에 늙은 사람을 쓰지 않는다는 것을 시험의 주제로 삼아 유신들에게 글을 지어 올리라 명하였다. 국왕이 경혼의 망각증을 익히 알아 그를 지목해서 한 일이었다. 승지 유승선柳承善은 그가 지은 시의 끝 구절에서,

근력이 해마다 줄어듦을 불쌍타 할 뿐　只憐筋力隨年減
소리개 어깨를 좋아했지 옛 사람을 싫어함은 아닐세 非喜鳶肩厭舊人

라 하였다. 임금은 이를 보고 기뻐하여 상을 주고 특별히 경혼은 가선대부로 승진시켰다. '소리개(솔개) 어깨'는 관상법에 젊어서 현달賢達한다는 뜻이다. 젊어서 현달한 인재를 좋아하기는 하나, 그렇다고 늙은 경혼을 싫어해서 글을 지어 올리라고 한 것이 아니라는 명종의 속내를 정확히 꿰뚫어 본 것이다.

승정원 제도는 태조 대에 고려의 제도를 따라 설치되었다. 이때에는 중추원에 도승지와 좌우 승지·부승지를 두었다가 태종 때 독립하였다. 도승지는 이방吏房, 좌승지는 호방戶房(이하는 동벽東壁이라 일컬음), 우승지는 예방禮房, 좌부승지는 병방兵房(이하는 서벽西壁이라 일컬음), 우부승지는 형방刑房, 동부승지는 공방工房으로 나누어 육조의 업무를 분장했다. 주서는 2명인데 연고가 있으면 가관假官(임시 관원)으로 임명했다. 선조조에 사변가주서事變假注書(승정원 주서가 연고가 있을 때 그 일을 대신 맡아보는 관원) 1명을 더 두어서 오로지 비변사와 국옥鞫獄(죄를 심문하여 처벌하는 일)의 문서를 관장하게 하였다. 연산군 때에는 주서 2명을 더 두었는데, 중종조에 도로 없앴다.

국왕의 비서실장인 도승지는 좌승지 이하와 같은 정3품 당상관(통정대부)이었다. 그렇지만 그의 정치적 위상은 여타 승지들보다 단연 높았다. 육조 중 가장 중시된 이조의 일을 분장하였으며, 나아가서 국가의 기밀에 참여하거나 각 방의 일에 광범하게 관여하면서 각 승지들을 지휘하는 승정원의 장관이었다. 국왕의 신임 또한 각별하였음은 물론이다.

승정원의 고사故事에 의하면, 여러 승지들은 도승지를 공경하여 감히 농담도 하지 못하였다고 한다. 불경한 자는 그 벌로 잔치를 베푸는 벌연罰宴을 치르게 하기도 했다. 중종 대의 유신 홍섬洪暹(1504~1585)에 얽힌 이야기를 해보자. 그는 기생 유희를 가까이 했다. 유생 송강宋康이란 자도 정을 맺고 있었다. 홍섬이 도승지가 되고 이준경李浚慶(1499~1572)이 동부승지가 되었을 때, 송강이 죽었다. 그러자 홍섬이 탄식하기를, "나와 더불어 같은 해, 같은 날, 같은 시에 났는데도 이제 먼저 죽고, 궁색하고 현달한 것이 같지 않으니, 어찌 이상하지 않은가" 하였다.

이 말을 들은 이준경은 "도승지 영감께서도 유희를 사랑하시고 송강도 역시 유희를 사랑했으니, 명命만 같을 뿐만 아니라, 행한 일까지 같습니다." 하였다. 이 대꾸에 여러 승지들은 서로 돌아보며 아연실색했고, 여러 서리들은 놀라서 눈이 휘둥그레지며 처음 겪는 큰 변고라고 하였다. 이렇게 도승지를 욕보인 이준경은 그 벌로 집에서 잔치를 무려 일곱 번이나 차린 뒤에야 끝이 났다고 한다.

숙종 연간에는 국왕이 승정원을 얼마나 아꼈는지를 보여주는 정원의 술잔(政院銀杯)에 관한 고사가 있다. 숙종은 임신년(1692) 지월至月(11월) 야대夜對에서 승정원과 홍문관에 은 술잔을 하사했다. 그 잔 바닥에는

술을 많이 마시면 덕을 상하고 마음을 잃으니	酒敢多又 伐德喪心
석 잔을 넘지 말라, 내 가르침을 따를지라	毋過三爵 予訓汝欽

라는 16자를 새겼는데 회문回文(앞부터 읽어도, 거꾸로 읽어도 뜻이 통하는 글)으로 썼다. 임금이 손수 짓고 쓴 것으로, 모두 품品 자 모양으로 새기고 도금을 했다. 그런데 영조 46년(1770)에 임금이 옥등고사玉燈故事를 묻고 은배銀杯를 가져다 보니 잔대에는 글자를 새긴 것이 없었다. 그리하여 임금이 어필御筆로 쓰기를,

16자의 어시를 공경히 외우고 탄식하노라	十六御詩 欽誦欽歎
눈물을 씻고 잔대에 써서 천억 년을 전하리라	抆涕書臺 可垂千億

하고는 역시 회문으로 잔 복판에 새겨서 승정원과 홍문관에 하사하였다고 한다. 덕과 바른 마음을 갖추어야 하는 승지의 자질을 강조한 은 술잔의 명문은 국왕을 보필하고 국정에 임하는 승정원의 정치적 위상을 잘 보여주고 있다.

국왕의 오전 일과는 이렇게 끝나갔다. 새벽 5시에 기상하여 문안인사를 받고 초조반初早飯을 먹은 후에, 조강과 조참(상참)을 행하고 승정원의 업무보고를 받는 것이 오전 일과였다. 그러나 후술할 것처럼, 오전 일과는 이 정도로 그치지 않았다. 향축香祝을 전한다든가 사은숙배謝恩肅拜를 받는 등의 여러 일도 기다리고 있었다. 이러한 오전 일과는 덕치德治를 행하기 위한 수신修身을 비롯하여, 국왕의 권위에 충성을 다짐하고 군신 간에 친함을 과시하며, 국왕에게 부여된 책임과 의무를 다하는 통치 행위를 중심으로 짜여 있었다.

4 국정과 민생을 돌보다

인사권의 행사

국왕은 오전에 조강을 행한 뒤 조회와 승지들의 업무 보고를 받는 등의 정무 처리로 눈코 뜰 새 없이 바빴다. 그렇다고 오후의 일과에 짬이 나는가 하면 이 시간에도 국정과 민생을 돌보느라 여념이 없었다. 그 가운데 중요한 업무 중 하나는 관료의 선발이었다. 국정은 관료들이 대행하므로 그들의 현우賢愚와 능부能否가 성공 여부를 결정지었다. 그리하여 국왕은 관료의 선발에 큰 관심을 가지고 직접 참여하거나 수시로 오늘날 인사위원회 같은 정사의 개최를 요구했다.

국왕이 갖는 세속권 중 하나는 인사권이었다. 조선시대의 인사 행정은 도목정사都目政事라 하였다. 도목정사가 행해지는 장소는 인사의 주무 관청인 이조와 병조이며, 국왕이 친림할 경우에는 다른 전각을 택했다.

당시의 인사 행정은 주로 때 없이 시행되는 산정散政이었다. 산정은 전동정轉動政이라고도 하는데, 매월 수차례에 걸쳐 행해졌다. 매월 적으면 두세 차례에 불과하지만, 많을 경우에는 16차례에 이르러 이틀에 한 번꼴로 시행되기도 하였다. 뿐만 아니라 같은 날에 두 번, 세 번 행해지는 재정再政과 삼정三政이 실시되는 경우도 있었다. 영조 대의 도목정사는 보통 이틀에 걸쳐 행해지기도 하고 어떤 경우에는 3일이 걸리기도 했다.

도목정사는 1년에 두 차례씩 이조와 병조에서 행하는 관리의 인사 행정이었다. 12월에 실시되는 세말歲末 도목정 외에, 세종 4년(1422)에 비로소 6월 도목이 생겨 1년에 두 번 실시하는 양도목이 되었다. 따라서 문무 경관직의 각 아문에 소속된 관료들과 6품 이상의 외관들에게는 6월의 소정小政과 12월의 대정大政 두 차례의 정기 도목정이 행해졌다고 하겠다.

도목정사는 이조에서 판서와 참판·참의가, 병조에서 판서와 참판·참의·참지 그리고 도승지와 승지 1명이 참여하여 개정하였다. 그런데 영조 연간의 기록을 보면, 이조 삼당상三堂上(판시·참판·참의)이 모두 참여하는 정사는 여러 이유로 매우 드물었다.

『정사책』政事册의 기록을 통하여, 이조 전관銓官(인사 담당 관료)들의 불참 사유를 검토해보자. 불참 사유는 주로 삼당상 중 어느 누구라 할 것 없이 수유受由 혹은 식가式暇(휴가)와 봉명奉命(임금의 명을 받들어 수행함), 패초부진牌招不進('명'命자를 쓴 목패를 내려 신하를 부르는 패초에도 나오지 않음), 미차未差(아직 임명되지 않음) 등이었으며, 미차와 미숙배(아직 사은숙배하지 않음)에는 참판이나 참의가 해당하였다. 그외에는 칭병, 정사수유呈辭受由(사직 상소를 올리고서 기다림), 소비말하疏批末下(상소에 대한 비답이 내려지지 않음), 진소입계陳疏入啓(올린 상소를 임금에게 아룀), 금오서명禁吾胥命 혹은 금오대명金吾待命(의금부의 명을 기다림), 가재성외家在城外(집이 성 밖에 있음), 전지미하傳旨未下(임금의 명이 내려지지 않음), 시관試官(과거시험 감독관) 혹은 시소진試所進(시험 장소에 나감), 복제服制(상중), 금추禁推(의금부에 추고 당함), 승자陞資(품계가 올라감) 등이었다.

이러한 사유로 인해 불참자가 발생하는 일은 빈발하는 편이었다. 그때마다 이조에서는 정사 개최 여부를 임금에게 문의했다. "판서는 금방 입시하였고 참의는 수유로 밖에 있으니, 소신이 게정

揭政하기가 미안합니다. 어떻게 해야 할까요? 감히 아룁니다"라 하는 것이다. 그러면 임금은 보통 "그대로 하라"고 전교하였다. 판서와 참의는 각각 입시와 휴가로 정사에 참여하지 못하게 되어 참판 홀로 게정해야 하는 곤란한 처지를 아뢰었던 것이다. 이에 대해 영조는 이들의 참여 없이 참판 혼자라도 게정하라는 전교를 내렸다.

새로 이조판서에 임명된 자의 경우에는 바로 명초命招(임금의 명으로 신하를 부름)하여 그날의 정사에 동참하도록 하는 것이 일반적이었다. 그러나 거의 대부분 응하지 않았다. 그리하여 이조에서는 '판서 패초부진'이라는 사실을 다시금 아뢴 후에, 정사를 실시하였다. 인사의 총책임자인 이조판서가 궐석闕席(빈자리)인 상태에서 정사를 행할 수 없으므로 우선 이조판서의 인사를 단행한 후에 이러한 절차를 거쳤던 것이다. 그렇지만 판서가 불참한다고 해서 반드시 게정하지 못하는 것은 아니었다.

판서와 참판이 패초牌招에 나오지 않아 참의 혼자 게정해야 할 경우에는 긴급한 직임만을 내도록(출긴임出緊任) 명령하기도 했다. 긴급한 직임이라고 하여 특별히 정해진 기준은 없었던 것으로 보인다. '출긴임'으로 정사를 시행한 인사 내용을 살펴보면, 평상시와 비교하여 별다른 차이점을 발견할 수가 없다. 그때그때의 상황에 따른 긴급성 여부로 결정하였기 때문이다. 그렇지 않을 경우에는 평상시대로(잉위지仍爲之) 게정하였다. '출긴임'은 정사를 시행하는 중간에 단행되기도 하였다.

영조 연간의 도목정사는 거의 영조가 친히 참여하여 단행한 것으로 보인다. 영조는 즉위한 뒤 얼마 지나지 않아, 도목정은 국가의 대사이므로 친림할 것임을 분부했다. 특히 영조 치세 중반경부터는 친정親政을 더욱 철저히 하였다. "많은 선비에게 친히 시험을 보이고 대정大政을 친히 행하여 초야의 선비를 조용하는 것을 급선무로 여기고 있다"고 하는 것이 영조의 입장이었다. 친정의 강행 이유는 "도정 때에는 비록 친정이 아니더라도 의관을 정제하고 정

도19 **〈갑인춘친정도〉甲寅春親政圖**
조선 1734년, 비단에 채색, 44.5×29.2cm, 동아대학교박물관 소장.
1734년(영조 10) 영조가 희정당에서 펼친 친정親政을 기념하기 위해 그린 그림이다. 희정당 안에서 임금이 도목정사를 보고 있는 모습을 그렸다.

사를 열었으니, 이는 내가 일찍이 우러러본 고사이다"라고 한 바와 같이, 고사를 이어받아 행하는 계술繼述(조상의 일을 이어감)의 의미가 있었다. 이러한 친정의 중시 태도는 영조 51년(1775) 12월에 왕세손에게 청정하게 하면서도 용병用兵, 용형用刑과 함께 도정은 영조 자신이 직접 행하겠다고 한 데서도 알 수 있다.도19

친림도정에서는 대대적으로 인사를 단행하기도 했다. 어떤 경우에는 새로 임명된 관직 수만 자그마치 약 189개였으며, 약 184개에 이른 경우도 있었다.

관리 선발 방법으로는 도정 이외에 구전정사口傳政事라는 것도 있었다. 구전정사는 곧 왕의 특별 지시에 의한 인사 행정을 가리킨다. 또한 가망加望이라는 방식도 있었다. 가망의 한 예를 들어보면,

영조 44년(1768) 11월의 공조판서 인사 때 삼망三望(추천된 세 명의 후보자)은 부사직 윤급尹汲(1697~1770)과 지돈녕 황경원黃景源(1709~1787), 형조참판 이길보李吉輔(1700~1771)였다. 영조는 그중에서 아무도 낙점하지 않고 종2품 중에서 가망하여 들이라는 명을 내렸다. 그에 따라 부사직 황경원과 지돈녕 심성진沈星鎭, 형조참판 홍인한洪麟漢(1722~1776)을 올리자, 영조는 말망末望(삼망 중에서 제일 끝에 추천된 사람)을 낙점하였다. 이 사례를 통해서 보면, 가망은 기존의 삼망 이외에 후보자를 추가하는 것이 아니라 후보가 교체된 삼망을 다시 갖추어 올리는 것을 가리켰다.

구전정사는 국왕에 의해 남용될 여지가 많았다. 특히 영조 말년에는 "요사이 중비中批〔국왕이 특지特旨(특별 명령)로 관원을 임명하는 제도〕의 특별 발탁이 서로 수미首尾를 이어 일어나니 경재卿宰와 시종신侍從臣 수의 거의 절반을 넘었습니다"라고 한 바와 같다. 중비를 통한 인사권의 장악은 왕권의 안정과 벌열의 견제를 통한 성공적인 왕위 계승에 대한 집착으로 나타난 것이 아닌가 생각된다.

영조 시대는 보통 탕평 정치기라 한다. 이 시기 인사의 특징은 사색四色의 고른 등용이다. 이 인사 정책은 왕권의 적극적인 개입 없이 불가능했을 것이다. 앞서 언급했듯이, 영조는 집권 초기에 친림도정을 주요 국정 운용의 방향으로 제시했다. 그렇게 해서 단행된 인사의 실제를 육조판서를 중심으로 살펴보자.

육조판서의 최대 후보자 수는 일곱 시기(영조 11·31·40·41·44·50·51년)를 대상으로 한 결과, 연간 23~25명이었다. 이 시기에 후보자는 모두 126명이었으며, 그들은 모두 벌열 혹은 유력한 가문 출신들이었다. 후보자와 낙점자의 당색은 노론과 소론(남인과 북인 포함)이 전체적으로 거의 유사한 비율을 나타냈다. 이조판서를 구전口傳으로 제수하는 경우 영조 44년(1768)에는 노론이 압도적이었으나, 호조판서의 낙점은 소론이 단연 우위를 점하였다. 이러한 특정 사례는 극히 제한적인 사료의 분석에 기인하는 한계일 뿐이다. 따라서 영조 연간 육조판서 후보자의 당색 비율을 통해 알 수 있는 당시의 인사 행정은 탕평을 실현하려는 의지를 최대한 반영하고자 노력했던 특정 시기의 단면을 엿볼 수 있다.

탕평에 의한 고른 인재 등용의 인사 원칙은 육조판서의 경우, 영조 초기부터 말까지 거의 전 기간에 걸쳐 당색을 대표하는 노론과 소론의 비중을 어느 한쪽에 치우치지 않게 조제調劑하려는 것이었다. 이조판서의 경우, 후보자는 노론이 7~8명이었던 데 반해 소론은 4~6명이었다. 이러한 현상은 모든 시기에 유사하게 나타나, 소론이 노론에 비해 1~3명의 열세를 보였다. 반면에 호조판서는 후보자와 낙점자 모두 소론이 노론보다 우위를 점했으며, 병조판서 후보자의 경우 역시 소론이 노론보다 1~3명이 더 많은 것으로 나타났다. 그 외에 예조와 형조, 공조판서는 후보자와 낙점자 모두 노론이 약간 우세하거나 비슷한 수준을 보였다.

이러한 인사 관행은 영조 연간의 특징으로서, 그 본질적인 목적은 왕권의 강화와 왕실의 안정이었다. 당색 간의 치열한 권력 다툼은 왕권을 위협할 정도였으므로 영조는 이를 방지하기 위한 인사 시스템이 필요하였다. 그것이 곧 인사 탕평책이었다.

이 같은 국왕 주도의 여러 인사 방식은 왕조시대에 국한된 특징이라 할 수 있다. 국왕과 전조銓曹(인사 담당 기관)의 인사권 혹은 왕권과 신권의 대립 그리고 각 정치 세력 간의 갈등 등을 염두에 두었을 경우에도 국왕의 인사권을 그리 단순하게 치부할 성질의 것이 아니다. 최고 인사권자는 시대를 불문하고 자신의 통치 철학에 적합한 인물을 발탁하여 국정 운영을 위임하였다. 이것은 정당한 인사권 행사라고 할 수 있다. 다만, 국정 수행 과정에서 사전 검증의 불완전성으로 인하여 능력과 자질, 도덕성 면에서 부적격자로 판명되었을 경우에는 과감한 인사 개편의 단행이 순리일 것이다.

사은숙배와 하직숙배

국왕은 주강을 행하고 나서 신임 관료들의 인사를 받았다. 물론 신임 관료의 숙배 시간이 오후로 고정되어 있는 것은 아니었다. 오전에도 수시로 이를 행했는데, 날짜와 시간의 사전 조율이 국왕의 허락 하에 선행되어야 했다. 날짜가 정해지기까지는 여러 날이 걸리는 수도 많았다.

숙배를 행해야 할 의무가 있는 신임 관료는 동반 9품·서반 4품 이상이었다. 인사권자인 국왕에 의해 관직에 제수된 그들은 그 은혜에 감사하는 의례를 치르게 되어 있었다. 그것이 사은숙배謝恩肅拜이다.

사은숙배에는 일정한 절차가 있었다. 먼저 숙배 단자를 작성하여 통례원 관원을 통해 국왕에게 올렸다. 통례원에서는 숙배 날짜가 기휘忌諱하는 날과 일치하는지의 여부를 확인하고, 숙배 의례가 예에 맞게 거행되었는지를 점검하였다. 그후 창덕궁 안의 상서원尚瑞院으로 들어가서 국왕이 숙배를 허락하기를 기다렸다.

상서원은 숙배 대기 장소로 이용되었다. 숙배의 명이 떨어지면, 승정원으로 가서 문밖에서 세 번 사배四拜하였다. 그리고 국왕을 직접 알현하는 절차를 밟았다. 국왕의 알현은 반드시 이루어지는 것은 아니었으며, 정전 뜰에서 국왕을 향해 사배하는 것으로 대신하기도 했다. 『이재난고』頤齋亂藁를 보면, 이재頤齋 황윤석黃胤錫(1729~1791)이 전의현감으로 제수되고서 정조를 알현하는 장면이 나온다.

황윤석은 창덕궁 내의 광달문廣達門 밖(승정원 밖)으로 나아가 세 번 사배하고, 왕명으로 정조를 알현하기 위해 희정당으로 갔다. 희정당은 창덕궁의 정전인 인정전의 동북쪽에 있는 임금의 침전이다. 계단 아래에서 잠시 시립하고 있던 그는 여러 사람들과 함께 당에 올라 곡배曲拜하고, 안으로 들어가 어좌의 서쪽 중앙으로 가서 동쪽을 향해 절하였다. 부복한 상태에서 예방승지가 전교를 받아 관직과 성명을 물으니, 일어났다가 엎드리고서 "전의현감 신 황윤석"이라 대답하였다. 그러고는 곡배하고서 물러났다.[도20]

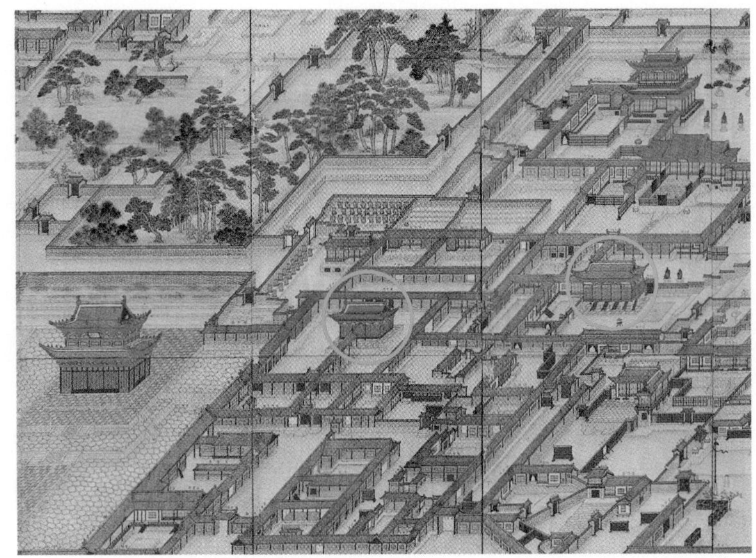

도20 〈동궐도〉에 그려진 선정전과 희정당

희정당(오른쪽 ○)의 왼편에 위치한 청기와의 전각이 선정전(왼쪽 ○)이며, 그 왼쪽으로 보이는 2층의 전각이 창덕궁의 정전인 인정전이다.

그런데 숙배를 승정원 문밖에서 하는 이유는 무얼까? 승정원은 정전의 바로 옆에 위치해 있었다. 광달문 밖은 정전이나 편전으로 들어갈 때와 출궁할 때의 출발선과 같은 장소이다. 정조는 광달문을 차비문으로 삼고 신하들의 사은숙배를 모두 이 문에서 거행하라고 분부했다. 따라서 신임 관료들은 이곳에서 임금에게 알현하러 왔음을 통지하는 예를 갖추어야 한다. 마치 왕릉 제사 때 홍살문 오른쪽의 판위나 혹은 종묘 제사 때 재궁에 들기 전 종묘의 동문 앞 판위에서 임금이 재배하는 것과 같은 의미의 예법이라 하겠다. 이처럼 사은숙배를 행하는 이유는 군신 간의 의리 관계를 결속시키는 수단으로 기능하는 요소가 있기 때문이다.

하직숙배는 신임 수령과 변장邊將이 서울에서 임지로 내려가기 직전에 국왕에게 하직인사를 드리는 의례이다. 국왕은 이 자리를 통해 자신이 직접 다스려야 하는 통치의 임무를 대행하는 수령에게 선정을 당부하곤 하였다. 국왕이 수령에게 지방 통치를 위임하면서 그들에게 부여한 임무는 소위 '수령칠사'守令七事라고 하는 것이다. '수령'이라고 하는 용어 자체도 '국왕의 명령을 지키는 자'라는 뜻이므로 수령은 왕권의 대행자였다. '칠사'는 일곱 가지 사업을 말하는 것으로서, 농상을 번성시킴(農桑盛), 호구를 늘림(戶口增), 학교를 진흥시킴(學校興), 군정을 닦음(軍政修), 역의 부과를 균등하게 함(賦役均), 소송을 간결하게 함(詞訟簡), 교활하고 간사함을 없앰(奸猾息)이다.

이 수령칠사는 지방관에 대한 인사 고과의 기준이기도 했다. 이것은 지방관으로서 명심해야 할 사항이자 목민관으로서 백성을 다스리는 데 있어 준칙으로 삼아야 할 사항이었다. 왕이 지방으로 부임하는 수령에게 반드시 수령칠사가 무엇인지를 물어보는 것은 목민관으로서 초심을 잃지 말라는 의미였다. 따라서 하직숙배 때에는 국왕의 명령에 충실하겠다는 서약의 한 방법으로서, 수령칠사를 국왕 앞에서 외우는 것이 원칙이었다. 국왕이 인견하지 못할 경우에는 승지가 이를 대신하였다.

『승정원일기』를 보면, 하직을 하는 자리에서 왕이 지방관으로 부임하는 자에게 던지는 질문은 대체로 정해져 있었다. 첫번째는 그의 출신 및 이전에 어떤 관직을 거쳤는가, 두번째는 지방관이 해야 할 중요한 임무는 무엇인가, 세번째는 부임하게 될 지역이 안고 있는 어려운 문제는 무엇인가였다. 지방관은 왕으로부터 권한을 위임받은 자이므로 그의 정치의 선악은 왕의 치적과 직결될 수밖에 없다. 때문에 임지로 부임하는 지방관을 만나 임무를 확인하고 왕을 대신하여 선정을 베풀어줄 것을 당부하는 것은 조선시대 왕이 반드시 행해야 할 덕목 중의 하나였다.도21

성종 때의 일이다. 신창현감으로 발령을 받은 김숙손金叔孫이 성종께 하직숙배를 올렸다. 성종은 김숙손에게 "수령칠사를 아느냐?"고 물었다. 김숙손이 이를 미처 몰라서 대답을 못하자, 노한 성종은 그 임명을 철회하고 말았다.

효종 원년에는 이장형李長馨이 강진현감으로 부임하기 전에 하직인사를 하였다. 효종은 예대로 수령으로서 해야 할 바를 물었다. 그 질문에 바로 대답을 하지 못하자, 왕은 재차 칠사가 무엇인지를

도21 **〈안릉신영도〉安陵新迎圖** 전 김홍도 필, 종이에 채색, 25.3×633cm, 국립중앙박물관 소장.
신사운申思運이 1786년에 평안도 안주목사安舟牧使로 부임하는 장면을 그린 것이다.

물었다. 이장형은 겨우 그에 대해 대답을 하였다. 왕은 다시 부임하는 강진의 현황이 어떠한지를 물었다. 그때 이장형에게서 돌아온 대답은 "제가 들은 바가 없어 알지 못하겠습니다"라는 것이었다. 결국 왕은 그 자리에서 이장형을 내치고 다른 현감으로 교체하여 부임시키도록 명하였다.

조선 후기에는 대과에 합격하여 관로官路로 진출할 길이 열렸더라도 지방의 수령을 제수받는 일조차 매우 어려웠다. 오죽하면 문관들이 홍패를 끌어안고 굶어 죽기까지 한다는 말이 나왔을까. 그리하여 먼 도道의 수령이라도 한 번 제수받아 임기가 만료되면, 헛되이 미명美名을 과장하고 사람들을 고용해서 궁궐 앞에서 피켓을 들고 유임시켜줄 것을 요구하는 시위를 벌이는 일이 흔하게 발생하였다. 그 피켓을 산傘이라 하는데, 그 몸체의 주위에는 송덕頌德이라는 문자로 수를 놓고, 이어진 끈의 폭에는 각각 그 고을 인민人民의 성명姓名을 수놓았다.도22 그리고 송덕비는 부임한 직후부터 행정구역 각처에 세워져 수십 개에 이르기도 하였다고 한다.도23

도22 **만인산萬人傘** 서울역사박물관 소장.

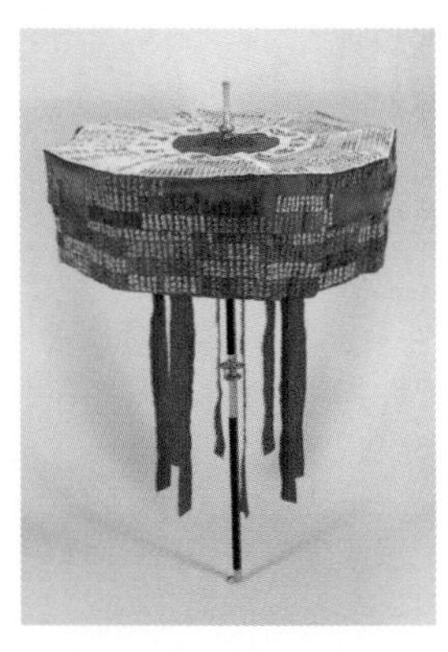

그러면 하직숙배의 실제 모습을 황윤석의 사례를 통해 살펴보자. 황윤석은 아침 일찍 선인문宣仁門을 거쳐 상서원으로 들어갔다. 사은숙배 때와 마찬가지로 통례원에서 숙배 단자를 올린 뒤 숙배 명령이 내려지기를 기다렸다. 하루 종일 기다리다가 저녁때가 되어

서야 비로소 하명이 내려졌다. 이에 인정전 뜰로 나아가 하직숙배를 올렸다. 그러고는 승정원으로 가서 대청에서 입직하고 있던 승지의 자리 앞에서 부복하여 국왕의 명령을 대신하여 내리는 전유傳諭를 들었다. 그 전유를 듣자마자 황윤석은 규례에 의거하여 수령칠사를 외우고서 물러났다.

황윤석은 또 전의현감으로 부임하는 과정에서 정조에게 하직숙배하였던 장면을 다음과 같이 감동적으로 서술했다.

도23 **고창 무장객사의 송덕비** ©김성철

대궐에 나아가 하직사배를 하고 여러 사람들을 따라 입시하였다. 주상께서 직명과 성명을 물으셔서 나는 예를 행하고 엎드려 그에 답하였다. 주상은 "네가 전라도 사람이었지. 너는 좋은 사람이더구나. 지난번에 내가 너를 계방桂坊으로 임명하려고 한 적이 있었다. 지금은 동궁이 이미 세상을 떠나버렸는데, 이제 너를 보니 슬프구나"라고 말씀하셨다. 그 말씀을 들으니, 저도 모르게 눈물이 흘러나와 아무 대답도 못 하고, 다만 일어났다가 엎드리는 수밖에 없었다. 주상이 또 "너는 일찍이 외읍을 다스린 적이 있느냐?"고 물으시니, 승지가 "목천을 다스린 적이 있습니다"라고 답하였다. …… 슬프고 또 영광스럽기도 하였다.

황윤석은 이후 관직 생활에서 어려운 일이 있을 때마다 이 장면을 몇 번이고 떠올리면서 마음을 다잡곤 하였다. 당시 수령들은 국왕의 면대를 대단한 영광으로 여겼던 것이다. 국왕이 자신에게 갖는 관심 자체를 커다란 은혜로 여겨, 이후 그 감동은 정사를 수행하는 데 있어서 정서적 기반으로 작용될 수 있었다.

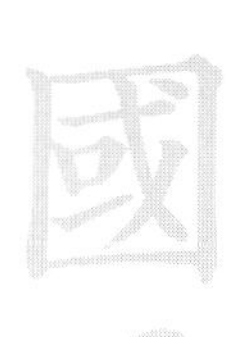

5 수라와 조상 숭배

국왕의 수라 새벽에 일어나 세자와 자식들의 문안을 받고 신하들의 조회와 경연이 끝나면, 조반이 준비되었다. 옛날 평범한 시골 집안에서는 아침식사 시간에 온 가족이 상머리에 둘러앉아 함께 식사를 하였다. 남녀를 구별하는 관습이 있어 남자는 남자들끼리, 여자는 여자들끼리 모여서 먹었다. 할아버지는 독상을 받기도 하고, 어떤 경우에는 맏아들 혹은 맏손자와 겸상하기도 했다.

국왕은 독상을 받았다. 홀로 하는 식사는 음식 맛이 덜하다고 하던데, 온 정성을 들여 만든 수십 가지의 음식인들 식도락과는 거리가 멀었을 것으로 보인다. 새벽 6시에 일어나면 초조반初早飯이 마련되고, 조식은 아침 10시경에 차려졌다. 점심은 간단한 음식으로 달래고, 석식은 저녁 5시에 들었다. 밤에는 야참을 대령했다.

조석수라 때에는 국왕과 왕비의 수라상을 사전에 왕세자가 점검하였는데, 이를 감선監膳이라 한다. 감선 전에는 사옹원司饔院에서 국왕의 식사를 담당하였다. 매일 각감청閣監廳에서 감찰하였는데, 각원 중 한 사람이 반드시 관복을 갖추어 입고서 공경히 검사해 주방으로 들였다.

도24 **창덕궁 대조전 수라간 내부** ©김성철
현재 궁궐에 남아 있는 유일한 수라간으로, 서양식으로 개조되었다.

음식을 준비하는 곳은 주원과 수라간, 숙설소, 소주방 등이 있었다. 임금께 음식을 바치는 일은 대전장방大殿長房에서 책임졌으며, 음식 장만은 반빗하님(음식 만드는 일을 맡아보던 잡직의 천인)이 담당하였다. 매월 월령에 따라 각처에서 진봉하는 재료들을 이용하여 반찬과 간식을 장만하였다.도24

2월: 빙수근(미나리), 생합, 생낙지, 점북, 송어, 작설, 꿩
3월: 눌어(누치), 참조기, 위어(웅어), 고사리, 청귤, 신감채, 조기
4월: 죽순, 진어(준치), 오징어
5월: 앵두, 황행(살구), 고자(오이), 보리, 밀
6월: 좁쌀, 기장쌀, 피쌀, 입쌀, 능금, 오얏, 가자(가지), 참외, 수박, 동아, 은구어(은어)
7월: 연어, 연실, 배, 잣, 진자(개암), 호두, 청포도
8월: 홍시, 대추, 밤, 감주, 참게, 송이, 부어(붕어)
9월: 석류, 산포도, 미후도(다래), 생안(생기러기)
10월: 감자, 당금귤, 곶감, 유자, 은어, 대구어, 문어, 서여(마), 은행
11월: 조어, 청어, 천아(고니), 백어(뱅어), 당감자

12월: 수어(숭어), 동정귤, 유감(귤), 생토(생토끼)

이외에도 별공과 날마다 바치는 공상이 있어 수랏상의 메뉴는 진선진미한 음식들로 가득 찼다. 물론 천재지변이 있을 경우에는 음식 가짓수를 줄이는 감선減膳을 하거나, 국상이 나서 고기 음식인 육선肉膳을 피하고 나물류가 주재료인 소선素膳을 하기도 하였다.

음식 종류를 몇 가지 살펴보면, 국왕 수라상의 찜은 닭과 해삼, 탕에는 쑥과 고기, 생선, 떡은 상화床花(霜花를 혼용. 만두의 일종), 과일은 네 가지 맛을 느낄 수 있는 것으로 해야 했다. 메(궁중에서 밥을 이르는 말)는 노구메솥에 따로 지어 윤기가 좌르르 흐르는 흰쌀밥이었다. 왕비에게도 마찬가지였다. 대전이나 내전에서 수라상을 물리면 아랫사람들이 그 남은 음식을 물려다 먹는 것이 보통이었다.

궁궐에는 국왕을 비롯한 왕실 가족의 먹을거리를 책임지는 부서와 소속 책임자들이 있었다. 궁궐 내의 정원을 관리하는 장원서掌苑署에는 생과색生果色, 장무색掌務色과 건과색乾果色, 작미색作米色, 과원색果園色 등이 있어 궁궐 내에서 재배하거나 생산된 작물과 과일 등을 진상하는 역할을 맡았다. 생과색은 과일을 따서 바치는 일을 담당하였는데, 이 과일들을 포장해서 운반하고 진상하는 데에는 조빙궤照氷櫃를 썼다고 한다. 얼음을 넣은 이 궤짝은 천보산의 동산지기가 마련하여 바친 생 칡넝쿨 60사리를 이용하여 운반하기 쉽게 묶었다고 한다.

각지에서 진상하는 물건에는 설날과 입춘, 단오, 추석, 동지 등과 하례를 드릴 때마다 정해진 수량이 있었다. 『만기요람』萬機要覽의 공상供上 조를 보면, 대전과 중궁전, 왕대비전, 혜경궁, 가순궁 등으로 나누어 날마다 바치는 축일공상逐日供上과 달마다 바치는 축삭공상逐朔供上, 4개월마다 한 번씩 교체하는 물건, 삭선朔膳, 소선素膳, 월령月令, 탄일誕日과 절일節日·진하陳賀에 바치는 표리表裏와 물선物膳·의대衣襨 등을 상세히 규정해놓았다. 이외에도 각공各貢이라 하

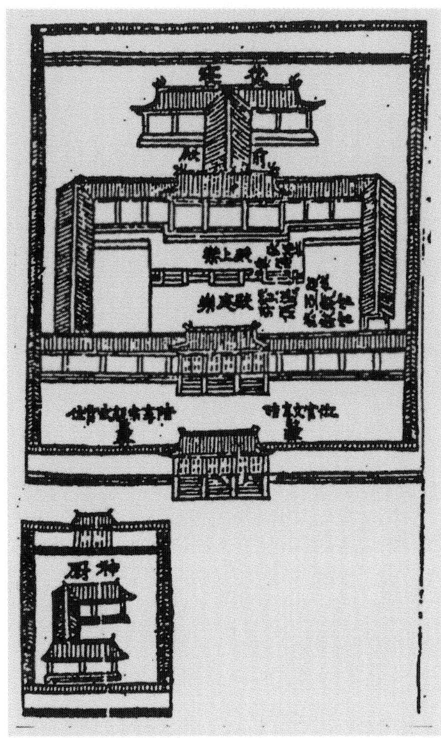

도25 **조선 태조의 원묘인 문소전**
『국조오례서례』 수록.

여, 선혜청 57공과 삼청(균역청, 상평청, 진휼청) 17공, 각궁각사各宮各司(각 궁방과 기관) 등에서 바치는 물건의 종류와 수량 또한 자세하다. 선혜청 57공의 합계는 쌀 20만 6,889석 8두 5승 9홉 9작, 전미 206석, 무명 344동 35필 28척 9촌 5푼, 돈 1만 8,040냥 4전이며, 삼청 17공의 합계는 쌀 3,240석 2두 4승, 무명 14동 32필, 베 136동 20필 16척 2촌, 돈 335냥 2전이고, 각궁각사 등의 합계는 쌀 8,452석 2두 1승 3홉 2작, 무명 2동 19필 31척 5촌, 돈 3만 5,396냥 8전 1푼이었다. 따라서 각공의 총계는 쌀 21만 8,581석 13두 1승 2홉 9작, 전미 206석, 무명 361동 37필 25척 4촌 5품, 베 136동 20필 16척 2촌, 돈 5만 3,772냥 4전 1푼이었다.

왕실 창고인 내탕고에는 진상하였거나 구입한 물품들이 가득하였다. 임금이 사용하는 금은과 구슬, 패옥, 사라능단, 인삼, 용, 초구貂裘(담비 모피로 만든 갖옷), 향촉, 문방구, 토산의 진품, 평상시 무역한 물품이 헤아릴 수 없을 정도였다. 음식 재료도 없는 것이 없었다고 한다. 이러한 물품과 음식 재료들은 국왕의 수라 준비뿐 아니라 국가와 왕실의 많은 행사에 두루 사용되었다.

조상과 소통하기

『주자가례』朱子家禮에는 "군자가 장차 궁실을 지을 때에는 먼저 사당을 정침의 동쪽에 세운다"고 하여, 궁실보다 사당을 먼저 건립하도록 하였다. 궁궐도 마찬가지였다. 예제 건축 기준에 의한 좌묘우사左廟右社(궁궐의 왼쪽에는 종묘, 오른쪽에는 사직단을 세우는 제도)를 우선적으로 건립하고 궁궐 내에는 국왕의 4대조를 모신 사당인 원묘原廟를 세웠다. 이처럼 사당의 건립을 중시한 것은 가정이나 국가의 대소사와 일상사 및 모

든 의례가 이곳에서 시작하기 때문이었다.[도25]

도26 **국기판** 국립고궁박물관 소장. 헌종 연간에 제작된 것으로, 각 능陵·원園·묘墓의 기일과 헌종 등의 탄신일이 새겨져 있다.

사당의 일상 의례를 살펴보면, 출입할 때에는 반드시 아뢰어야 하며, 정월 초하루와 동지·삭망(매달 초하루와 보름)에는 참배하여야 했다. 속절(명절)에는 음식을 올리고, 일이 있으면 사유를 아뢰는 고유告由를 행하여야 했다. 그렇다면 국왕은 이대로 실천하였을까?

국왕은 '대종자'大宗子로서 조선의 국가적 정통성을 계승한 최고 지위의 권력자였다. 또한 그는 왕실의 가계를 계승한 적통으로서 최고 어른이었다. 국가를 '가'家의 인식 테두리 안에 두었던 조선에서 국왕은 모든 국민과 가문의 최고 어른의 지위를 누렸다. 이것은 왕실과 양반 지배층 및 피지배층의 지지 아래 가능할 수 있었던 유교의 이념적 소산이었다. 이 양자의 종자의 지위를 겸비한 국왕은 왕실뿐 아니라 모든 국민의 존경을 한 몸에 받았으며, 한편으로는 왕실과 국가의 안위와 안녕을 책임져야 하는 존재였다.

종자에게 부여된 책임과 의무는 실로 막중하였다. 그중에서 가장 중요한 역할은 제사의 주재였다. 국가 제사의 주재는 국왕 고유의 권한이었다. 제사 대상 또한 다양하여, 조상으로부터 시작해서 잡신에 이르기까지 그 수는 수십에 달하였다. 그렇다 보니, 제사와 관련된 각종 행사가 일상 속에 들어 있었다.

궁궐 내에는 원묘와 영정을 모신 선원전이 있었다. 그리고 종묘와 영녕전에는 많은 수의 왕과 왕비의 신주를 봉안했다. 따라서 왕실 제사는 후대로 갈수록 그 횟수가 크게 늘어날 수밖에 없었다. 헌종 연간의 국기판國忌板[도26]을 보면, 능원묘의 기신忌辰이 73일이었

도27 **창덕궁 향실** ©김성철

다. 이들의 상장 기간만 따져도 3년상을 기준으로 200년을 상회한다. 조선 500년의 절반가량이 상장 의례를 거행하는 기간이었다니, 이 놀라운 사실에 의례의 비중을 새삼 발견한다. 『대한예전』大韓禮典을 통해 고종 이전까지의 모든 국가 제사 횟수를 헤아려보면, 연간 500여 차례 이상이다. 천신薦新과 고유제告由祭까지 포함하면, 그 횟수는 더욱 증가할 것이다.

이처럼 하루가 멀다 하고 벌어지는 국가 제사에 있어서 주재자인 국왕이 해야 할 일은 기일 전에 축문을 쓰고 향축香祝에 서압署押하는 일, 사당과 제단에서 신을 부르고 첫 술잔을 올리는 일 등이었다.

향축은 제사에 사용하는 향과 축문을 합친 말이다. 국왕이 향축을 전하는 제사는 대사大祀인 종묘宗廟와 사직社稷·영녕전永寧殿과 중사中祀인 경모궁景慕宮과 선농先農·선잠先蠶·우사雩祀·문묘文廟 등이다. 중사 이하는 하루 전에 향실관香室官이 향축을 올리고, 승지가 바깥뜰에서 대신 전하도록 되어 있다.도27

향축을 승지가 대신 전하는 것은 국왕을 대신한다는 말이다. 국왕은 향축의 전달과 제사를 직접 행하는 데는 한계가 있다. 그리하여 각 능원묘와 사당, 제단에는 이를 수호 관리하는 수위관守衛官을

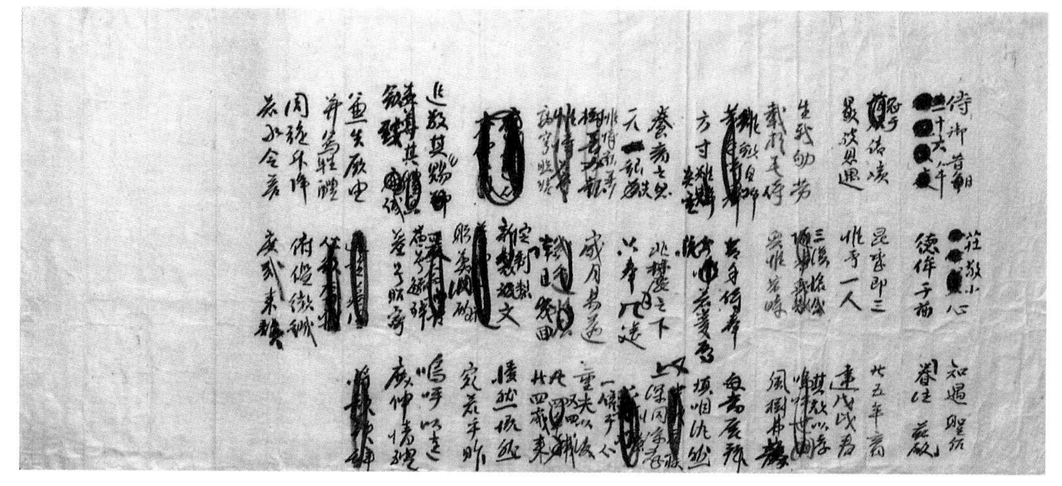

도28 **육상묘 고유제 축문초毓祥廟告由祭祝文草** 한국학중앙연구원 장서각 소장.
숙빈최씨 사당인 육상묘의 고유제에 쓰인 축문의 초고이다.

파견하였다. 이들은 삭망에 분향하고, 헌관으로 지명된 자와 지방 수령이 제례를 봉행하는 대행 체제로 운영되었다. 이들의 모든 행례는 국왕을 대신해서 거행하는 섭사攝事라고 하겠다.

그러면 국왕이 친히 향축을 전하는 의례를 살펴보자. 전향축은 제사 하루 전에, 정전에서 이루어졌다. 그 규모와 의전儀典은 여타의 의례와 별 차이가 없다. 재관齋官과 헌관獻官, 당연히 참여해야 할 문무백관 등이 참석하고, 노부鹵簿(국왕과 왕비, 왕세자 행차 때 행렬의 차례)와 세장細仗 및 향정香亭 2부部가 진설되었다. 국왕은 익선관을 쓰고 곤룡포를 입고서 정전으로 납시어 어좌에 오른다. 그러면 향실관이 축판祝板을 받들어서 바친다. 이를 근시近侍가 왕에게 전해 드리면, 왕이 여기에다 서압하는 것이다. 서압은 요즈음으로 말하면 서명을 한다는 소리이다.도28

다음으로 향을 전달하는데, 그 장소는 정전의 남쪽 계단 아래의 중앙에서 남향한 자리이다. 여기에다 욕석褥席(방석의 종류)을 깔아놓고, 서압을 끝낸 국왕은 이 자리로 내려와 무릎 꿇고 있는다. 근시가 동향해서 무릎 꿇고 향축을 바치면, 국왕은 이를 받아서 헌관에게 준다. 헌관은 서향하여 무릎 꿇고 받아서 일어난다. 이 향축이 정문을 거쳐 나갈 때에, 국왕은 일어나서 국궁鞠躬(몸을 앞으로 구부려

예를 표하는 예절)한다. 끝나면 국왕은 내전으로 돌아간다.

향축을 전해 받은 헌관은 전문 밖으로 나가서 향축을 향정 안에 다 넣어둔다. 세장이 앞에서 인도하고, 향정이 그 뒤를 따른다. 모든 재관齋官 이하도 그 뒤를 따라간다. 이들이 제사지낼 장소에 다다르면, 향축은 재실 안의 탁자 위에 안치하고 재관들은 재소齋所로 들어간다.

이처럼 향과 축문을 전하는 일은 국왕의 의무이다. 국왕은 조상에게 제사 드릴 권한을 소유한 존재이다. 조상이 흠향할 모든 음식과 말은 국왕의 손을 거치는 것이 원칙이었다.

이재 황윤석은 장릉 참봉으로 관직 생활을 시작하였다. 장릉은 강원도 영월에 소재한 단종의 능이다. 황윤석은 1766년 7월 16일에 사은숙배하고 장릉에 도착하여 1767년 12월까지 근무한 날짜가 총 298일이었다. 이 기간 동안에 향축을 직접 받은 횟수가 두 번이었다. 본래 조천祧遷 즉, 4대가 지나서 친함이 다하여, 신주를 사당에서 옮겼으면 더 이상 제사를 지내지 않는 것이 원칙이다. 그러나 왕이나 그렇지 않은 예외적인 경우들이 있어 장릉도 1년에 단 한 번 한식 때에는 제사를 지냈다. 그래서 황윤석은 향축을 두 번밖에 못받은 것이다.도29, 도30

능참봉은 서울의 궁궐에 가서 향축을 받아 와야 할 의무가 있었다. 향축을 받으러 황윤석은 한 달 전에 미리 상경하였다.

진시에 홍화문으로 들어가서 건명문과 숭정문을 거쳐 숭정전 서랑을 경유하여 향실로 들어갔다. 잠시 쉬었다가 얼마 있지 않아 향실 입번관入番官이 청해서 대압축문代押祝文과 함께 서로 읍하고 읽고 나서 서로 읍하고 물러났다. 이때에 입번관이 읽은 축문은 거의 40여 장으로 다 끝나기를 기다렸다. 승지는 전정 남향으로 서 있고, 나는 여러 능관과 함께 남쪽에서 동향으로 서 있었다. 차례로 향축을 받는데, 나도 차례로 북향하여 서서 국궁하였다가 무릎 꿇고 향축을 받았다. 삼가 받들어

도29, 도30 **장릉 전경과 정자각**
ⓒ김성철

나와서 숭정문에 이르러 향배서리 이홍문에게 전해주었다. …… 서리는 말을 타고서 향축을 지고 앞서 가고, 나도 이를 모시고 갔다. 경복궁과 창덕궁의 앞길을 지날 때에는 말에서 내리지 않고, 종묘 앞길에 이르러서는 말에서 내렸다. 말을 달려 동대문을 나와서 관왕묘關王廟 월랑月廊에 이르렀다. 다시 요기를 하고 평구관에서 점심을 먹었다.

향축의 전달과 지영은 진시辰時(오전 7시부터 9시까지)에 행하였다. 국왕이 친히 향축을 전달하지 않으면, 향축이 지나가는 일정한 장소의 판위에 서서 기다렸다. 향축을 모신 가마가 다가오면 국왕은 국궁하고서 이를 공경히 맞이하는 의식을 행하였으니, 이것이 향지영이다.

향은 '국왕이 보내는 향'이다. 곧 궁궐에서 국왕이 친압親押하고 지송祗送한 향이며, 이 향은 국왕의 조상이 묻혀 있는 산릉에서의 제사나 산천제 등 지방의 각종 국가 제사에 쓰일 것이었다. 따라서 이 향은 국왕이 조상 혹은 국가를 수호하는 모든 신령과 소통하는 매개체 기능을 했다. 국왕의 제사권을 상징하는 체계에서 우월적 지위를 점하고 있는 향을 전달하고 지영하는 의례 자체는 제사를 친행하는 것과 다르지 않았다. 국왕은 이 의식을 상시 거행함으로써, 일상의 하나가 되었다.

향을 맞이한 지방관이나 헌관은 향사 때 제단 앞에서 삼상향三上香(세 번에 걸쳐 향을 올림)했다. 그는 국왕을 대신하여 제사 지내는 섭사攝事의 권한을 갖고서 국가와 왕실, 백성의 소망을 향에 실어 신령과 소통했다. 향의 권위와 상징성은 바로 여기에 있으며, 이것은 곧 국왕과 지방관의 일체화된 권위의 표현이었다. 국왕과 지방관이 향의 수수를 통해 친친親親의 의리를 긴밀하게 함으로써, 제사와 정치가 결합된 보편적 지배구조를 구축하게 되었던 것이다.

6 국왕의 보호와 민국을 위한 고뇌

생기와 군호 결재

수도 한양은 도성과 궁궐의 이중구조였다. 궁궐은 왕족의 생활공간이면서 정치공간이고, 그 밖의 도성은 한양 시민의 생활공간이었다. 따라서 양 공간의 구성체와 생활양식은 현격히 달랐으며, 그에 따라 문을 여닫는 시간도 차이가 났다. 도성문은 모두 인정人定에 닫고 파루罷漏에 열며, 궁성문은 초저녁에 닫고 해 뜰 무렵에 열도록 했다. 궁성문의 개폐 시간은 남이南怡(1441~1468)의 옥사 이후에 이렇게 정해졌으며, 야간 통행금지는 파루부터 인정까지로 이 원칙은 조선 후기까지 유지되었다.

궁성문의 개폐는 승정원의 주서注書가 담당했다. 그는 도총부 당하관 및 사약司鑰과 함께 승지에게서 열쇠를 받아다 개폐한 다음에 반납했다. 도성문은 호군과 오원五員〔오위五衛의 인원으로서 사직司直(정5품) 이하를 칭함〕이 교대할 때에 병조에서 열쇠를 받아 개폐하고서 반납했다.

그러면 도성의 모든 문이 닫혀있을 시각에 예기치 못한 일이 발생한다면, 어떻게 했을까? 지방에서 급보가 날아들 경우에는 호군이나 오원이 문틈으로 받아서 급히 궐문으로 가서 국왕에게 아뢰었

도31 **왕세자 휘지徽旨** 국립중앙박물관 소장.
사도세자가 1749년부터 행한 대리청정 때 사용하던 표신. 한 면에는 '徽旨'라 새기고 다른 한 면에는 영조의 어압을 새겼다.

다. 굳이 문을 열지 않아도 되는 상황이면 이렇게 문틈으로 받지만, 언제든 문을 열어야 하는 일은 심심찮게 발생하기 마련이다. 이때 도성문은 대궐에서 개문좌부開門左符를 내리고, 궁성문은 표신標信을 사용했다. 임금이 대신으로부터 천례賤隷에 이르기까지 그들에게 내리는 명령을 받들어야 할 때에는 선전표신宣傳標信을 받아갔다.

개문좌부는 원형의 나무패이다. 한 면에는 '신부'信符라고 전자篆字로 쓰고, 다른 한 면도 역시 신부라고 쓰는데 여기에는 압인押印을 하였다. 중간을 갈라서 오른쪽 것을 호군과 오군이 받아갔는데, 교대할 때 형조에서 받고 반납했다. 이것은 부신符信 혹은 부절符節이라고 하는 것의 하나로서, 왕명을 받았음을 증명하는 신표이다. 표신은 개문표신과 폐문표신이 있다. 모양은 방형이며, 한 면에는 개문開門 혹은 폐문閉門이라 쓰고 다른 한 면에는 어압御押을 새겼다. 긴급할 때에는 도성문에서도 통용되도록 했다.도31

궁궐은 국가의 안위가 달려있는 최후의 보루로서 수호에 만전을 기해야 할 공간이었다. 그리하여 숙위를 담당하는 군문뿐 아니라

각 관청별로 숙직 및 당직 근무에 매우 철저했다. 궁궐의 파수와 순찰은 조선 건국 직후에는 의흥삼군부에서 지휘했으며, 각 관사마다 1명씩 수창궁에 번갈아 숙직하게 하고 사헌부에서 이들을 감독하였다고 한다. 당시 장사將士의 직숙은 3일 만에 교대하도록 했다. 그 후 사헌부의 역할은 이관되어 태종 9년에 동반과 서반의 생기를 각각 이조와 병조에다 제출하도록 했다. 담당자는 정랑이었다. 각 사에서 상직上直하는 관원의 명단은 이조에, 숙위하고 순찰하는 장사將士의 명단은 병조에 올리고, 양 조에서는 이를 다시 임금에게 아뢰었던 것이다. 이 명단을 '생기'省記라고 한다. 생기는 곧 당직명령부에 의한 당직자의 명단을 일컫는 말이다.

궁성문의 파수는 병조에서 정병正兵과 갑사甲士를 차출하여 동·남·서·북소 등으로 분산 배치된 제소諸所에 나누어 소속시켜 그들로 하여금 담당케 했다. 담당 지역과 시간은 병조에서 왕의 허락을 받아 오위에 나누어 정해주었으며, 각 위에서는 분경패分更牌(오경五更의 각 경에 해당하는 부험符驗)를 받아갔다. 숙위군은 위장衛將이 나누어 거느렸는데, 그는 왕의 낙점을 받아야 근무할 수 있었다. 겸사복장과 내금위장, 수문장도 역시 왕의 낙점을 받는 것이 상례였다. 이렇게 낙점을 받아 직숙을 교대할 때에는 왕에게 숙배하고, 대궐 안에서 명패命牌를 수납했다.도32

숙위군의 수는 예종 즉위년의 사례를 보면, 경복궁과 창덕궁·영수궁에 숙위하는 자가 892명이었다고 한다. 세종 때에는 도적 방어와 화재 감시 및 순찰을 담당하는 경수소警守所를 도성 안팎에 설치하였는데, 세조 2년에는 그 수가 무려 106개소였다.

직숙하는 인원은 형조 당상관이 초저녁에 생기를 군호와 함께 서명하여 밀봉해서 임금에게 바쳤다. 이 생기에는 제장諸將, 선전관, 겸사복, 상호군, 대호군, 호군, 각사 관원 및 순장, 순관의 명단이 수록되고 그 이외에는 총수를 기록하였다.

정부 각 기관의 숙직자에 대해서는 근무기강 확립 차원에서 감도32 **분경패** 국립고궁박물관 소장.

찰과 제재를 철저히 하였다. 그 사례를 살펴보자. 정종 2년(1400) 12월 1일에 이조좌랑 이승조李承祚는 당직근무를 하면서 기생을 불러 들였다. 그러고는 그녀에게 비판지批判紙(임금이 상소에 대해 답변하는 비답을 쓸 때 사용하는 종이로서 최상품이었음)를 주었는데, 이 사실이 발각되는 바람에 귀양을 가는 사건이 발생했다. 그 후 숙직을 게을리 하면 파직하도록 하는 법이 제정되었다. 그런데도 공공연히 숙직을 빼먹는 자까지 생겨나 기강의 해이가 도를 넘고 있었다. 사간원에서도 '이를 범하는 자는 파직시켜 징계해야 한다'고 하였으니, 더 이상 묵과하기 곤란한 지경에 이르렀음을 알 수 있다. 숙직에 관한 법령이 이미 서 있는 가운데, 관리들의 나태와 근무태만을 바로잡기 위해 원칙대로 법을 적용하겠다고 한 것이다.

숙직을 태만히 하여 징계를 받은 사례는 실록의 곳곳에서 발견된다. 태종 8년(1408) 4월에 전 광주목사 최식崔湜은 좌군 숙자패에 속하여 자기 차례의 숙직 근무를 하게 되었다. 그런데 그는 '말에서 떨어졌다'고 거짓말을 하고는 숙직을 하지 않았다가 탄로 나 직첩을 회수당하고 외방에 부처付處하라는 처분을 받았다. 또한 태종 11년(1411) 5월에는 총제 하구河久가 부모가 생존하고 있음에도 불구하고 시향時享의 치재致齋(제사를 앞두고 목욕재계하면서 근신함)가 있다고 속여, 당번인데도 숙직을 빼먹었다가 적발되었다. 세종 26년(1444) 6월에는 사헌부의 감찰 하우명河友明이 당직일에 당직을 서지 않고 술에 취해 집으로 돌아갔다가 파면되었으며, 10월에는 진무鎭撫 문승유文承宥가 비밀히 사통私通하던 효도孝道라는 여자에게 남자옷을 입히고 숙직소로 데리고 와서 간통하다가 발각되어 국문을 당하기도 했다.

숙직자는 생기에 반드시 자신의 이름이 들어 있어야 했다. 그렇지 않은 사람으로 숙직한 자는 궁성문을 함부로 들어오는 율에 따라 처벌을 받았다. 광해군 5년 5월에 연흥부원군延興府院君 김제남金悌男은 국구國舅 신분으로 생기省記도 없이 궐내에 기거하는 일이 한두 번이 아니던 차였다. 그런데 이번에는 영창대군이 마마를 앓자 대비가 연흥부원군을 궐내에 직숙直宿시켜 구료케 할 것을 청하여 이를 사양하지 못했다. 이 일로 그가 궐내에 머무른 사실을 알게 된 유활柳活이 적극적으로 공격하여 김제남은 결국 파직에 이르고 말았다. 또 경종 원년에는 숙종의 국휼 중에 동평위東平尉 정재륜鄭載崙이 궐내에서 일을 보고는 나가려다 궐문이 이미 닫혀있는 바람에 하는 수 없이 금중에서 밤을 지새웠다. 생기에 이름을 올리지 않고 우연찮게 유숙하게 된 그도 역시 파직되었다. 국왕의 장인이나 사위라 하더라도 생기에 이름을 올리지 않은 채 궐내에 머물렀다가는 가차 없이 파직 당하는 궁금宮禁의 엄숙성을 잘 보여주고 있다.

통금 시간에는 도성 및 궁궐의 각 문에 파수병이 배치되고, 야간 순찰자는 각문을 돌아다니며 근무 상태를 점검하고 순찰을 통해 불의의 사태에 대비했다. 이때 파수병과 순찰자 사이에는 통금시간에 피아를 구별할 수 있는 신호가 필요하였는데, 그것이 군호軍號

도33, 도34 **경복궁 수문장 교대식**
©김성철

이다.도33, 도34

군호는 통행금지 시간 동안 순찰자와 파수병이 아군임을 확인하기 위해 주고받는 암호였다. 이 군호는 국가와 왕실의 안위가 달린 일급 보안사항이었다. 군호를 정하는 업무는 병조의 소관사항이며, 매일 새로 정한 군호는 신시申時(오후 3시부터 5시까지)에 직접 왕에게 보고하였다. 병조의 당상관이 그 날의 군호를 정하여 친히 쓴 단자를 밀봉해서 병조 낭관을 통해 왕의 결재를 받았다. 군호 단자의 겉에는 계자인啓字印을 찍어 내려 보냈다.

군호는 병조의 당상관이 반드시 직접 써야 하는 그의 고유 업무였다. 이를 남으로 하여금 대신 쓰게 한 경우에는 파직될 만큼 보안이 철저하였다. 궁궐의 숙위는 엄중을 기해야 하므로 막중한 군호를 누설한 것을 그대로 쓸 수 없다는 것이다. 그러나 경우에 따라서는 군호가 왕에 의해 변경되거나 직접 두 글자를 정해 써서 올리도록 명하기도 했다. 이렇게 결정된 군호는 병조를 통해 파수 및 순찰을 도는 군사들에게 전달되었다. 군호를 받아가지 않은 당번 군인은 의금부에 수감되는 군율에 처해졌다. 그리고 성 안팎을 순찰하는 패장과 군사들이 서로 만나 군호를 물었을 때 통하지 못한 자는 통금 위반자로 체포해 다스렸다.

그런데 어느 시절이건 통금 시간에는 통행이 불가피한 위급 상황이 발생하기 마련이다. 조선시대에는 통부通符를 소지한 자에게는 통행의 자유를 허락하였다. 이 당시 위급 상황으로 거론된 사례를 보면, 부모가 위중한 병에 걸려 당장 약을 구해야 하는 자, 상喪을 만나 가야 하는 자, 따로 사는 아버지와 아들이 서로 왕래해야 하는 경우 등이었다. 이들은 부득이하게 외출하지 않으면 안 되었는데, 이때에는 반드시 순소巡所에 신고하고서 왕래하도록 했다. 이들에게는 통부인 물금첩勿禁帖이 발급되었다. 이 첩은 통행을 금하지 말라는 통행 증명서이다. 물금첩은 이들 외에, 국장 등 국가나 왕실의 큰 행사로 인해 공역 등을 담당한 장인이나 담당 관리들이 무시로 궁궐을 출입해야 할 경우에도 발급되었다.

군호는 두 글자로 이루어졌다. 그런데 조선 전기에는 꼭 두 글자였던 것만은 아니다. 그러다보니 별 우스운 작명도 보인다. 중종 2년 9월에, 병조에서는 군호를 '인호귀호'人乎鬼乎 네 자로 정했다. 해석하자면, '사람이냐 귀신이냐'이다. 중종은 이 보고를 받고 유치하다고 생각했던지 '인귀'人鬼 두 글자를 '군자소인'君子小人으로 바꾸어 '군자호소인호'君子乎小人乎 여섯 글자로 정했다. 이것도 '군자냐 소인이냐'이니, 주고받는 군인들도 어안이 벙벙했을 것이다.

군호를 정할 때에는 일정한 원칙이 있었다. 흥망興亡이나 득상得喪 등에 관계된 문자는 쓰지 않는다는 것이다. 그런데 숙종 24년 11월에, 성패成敗 두 글자를 써서 들인 일이 있었다. 숙종은 병조의 해당 당상을 파직시켰는데, 이 날 실화失火사건이 있었기 때문이라고 한다. 또 철종 3년 12월에는 '추숭'追崇 두 글자로 써서 올렸다고 하여 방축放逐되기도 하였다.

때로는 국왕이 기피하는 글자를 사용하지 말도록 명하는 경우도 있었다. 영조 19년 7월의 일이다. 영의정 김재로는 영조가 인견한 자리에서 지난 그믐날에 군호를 금화金火로 정한 입직 당상을 종중추고從重推考(죄과를 중벌에 따라 캐물어서 밝힘)할 것을 청하였다. 일찍이

'화'火 자를 군호로 사용하지 말라는 국왕의 명령이 군호책에 실려 있었는데, 그날 당상관은 이를 미처 살피지 못했다는 것이다. 아마도 오행에서 여름은 화火요 가을은 금金이며 6월 그믐은 화와 금이 서로 교차하는 계절임을 고려하여 정한 듯하나, 왕의 금지 명령을 살피지 못해 그만 이런 화를 당한 것이다.

영조 47년 11월의 또 한 사례를 들어보자. 이날의 군호는 '효장'孝章과 음이 똑같다고 하여 해당 당상을 교체하도록 조치한 사건이다. 보통은 당상이 결정한 군호를 따르는 것이 관례였다. 그런데 이날 이 군호로 결정한 것은 영조의 독특한 성격으로 말미암은 측면이 있었다. 영조는 종종 특별히 신칙해서 은연중에 자신의 뜻을 내비치곤 했다. 군호도 이러한 뜻을 취했느냐 아니냐에 따라 뜻밖의 상벌賞罰이 더러 나왔던 모양이다. 그렇다 보니 병조 당상은 군호를 정할 때마다 매우 괴로워했으며, 매일 써서 바치는 글자 또한 궁박해질 수밖에 없었다. 그런 상황에서 정한 군호가 결국 영조의 심기를 건드린 것이다.

야간 숙위가 끝난 이튿날 새벽에는 수직 부장部將이 밤사이의 사건 사고를 병조에 보고했다. 병조에서는 이를 다시 조계 때 국왕에게 보고했다.

> 입직 승지가 이조의 생기와 병조의 순찰 단자를 가지고 당 안의 서쪽 기둥의 서변으로 돌아들어가 앞으로 나아가서 부복하고 나직한 음성으로 평온무사함을 보고하였다. 만일 범법자가 있었다면, '몇 시에 아무개를 가두었다'고 아뢴다.

이것은 동궁이 시사視事를 볼 때 보고하는 형식이다. 국왕에게 보고할 때에도 이와 유사했을 것으로 보인다.

현재 정조 18년(1794) 5월 3일에, 병조에서 올려 국왕의 재결을 받은 군호 단자가 남아 있다. 당시 병조시랑이던 윤장렬尹長烈이 정조에게 군호를 재가받기 위해 이 단자를 올렸다. 군호를 직접 쓴 당사자는 당시 병조 당상관으로 미상이다. 정조는 두 글자 밑에 '가'可 자를 쓰고 수결했으며, 또한 계자인啓字印을 찍었다. 그런데 여기에다 당시 세자였던 순조가 '태평'太平 두 글자와 함께 그 밑에 '가'可 자를 썼다.도35

윤장렬은 이 군호 단자를 자손대대로 간직하고자 소족자를 만들어 보관하였다. 이후 장렬의 아들 치영이 문서 아래쪽에 이 군호의 유래를 적어 넣었으며, 장렬의 손자 만선이 순조 21년(1821)에 다시 더 써넣었다. 이 문서에는 병조의 도장 7개가 찍혀 있다.

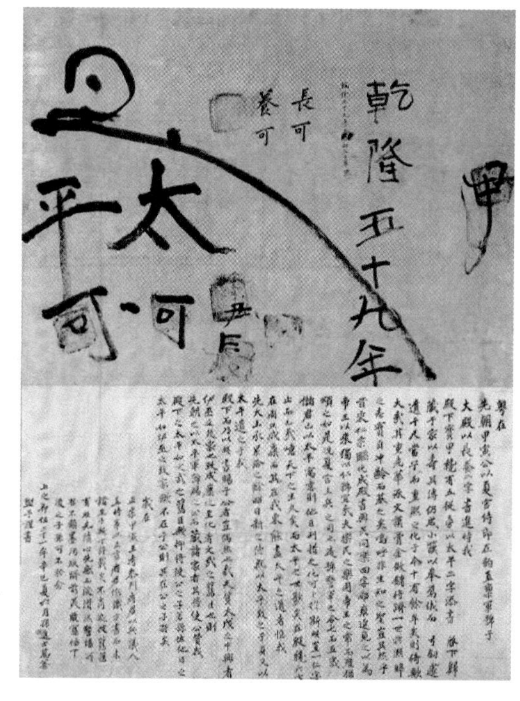

도35 **윤장렬 군호 단자** 경기도박물관 소장.

민국民國을 위한 고뇌

각청 서리는 내탕고의 각양의 품목을 조사해 장부를 편성하였다. 이것이 정간책井間冊이다. 금전의 수입과 지출은 따로 회계가 있었다. 또 소식책消息冊이라는 것이 있는데, 매일 들어가 이것을 검토했다. 이렇게 하는 이유는 임금께 올릴 물품과 상賞으로 하사할 물건을 다 장부에 기록을 올려서 을람乙覽에 대비해야 하기 때문이었다. 을람은 을야지람乙夜之覽의 준말로서, 국왕이 정무政務를 끝내고 취침하기 전인 10시경에 독서하는 것을 일컫는 말이다. 을야는 밤 9시부터 11시까지를 가리키며, 이 때 국왕은 잔무를 처리하기도 하였다.

침수에 들기 전의 독서와 잔무 처리, 이것으로 국왕은 하루를 마무리하고 편안한 잠을 청할 수 있었을까? 아니면 어떤 고뇌에 사로잡혀 뜬 눈으로 밤을 지새웠을까? 국왕의 고뇌는 어둠에 빛을 비추는 희망처럼, 왕위의 안위와 후계자 혹은 각 정치세력의 권력의 향방, 왕실의 안정, 백성의 삶 등에 희망을 주는 등불이다. 정조는 종종 침수에 드는 것이 한두 시각에 지나지 않았다. "지난날 선왕께서 말이 백성의 일에 미치면 눈물이 절로 흐른다는 전교가 계셨다"고 하면서, 백성들의 고단한 삶에 밤낮으로 근심하고 괴로워했다.

백성을 위한 정치, 백성에 대한 번민으로 늘 머릿속이 가득 찬 영조에게 있어서, 밤사이의 고뇌는 무엇이었을까? 영조의 말년의 심사는 늘 구차하고 명연하였다. '구차'苟且와 '명연'冥然이라는 단어는 쉴 새 없이 내뱉는 상투어이며 함축적인 의미를 담고 있다. 이러한 그의 심사와 정서의 근원에는 효제孝悌라는 유교윤리가 있었다. 영조는 정치적 위기와 운명의 소용돌이를 극복하면서 즉위한 임금이다. 그는 즉위 초부터 왕권을 유지하기 위한 수단으로 효제의 정치논리를 내세웠으며, 자신의 삶의 과거와 현재를 효제를 기준으로 해석하는 성향이 날이 갈수록 심해졌다. 이로 인해 창작된 시와 산문의 소재는 효제를 비롯하여 구차, 명연, 강개慷慨, 추억, 추모, 권면, 서시書示, 건공탕建功湯, 시체時體, 태강太康, 풍형豊亨, 회포, 탄식 등이 중심이 된다.

따라서 영조는 효제를 다하지 못한 아픔을 읊으면서 추억과 추모에 빠지고 그러한 현재의 삶이 구차하고 명연하다. 시체의 세계가 찬양하는 태강과 풍형을 경계하는 것은 효제로 인한 것이지만, 세손의 효를 불가항력으로 받아들여 그 세계에 동참하는 이율배반적인 면모 앞에 스스로 굴복한다.

먼저 영조는 자신의 장수에 대해 명연하고 구차하다는 탄식을 그치지 않았다. 그의 별칭을 들어보면, 구차옹, 명연옹, 자성옹, 주인옹, 지탱옹, 자탄옹, 팔순옹, 자개옹, 자민옹, 일쇠옹, 일한옹, 지탱옹 등 매우 다양하다. 이 별칭들은 남이 만들어준 것이 아니라 스스로 지어서 이름을 삼았다. 하나같이 자신의 삶을 비탄하는 뜻을 담았다.

장수에 대한 탄식은 효제를 다하지 못한 불효자로서 건강치 못한 구차한 삶을 지탱하는 것에 대한 불만 때문이다. 그나마 자신의 건강을 돌보기 위해 하루에 세 첩 건공탕을 복용하는 영조였다. 탕제의 효용을 팔순의 근원 곧 팔원八元으로 인정하였지만, 별 차도가 없는 경우가 많았다. 기력이 더욱 쇠해졌을 때에는 부자와 인삼, 녹용, 계피, 생강 등을 첨가하여 달이기도 하였다. 그런데 세상 사람들은 건공탕만을 고집하는 병통이 있었다. 영조는 그러한 세상을 마구 욕해댔다. 삼공부터 일반백성에 이르기까지 그들은 골동骨董(꼴통)이요, 그들이 사는 그곳은 시체時體의 세계라는 것이다. 시체는 '그 시대의 습속'이라는 뜻이지만, 그 습속을 비하하여 '시류에 아부하는 나쁜 습관들'을 가졌다고 몰아세웠다.

건공은 말 그대로 '공을 세우다'라는 말이다. 영조 34년(1758)에 자신의 환후가 조금 나아지자, "이것은 이중탕의 공이다. 이중탕의 이름을 이중건공탕理中建功湯이라 하사하겠다"고 한 데서 붙여진 이름이다. 그러나 나이 들고 기력이 쇠해지면서 약효에 대한 의심이 싹트기 시작했다.

영조는 내의원內醫院 의원들을 주로 전국시대의 전설적인 명의로 알려진 편작이라 지칭하였다. 이 편작들과 신하들은 건공탕의 효과에 대해 서로 자신의 공이라고 다투었다. 그런 꼴이 심히 못마땅한 영조는 이들을 책망하는 일이 잦았다. 수편작은 가죽을 뒤집어썼다거나 장무관은 낯짝이 넓적하다고 비꼬는가 하면, 갑주를 입었다거나 젖비린내가 난다고 비난하기도 하였다. 어떤 경우에는 소가죽을 썼다고 하고, 저들의 빰을 후려치거나 태장질을 하고 싶다는 과격한 언사도 무릅썼다. 영조의 날선 거친 말들은 대신들을 인견한 자리에서 분기를 참지 못할 때에 '차마 듣지 못할 하교'로서 표현되곤 하였다.

한편으로는 이러한 현상이 계속해서 빚어지는 원인이 영조 자신의 뜻을 모르기 때문이라 진단하고, 영조는 자신의 뜻을 통유할 목적으로 여러 편의 글을 쓰기도 했다. 하지만 결국 영조는 자신을

御製百慕

嗚呼冥然 今何近八

嗚呼冥然 今何近八

嗚呼冥然 今何近八

嗚呼冥然 今何近八

嗚呼冥然 今何近八

嗚呼冥然 今何近八

嗚呼冥然 今何近八

嗚呼冥然 今何近八

孝耶悌耶 方寸若隕

孝耶悌耶 方寸若隕

孝耶悌耶 方寸若隕

孝耶悌耶 方寸若隕

孝耶悌耶 方寸若隕

孝耶悌耶 방寸若隕

孝耶悌耶 方寸若隕

孝耶悌耶 方寸若隕

도36 **어제백모御製百慕** 한국학중앙연구원 장서각 소장.

지탱하게 해주는 공이 건공탕에 있음을 인정했다. 자신이 뒤늦게나마 깨달은 점은 치아와 검은 머리가 생겨나고 밤이 길어 번민스럽지만 편할 수 있으며 우상右相을 임명한 일 등이 모두 건공탕의 공이라는 것이다. 건공탕은 영조의 건강과 장수, 시체의 골동들이 떠들어대는 풍형이나 태강, 그들이 끊임없이 유혹하는 칭경稱慶 등과 연결되는 매개였다. 따라서 건공탕과 함께 제시되는 쇄초(약방문)를 하루에 두세 차례 볼 때마다, 영조는 눈썹이 찡그려지면서 명연하고 구차한 삶을 지탱하는 부끄러움에 온갖 번민이 교차하여 추억과 추모를 이길 수 없었다.

영조는 경종과 선의왕후와는 형과 형수로서 그 우애가 깊었다. 특히 형수와는 각별한 관계로 의리로는 수숙嫂叔(형수와 삼촌)이요 은혜로는 모자母子라고 규정했다. 이들과 함께 숙종과 생모인 숙빈최씨를 떠올리고 인현왕후와 영빈김씨, 인원왕후 등에 대해 효제를 다하지 못한 회한으로 눈물이 옷깃을 적시는 일이 많았다. 그리고 이러한 감정을 밤새도록 글로 쏟아냈다. '孝耶悌耶 方寸若隕'이라는 구절을 100번 반복하는 시를 써서 효제에 대한 지나친 강박의식을

나타내기도 했다.도36

특히 숙종에 대해서는 8개월의 시탕侍湯 시절, 강화에 어진을 모시고 돌아온 당시에 어시御詩와 구마廐馬를 내려준 일 등이 마음에 깊이 사무쳤다. 그러나 이제 숙종을 비롯한 옛 추억속의 혈족들은 다 떠나고 영조 홀로 남아 짝할 이도 없는 고로인孤老人이 된 현실에 외로웠다. 신하들은 정조와 동지, 왕의 탄생일 등 삼명일三名日과 특정한 날에 하례를 요청하여 자주 거행하는 편이었지만, 영조의 속마음은 편치 않았다. 장대張大할까 경계하는 영조였으나, 그래도 하례와 진찬은 역시 풍성하였다. 10여 차례 술잔을 받았다. 음악이 연주되고, 무동이 춤을 추었다. 부녀들도 참여하고 노소 가릴 것 없이 만민이 관광하였다. 길 가운데에는 예쁜 꽃이 두루 깔렸으며, 임금과 신하의 관모에는 모두 꽃을 꽂았다. 궐문 밖은 가마와 말들이 죽 늘어서있어 장관이었다.

이들은 자미라고 떠들어대지만, 이 자리에 참석하지 않은 영조는 산호山呼 소리를 들으며 회포에 젖었다. 자신의 뜻을 대소 신하에게 하유하는 글을 내리고 풍형과 태강을 경계해온 영조는 차마 행사가 열리는 숭정전 월대로 나갈 수 없었다. 종묘의 제향, 각릉과 전궁묘의 기신제, 삭망제 등에 친림하지 못하고 향축을 지영하는 정도에 그치는 자신은 불효한 존재였다. 그러므로 하례와 진찬의 허락은 감히 할 수 없는 일이었다. 더구나 자신은 늘 깨어서 뜻을 굽히지 않고 이를 지켜왔다고 자평하는 영조가 아니었던가!

그러나 세손의 간청에는 영조의 고집도 무너져 내렸다. 세손의 청하는 말이 심히 감동적이어서 눈물을 흘리며 마지못해 허락하곤 한 것이다. 자신의 굳은 뜻을 거스르고 싶지도 않았다. 그리하여 어느 당 안에 몸을 웅크리고 누워서 조상을 추모하고 육아와 풍천을 암송하였다. 육아와 풍천은 『시경』에 나오는 편명들로서, 풍천은 비풍하천匪風下泉의 준말이다. 이상사회인 중국 삼대 때의 주실周室의 쇠퇴를 비판하면서 옛날의 주실을 그리워하는 시이다.

슬픔과 회한으로 몸부림치는 나날이 지속되자, 밤은 더욱 견딜 수 없는 시간이었다. 잠을 이루지 못하면서 추억과 추모, 회상으로 점철되는 괴로움에 밤 시간은 길게 느껴질 수밖에 없었다. 그리하여 동이 트기를 고대하는 영조에게 새벽시간을 정확히 알려 안도감을 주는 금계金鷄를 칭송했다.

멀리서 희미하게 닭울음소리가 들리는 듯했다. 금계는 어김없이 제시간에 저렇듯 울음 울건만, 인간의 삶의 시간은 장단이 있을 뿐이었다. 금계는 정일精一하고 중정中正하여 때를 아나, 인간은 이를 알지 못한다. 자연의 이치에 맡겨진 인간의 운명 앞에 군왕으로서의 삶이라도 초라할 수밖에 없었다. 그렇더라도 군왕은 만기萬機의 주재자가 아닌가! 명연하고 구차한 삶속에 가려진 영조의 고뇌는 무엇이었을까?

영조의 평생을 한 마디로 요약하라면, 민국民國을 위한 고뇌의 연속이었다고 하겠다. 민국은 '백성을 위한 국가'를 가리키는 말이다. 영조는 민국을 여러 차례 언급한 바 있으며, 심지어 '어찌 임금노릇 하리. 아! 나라여'라고 외친 적도 있었다.

민국을 위한 영조의 고뇌는 첫째가 종국宗國이요, 둘째가 위민爲民이었다. 종국은 왕권의 정통성을 계승한 국가로서 조선을 가리켰다. 잘 알다시피, 영조는 왕권의 정통성 확립에 무던히 애쓴 왕이다. 영조 자신이 종법상 정통성을 결여한 군왕으로서 왕권 계승의 정당성을 확보하고자 노심초사하였지만, 장자인 효장세자는 요절하고 그 뒤를 이은 사도세자는 당쟁의 희생물로 뒤주에서 아사하는 비참한 최후를 맞았다.

이런 불우한 환경 속에서 책봉된 사도세자의 아들 세손에 대해서 영조는 역시 종법상 정통성이 부재한 것으로 인식하였다. 사속嗣續(계승자)이 없다느니, 계통이 중간에 끊어지게 되었다고 한 것 등은 그의 그러한 생각을 단적으로 드러내주는 대목이다. 그리하여 그는 세손의 종법적 결함을 치유하고자 하는 시도를 치밀하게 전개하였다.

먼저 세손은 조상과 황수가 돕고 빌어준 바에 근원하는 존재임을 인식시켜 정통성의 단초를 열어나갔다. 조선의 왕조로서의 정통성과 유구한 역사 및 계승의 정당성을 각인시키고자 선초 한양 천도의 시말을 자세히 서술하고 아울러서 도성 수호의 책무를 강조한 것도 그 일환이었다. '사람의 자제 된 자는 부형의 마음으로 자기의 마음을 삼아야 한다'거나 '손자는 할아비의 마음으로 자기 마음을 삼는다', '할아비는 손자에 의지하고 손자는 할아비에 의지한다'는 등의 반복적인 언급도 영조의 뜻을 세손이 계승하는 계체繼體(적장자 계승)의 상호관계를 강조하는 말들이다. 영조는 자신의 뜻이 효보다 더 큰 것이 없으며, 세손이 영조의 마음을 따르는 것은 효의 큰 것이라 하였다. 그리하여 경우에 따라서는 "할아비를 배반하고 선조를 등짐은 사람인가? 짐승인가?"라 하며 극언을 내뱉기도 하였다.

영조는 세손의 지위의 정통성 확보를 위해 동왕 40년에 세손을 효장세자의 후사로 삼았다. 세손은 이미 차기 왕권계승자로서의 지위를 부여받은 자였다. 그러나 영조는 "마음속에 뻗치는 것이 두 가지가 있습니다. 한 가지는 후일에 제11실의 위패에는 손孫이라 일컬을 자가 없을 것이고, 소자에게는 자子라고 칭하는 자리가 없을 것입니다. 아! 3백 년 종국이 신의 몸에 이르러 그 계통을 중절中絶하게 된단 말입니까?"라고 하여, 종통 계승의 중절을 우려했다. 제11실은 종묘에서 숙종의 신실을 가리킨다. 효장과 사도가 요절하는 바람에 손이라 일컬을 후손이 없으며, 영조에게는 아들이라 칭할 자손이 없다고 하는 것이다.

그리하여 영조는 이 중절을 타개하기 위하여 세손을 효장의 아들로 삼았다는 것인데, 이는 단지 세손이 장자의 아들로 입계되는 것일 뿐이었다. 그런데 영조는 이를 종통이 다시 이어지게 된 것으로 보았다. 종법에 비추어보면, 조손의 계승 관계가 어찌 종통의

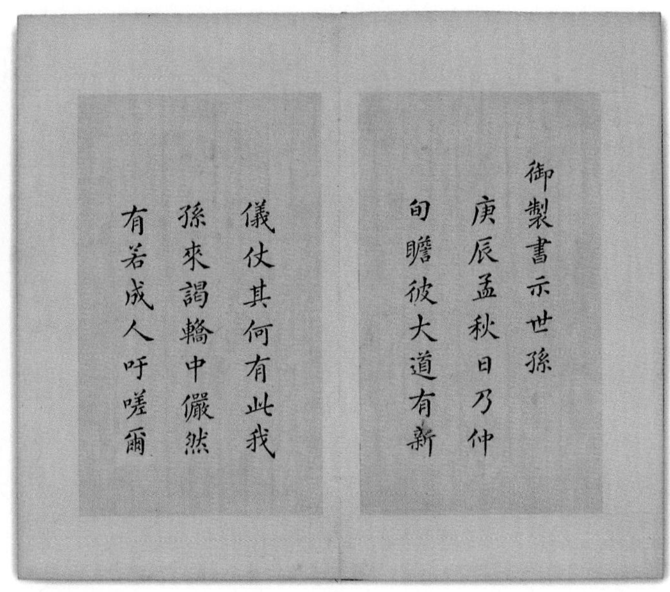
御製書示世孫
庚辰孟秋日乃仲
旬瞻彼大道有新
儀仗其何有此我
孫來謁轎中儼然
有若成人吁嗟爾

도37, 도38 **「어제서시세손」 표지와 본문** 한국학중앙연구원 장서각 소장.
영조는 세손에게 글을 써서 내려 왕도의 길을 교육시키고자 했다.

정당한 계승관계가 되는 것인지 의아하지 않을 수 없다. 선원보략에다 효장과 충자에게 연달아 '嗣'(사) 자를 쓴다는 사실은 보첩 상의 가계계승의 정당성을 확보할 수는 있으나, 종묘에서의 통서는 여전히 문제거리였다. 그 해결 방법으로는 효장의 지위를 높이는 수밖에 없었다. 이는 후에 효장을 왕으로 추존할 가능성을 예고하는 것일 수도 있어, 세손이 양자로 들어와 가계를 계승한 것은 왕위 계승의 종법적 질서를 확보하기 위한 수순의 첫 단계였다고 하겠다.도37, 도38

며칠 후에, 영조는 세손에게 글을 한 편 내려 하유하였다. 그것이 곧 「세손면유」世孫面諭이다. 효장의 후사로 삼고 위호位號를 회복하며 사당을 세웠는데, 이 뒤에 만일 다시 이 일을 들추어내는 자가 있다면 이는 무부무군無父無君의 역신逆臣이며, 세손도 혹 그러한 말에 동요되면 이 또한 할아비를 잊고 애비를 잊은 불효가 된다고 하였다. 그리고는 사도묘思悼廟(사도세자의 사당)에 자식의 도리를 다할 것을 당부하고, "사설邪說에 흔들려 한 글자라도 더 높여서 받들면 이는 할아비를 잊은 것이고 사도思悼도 잊은 것이 된다"고 하였다. 영조는 세손이 생부인 사도를 추숭하여 종통의 혼란을 야기하지 않을까 염려한 것이다. 그리하여 사도에게 한 글자라도 더 높이는 추숭작업을 행하지 말 것을 명심하라고 역설하였다.

세손은 즉위하자마자, 효장세자를 영조의 유지에 따라 진종으로 추숭하였다. 그럼으로써 조손의 계승관계는 바뀌어 영조로부터 정조까지 조-자-손으로 이어지는 종법상의 일원적 계승관계를 완성하였다. 이것은 영조가 자신의 재위기간에 차마 할 수 없었던 유지로서 할아비의 뜻을 잘 알고 있었던 세손 정조가 이를 실천에 옮겼던 것이다. 생부인 사도세자에 대해서는 정조 즉위년과 2년에 수은묘垂恩墓를 영우원으로 높이는 정도에 그쳤다. 존호를 올리기도 하였지만, 결국 종통을 거스르는 단계에 이르지는 않았다.

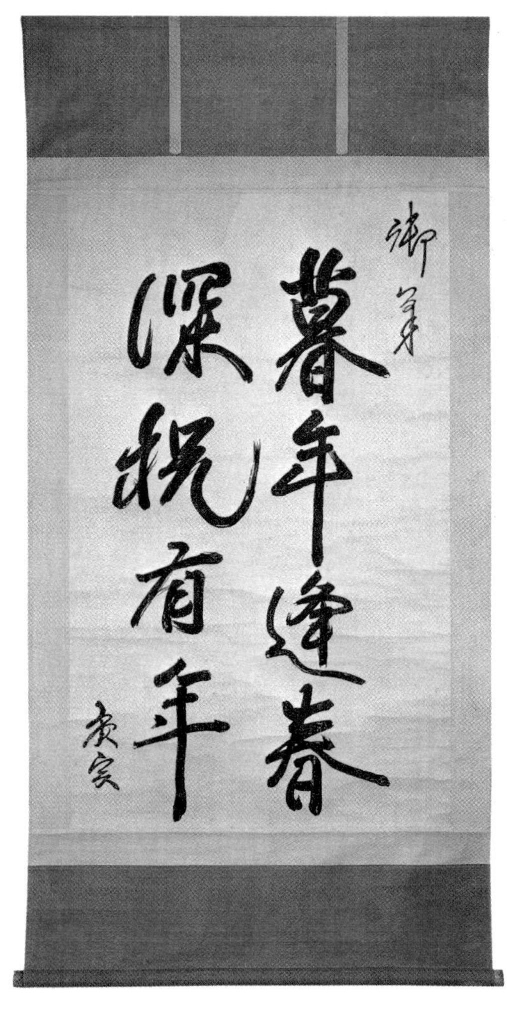

도39 **영조어필 모년봉춘 심축유년 족자** 한국학중앙연구원 장서각 소장.
늙은 나이에 봄을 만나 깊이 풍년을 기원한다는 소망을 담아 쓴 글이다.

영조의 위민爲民 실천은 여러 모습으로 나타난다. 농업국가에서 안민安民은 물론 농사의 풍흉에 달려 있었다. 영조는 효제와 위민을 위하여 극도의 실천정신을 보여준 인물이다. 그래서 "나라는 백성에 의지하고 백성은 민천民天(식량)에 의지한다"면서 "해동의 역사서에 대유大有(풍년)라 기록되기를 바란다"는 풍년의 기원이 꽤 많다. 한재가 극심한 중에 단비가 내리자, 영조는 향을 지영하고 나서 자극문에 나가 비를 맞으면서 한참 동안 엎드려 있다가 일어나 돌아오기도 하였다.도39

영조는 백성을 나라의 근본으로 인식했다. "本若固 邦亦寧"의 도를 알아야 임금노릇 할 수 있고 그래야 성군聖君이라 한 영조는

도40 『국조오례서례』國朝五禮序例에 실린 사직단 도설

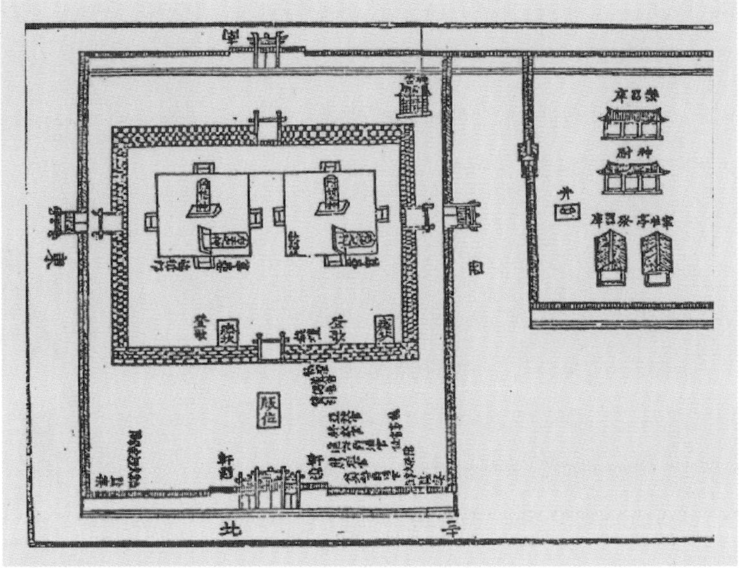

풍년을 기원하고자 종묘와 사직에서 정결한 제사를 올리는 것은 마음이 늘 한결같아 어느 날에는 하루에 세 번씩이나 참배하였다고 한다.도40

영조 연간에는 가뭄이 극심하여 국가에서 기우제를 설행하는 일이 잦았다. 영조의 용심用心(마음 씀)을 재촉하는 일이 곧 가뭄이었다. 비바람이 순조롭지 못하여 가뭄이 든 것은 영조 자신이 정성이 없고 삼감이 없는 데에 원인이 있는 것으로 자신의 부덕을 자책하였다. 성경誠敬(정성과 공경)이 지극하면 금석도 뚫을 수 있다는 신념에 들어찬 영조지만, 몇 십 년 동안 임어했어도 양덕凉德(보잘 것 없는 덕)의 소치로 사신史臣이 대유大有라 쓸 기약이 없다고 스스로 평가하였다. 그러니 우리 백성이 날마다 볕이 들어오지 않는 어두운 집에서 곤고하게 사는 것은 자신의 허물이며 부덕 탓이었다.

그리하여 영조 50년(1774)에는 6차례에 걸쳐 기우제를 지냈다. 그런 끝에 단비가 팔도를 적셨으니, 기쁨은 이루 헤아릴 수 없었다. 그리하여 그 은사에 대한 보답으로서 동교단東郊壇과 좌당우사左堂右社(종묘와 사직단), 장락전, 경선당 등에 향을 지영하거나 전배展

拜하였다. 그 이유는 단비가 내린 것이 위로는 조상의 은덕이요 아래로는 모든 사람들의 정성으로 말미암은 것이기 때문이었다. 이러한 위민의식은 영조에게는 하늘과 조상의 뜻을 계술繼述하는 것에 다름 아니었다.

영조의 민국을 위한 고뇌는 백성의 안녕과 왕실의 번영에 귀일되었다. 이 고뇌는 국왕으로서 유교정치의 이상 실현에 대한 욕망의 분출이며, 역대 국왕 누구나 정도의 차이는 있을지언정 왕으로서의 삶의 굴레에서 피어난 한떨기 희망이었다. 새벽에 일어나 경연을 행하고 정사에 충실히 임했던 국왕들의 하루 일상은 이렇게 역사의 기록으로 남았다. 그들의 삶에 순환하는 자연의 시간과 합일되는 철학적인 의미를 부여하기보다, 실제의 삶에 있어서의 시비와 선악, 행과 불행을 통해 많은 교훈을 얻을 수 있다면 그 가치는 충분하지 않을까 생각한다.

요컨대 경복궁에서 왕의 침실인 강녕전은 몸과 마음으로 황극을 닦는 공간이었다. 왕이 혼자만의 침실인 강녕전에서 황극을 잘 닦을 때, 왕은 최고 권력자로서뿐만 아니라 한 가정의 가장으로서도 복을 받는다는 것이 유교 지식인들의 가르침이었다. 유교 지식인들은 왕이 마음에서 일어나는 집착과 편견을 극복하고 황극으로 돌아갈 때, 좌나 우 또는 위아래로 분열된 사람들을 평화롭게 조화시킬 수 있다고 주장했다. 또 왕이 몸에서 일어나는 욕정과 욕망을 극복하고 황극으로 돌아갈 때, 왕 자신의 욕정을 절제할 수 있다고 강조했다. 유교 지식인들은 왕이 그렇게 할 때, 하늘의 오복을 받고 왕비와의 사이도 좋아지며, 나라도 잘 다스릴 수 있다고 설파했다. 경복궁에서 왕의 침실을 강녕전이라 하고 또 왕비의 중전을 교태전이라 한 이유가 여기에 있다.

제 3 부

왕의 사생활

國王日常

1 왕에게도 사생활이 있다

경복궁의 공간 구성과 왕의 사생활

조선시대 왕에게 궁궐은 국정을 처리하는 업무 공간이기도 하고 사생활을 영위하는 생활 공간이기도 했다. 이에 따라 조선시대 궁궐은 기본적으로 왕의 업무를 위한 공간과 왕의 사생활을 위한 공간으로 양분되었다. 왕의 업무를 위한 공간이 외전外殿이었고, 왕의 사생활을 위한 공간이 내전內殿이었다. 조선시대 최초로 건설된 경복궁에서부터 궁궐 공간은 외전과 내전으로 구분되었다.

경복궁 창건은 태조 3년(1394) 9월 1일에 '신도궁궐조성도감'新都宮闕造成都監이 설치됨으로써 본격화되었다. '신도궁궐조성도감'에는 심덕부沈德符(1328~1401), 김주金湊(?~1404), 이염李恬(?~1403), 이직李稷(1362~1431) 등이 판사로 임명되어 경복궁 창건에 관한 업무를 보았다. 경복궁을 지을 터는 9월 9일에 결정되었다. 3개월 후인 12월 4일에는 기공식이 거행되었다.

기공식 하루 전인 12월 3일에 태조 이성계는 천지의 신에게 경복궁 및 종묘 창건을 고하는 고유제告由祭를 올렸다. 태조 이성계는 고유문에서 유사有司가 또 고하기를, "종묘는 선왕의 신령을 봉안하는 곳이요, 궁궐은 신민의 정사를 듣는 곳이니 모두 안 지을 수 없습니다"라 하므로 유사에 분부하여 이달 초4일에 기공하게 하였습니다. 크나큰 공사를 일으킴에, 백성들의 괴로움이 많을까 염려됩니다. 우러러 아뢰건대 황천皇天께서는 신의 마음을 굽어 보살피어 비 오고 개는 날을 때맞추어 주시고 공사가 잘되게 하여 큰 도읍을 만들고 편안히 살게 하여 위로 천명을 무궁하게 도우시고 아래로 민생을 길이 보호해주소서.

라고 기원하였다. 크나큰 공사를 무사히 마치게 해달라는 간구였다. 12월 4일 권근이 경복궁 터에서 오방지신五方祇神에게 제사를 지냈는데, 이것이 바로 기공식이었다. 이렇게 착공된 경복궁은 10개월 만인 태조 4년(1395) 9월 29일에 완공되었다.

경복궁이 처음 완공되었을 당시에는 아직 궁성을 쌓지 않고 우선 태조의 업무와 사생활에 필요한 건물들부터 먼저 건축했다. 그렇게 축조된 건물은 크게 보아 태조의 업무에 필요한 외전 구역과 태조의 사생활에 필요한 내전 구역으로 양분되어 있었다. 『태조실록』에 의하면 당시의 궁궐 공간 구성은 다음과 같았다.

연침燕寢은 7칸인데, 동서의 이방耳房(곁방)이 각각 2칸이다. 연침의 북천랑北穿廊이 7칸이다. 연침의 북행랑北行廊이 25칸인데, 동쪽 모서리에 3칸이 연이어 있으며 서쪽 모서리에는 누樓 5칸이 연이어 있다. 연침의 남천랑南穿廊이 5칸이다.

동소침東小寢이 3칸인데, 천랑穿廊 7칸이 연침의 남천랑에 연접되어 있으며 또 천랑 5칸이 연침의 동행랑에 연접되어 있다.

서소침西小寢이 3칸인데, 천랑 7칸이 연침의 남천랑에 연접되어 있으며 또 천랑 5칸이 연침의 서행랑에 연접되어 있다.

보평청報平廳이 5칸으로서 이곳은 정사를 보는 곳이고 연침의 남쪽에 있다. 동서의 이방耳房이 각각 1칸이다. 보평청의 남천랑이 7칸이다.

보평청의 동천랑이 15칸인데, 보평청의 남천랑 제5칸에서부터 시작하여 동행랑에 연접된다. 보평청의 서천랑이 15칸인데, 역시 보평청의 남천랑 제5칸에서부터 시작하여 서행랑에 연접된다.

동행랑東行廊은 연침의 북행랑 동쪽 모서리에서부터 정전正殿의 북행랑 동쪽 모서리까지 23칸이다.

서행랑은 연침의 북행랑 서루西樓에서부터 정전의 북행랑 서쪽 모서리까지 20칸이다. 이상 연침에서부터 서행랑까지는 내전內殿이다.

정전正殿이 5칸으로서 이곳은 조회朝會를 받는 곳이고 보평청의 남쪽에 있다. 정전에는 상층과 하층에 월대月臺가 있는데, 월대 앞에서 정전까지의 거리는 50척, 월대 좌우의 넓이는 112척 5촌이다. 동쪽과 서쪽 그리고 북쪽의 계단은 넓이가 각각 15척이다. 상층 월대의 계단은 높이가 4척이고 돌계단이 5층이며 남쪽의 가운데 계단은 사면의 넓이가 각각 15척이다. 하층 월대의 계단은 높이가 4척이고 돌계단이 5층이다.

북행랑은 29칸인데, 천랑穿廊 5칸이 북행랑에서부터 시작하여 정전의 북쪽에 연접되어 있다.

수라간은 4칸이다.

동루東樓는 3칸인데, 상층과 하층이 있으며, 동루의 북행랑 19칸이 정전의 북행랑 동쪽 모서리에 연접되고 내전의 동행랑과도 연접된다. 동루의 남행랑 9칸이 정전 문의 동각루東角樓에 연접된다.

서루西樓가 3칸인데 상층과 하층이 있으며, 서루의 북행랑 19칸이 정전의 북행랑 서쪽 모서리에 연접되고 내전의 서행랑과도 연접된다. 서루의 남행랑 9칸이 정전 문의 서각루西角樓에 연접된다.

전정殿庭은 넓이가 동쪽과 서쪽이 각 80척이고 남쪽은 178척, 북쪽은 43척이다.

전문殿門은 3칸이고 정전의 남쪽에 있다. 전문의 좌우 행랑이 각각 11칸이다.

동각루東角樓와 서각루西角樓는 각각 2칸이다.

1_ 新宮 燕寢七間 東西耳房各二間 北穿廊七間 北行廊二十五間 東隅有連排三間 西隅有連排樓五間 南穿廊五間 東小寢三間 穿廊七間 接于燕寢之南穿廊 又穿廊五間 接于燕寢之東行廊 西小寢三間 穿廊七間 接于燕寢之南穿廊 又穿廊五間 接于燕寢之西行廊 報平廳五間 視事之所 在燕寢之南 東西耳房各一間 南穿廊七間 東穿廊十五間 始自南穿廊第五間 接于東行廊 西穿廊十五間 亦起南穿廊第五間 接于西行廊 自燕寢北行廊東隅 止于正殿北行廊之東隅二十三間 爲東行廊 自西樓 止正殿北行廊之西隅二十間 爲西行廊 以上爲內殿 正殿五間 受朝之所 在報平廳之南 有上下層越臺 入深五十尺 廣一百十二尺五寸 東西北階廣各十五尺 上層階高四尺 石橋五級 中階四面廣各十五尺 下層階高四尺 石橋五級 北行廊二十九間 穿廊五間 起自北行廊 接于正殿之北 水刺間四間 東樓三間 有上下層 其北行廊十九間 接于正殿之北行廊東隅 與內東廊連 其南九間 接于殿門之東角樓 西樓三間 有上下層 其北行廊十九間 接于正殿之北行廊西隅 與內西廊連 其南九間 接于殿門之西角樓 殿庭廣東西各八十尺 南一百七十八尺 北四十三尺 殿門三間 在殿之南 左右行廊各十一間 東西角樓各二間 午門三間 在殿門之南 東西行廊各十七間 水閣三間 庭中有石橋御溝 水所流處也 門之左右行廊 各十七間(『태조실록』 권8, 태조 4년 9월 29일)

오문午門은 3칸인데, 전문殿門의 남쪽에 있다. 오문의 동행랑과 서행랑은 각각 17칸이다.

수각水閣은 3칸이다. 정중庭中에 석교石橋와 어구御溝가 있으니 물이 흐르는 곳이다. 오문의 좌우행랑은 각각 17칸이다.[1]

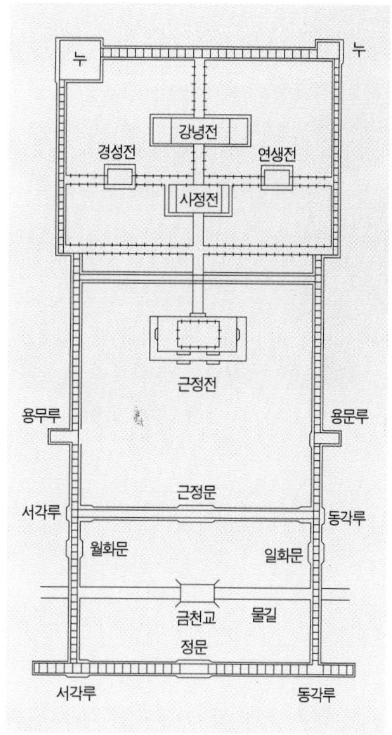

도1 **창건기의 경복궁 배치 복원도**

위에서 보듯이 경복궁의 공간 구성은 크게 보아 연침과 보평청을 중심으로 하는 내전과 정전을 중심으로 하는 외전으로 구성되었다. 연침과 보평청을 중심으로 하는 내전은 다시 연침과 보평청의 공간으로 분할되고, 정전을 중심으로 하는 외전은 정전 문을 기준으로 분할되었다. 이는 전체적으로 보아 창건기의 경복궁 공간이 중앙의 정전을 기준으로 하고, 그 정전을 기준으로 하여 정전 문의 앞쪽 공간과 정전 뒤의 연침 구역으로 삼분되는 모습이다.[2] 도1

창건기의 경복궁 배치 및 규모에 대한 연구에 의하면 경복궁의 공간 구성에서 가장 넓은 곳은 기준이 되는 정전 구역이었다.[3] 이는 정전 구역이 바로 왕이 통치 활동을 하는 공적 공간으로서 왕의 권능과 정통성을 상징하기 때문이었다. 정전 주변으로는 국정 운영에 필요한 여러 관청의 건물들 즉 궐내각사闕內各司의 건물들이 들어섰다.

정전을 중심으로 하는 외전에 비하면 연침과 보평청으로 구성되는 내전은 좁고 오밀조밀했다. 내전 중에서도 왕의 사생활이 영위되는 곳은 연침이었다. 연침이란 말 자체가 편안히 쉬며 잠을 자는 곳이란 뜻이다.

태조 이성계는 새로 지은 궁궐의 이름 및 각 건물과 문의 이름을 정도전에게 지어 올리도록 했다. 정도전은 태조 4년(1395) 10월 27일에 궁궐의 이름을 경복궁으로 지어 올리고, 그 외 각 건물과

2_ 이강근, 『경복궁』, 대원사, 1999, 15쪽.

3_ 杉山信三, 『韓國の 中世建築』, 相模書房, 1984; 김동욱, 「조선 초기 창건 경복궁의 공간 구성」 『건축역사학회논문집』 통권 15호, 1998; 곽순조, 「궁궐 운영을 통하여 본 조선 전기 경복궁의 배치 특성에 관한 연구」, 성균관대학교 석사학위논문, 1999; 이강근, 『경복궁』, 대원사, 1999; 장재혁, 「조선 초기 경복궁의 건축 형식에 관한 연구」, 한양대학교 석사학위논문, 2004.

도2 **경복궁의 근정문** ©김성철

도3 **태조 어진이 모셔진 전주 경기전** ©김성철

문의 이름도 지어 올렸다. 정도전은 연침을 강녕전康寧殿, 동소침을 연생전延生殿, 서소침을 경성전慶成殿, 보평청을 사정전思政殿, 정전을 근정전勤政殿, 정전의 문을 근정문勤政門 등으로 지어 올렸다. 이 같은 이름들은 모두가 이상적인 유교정치를 상징하였다.도2

태조 이성계는 태조 4년(1395) 12월 28일에 경복궁에 입주하였다. 물론 태조의 사생활이 영위된 곳은 연침인 강녕전이었다. 입주 당시 태조는 강녕전의 동온돌에서 생활하고 왕비 강씨는 강녕전의 서온돌에서 생활하였다. 당시 세자였던 방석芳碩도 강녕전 주변에서 생활하였다. 따라서 태조 당시에는 왕의 사생활 및 부부생활, 가정생활은 거의가 강녕전에서 이루어졌다고 하겠다.도3

태조는 동왕 6년(1397) 겨울쯤에 기왕의 경복궁을 둘러싸는 궁성을 쌓기 시작하였다. 궁성이 완성된 후 궁성 문의 이름은 세종 대에 정해졌다. 당시 궁성의 정문은 광화문光化門, 동문은 건춘문建春門, 서문은 영추문迎秋門 등으로 정해졌다. 궁성으로 둘러싸인 경복궁에는 연침인 강녕전 뒤편으로 후원이 널찍하게 자리했다. 그러므로 경복궁의 중심 구역은 연침인 강녕전이 차지하게 되었다.도4

도4 **경복궁 배치도인 '북궐도형'**

태조 이성계가 경복궁의 강녕전을 중심으로 사생활, 부부생활, 가정생활을 영위하던 방식은 세종 대에 강녕전 뒤편에 왕비의 전용

❶간의대簡儀臺 ❷신무문神武門 ❸집옥재集玉齊 ❹건청궁乾清宮 ❺향원정香遠亭 ❻선원전璿源殿 ❼경안당敬安堂 ❽함화당咸和堂
❾집경당集慶堂 ❿회안전會安殿 ⓫문경전文慶殿 ⓬만화당萬和堂 ⓭만경전萬慶殿 ⓮자경전慈慶殿 ⓯아미산峨嵋山 ⓰흥복전興福殿
⓱자미당紫薇堂 ⓲인지당麟趾堂 ⓳교태전交泰殿 ⓴강녕전康寧殿 ㉑사정전思政殿 ㉒경회루慶會樓 ㉓근정전勤政殿 ㉔근정문勤政門
㉕내각內閣 ㉖수정전修政殿 ㉗영추문迎秋門 ㉘연못 ㉙용성문用成門 ㉚홍례문弘禮門 ㉛광화문光化門 ㉜영제교永濟橋
㉝오위도총부五衛都摠府 ㉞상의원尙衣院 ㉟건춘문建春門 ㊱계조당繼照堂 ㊲자선당資善堂 ㊳비현각丕顯閣 ㊴서십자각

건물인 교태전交泰殿이 건설되고 교태전 뒤편으로 후궁後宮이 건설되면서 바뀌었다. 즉 왕비는 중전中殿으로 불리는 교태전에서 생활하고, 후궁後宮들은 후궁에서 생활하게 된 것이다. 아울러 근정전 동편에 세자를 위한 동궁이 건설되었다. 그러므로 세종 대 이후 궁중에서 왕의 사생활은 왕 자신의 침전, 왕비의 중전, 그리고 후궁들의 후궁이 위치한 공간을 중심으로 이루어지게 되었다. 이런 구조는 경복궁에서만이 아니라 다른 궁궐에서도 마찬가지였다. 즉 창덕궁, 창경궁, 경희궁, 덕수궁 등 조선시대 궁궐의 공간 구성에서 왕의 사생활이 영위되는 공간은 주로 침전, 중전, 후궁 구역이었던 것이다.

왕의 사생활과 침전

과거 군주제가 존재하던 시절 우리나라의 왕이나 중국의 황제들은 최고 권력자였다. 그래서 그들은 인간의 원초적 욕망인 식욕과 색욕 그리고 권력욕을 무한히 행사할 수 있는 존재들이었다. 그들은 공개적으로 좋은 집에서 살며 산해진미의 진수성찬을 즐기고 수많은 후궁들을 거느릴 수 있었다.

사실 몇몇 왕이나 황제의 색욕과 관련된 이야기는 사람들의 상상을 초월한다. 예컨대 진시황의 경우 아방궁에 모은 후궁이 1만 명을 넘었다고 하며, 양귀비와의 염문으로 유명한 당나라의 현종 같은 황제는 후궁이 4만 명을 넘었다고 한다. 조선시대 최대의 폭군으로 이름 높은 연산군은 궁궐 기생의 수가 1만을 헤아렸다고도 한다.

이 같은 역사가 보여주는 사실은 인간이란 끝을 모르는 욕망 덩어리라는 점이다. 아울러 이런 역사에서 나타나는 중요한 사실은 최고 권력을 장악한 인간이 욕망을 무절제하게 행사할 경우 비극적인 결말을 초래하게 된다는 점이다. 예컨대 1만의 후궁을 거느렸다던 진시황, 4만의 후궁을 거느렸다던 당 현종, 그리고 1만의 궁궐 기생을 거느렸다던 연산군의 말로는 나라의 멸망이나 개인의 파멸로 이어졌다.

그러므로 동양에서 군주제가 유지되던 시절에는 왕이나 황제의 인간적 욕망을 다루는 문제가 무엇보다도 중요했다. 특히 원초적 욕망인 색욕은 나라의 존망과 직결되는 문제로 간주되었다. 이에 왕이나 황제의 색욕을 어떻게 조절할 것이냐의 문제를 놓고 수많은 지식인들이 골머리를 앓았다.

왕이나 황제의 색욕이란 곧 이들의 사생활, 그중에서도 밤 생활과 직결되는 문제였다. 이에 따라 왕이나 황제의 색욕에 관한 문제는 왕이나 황제의 침전, 즉 침실 생활에 관한 여러 가지 이론과 훈계로 표출되었다. 조선시대의 경우 왕의 침실 생활에 관한 기본적인 입장은 정도전에 의해 확립되었다.

정도전은 조선왕조의 설계자로서 건국이념, 국가 노선, 국가 제도 등을 확립한 사람이었다. 그는 태조 이성계의 명을 받아 경복궁 각 건물의 이름을 지을 때, 침전의 이름을 강녕전康寧殿이라고 하였다. 강녕전이라는 이름에는 왕의 사생활, 그중에서도 밤 생활에 대한 유교적 훈계가 들어 있었다. 정도전에 의하면 그 훈계는 다음과 같은 것이었다.

> 강녕전에 대하여 말씀드리면, 『서경』書經의 홍범洪範에서 아홉 가지를 거론하였는데, 홍범의 아홉번째가 오복五福이며 그중 세번째의 복이 강녕이라고 하는 복입니다. 임금이 마음을 바르게 하고 덕을 닦아서 황극皇極을 세우면, 능히 오복을 향유할 수 있습니다. 강녕이라고 하는 복은 오복 중의 하나입니다. 오복에서 중간에 해당하는 세번째의 강녕을 거론함으로써 그 나머지의 복도 모두 포괄하고자 하는 것입니다. …… 대개 황극의 공부는 아무도 없이 홀로 편안히 쉬는 곳에서부터 시작되는 것입니다. 원컨대 전하께서는 무공武公이 경계한 시詩를 모범으로 하여 안일安逸에 빠지기 쉬운 마음을 경계하고 대신 경외敬畏하는 마음

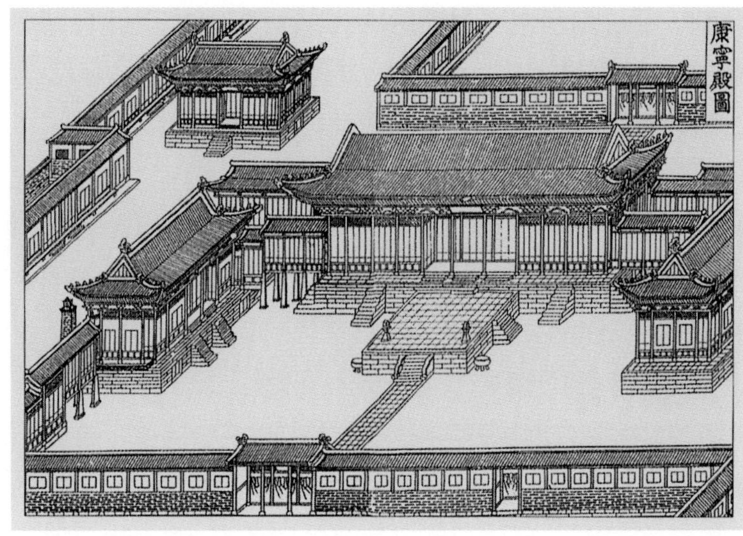

도5 『진찬의궤』(1897년)에 수록된 경복궁 강녕전

을 보존하여 황극의 복을 누리시고 또 그 복이 자손만대에 영원히 전해지게 하소서. 이런 이유에서 침실의 이름을 강녕전이라고 하였습니다.[4] 도5

4_『태조실록』 권8, 태조 4년 10월 27일.

정도전이 경복궁의 침전을 강녕전이라 이름 붙인 이유는 '황극'이라는 말에 압축되어 있었다. 이 황극은 동양철학에서 말하는 태극과 같은 뜻이었다. 동양철학의 태극이란 우주 만물이 생성되기 이전의 근본을 의미했다. 음과 양 또는 상하좌우로 나뉘기 이전의 근원이 태극이고 황극이었다. 즉 식욕, 색욕, 권력욕 등 인간의 원초적 욕망들이 발생하기 이전의 중용 상태가 황극이었다. 황극은 중용 상태이므로 좌도 없고 우도 없으며 위아래도 없었다. 온갖 분열과 대립이 파생되기 이전, 온갖 욕망이 들끓어 오르기 이전의 중용이 황극이며 태극이었다.

요컨대 정도전이 경복궁의 침전을 강녕전이라 이름 붙인 이유는 왕이 밤에 조용히 황극을 닦으며 식욕, 색욕, 권력욕 등 인간의 원초적 욕망들을 잠재워야 한다는 의미였다. 이렇게 해야 왕은 하늘이 내리는 오복을 받을 수 있다고 설득하는 것이었다. 여기에는 물론 왕의 밤 생활이 식욕, 색욕, 권력욕으로 휩쓸릴 경우 오복이 아니라 천벌이 내린다는 경고도 숨어 있었다.

이뿐이 아니었다. 정도전은 궁궐에서의 침전 위치와 공간 구조도 황극을 기준으로 하였다. 정도전이 언급한 『서경』의 홍범이란 중국 주나라의 건국 시조 무왕武王에게 현인 기자箕子가 전수한 천하 통치의 아홉 가지 비결이었다. 가없는 우주가 조화롭게 운행되는 비결을 본받아 천하를 조화롭게 통치하라고 가르친 것이 바로 홍범이었다.

홍범에 의하면 저 광대한 우주의 창조와 조화는 황극에서 비롯된다고 하였다. 황극 즉 태극에서 음양과 오행이 출현하며 오행의 상생상극에 의해 우주 만물이 창조되고 조화된다고 하였다. 그러므로 황극은 어느 곳으로도 치우치지 않으며 위치로도 정중앙을 의미한다.

따라서 정도전은 강녕전도 궁궐의 정중앙에 위치시켰다. 강녕전 전면에 사정전과 근정전, 후면에 후원 그리고 좌측에 연생전, 우측에 경성전 등을 둔 것이다. 이처럼 궁궐의 정중앙에 침전을 배치한 이유는 침전이 바로 지상의 황극임을 상징하기 위해서였다.

여기에서 우주의 황극이 음양과 상하좌우로 분열되기 이전의 근원이듯이, 지상의 황극인 왕의 침전도 분열되어서는 안 된다는 논리가 도출되었다. 즉 왕의 침전은 다른 사람과 공유할 수 없다는 뜻이었다. 왕은 궁궐의 정중앙에 위치한 침전에서 홀로 거처하며 하늘의 황극을 닦아야 한다는 결론이었다. 실제로 조선시대 왕의 침전은 왕비와 함께 쓰는 것이 아니라 왕 혼자만 쓰는 공간이었다.

조선시대 왕은 크게 보면 국가의 최고 권력자였으며 작게는 왕실의 가장이었다. 원론적으로 볼 때, 왕은 낮에는 신료들과 더불어 나랏일을 처리해야 하고 밤에는 왕비나 후궁들과 가정생활도 영위해야 했다. 왕이 나랏일과 가정생활을 잘하려면 어떻게 해야 할까? 정도전은 이 문제도 황극에서 해답을 찾았다.

도6 《동궐도》에 그려진 창덕궁의 대조전(중앙에 위치한 건물)

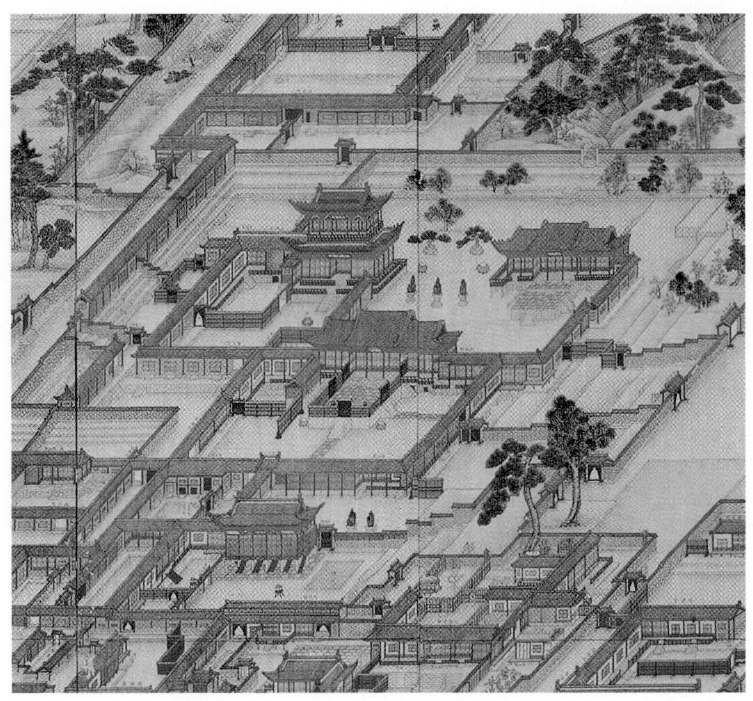

왕은 나랏일을 하면서 수많은 사람들을 만난다. 이들은 서로 생각과 처지가 다르다. 서로 분열하고 대립하는 수많은 사람들을 상대로 왕은 어떻게 해야 하는가? 왕이 좌나 우 또는 위나 아래라는 한 부분으로 치우친다면 그 반대편과는 적대적이 될 것이다. 이런 왕은 전체를 포괄하는 왕이 아니라 일부분의 왕일 뿐이다. 문제는 왕이 특정한 부분에 대한 집착에서 어떻게 벗어날 것인가이다. 왕이 낮에 사람들을 만나는 시간에는 개인적인 집착에서 벗어나기 힘든 것이 인지상정이다. 그러므로 왕이 낮 동안 들끓어 올랐던 집착과 편견을 반성하며 우주의 황극과 같은 중용의 마음을 되찾을 시간과 공간이 필요하다. 그곳이 바로 왕의 침전이다. 이런 왕의 침전에는 왕 이외의 누구도 있어서는 안 된다. 정도전이 왕의 침전은 황극의 도를 닦는 공간이어야 한다고 강조한 이유가 또 여기에 있었다.

왕의 침전은 궁궐에서의 위치뿐 아니라 침전의 공간 구성 자체도 황극을 상징하였다. 왕의 침전은 기본적으로 우물 정井 자 형태였는데, 이 우물 정 자가 황극과 관련이 있었다. 즉 우물 정 자는 '井'의 형태로서 중앙의 방 하나와 이를 둘러싼 8개의 방으로 구성되었다. 중앙의 방은 황극이며 주변 8개의 방은 8괘를 상징하였다. 당연히 왕이 잠을 자는 방은 황극을 상징하는 중앙의 방이었다. 이 같은 침전의 구조 및 이념은 경복궁의 강녕전만이 아니라 창덕궁의 대조전, 덕수궁의 함녕전 등 다른 궁궐의 침전도 마찬가지였다.도6

왕의 부부생활과 중전

경복궁의 중전인 교태전은 세종 22년(1440) 9월경에 건설되기 시작했다.[5] 완공된 시점은 정확하지 않지만 적어도 몇 달은 걸리지 않았을까 싶다. 그런데 세종은 굳이 왜 교태전을 지었을까? 세종이 교태전을 새로 지은 이유에 대해서는 공식 기록이 남아 있지 않다. 하지만 세종이 교태전을 지은 이유는 다른 자료가 아니라 바로 교태전이라는 이름 자체에서 찾아야 한다. 교태전이라는 이름을 최종 결정한 사람이 세종이고 그 건물의 이름에 건축의 취지가 가장 잘 나타나기 때문이다.

5_ 兩宮移御東宮 以將營交泰殿也(『세종실록』 권90, 세종 22년 9월 6일).

교태전의 교태交泰라는 이름은 본래 『주역』周易의 64괘 중 하나인 '태'泰 괘에서 따온 말이다. '태'라고 하는 괘는 땅을 상징하는 곤坤(☷)이 위에 있고 하늘을 상징하는 건乾(☰)이 아래에 있는 괘이다. 즉 하늘이 땅 아래에 있고, 땅이 하늘 위에 있는 모습이다. 이렇게 될 때 태泰가 된다는 것인데, 태란 '태평'泰平의 뜻이다.

그런데 이런 모습은 자연적인 현상과는 반대이다. 자연적인 모습은 하늘이 위에 있고 땅이 아래에 있기 때문이다. 그럼에도 불구하고 자연과는 반대의 현상을 '태평'泰平이라고 보는 이유는, 위의 하늘이 아래로 내려오고 땅의 기운이 위로 올라가는 것은 바로 천지가 사귀어 통하는 것을 상징한다고 생각하였기 때문이다. 즉 본래 위에 있는 하늘이 그대로 위에만 있고, 본래 아래에 있는 땅이 그대로 아래에만 있는 것은 하늘과 땅이 자신의 입장만 고집함으로써 결국 천지가 서로 사귀지 못하고 막히는 것이라 생각했던 것이다. 실제로 『주역』에서는 하늘이 위에 있고 땅이 아래에 있는 괘를 '비'否 괘라고 하는데, '비'란 꽉 막혔다는 뜻이다.도7, 8

도7, 도8 태泰괘와 비否괘

교태전의 교태는 구체적으로 태 괘 중의 '천지교태'天地交泰라는 구절에서 따왔다. '천지가 사귀는 것이 태'라고 하는 의미로서, 이것은 하늘이 아래에 있고 땅이 위에 있는 형상을 해설한 말이다. '천지교태'라는 말 다음에는 "임금이 태의 도리로써 천지의 도를 이루고, 천지의 마땅함을 도와 백성들을 좌우한다"[6]는 구절이 이어진다. 왕이 태의 괘에 함축된 가르침을 잘 따르면 천지의 도를 이루고 백성들을 잘 다스릴 수 있다는 뜻이다.

태의 괘에서 '천지교태'라고 한 것은 자연적으로 생각하면 하늘과 땅의 사귐이지만, 인간적으로 생각하면 남자와 여자의 사귐이다. 즉 궁궐의 왕과 왕비가 잘 사귀어야 한다는 의미이다. 왕과 왕비가 잘 사귀어야 둘 사이의 관계도 좋고 자녀들도 많이 두며 나라도 잘 다스릴 수 있다는 뜻이다.

경복궁의 교태전은 강녕전의 북쪽에 있다. 공간 구성으로 본다면 왕비의 중전인 교태전이 왕의 침전인 강녕전보다 상위에 있는 셈이다. 이것은 물론 "천지교태"를 실현하기 위한 공간 배치라고 할 수 있다.

그런데 왕의 침전과 왕비의 중전이 떨어져 있다는 사실은 왕과 왕비가 평상시 따로 거처하였음을 보여준다. 그렇게 따로 살다가 좋은 날을 받아 서로 합방하는 것, 그것이 바로 "천지교태"가 되는 것이다. 그렇다면 부부 사이인 왕과 왕비를 왜 평상시 떨어져 살도록 했을까?

이는 바로 '남녀유별'男女有別이라는 유교 윤리에서 나왔다. "남자와 여자는 구별이 있다"는 이 윤리에 의해 조선시대의 남자와 여자는 한자리에 앉지도 않고, 같은 건물에서 생활하지도 않았던 것이다. 남녀유별의 유교 윤리를 궁중생활에서 구현하기 위해 궁궐에

6_ 象曰 天地交泰 后以財成天地之道 輔相天地之宜 以左右民(『주역』 태괘)

도9 **예천 의성김씨 종택 사랑채** ⓒ김성철

도10 **집 뒤 언덕에서 본 의성김씨 종택의 안채** ⓒ김성철

서 왕의 침전과 왕비의 중전을 구별했던 것이다. 부부의 생활 공간을 구별한 것은 궁궐에서뿐만 아니라 양반들의 가옥에서도 마찬가지였다. 양반의 가옥 구조도 남녀유별에 따라 내외로 구분되어 안채에는 여성들이 살고 남성들은 바깥의 사랑채에서 기거했다. 그래서 조선시대 여성들은 안채에 산다고 안사람이라 하였고, 남성들은 바깥의 사랑채에 산다고 하여 바깥사람이라고 하였다.[도9, 도10]

왕과 왕비가 길일에 합방함으로써 '천지교태'를 실현하는 교태전은 다른 궁궐 건물과 비교해 특이한 점이 한 가지 있다. 지붕 위에 용마루가 없다는 점이다. 이유는 용마루가 위에서 누르면 왕과 왕비가 합방할 때 좋지 않아서라고 한다. 이런 이야기는 사실 여부를 떠나 왕과 왕비의 부부생활이 중전에서 이루어졌음을 알려준다. 교태전 뒤편으로는 후궁이 있었다. 조선시대 왕은 보통 네다섯 명 정도의 후궁을 두었다. 이들 후궁이 거처하는 곳이 바로 교태전 뒤편의 후궁이었다. 이렇게 본다면 궁궐 구조에서 왕이 부부생활 또는 성생활을 하는 공간은 중전이나 후궁이었다고 할 수 있다.[도11]

동양에서 황제 또는 왕의 부부생활이나 성생활에 관한 유교적 전범은 『주례』라는 책에 규정되었다. 『주례』에 의하면 중국 황제는 황후 1명을 위시하여 부인夫人 3명, 빈嬪 9명, 세부世婦 27명, 여어女御 81명 등 후궁 120명을 둔다고 하였다. 이들이 공식적인 황제의 배우자였다. 『주례』에서는 황제가 이들 121명의 배우자들과 다음과

도11 **경복궁 교태전** ©김성철

같은 방식으로 합방하도록 규정하였다.

> 여러 비빈들이 황제와 합방하는 방식은 다음과 같다. 황후나 비빈은 달의 형상을 본받는다. 그러므로 달이 점차 차듯이 비빈들이 황제와 합방하는 것은 아래 비빈이 먼저이고 위의 비빈이 뒤이다. 여어 81명은 매일 밤 9명씩 9일 밤을 황제와 합방한다. 세부 27명은 매일 밤 9명씩 3일 밤을 황제와 합방한다. 빈 9명은 9명이 1일 밤을 황제와 합방한다. 부인 3명은 3명이 1일 밤을 황제와 합방한다. 황후는 혼자서 1일 밤을 황제와 합방한다. 이렇게 하면 달이 보름 만에 다 차듯이 한 바퀴를 돌게 된다.[7]

이것은 『주례』 주석의 대가로 알려진 정현鄭玄(127~200)이 주석한 내용이다. 그에 의하면 중국 황제는 황후를 제외한 후궁들과는 집단적으로 합방을 하는 것으로 되어 있다. 즉 여어, 세부, 빈과는

7_ 凡群卑御見之法 月與后妃其象也 卑者宜先 尊者宜後 女御八十一人當九夕 世婦二十七人當三夕 九嬪九人當一夕 三夫人當一夕 后當一夕 亦十五日而徧云-鄭玄 注-(『주례』「천궁」天官, 구빈九嬪).

9명씩 합방하고 부인과는 3명씩 합방하기 때문이다. 실제 중국의 황제는 후궁들과의 집단 합방뿐만 아니라 환관들과의 동성애도 적지 않았던 것으로 알려져 있다.

이에 비해 조선시대의 왕은 후궁들과 집단 합방을 하지 않은 것으로 알려져 있다. 게다가 『주례』에서는 황제가 하루도 쉬지 않고 매일 밤 황후나 후궁들과 합방을 하는 것으로 나타나지만, 조선시대 왕은 매일 밤 합방하지도 않았다. 이것은 중국에 비해 조선시대의 성 윤리가 매우 엄격하였다는 의미이다.

또한 『주례』에서는 황후나 후궁들이 황제의 침실로 와서 합방을 하는 것으로 나타나지만 조선시대 왕은 대개 그러지 않았다. 즉 왕이 왕비나 후궁의 침실로 찾아가서 합방하는 것이 일반적인 상황이었다. 이는 아마도 조선시대 왕과 후궁 사이에 집단 합방이 없었기에 그랬을 것으로 짐작된다. 왕이 어느 후궁에게 갈지는 순전히 왕의 마음에 달려 있었다.

그렇지만 왕비나 후궁이 왕의 침실로 찾아와서 합방을 하는 일도 없지는 않았다. 이런 경우는 보통 왕비나 후궁에게 아들이 들어설 것 같은 길일에 제조상궁이 왕에게 합방을 권유해서 성사되었다고 한다. 또는 왕이 미리 점찍어둔 궁녀나 기생을 왕의 침실로 은밀히 불러 합방하는 일도 있었다. 왕의 부름을 받은 궁녀나 기생은 새 옷에 분단장을 하고 왕의 침실로 들어갔다고 한다.

조선시대 왕과 왕비의 부부생활은 기본적으로 대를 이을 자녀를 생산하기 위한 것이었다. 이와 관련하여 『동의보감』東醫寶鑑에는 다음과 같은 언급이 있다.

> 남자가 여덟 살이 되면 신장의 기운이 충실해져서 머리털이 길어지고 영구치가 난다. 남자가 열여섯이 되면 신장의 기운이 왕성해져서 정액이 만들어지고 정기가 넘쳐나며 음양이 조화된다. 그러므로 능히 자녀를 둘 수 있다. …… 남자가 예순네 살이 되면 치아와 머리털이 빠진

다. 오장 가운데 신장은 오행 가운데 수水(물)를 주관하며 오장육부의 정기를 받아 간직한다. 오장이 왕성해야 정액을 만들 수 있는데, 남자 나이 예순네 살이 되면 오장이 모두 쇠약해지고 뼈와 근육도 허약해져 정액이 모조리 없어진다. 그러므로 머리털은 희어지고 몸은 구부러지며 똑바로 걷지도 못하고 자식도 둘 수 없다.[8]

남자가 음양 교합을 하여 자녀를 두려면 열여섯이 되어야 가능하다는 의미이다. 달리 말하면 조선시대 왕의 성생활은 열여섯 살부터 권장되었다고 할 수 있다. 조선시대 왕들은 당시 남자의 성년으로 간주된 15~16살 이전에는 비록 혼인을 했더라도 성생활이 권장되지는 않았다고 할 수 있다.

왕은 좋은 자녀를 보기 위해 욕정을 줄이고 마음을 수양해야 했다. 이렇게 왕이 자신의 침실에서 홀로 황극의 도를 닦다가 왕비의 임신 적기에 합방해야 했다. 합방은 물론 왕이 왕비의 침실로 가서 했다. 이렇게 준비된 상태에서 합방을 할 때 왕과 왕비의 사이가 좋아지고 훌륭한 자녀를 얻으며 나랏일이 잘된다고 생각하였다.

요컨대 경복궁에서 왕의 침실인 강녕전은 몸과 마음으로 황극을 닦는 공간이었다. 왕이 혼자만의 침실인 강녕전에서 황극을 잘 닦을 때, 왕은 최고 권력자로서뿐만 아니라 한 가정의 가장으로서도 복을 받는다는 것이 유교 지식인들의 가르침이었다. 유교 지식인들은 왕이 마음에서 일어나는 집착과 편견을 극복하고 황극으로 돌아갈 때, 좌나 우 또는 위아래로 분열된 사람들을 평화롭게 조화시킬 수 있다고 주장했다. 또 왕이 몸에서 일어나는 욕정과 욕망을 극복하고 황극으로 돌아갈 때, 왕 자신의 욕정을 절제할 수 있다고 강조했다. 유교 지식인들은 왕이 그렇게 할 때, 하늘의 오복을 받고 왕비와의 사이도 좋아지며, 나라도 잘 다스릴 수 있다고 설파했다. 경복궁에서 왕의 침실을 강녕전이라 하고 또 왕비의 중전을 교태전이라 한 이유가 여기에 있다.

8_ 丈夫八歲 腎氣實 髮長齒更 二八 腎氣盛 天癸至 精氣溢瀉 陰陽和 故能有子 …… 八八則 齒髮去 腎者主水 受五藏六府之精而藏之 故五藏盛 乃能瀉 今五藏皆衰 筋骨解墮 天癸盡矣 故髮鬢白 身體重 行步不正 而無子耳(『동의보감』 「내경」內景 편 권1, '신형'身形).

國王日常

2 쫓겨난 왕들의 사생활

유교의 천벌 이론과 왕의 사생활

경복궁의 강녕전이나 교태전이라는 이름은 그 자체가 왕의 사생활이 건전해야 강녕을 비롯한 오복을 받는다는 훈계이자 경계였다. 그러나 인간 자체가 욕망 덩어리인지라, 그 욕망이나 편견에서 벗어나기는 무척 어려운 일이었다. 침실의 위치와 공간 구조 그리고 이름만 가지고 해결될 수 있는 문제가 절대 아니었다. 이에 조선시대 왕들은 침실의 벽에다가 좋은 글귀들을 써놓거나 병풍에 교훈적인 그림을 그려놓고 늘 마음을 다잡고자 노력하기도 했다.

예컨대 태조 이성계는 정도전이 써준 경구들을 침실의 사방 벽에다 붙여놓았으며 성종은 '미불유초 선극유종'靡不有初 鮮克有終이라는 경구를 붙여놓았는데, 이는 '처음에 착하지 않은 사람이 없지만 끝까지 착한 사람은 드물다'는 뜻이다. 초심, 즉 처음의 마음을 끝까지 지켜나가고자 하는 의미라 하겠다.

그러나 이런 노력에도 불구하고 조선시대 왕들 중에는 타락한 사생활을 하다가 패가망신한 왕들이 적지 않았다. 왕들이 타락한 모습은 다양했으며, 그들이 받은 대가도 다양했다. 그렇다면 타락한 왕들은 어쩌다가 타락했으며 얼마나 타락했을까? 근본적으로 타락했다고 하는 기준은 무엇이었을까?

조선시대는 유교 윤리가 지배한 사회였으므로 타락했다든지 아니면 타락하지 않았다든지 하는 가치판단도 유교적 가치관에 따랐다. 그러므로 타락한 왕인지 아닌지의 판단 기준도 유교적 가치관에 달려 있었다. 그 같은 판단 기준은 『서경』의 '홍범'에 잘 드러나 있었다.

중국 주나라의 건국 시조 무왕에게 현인 기자가 전수한 천하 통치의 아홉 가지 비결이 바로 홍범이라는 말 속에는, 홍범에 제시된 아홉 가지 기준이 바로 전통시대 최고 권력자를 판단하는 기준이었다는 뜻이 함축되어 있다. 즉 홍범에 제시된 아홉 가지 비결을 잘 실천하는 왕은 모범적인 왕이고, 그렇지 않은 왕은 타락한 왕이라는 가치판단이 함축되어 있었던 것이다.

홍범에 제시된 아홉 가지 비결은 "첫째 오행五行, 둘째 오사五事, 셋째 팔정八政, 넷째 오기五紀, 다섯째 황극皇極, 여섯째 삼덕三德, 일곱째 계의稽疑, 여덟째 서징庶徵, 아홉째 오복五福과 육극六極"[9]이었다.

9_ 初一日五行 次二日敬用五事 次三日農用八政 次四日協用五紀 次五日建用皇極 次六日乂用三德 次七日明用稽疑 次八日念用庶徵 次九日嚮用五福 威用六極(『서경』「주서」周書, 홍범).

첫째 오행은 '수, 화, 목, 금, 토 오행의 순리에 따른다'는 뜻이다. 둘째 오사는 '모貌, 언言, 시視, 청聽, 사思의 다섯 가지로서 공경을 일으킨다'는 뜻이다. 셋째 팔정은 '식食, 화貨, 사祀, 사공司空, 사도司徒, 사구司寇, 빈賓, 사師의 여덟 가지로서 농업을 부흥시킨다'는 뜻이다. 넷째 오기는 '세歲, 월月, 일日, 성신星辰, 역수曆數의 다섯 가지로서 돕는다'는 뜻이다. 다섯째 황극은 '임금이 인륜 도덕과 정치의 기준을 세운다'는 뜻이다. 여섯째 삼덕은 '정직正直, 강극剛克, 유극柔克의 세 가지로서 대상에 맞게 다스린다'는 뜻이다. 일곱째 계의는 '점복으로 큰 의심을 물어 해결한다'는 뜻이다. 여덟째 서징은 '여러 가지 징조로서 밝힌다'는 뜻이다. 아홉째 오복과 육극은 '수壽, 부富, 강녕康寧, 유호덕攸好德, 고종명考終命의 오복과 흉단절凶短折, 질疾, 우憂, 빈貧, 악惡, 약弱의 육극'이다.

정도전이 경복궁의 침전을 강녕전이라 하고 그곳에서 황극을 닦아야 복을 받는다고 한 것은, 홍범의 아홉 가지 비결 중에서 중간인 다섯번째 '황극'을 닦으면 오복의 중간인 세번째 '강녕'을 얻는다는 뜻이었다. 이는 단순히 '황극'만 닦고 '강녕'의 복만 받으라는 뜻이 아니었다. '황극'은 아홉 가지 비결 전체를 상징하는 것이며, 오복 중에서 중간인 '강녕'은 다섯 가지 복 전체를 상징하는 것이다. 따라서 정도전이 경복궁의 침전을 강녕전이라 이름 붙인 이유는 왕이 홍범의 아홉 가지 비결을 모두 준수하고 이를 통해 오복을 모두 받으라는 뜻이었다. 이유는 물론 그것들이 모범적인 왕의 기준이었기 때문이다. 이렇게 홍범의 아홉 가지 비결을 모두 실천하고 오복을 받는 왕이 왕도를 실천하는 왕이며 모범적인 왕으로 칭송되었다. 왕도정치가 바로 조선시대 유교정치 이념의 이상이었다.

반면에 그것들을 어기는 왕은 왕도정치를 저버린 왕이며 그래서 나쁜 왕이며 타락한 왕으로 비난받았다. 당연히 그런 왕은 복이 아니라 천벌을 받는다고 하였다. 예컨대 홍범에 제시된 천벌이 바로 '육극'이다. 육극은 '흉단절凶短折, 질疾, 우憂, 빈貧, 악惡, 약弱'이다. 흉단절凶短折은 비명횡사하거나 요절하는 것이다. 질疾은 몸이 병드는 것이고, 우憂는 마음이 근심스런 것이다. 빈貧은 재물이 부족한 것이며, 악惡은 지나치게 강한 것이고, 약弱은 지나치게 약한 것이다. 결국 왕이 홍범의 아홉 가지 비결을 어기면 이와 같은 여섯 가지의 천벌을 받는다는 경계였던 것이다.

왕뿐만 아니라 평범한 사람도 복을 받기를 원하고 천벌을 피하려고 한다. 당연히 조선시대 왕들은 스스로의 의지 또는 교육과 제도를 통해 복을 받기 위하여 홍범의 아홉 가지 비결을 실천하고자 노력했다. 그렇지만 조선시대 왕들 중에는 결과적으로 복을 받지 못하고 천벌을 받은 왕들이 많았다. 그 왕들은 왜 왕도를 실천하지 못하고 또 모범적인 왕이 되지 못했을까? 율곡 이이는 다음과 같은 이유를 들었다.

객이 묻기를, "중국의 하夏, 은殷, 주周 3대 이후에 왕도를 행한 자가 없으니 그 이유가 무엇인가?" 하였다. 주인이 개연히 탄식하며 말하기를, "도학道學을 밝히지 못하고 실천하지 못하였기 때문이다. ……" 하였다. 객이 묻기를, "이른바 도학이란 어떤 학문인가?" 하였다. 주인이 말하기를, "누추하도다. 그대의 말이여! 무릇 도학이란 격물치지格物致知로써 선善을 밝히고 성의정심誠意正心으로써 자신의 몸을 수양하는 것이다. 그것을 몸에 쌓으면 천덕天德이 되고 정치로 행하면 왕도가 되는 것이다. ……" 하였다.[10]

10_ 客曰 三代之後 更無行王道者 其故何耶 主人慨然嘆曰 道學不明 不行之故也 …… 所謂道學者 何學耶 主人曰 陋哉子言 夫道學者 格致以明乎善 誠正以修其身 蘊諸躬 則爲天德 施之政 則爲王道(『동호문답』東湖問答 右論君臣相得之難).

정도전을 비롯하여 율곡 이이 등 조선시대의 뛰어난 유학자들은 왕도정치의 기초는 바로 왕의 수양, 즉 모범적인 사생활이라고 주장했던 것이다. 조선시대의 유학자들은 '군주일심 만화지본'君主一心萬化之本이라는 말을 자주 했다. 왕이 자신의 마음을 바르게 지키고 그럼으로써 사생활을 건전하게 하는 것이 좋은 정치의 기초라는 것이었다. 그들은 만약 왕이 자신의 마음을 바르게 지키지 못하고 사생활을 엉망진창으로 해버리면 그것은 곧 나쁜 정치로 귀결되고 결과적으로 천벌을 받아 왕 자신과 나라의 패망을 자초한다고 주장했다. 조선시대에 반정으로 쫓겨난 두 왕, 즉 연산군과 광해군은 유교적 가치관으로 볼 때, 자신의 마음을 바르게 지키지 못하고 사생활을 엉망진창으로 하다가 결국 천벌을 받아 왕위를 잃은 대표적인 사례이다.

주색에 빠진 연산군

연산군은 여덟 살 때 세자에 책봉되었다가 열아홉 살에 왕위에 올랐다. 연산군은 재위 12년째에 중종반정을 만나 왕위에서 쫓겨났는데, 그때 서른한 살이었다. 중종반정 직후 연산군은 강화도 교동으로 압송되었다. 압송될 때, 연산군은 붉은 옷에 갓을 쓰고 띠도 매지 못한 모습으로 평교자平轎子에 실려 갔다. 평교자에는 지붕이나 벽면이 없었으므로

도12 **왕이 타는 가마인 연** 국립고궁박물관 소장.

도13 **조선 후기 풍속화에 보이는 평교자의 모습** 전 김홍도 필 《평생도》平生圖 중 〈정승행차〉政丞行次의 부분, 국립중앙박물관 소장.

타고 있던 연산군은 그대로 노출되었다.도12, 도13 연산군은 갓을 앞쪽으로 눌러 써서 얼굴이 보이지 않게 했으며 머리마저 푹 수그렸다. 사람들에게 얼굴이 보일까 두렵고 수치스러웠기 때문이다. 연산군이 창덕궁의 정문인 돈의문을 나와 동대문 쪽으로 가는 동안 수많은 도성 주민들이 몰려들어 야유를 퍼부었다. 그들은 약속이나 한 듯 유행가 가락에 맞춰 이런 가사를 노래했다.도14

> 충성은 거짓이요, 거동은 교동일세. 일만 흥청興淸 어디 두고, 석양 하늘에 뉘 따라가는고? 두어라, 교동 또한 가시집이니, 날 새기 무방하고 조용도 하네.[11]

이 가사에는 연산군의 폭정에 대한 도성 주민들의 야유가 절묘하게 압축되어 있다. 연산군은 백관들이 쓰는 사모紗帽의 앞뒤에 '충성'이라 새기게 했는데, 그런 사모를 쓴 백관들이 반정을 일으켜 왕을 쫓아냈으니 가히 충성의 '사모'가 아니라 거짓, 즉 사모詐謀의 '사모'라는 야유였다. 또 연산군은 궁궐 주변의 민가들을 철거하고 마음 내키는 대로 거동하였는데, 결국 그 거동이 교동으로 귀결되었다는 비웃음이었다. '일만 흥청'은 연산군이 음주가무하기 위해 모아들인 기생들이었는데, 그 많은 기생들을 어디 두고 석양에 외로이 가느냐는 야유였으며, '교동 또한 가시집'이란 가시덤불로 둘

11_ 及廢遷喬洞 居棘圍中 民間追怨王 作俚歌以歌之曰 忠誠是詐謀 舉動卽喬洞 一萬興淸何處置 夕陽天末去誰從 已哉此亦娘婦家 無妨達曙且從容 蓋紗帽與詐謀 擧動與喬洞 音相近 方言稱婦與稱荊棘 語相類 故托意歌之(『연산군일기』 권63, 연산군 12년(1506) 9월 2일).

도14 **강화 교동의 연산군 위리안치 장소로 추정되는 곳에 세워진 비석**
사진 협조: 강화군청·교동면사무소

러싸인 교동의 '가시집'이 발음상으로는 기생들의 '가시집'과 같으니 그곳에서 조용히 있다가 죽으라는 야유였다.

도성 주민들의 야유에 등장하는 '일만 홍청'은 실로 연산군의 '황음무도'荒淫無道를 상징했다. 연산군은 '일만 홍청'을 상대로 때와 장소를 가리지 않고 성에 탐닉했다. 연산군은 홍청과 즐기기 위해 궁궐 안에 무수한 밀실들을 만들었다. 그래서 연산군 대의 궁궐은 궁궐이라기보다는 오히려 러브호텔이라 할 만했다.

심지어 연산군은 이동식 러브호텔을 만들어 이용하기도 했다. 실록에 따르면 연산군은 거사擧舍라고 하는 가마형의 작은 밀실을 만들어 궐 밖으로 행차할 때 사람들로 하여금 메고 따르게 하다가 문득 욕정이 솟구치면 길가에다 거사를 세워놓고 홍청과 함께 들어가 즐겼다고 한다. 지금도 주변의 시선을 아랑곳하지 않고 마구 놀거나 마구 낭비하는 것을 '홍청망청 논다' 또는 '홍청망청 쓴다'고 하는데, 바로 연산군이 홍청과 함께 마구 놀며 쓰던 사실에서 유래한 말이다.

그런데 연산군이 '일만 홍청'을 거느렸다는 말은 사실 엄격하게 따지면 틀린 말이다. 연산군이 실제로 거느린 홍청은 많아야 2,000

도15 〈봉수당진찬도〉에 그려진 기생들의 춤 장면

1795년 혜경궁 홍씨의 회갑연을 그린 그림의 한 부분이다.

~3,000명 정도였다. 그럼에도 언필칭 '일만 흥청'이라 부르는 이유는 연산군 스스로가 흥청을 일만까지 늘리려 계획했기 때문이다.

본래 흥청의 뿌리는 장악원 소속의 기생이었다. 장악원은 『경국대전』에 "성률聲律의 교육과 교열에 관한 일을 맡는다"고 하였는데, 궁중 잔치나 국가 제사에서 필요로 하는 연주와 노래, 춤 등을 담당할 예술가들을 양성한다는 의미였다. 장악원에서는 주로 연주를 담당하는 남성 예술가와 춤과 노래를 담당하는 여성 예술가를 양성했다. 남성 예술가는 297명의 악생과 518명의 악공이, 여성 예술가는 150명의 기생이 중심이었다.도15

장악원에 소속된 150명의 기생은 기본적으로 관비官婢였다. 한양과 지방의 관비 중에서 음악적 재능이 있는 관비들을 3년에 한 번씩 선발하여 충원했던 것이다. 이렇게 선발된 장악원의 기생 150명은 궁궐 밖에서 거주하며 궁중 잔치가 있을 때나 입궁하였다. 장악원 기생들은 궁중 잔치에만 참여하는 것이 아니라 고관대작이나 양반들의 잔치에도 참여해 공연하였다. 또한 굿판 같은 데도 많이 참여했다. 장악원 기생들은 이처럼 활동이 자유로웠을 뿐만 아니라 생활도 자유로웠다. 기생이란 신분상 일부일처제의 가족 윤리에 얽매이지 않고 수많은 남성들과 관계를 맺을 수 있었던 것이다. 운이 좋으면 고관대작의 첩으로 들어앉을 수도 있었다. 장악원의 기생은 근본적으로 공공재公共財와 같은 존재였다.

그런데 연산군은 이 같은 장악원 기생들을 확대 조직하여 자신이 독점하고자 했다. 연산군은 동왕 10년(1504) 10월에 장악원 기생을 기왕의 150명에서 300명으로, 또 12월에는 1,000명으로 증원하였다. 연산군은 장악원 기생들에게 특별히 처용무를 가르치도록 하였으며, 그들을 위해 '흥청'과 '운평'運平이라는 이름을 짓기도 했다. 흥청이란 '사예邪穢를 깨끗이 씻는다'는 뜻이고 운평이란 '태평한 운수를 만났다'는 뜻이라고 했다. 다시 말해 흥청이란 부정한 것을 씻고 청정한 것을 부흥시키겠다는 의도이고, 운평은 그렇게 해서 태평성대를 이루겠다는 의도라 하겠다. 처음에 흥청은 300명, 운평은 700명이 정원이었다.[도16]

연산군은 흥청을 입궁시켜 궁궐에서 생활하도록 했다. 흥청 2명에게 방자房子 1명을 주고 또 솥단지, 식기, 밥상, 요강, 거울, 옷가지 등등 살림살이도 마련해주었다. 사실상 흥청은 궁중에서 생활하는 후궁 또는 궁녀나 마찬가지였다. 연산군 스스로 "흥청이 이미 궁궐에 들어왔으니 곧 이는 나인이다. 앞으로 흥청의 이름을 부르는 자는 엄히 논죄하라"고 하여 흥청을 나인으로 간주하였다. 흥청은 가무는 물론 얼굴과 몸매도 뛰어나야 했다. 연산군이 "음악이란 나쁘고 더러운 것을 씻어버리며 또한 시름을 풀기 위한 것인데, 가무만 잘하고 얼굴이 못생기면 시름을 풀 수 없을 뿐만 아니라 도리어 시름을 일으킨다"고 하여 실력과 미모를 모두 요구했기 때문이다. 흥청은 장악원에서 1차 심사를 받은 후 입궁하여 다시 연산군의 심사를 받았다. 연산군은 흥청의 진면목을 알아보기 위해 흥청이 심사받을 때에는 화장을 지운 맨 얼굴로 받도록 했다.

이렇게 입궁한 흥청은 최초 300명에서 시작하였지만 시간이 흐르면서 500여 명으로, 다시 1,000여 명, 2,000여 명으로 폭증하였다. 연산군 12년(1506) 3월 27일자 기사에는 "흥청 일만 명에게 지급할 잡물과 그릇 등을 미리 마련하라"는 내용이 있는데, 이로 보면 연산군은 흥청을 일만 명까지 확대할 계획이었다고 하겠다.

연산군은 수천 명의 흥청 모두와 관계를 맺지는 않았지만 어쨌든 적지 않은 흥청과 관계했다. 흥청 이외에도 수많은 여성들을 섭렵했다. 당시 연산군은 20대의 창창한 나이였다. 하지만 아무리 무쇠 같은 나이였다고 해도 그 많은 여성들을 섭렵하려면 보양이 필요했다.

연산군은 보양을 위해 어의들이 추천한 정력 식품을 마구잡이로 먹었다. 어의들이 추천한 정력 식품은 즉효를 보기 위한 최음성 식품이 많았다. 동양 의학상 남자의 정력과 직결되는 음식 중에는 힘센 짐승이나 사나운 맹수의 고기 또는 음경이 많았다. 예컨대 백마, 개, 물개, 소, 호랑이, 곰, 표범 따위의 고기나 음경 등이 그것이었다. 이것은 실제 의학적인 효과보다는 '비슷한 것은 비슷한 결과를 낳는다'는 동종 주술의 결과였다. 힘세고 사나운 짐승이나 맹수의 고기 또는 음경을 먹음으로써 그것들의 힘이나 정력을 얻을 수 있다는 믿음이 동종 주술이라 할 것이다. 연산군은 짐승이나 맹수의 고기 또는 음경을 일상적으로 섭취하기 위해 특별한 방법을 동원했다. 창덕궁의 후원에 거대한 동물원과 마구간을 설치했던 것이다. 실록에는 이런 기록이 있다.

도16 「원행을묘정리의궤」(1795년, 위)와 「기축진찬의궤」(1829)에 실린 처용무 도설

왕의 미치광이 같은 황음무도가 이미 극도에 달하여, 무릇 진기한 새와 기이한 짐승을 사방에서 잡아 바치도록 독촉하였으며, 심지어는 사신을 보내 바치게 하기도 했다. 이에 산이나 바다의 기괴한 짐승들을 새장이나 우리에 넣어 메고 오는 것이 길에 연이었다. 무사들을 전국에 나누어 보내 호랑이, 표범, 곰 등을 생포하여 후원에 가두어놓고, 혹은 고기를 먹이며 구경하기도 하고 혹은 직접 쏘아 죽이는 것을 낙으로 삼았다. 산돼지, 노루 같은 종류는 산속에 풀어놓고 준마를 타고 달리며 뒤쫓아 비탈과 골짜기의 밀림 속을 드나들기를 조금도 차질 없이 하니, 비록 수렵으로 늙은 자라 할지라도 그보다 더 나을 수가 없었다. 매일 공적으로 또는 사적으로 필요한 준마를 징발하여 궁중 안의 마구간에 모으니 민간이나 역로에 이름난 말이 하나도 없게 되었다.[12]

12_『연산군일기』 권56, 연산군 10년(1504) 11월 11일.

후원에 동물원과 마구간을 둠으로써 연산군은 적어도 일석삼조의 효과를 누렸다. 간편하게 맹수들을 구경하고 사냥도 할 수 있다는 점이 두 가지였다. 세번째는 물론 그렇게 사냥한 맹수들을 정력 식품으로 쓸 수 있다는 점이었다.

실록의 내용 그대로 동물원에는 조선 팔도에서 생포한 수많은 맹수들이 있었다. 그 맹수들을 생포해 오기 위해서 민폐를 끼쳤으며 또 기르기 위해서 민폐를 끼쳤다. 그런데 실록에서 집중적으로 지탄한 짐승은 호랑이, 표범, 곰 같은 맹수가 아니라 백마, 소 같은 순한 짐승들이었다.

조선시대에 국왕이 맹수를 정력 식품으로 이용했다는 사실도 지탄받을 만하지만 그보다는 백마와 소를 정력 식품으로 이용했다는 사실이 훨씬 더 지탄받을 만했다. 왜냐하면 조선은 농업 국가였고 백마와 소는 국방력 및 농업 생산력과 직결되었기 때문이다. 조선시대에는 국방력을 강화하기 위해 국가 차원에서 말을 길렀으며 농업 생산력을 높이기 위해 소 도살을 엄금했다. 그런 상황에서 국왕이 자신의 정력을 기르기 위해 백마나 소를 잡아먹는다는 것은 나

도17 **서울 도봉구에 있는 연산군 묘** ©김성철

라의 근간을 허무는 일이나 마찬가지였다. 그럼에도 불구하고 연산군은 그렇게 했다. 물론 어의들이 백마와 소가 정력에 좋다고 추천했기 때문이다. 연산군은 무수한 짐승과 맹수를 잡아먹고 키운 정력으로 무수한 여인들을 섭렵했다. 게다가 폭음하는 일도 많았다. 연산군은 마치 밑 빠진 독처럼 폭음하고 폭식하고 황음했던 것이다. 중종반정은 이렇게 타락한 사생활의 업보였다는 것이, 조선시대 유학자들의 주장이었다.도17

미신에 빠진 광해군

인조반정을 일으켜 광해군을 쫓아낸 반정 세력은 그들의 거사 명분을 '폐모살제'廢母殺弟와 '존명의리'尊明義理에서 찾았다. 어머니를 쫓아내고 동생을 죽인 패륜아라는 것이 '폐모살제'이고, 태조 이성계 이래의 외교 노선인 존명사대尊明事大를 어긴 배신자라는 뜻이 '존명의리'에 담겨 있다. 즉 패륜의 정치와 배신의 외교를 수행한 광해군은 왕으로서의 자격이 없으므로 자신들이 반정을 일으켜 쫓아냈다는 주장이었다.

'폐모살제'는 광해군이 인목대비 김씨를 후궁으로 강등하여 서궁에 유폐하고 영창대군을 폐서인하여 죽인 사건을 지칭한다. 광해군이 '폐모살제'를 강행한 명분은 여러 가지가 있었지만 가장 중요

도18 **선조와 의인왕후, 인목왕후를 모신 목릉에서 의인왕후 박씨의 봉분 전경** ⓒ김성철

한 명분은 인목대비 김씨가 영창대군을 왕으로 만들기 위해 광해군과 광해군의 세자에게 저주한 것은 물론 의인왕후懿仁王后 박씨의 능에서도 저주를 했다는 것이다. 광해군은 '폐모살제'의 명분으로서 특히 의인왕후 박씨의 능에서 있었다는 저주 사건을 강조했다. 이른바 '유릉裕陵 저주 사건'이 그것이다.

유릉은 선조의 왕비인 의인왕후 박씨의 능이었다. 의인왕후 박씨는 선조 33년(1600) 6월에 세상을 떠났고 12월 22일에 유릉에 묻혔다. 이 유릉에서 인목대비 김씨가 주동이 되어 선조 40년(1607) 10월에 저주의 굿판을 벌였다는 것이 바로 유릉 저주 사건이다.도18~20

선조 40년 당시 선조는 세자로 있던 광해군 대신에 인목대비 김씨가 낳은 영창대군을 세자로 세우고 싶어 했는데, 그 와중에 중병에 들었다. 그러자 궁중에서는 의인왕후 박씨의 원혼이 이런 사태를 막기 위해 선조를 병들게 했다는 유언비어가 돌았다. 의인왕후 박씨는 수십 년을 왕비로 있었지만 선조의 따뜻한 사랑 한번 받지 못하고 아이도 낳지 못한 채 세상을 떠났다.

의인왕후 박씨가 세상을 떠난 후 선조는 인목왕후仁穆王后 김씨를 왕비로 맞이해 아들 영창대군을 낳았다. 여기에서 나아가 세자를 영창대군으로 바꾸려고까지 했다. 만약 의인왕후 박씨의 원혼이

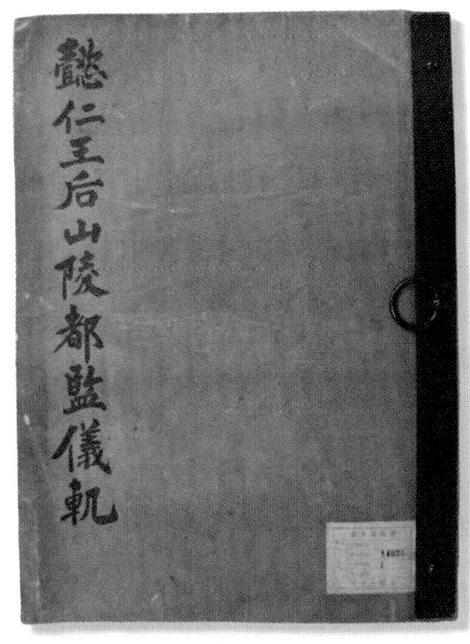

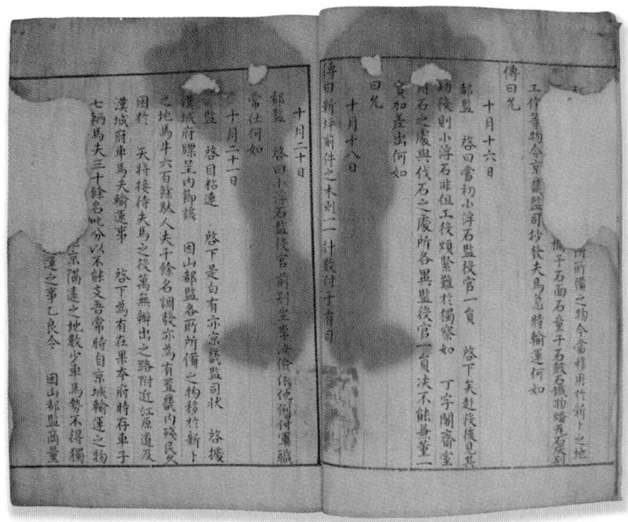

도19, 도20 **『의인왕후산릉도감의궤』(1600년)의 표지와, 불에 탄 흔적이 있는 본문** 서울대학교 규장각 소장.
현재 남아 있는 의궤 가운데 가장 오래된 것이며, 선조의 비 의인왕후 박씨의 능을 조성한 기록이다.

있다면 그것을 막고 싶어 할 것이라는 추론이 가능했다. 의인왕후 박씨의 원혼이 세자 교체를 저지하기 위해 선조를 죽이려 했다는 의심이 나올 수 있었던 것이다. 당시 영창대군이 두 살밖에 되지 않았으므로 그때에 선조가 죽는다면 세자 광해군이 자연스럽게 왕위를 계승할 수 있었다. 그래서 인목대비 김씨가 의인왕후 박씨의 원혼을 억누르기 위해 유릉에서 저주의 굿판을 했다는 것이다.

그러나 유릉의 저주 사건이 발생했다고 하는 선조 40년 10월에 광해군은 그 사건을 알지 못했다. 당시 세자로 있었던 광해군에게 유릉 저주 사건이라는 은밀한 소식이 들어가지 않았던 것이다. 광해군이 유릉 저주 사건을 알게 된 것은 동왕 5년(1613)의 이른바 계축옥사癸丑獄事와 관련해서 박동량朴東亮(1569~1635)을 조사하면서였다. 계축옥사는 영창대군을 왕위에 옹립시키려 인목대비 김씨의 친정아버지 김제남金悌男이 역모를 꾸몄다는 누명을 쓰고 사형당한 사건이었다. 박동량이 광해군 5년에 유릉 저주 사건을 발설한 것은 다음에 보듯이 자신이 김제남과 원수지간이라는 사실을 강조하기 위해서였다.

정미년(선조 40, 1607) 10월에 선왕의 병환이 위독해졌습니다. 그때 신의 숙부인 반성부원군潘城府院君 박응순朴應順 집안의 여종 경춘景春이 의인왕후 박씨를 모시다가 왕후가 돌아가신 경자년(선조 33, 1600) 이후로는 영창대군의 궁방으로 옮겨 가 있었습니다. 하루는 경춘이 신의 사촌 형 박동언朴東彦의 처에게 와서 말하기를, "대군 궁방의 사람들은 왕께서 중병에 걸리게 된 이유를 의인왕후에게 돌리고 있습니다. 그래서 수십여 명이 요망한 무당들과 함께 잇따라 유릉에 가서 크게 저주의 굿을 벌였습니다. 또 의인왕후의 형상을 만들고 대군 궁방의 하인 거마송巨ケ松과 순창順昌 등을 시켜 왕후의 이름을 쓰게 하였습니다. 그러자 거마송은 비록 왕후의 은덕을 입은 적이 전혀 없는 사람인데도 죽음을 무릅쓰고 도망하였습니다. 그런데 순창은 박응인朴應寅의 집 여종의 남편으로서 임진왜란 때 함께 고생한 공로가 있다고 하여 집사하인으로 특별히 차출된 망극한 은덕을 입었는데도 도리어 팔뚝을 걷어붙이고 왕후의 이름을 쓴 후 끝내는 활과 화살을 가지고 차마 말하지도 듣지도 못할 흉악한 짓을 했습니다." 하였습니다. 신의 문중 전체가 이 말을 듣고 절치부심하여 불공대천의 원수를 갚고자 하지 않은 것이 아니지만 이 일이 감히 말할 수 없는 곳과 관련되었기에 감히 김제남과 드러내놓고 말하지는 못했습니다. 그러나 순창에 대하여는 하루도 잊은 적이 없으니 어찌 김제남과 조금이라도 더불어 말할 이치가 있겠습니까?[13]

13_『광해군일기』 권66, 광해군 5년(1613) 5월 16일.

그런데 박동량이 발설한 유릉 저주 사건이란 사실 여부가 불분명했다. 따라서 광해군이 냉정하게 사건을 처리하고자 했다면 우선 박동량의 주장에 등장했던 경춘, 거마송, 순창부터 조사해야 했다. 특히 저주 사건을 처음 발설했다는 경춘에 대하여 엄밀한 조사가 필요했다.

그렇지만 광해군은 유릉 저주 사건을 조사하면서 강제 자백 이외에는 결정적인 증언이나 증거물을 찾아내지 못했다. 그럼에도 광해군은 유릉 저주 사건을 기정사실화하여 관련자들을 사형에 처하고 교서도 반포하였다. 이 과정에서 김제남과 영창대군이 죽임을 당하였다. 광해군 나름대로 유릉 저주 사건에 대한 확신이 있었기에 이런 일이 가능했다. 『광해군일기』에 이런 내용이 실려 있다.

> 임자년(광해군 4, 1612) 겨울에 왕비의 어머니 정씨가 궁궐에 들어가 사람들을 물리치고 은밀히 모의하였는데, 나인들이 헤아리지 못한 지가 한 달이나 되었다. 정씨가 나간 후 대궐 안에서 강아지와 쥐를 지지거나 찢는 변이 일어났다. 그러자 이것은 인목대비 김씨의 소행이라는 소문이 떠들썩하게 돌았다. 인목대비 김씨가 스스로 변명하지 못하였는데 박동량이 선조의 중병 때 유릉에서 있었던 저주 사건을 망령되이 끌어들였다. 고성高成이 연이어서 운명을 점친 일을 말하였다. 이런 것은 모두 죽음을 면하기 위해 왕의 뜻에 아부한 말들이었다. 그후에 국문을 받고 죽임을 당한 궁녀가 30여 명이나 되었지만 한 명도 승복한 사람이 없었다. 유혹에 넘어가 어지러이 말한 사람은 오직 예이禮伊 한 명 뿐이었으니 억울하고도 잔혹하였음을 알 수 있다. 또 왕의 침실은 문과 벽이 높고 깊어서 부녀자들이 뛰어넘을 수 없었으며 일없이 마음대로 들어갈 수 있는 곳도 아니었다. 예로부터 저주의 요술이란 반드시 은밀한 곳에 저주물을 묻어 침실에서 사는 사람이 오래도록 알지 못하게 하여 그가 서서히 재앙에 물들도록 하는 것이다. 그런데 지금은 왕의 눈과 귀가 보고 들을 수 있는 곳에다가 드러내서, 혹은 섬돌 앞에 늘어놓기도 하고, 혹은 나무에 걸어놓기도 하며, 베개와 병풍 사이에도 또한 마구 늘어놓았다. 이렇게 하여 왕으로 하여금 반드시 놀라서 조사하게 하였으니 그것은 내간에서 자작하여 인목대비 김씨를 함정에 빠뜨리려는 모략임이 분명하였다.[14]

14_ 『광해군일기』 권67, 광해군 5년(1613) 6월 20일.

계축옥사가 발생하기 직전 광해군의 장모 정씨가 입궐하여 저주 음모를 꾸몄다는 내용이다. 물론 영창대군과 인목대비 김씨를 숙청하기 위해서였다. 그 방법이 바로 저주였다.

이들이 애초에 꾸몄던 음모가 유릉 저주 사건이었던 것은 아니다. 이들은 인목대비 김씨가 광해군을 저주했다는 음모를 꾸몄던 것이다. 광해군으로 하여금 저주를 믿도록 하기 위해 왕의 이목이 닿는 곳에 무수한 저주물들을 흩어놓고 소문을 퍼트렸던 것이다. 이런 일들은 광해군의 왕비가 배후였지만 실행은 측근 궁녀들의 몫이었다.

이런 음모는 너무나도 허술해 보이는데, 어떻게 왕비와 정씨가 이렇게도 허술한 음모를 꾸몄는가 하는 의문이 들 수 있다. 허술함에도 불구하고 그런 음모를 꾸민 이유는 광해군과 사전 논의가 있었거나 아니면 광해군이 저주를 혹신惑信했거나 둘 중의 하나일 것이다. 아무래도 광해군이 저주를 혹신했던 것이 사실에 가까울 듯하다.

실록에 의하면 광해군은 복동福同이라는 인물을 단골 무당으로 삼아 의심나는 일이 있을 때마다 그에게 물었다고 한다. 당시 복동은 저주 술법의 대가로 알려져 있었다. 그런 복동을 광해군은 궁궐로 불러들여 거처를 마련해주기까지 했다. 광해군은 복동을 '성인방'聖人房이라 부르며 혹시 있을지도 모를 저주들을 전담하여 막도록 하였다. 즉 복동으로 하여금 살풀이굿을 하여 저주를 풀게 했던 것이다. 이런 일들은 근본적으로 광해군이 저주를 혹신했기에 나타난 현상이었다.

만약 광해군이 저주를 믿지 않는 사람이었다면 계축년 초부터 궁궐 안에서 각종 저주물들이 발견되었을 때 은밀하게 조사에 착수했을 것이다. 그리고 그것은 냉정하게 조사했다면 금방 알아낼 수 있는 사건이었다. 하지만 광해군은 그렇게 하지 않았다. 저주물들을 본 광해군은 누군가가 자신을 저주한다고 확신하며 공포에 떨었다. 왕비와 측근 궁녀들은 광해군의 공포를 더욱 부채질했다. 광해군은 분명 인목대비 김씨가 저주의 배후라 확신했다. 하지만 그런

확신만 가지고는 인목대비 김씨를 어떻게 할 수 있는 입장이 아니었다. 공식적으로 광해군은 인목대비 김씨의 아들이었기 때문이다. 그런 와중에 박동량에 의해 유릉 저주 사건이 발설되었던 것이다.

유릉 저주 사건을 조사할 때 광해군은 사실 여부와 관계없이 유릉에서 저주가 있었음을 확신했다. 확신의 근거는 계축년 초부터 수많은 저주물들이 궁궐 안에서 발견되었다는 사실이었다. 광해군은 저주물들을 발견한 날짜, 장소, 모습 등을 자세히 기록해두었다. 뿐만 아니라 저주물들은 모두 증거물로 잘 보관해두었다. 궁궐 안에서 왕을 대상으로 이토록 조직적인 저주가 벌어질 정도라면 그때가 처음이라고 믿기 힘들었다. 광해군은 몇 년 전부터 저주가 있었으며 그 주체는 인목대비 김씨라고 확신했던 것이다. 계축옥사가 있고나서 몇 년이 흐른 후에 광해군은 마침내 인목대비 김씨를 후궁으로 강등하고 서궁에 유폐하는 데까지 이르렀다. 결정적인 죄목은 '유릉 저주 사건'이었다.

인조반정은 그런 광해군의 처사를 비판하며 봉기한 것이었다. 자식이 어머니를 쫓아내는 것도 반인륜적인데 유릉 저주까지 날조하여 덮어씌웠으니 흉악하기 짝이 없는 반인륜이라는 주장이었다. 광해군이 유릉 저주 사건을 확신하고 끝내 인목대비 김씨를 후궁으로 강등한 사건은 근본적으로 저주에 대한 광해군의 혹신 때문이었다. 인목대비 김씨에 대한 불안감과 저주의 영험함에 대한 공포가 혹신으로 나타났던 것이다. 그런 의미에서 인조반정의 배경에는 미신에 대한 광해군의 혹신이 있었다고 할 수 있다.

3 칭송받는 왕들의 사생활

요순을 모범으로 하는 왕의 사생활

조선시대 왕과 유학자들은 정치의 최고 이상을 '요순시대의 구현'에 두었다. '요순시대'란 중국의 전설적인 현군이었던 요임금과 순임금이 성취했다는 태평성대였다. 요순시대의 백성들은 왕이 누군지도 모른 채 평화롭게 생업에 종사하며 배불리 먹고 편안히 자며 인생을 즐겼다. 이 세상의 모든 사람들이 근심 걱정 없이 살아가는 평화롭고 행복한 세상, 그것이 바로 요순시대였다.

조선시대 유학자들은 그런 요순시대를 실현하기 위해서는 무엇보다도 왕의 덕성이 중요하다고 주장했다. 또 왕의 덕성이 이루어지려면 열심히 공부해야 한다고 주장했다. 조선시대 왕의 공부, 그것은 곧 경연이었다. 경연이란 바로 제왕학이었다. 이런 배경에서 19세기의 대학자 최한기崔漢綺(1803~1877)는 "나라가 태평성대가 되느냐 마느냐는 왕의 덕성이 이루어지느냐 마느냐에 달려 있다. 왕의 덕성이 이루어지느냐 마느냐는 경연관의 가르침이 어떤가에 달려 있다"고 주장했던 것이다.[15]

15_ 최한기, 『강관론』講官論 강관론서講官論序.

조선시대 왕이 경연에서 공부한 제왕학의 핵심은 요임금이 순임금에게 전수하고 또 순임금이 우임금에게 전수했다는 비결에 있었다. 그 비결이란 '인심유위人心唯危 도심유미道心唯微 유정유일唯精唯一 윤집궐중允執厥中'이라는 16자에 압축되어 있었다.[16] 이 16자에 제왕학의 비결이 들어 있다는 생각은 조선시대 왕들에게 널리 퍼져 있었다. 예컨대 태종은 "정일집중精一執中이 제왕학이다"[17]라고 하였는데, 정일집중은 바로 '유정유일 윤집궐중'의 줄임말이었다. 그렇다면 이 16자의 뜻은 구체적으로 무엇일까?

16_ 『서경』「우서」禹書, 대우모大禹謨.

17_ 上日 精一執中 帝王之學也(『태종실록』 권6, 태종 3년 9월 22일).

'인심유위'人心唯危는 사람의 마음은 위태롭다는 뜻이다. 희로애락의 감정에 휘둘리는 사람의 마음은 마치 갈대처럼 위태위태하다는 뜻이다. '도심유미'道心唯微는 감정을 넘어 '도의 마음', 즉 '내 안의 이성'을 찾으려 해도 잘 찾아지지 않는다는 의미이다. 그러므로 위태한 마음을 잘 살펴서 위태함에 빠지지 말고, 잘 찾아지지 않는 내 안의 이성을 찾아 꽉 붙잡아야 한다는 것이다. 그렇게 중심을 잡아야 한다는 것이다. '유정유일唯精唯一 윤집궐중允執厥中'이 바로 그렇게 하라는 뜻이다. 그렇게 하면 곧 나 스스로의 중심이 세워지고 그래서 세상 사람들의 기준도 될 수 있다는 것이었다. 그것이 '건중건극'建中建極이고 '황극'皇極이다.

이런 의미에서 조선시대의 제왕학이란, 왕이 황극을 세우기 위해 열심히 노력하고 그 결과 제대로 황극을 세우기 위해 수행했던 학문이었다고 할 수 있다. 여기에는 제왕학을 성공적으로 학습하면 왕은 자기 자신의 중심이 확고해져 그 무엇에도 흔들리지 않아 세상의 중심이 될 수 있고, 나아가 좋은 정치를 할 수 있다는 낙관론이 함축되어 있다. 아울러 모범적인 왕이란 열심히 공부하는 왕, 그리고 그 공부를 통해 내면의 확신을 터득한 왕이라는 의미도 함축되어 있다.

조선시대 왕들이 공부한 제왕학의 기본 교재는 물론 사서삼경이었다. 하지만 이 중에서도 가장 널리 이용된 책은 『대학』大學이었다. '대학'이란 '대인지학'大人之學이라는 말인데, 그 뜻은 '대인의 학문', 즉 '지도자의 학문'이다. 원래 '대학'은 유교의 삼경三經 중 하나인 『예기』의 한 부분이었다. 그런데 '대학'은 이른바 '수기치인'修己治人의 논리를 간결하게 요약하였다는 점과 북송의 사마광이 『예기』에서 '대학'을 분리하여 『대학광의』大學廣義를 지었다는 점이 높이 평가되면서 송대宋代의 유학자들에게 중요시되었다. 결정적으로 조선시대의 양반들이 존경해 마지않았던 주자朱子(1130~1200)가 『대학장구』大學章句를 지어 『대학』을 『논어』, 『맹자』, 『중용』과 함께 사서四書의 하나로 정립함으로써 『대학』은 주자학에서 빼놓을 수 없는 경전으로 존중되었다. 이런 배경에서 제2의 주자로 칭송되는 진덕수眞德秀가 『대학』을 해설한 『대학연의』를 편찬하였고, 그 후 명나라 때에 구준丘濬의 『대학연의보』도 등장했다.[18]

18_ 유명종, 「조선의 건국이념과 『대학연의』」『퇴계와 횡설수설』, 동아대출판부, 1990; 윤정분, 「『대학연의보』 연구」大學衍義補硏究, 연세대학교 대학원 박사학위논문, 1992; 지두환, 「조선전기 『대학연의』 이해 과정」『태동고전연구』 10집, 1993; 송정숙, 「조선조에 있어서 사서의 수용과 전개」, 연세대학교 대학원 석사학위논문, 1994; 송정숙, 「『대학연의』가 조선조 통치이념서 편찬에 미친 영향」『서지학연구』 12, 1996; 조남욱, 「세종의 정치이념과 『대학연의』」『유교사상연구』 23, 2005.

이 중에서 조선시대 왕들이 널리 읽었던 책은 진덕수의 『대학연의』였다. 특히 태조 이성계와 태종 이방원이 왕위에 오르기 전에 『대학연의』를 탐독하였다는 사실 때문에 더욱 많이 읽혔다. 『태조실록』에 따르면 태조 이성계는 왕위에 오르기 전부터 "군중軍中에 있더라도 매양 창을 던지고 휴식할 동안에 유학자 유경劉敬 등을 불러들여 경전과 역사서를 토론하였으며, 더욱이 진덕수의 『대학연의』 보기를 좋아하여 혹은 밤중에 이르도록 자지 않았으며, 개연히 세상의 도의를 만회할 뜻을 가졌다"고 한다. 태종이 『대학연의』와 인연을 맺은 이야기는 태조 이성계 이야기보다 훨씬 더 극적이다. 이와 관련하여 『태종실록』에 이런 내용이 전한다.

> 태종이 잠저에 있을 때에 일찍이 조준趙浚의 집을 지났는데, 조준이 중당으로 맞이하여 술자리를 베풀고 매우 삼갔다. 그리고 『대학연의』를 태종에게 주며 말하기를, "이것을 읽으면 가히 나라를 만들 수 있습니다." 하였다. 태종이 그 뜻을 알고 받았다.[19]

19_ 『태종실록』 권9, 태종 5년(1405) 6월 27일.

태조 이성계나 태종 이방원은 왕위에 오른 후에도 『대학연의』를 열심히 읽었다. 태조 이성계의 경우 공식적인 경연에서뿐만 아니라 사사로운 자리에서도 『대학연의』를 읽었다. 그것은 곧 태조나 태종이 개인적인 생활을 주색잡기에 쓰지 않고 공부에 썼다는 뜻이다. 태조나 태종과 같은 생활이 곧 왕의 모범적인 사생활이었다.

『대학연의』라고 하는 책 자체가 주로 왕의 사생활에 관한 내용이었다. 본래 『대학』은 격물格物, 치지致知, 성의誠意, 정심正心, 수신修身, 제가齊家, 치국治國, 평천하平天下의 8조목을 중심으로 한다. 이 중 '격물'에서 '수신'까지는 자기 자신의 수양, 즉 수기修己에 해당하고, '제가'부터 '평천하'는 다른 사람을 다스리는 치인治人에 해당한다. 그런데 『대학연의』는 『대학』의 8조목 중에서 '격물'부터 '제가'까지의 6조목에 대해서만 해설하였다. 그 내용을 조금 구체적으로 살펴보면 다음과 같다.

『대학연의』는 총 43권으로 구성되어 있다. 이 중 권1은 '제왕위치지서'帝王爲治之序인데, 이 부분은 대학의 '수신제가치국평천하'의 순서에 대한 설명이다. 권2부터 권4까지는 '제왕위학지본'帝王爲學之本으로서 학문하는 방법에 대한 설명이다. 이어서 권5부터 권27까지는 '격물치지지요'格物致知之要, 권28부터 권34까지는 '성의정심지요'誠意正心之要, 권35는 '수신지요'修身之要, 권36부터 권43까지는 '제가지요'齊家之要이다.

이 중에서 왕의 사생활과 직결되는 '수신지요'와 '제가지요'를 살펴보면 다음과 같다. '수신지요'에서는 '근언행'謹言行과 '근위의'謹威儀 두 가지를 들었다. '근언행'이란 '언행을 삼간다'는 뜻이고 '근위의'는 '위의를 삼간다'는 뜻이다. 따라서 『대학연의』에서 말하는 '수신'이란 '말과 행실 그리고 의관을 삼간다'는 의미였다고 하겠다.

'제가지요'에서는 '중비필'重妃匹, '엄내치'嚴內治, '정국본'定國本, '교척속'敎戚屬의 네 가지를 들었다. '중비필'은 '왕비와 배필을 신중하게 고르고, 처첩을 분명히 한다'는 뜻이고, '엄내치'는 '궁중의 여성들이나 환관들이 정치에 간여하지 못하게 하는 것'이며, '정국

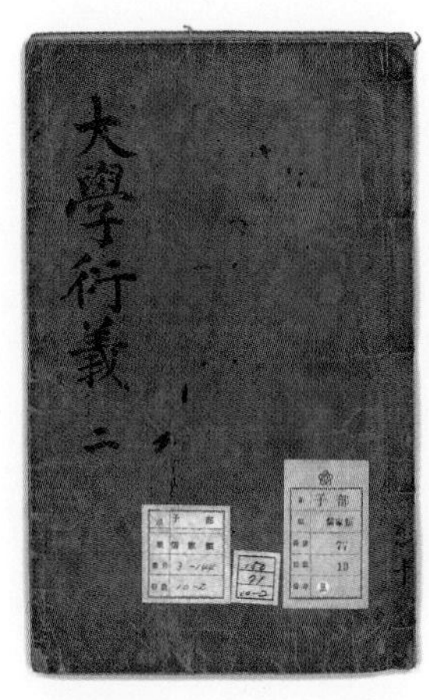

도21 **『대학연의』 표지** 한국학중앙연구원 장서각 소장.

본'은 '세자를 원칙대로 세우는 것'이고 '교척속'은 '친인척들을 잘 가르치는 것'이다. 이 같은 '수신'과 '제가'가 제대로 되려면 당연히 그 기초가 되는 '격물치지 성의정심'이 탄탄해야만 했다. 따라서 진덕수는 '격물치지 성의정심'을 바탕으로 '수신'과 '제가'가 잘 되면 치인은 저절로 잘 된다고 하는 생각에서 '제가' 이후의 '치국', '평천하'를 『대학연의』에서 생략했던 것이다.

요컨대 『대학연의』에서 강조하는 수신이란 열심히 공부하는 것, 그리고 그 공부를 통해 내면의 확신을 터득하는 것이었다. 그것은 달리 말하면 왕이 모범적인 사생활을 할 때 그 결과로서 모범적인 통치자도 될 수 있다는 의미였다.[도21]

모범적인 공부의 대명사 세종

세종은 열두 살이던 태종 8년(1408년) 2월에 혼인하고 궁궐에서 나갔다. 혼인 전까지 세종은 음악이나 서예 같은 예능에는 거의 관심이 없었다. 세종은 예능이 아니라 유교 철학이나 역사에 관심을 기울였다. 혼인 전의 세종은 공부 재능도 뛰어날 뿐만 아니라 지독한 노력파로 부왕 태종의 총애를 독차지했다.

하지만 바로 그 점 때문에 세종은 당시의 세자 양녕대군讓寧大君 쪽 사람들로부터 질시를 받았다. 세종의 공부가 발전할수록 세자 양녕의 부족함이 돋보였기 때문이었다. 양녕대군 쪽 사람들은 혹시라도 양녕의 세자 자리가 세종에게 넘어가지나 않을까 노심초사했다. 세자 양녕대군 쪽 사람들은 후계 구도와 정국을 안정시키기 위해서는 세종이 공부에서 손을 떼고 조용히 소일하며 여생을 보내야 한다고 주장했다. 당시의 정치 상황에서는 틀린 말이 아니었다. 이런 이유로 태종은 열두 살밖에 되지 않은 세종을 서둘러 혼인시켜 출궁시키는 한편, "너는 할 일이 없으니 편안히 놀기나 해라"라면서 글씨, 그림, 꽃, 수석, 비파 등 놀면서 즐길 만한 물건들을 마련해주었다.

이렇게 출궁한 세종은 자의 반 타의 반으로 공부를 포기하고 글씨, 그림, 비파 등 예능에 몰두했다. 그렇게 몇 년 지난 후 세종은 예능 방면에도 두루 통달하게 되었다. 출궁 후 5년 후부터 세종은 양녕대군에게 비파를 가르칠 정도였다.

그렇게 몇 년간 예능 방면에 몰두하던 세종은 열아홉 살쯤부터 다시 공부에 전념하기 시작했다. 편안히 노는 데 필요한 예능은 이미 통달한 상태였기 때문이다. 세종은 열심히 공부하여 훗날 형 양녕이 왕이 되었을 때 크게 돕겠다는 생각으로 다시 공부에 전념하기 시작했다.

공부를 워낙 좋아한 세종은 책을 읽을 때 100번을 반복 독서하였고, 『좌전』左傳이나 『초사』楚辭 같은 책은 200번이나 읽었다고 한다. 이는 절대 세종의 기억력이 달려서가 아니었다. 오히려 세종의 기억력은 천재 수준이었다. 세종은 한 번 본 것은 절대 잊지 않는다고 스스로 자랑할 정도였다. 이런 세종이니 100번이나 200번씩 읽은 책을 속속들이 알게 되는 것은 당연한 일이었다.

그런데 세종이 열심히 공부하는 동안 큰형 양녕은 세자로 있으면서 공부보다는 사냥이나 놀이에 더 열중했다. 양녕은 10대를 넘어 20대가 되면서부터 주색에 빠져 공부는 아예 뒷전이었다. 양녕은 세자로서 부왕 태종을 비롯하여 조정 신료들로부터도 점점 신망을 잃어갔다. 이에 비해 열심히 공부하는 세종은 부왕 태종과 조정 신료들로부터 점점 신망을 얻었다.

세자 양녕의 비행이 계속 이어지자, 태종은 동왕 18년(1418) 6월 3일에 양녕을 세자 자리에서 쫓아냈다. 태종은 처음에는 양녕의 큰아들을 대신 세자로 세울 것처럼 조말생趙末生(1370~1447), 이명덕李明德(1373~1444) 등에게 알렸다. 조말생과 이명덕으로부터 이 소식을 접한 신료들은 후계 문제로 의견이 크게 갈렸다.

당시 한상경韓尙敬(1360~1423) 이하 20여 명의 신료들은 태종의 의견이 그렇고 또한 그것이 사리에도 맞으니 당연히 양녕의 큰 아들을 세자로 세워야 한다고 주장했다. 이에 비해 박은朴訔(1370~1422), 유정현柳廷顯(1355~1426), 조말생 등 10여 명의 신료들은 양녕의 큰아들은 아직 어리니 대신 어진 사람을 세워야 한다고 주장했다. 물론 이들이 말하는 '어진 사람'이란 세종을 의미했다. 이러지도 저러지도 못한 몇몇의 신료들은 점을 쳐서 후계자를 정하자는 대안을 제시하기도 했다. 태종은 신료들의 의견이 분분하자 왕비 민씨의 의견을 물었다. 민비는 양녕의 형제 중에서 후계자를 정하면 훗날 큰 문제가 발생한다고 하며 양녕의 큰아들을 세자로 삼기를 원했다.

그런데 왕비 민씨의 의견을 물은 태종은 양녕의 큰아들을 제쳐두고 자신의 셋째 아들 충녕대군忠寧大君, 즉 세종을 세자로 지명했다. 양녕대군의 큰아들이 어려서 안 된다면, 그다음 순서는 둘째아들 효령대군孝寧大君이었다. 그럼에도 불구하고 태종은 양녕대군의 큰아들과 효령대군을 건너뛰어 세종을 후계자로 결정했는데, 이로 보면 태종은 애초에 세종을 양녕 대신 세자로 세울 뜻을 정하고 다른 사람들의 의견을 물었던 것으로 볼 수 있다. 태종은 자신의 속셈과 마찬가지로 신료들 중에서도 세종을 지지하는 사람들이 꽤 있는 것을 확인하고는 세종을 세자로 세웠던 것이다. 태종과 신료들이 세종을 지지한 이유는 물론 다음에 나타나듯이 세종이 평소에 열심히 공부하는 등 모범적인 생활 태도를 보였기 때문이다.

태종이 말하기를, "옛사람들은 나라에 훌륭한 임금이 있으면 종묘사직의 복이 된다고 하였다. 효령대군은 자질이 미약하고, 또 성질이 너무 고지식하다. 내 말을 들으면 그저 빙긋이 웃기만 할 뿐이다. 나와 중궁은 효령이 항상 웃는 것만을 보았다. 충녕대군은 천성이 총명하고 민첩하며 학문을 몹시 좋아한다. 몹시 추운 때나 몹시 더운 때에도 밤이 새도록 글을 읽는다. 나는 그가 병이 날까 두려워하여 늘 밤에 글 읽는 것을 금지하였다. 그러나 나의 큰 서책은 모두 청하여 가져갔다. 또 정치의 도리를 알아서 매양 큰일에 정책을 제시하는 것이 진실로 합당하고, 또 생각 밖에서 나왔다. 중국의 사신을 접대할 적이면 풍채와 언어 동작이 두루 예에 부합하였다. 술을 마시는 것이 비록 무익하지만 중국의 사신을 대하여 주인으로서 한 모금도 능히 마실 수 없다면 어찌 손님을 권하여서 그 마음을 즐겁게 할 수 있겠는가? 충녕대군은 비록 술을 잘 마시지 못하나 적당히 마시고 그친다. 또 그 아들 가운데 풍채가 좋은 아들이 있다. 효령대군은 한 모금도 마시지 못하니, 이것도 또한 불가하다. 충녕대군이 왕위를 맡을 만하니, 나는 충녕으로서 세자를 정하겠다." 하였다.[20]

20_ 『태종실록』 권35, 18년(1418) 6월 3일.

세종이 큰형 양녕대군을 대신하여 세자가 되었을 때는 스물다섯 살이었다. 조선시대 세자에 책봉되는 평균 연령이 열네 살인 점을 감안하면 무척 늦었던 셈이다. 게다가 세종은 세자에 책봉된 지 2개월 후에 곧바로 왕위에 오름으로써 세자 교육을 거의 받지 못했다.

세종은 즉위한 이후부터 제왕학을 학습하기 위해 전력을 기울였다. 세종이 경연에서 맨 처음 학습하기 시작한 교재는 『대학연의』였다.[21] 세종은 재위 기간 중 유교 경전은 물론 중국의 역대 역사책도 두루 공부하였다. 세종은 재위하는 동안 거의 하루도 거르지 않고 경연에 참여하여 신하들과 학문을 토론했다. 다음의 기록은 세종이 얼마나 공부에 열심이었는지를 잘 보여준다.

21_ 남지대, 「조선 초기의 경연제도」 『한국사론』 9, 1980.

세종은 천성이 공부를 좋아하였다. 그가 세자로 있을 때 항상 글을 읽되 반드시 100번을 채웠다. 『좌전』, 『초사』 같은 책은 거기다가 또 100번을 더 읽었다. 일찍이 몸이 편찮을 때도 역시 글 읽기를 그만두지 않았다. 병이 심해지자 태종은 환관을 시켜 갑자기 책을 모두 거두어가지고 오게 하였다. 그런데 『구소수간』歐蘇手簡(구양수歐陽修와 소식蘇軾의 편지 모음집) 한 권이 병풍 사이에 남아 있었다. 세종은 이 책을 1,100

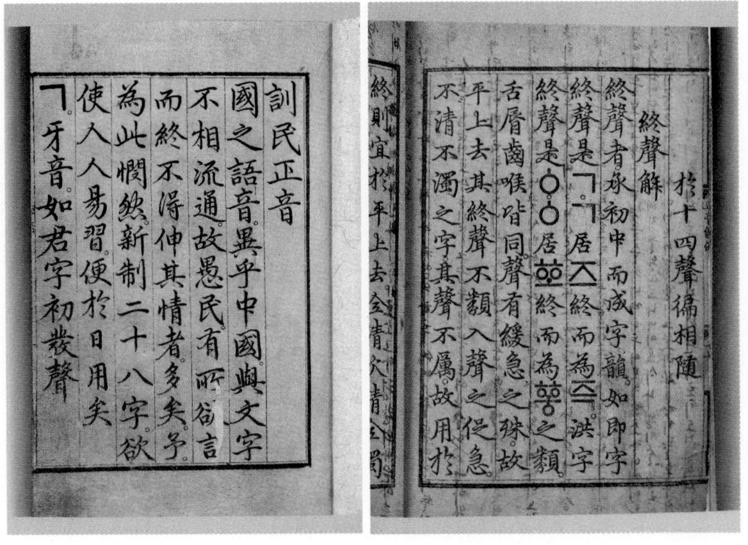

도22 **세종대왕이 쓴 『훈민정음』 서문과 종성해終聲解** 간송미술관 소장.

번이나 읽고 또 읽었다. 왕위에 오른 뒤에는 날마다 경연을 열었으니 제왕으로서 공덕이 수많은 왕들 가운데서도 뛰어났다.[22]

22_ 『연려실기술』 권3, 세종조 '고사본말'故事本末.

세종은 재위 32년간을 날마다 열심히 일하고 공부했다. 아침 일찍 일어났으며 바쁜 와중에도 틈틈이 공부해 실력을 갈고 닦았다. 다음의 기록은 세종이 얼마나 열심히 일하고 공부했는지를 잘 보여준다.

세종은 왕위에 오른 후 날마다 새벽 2~3시쯤에 잠자리에서 일어나 옷을 찾아 입었다. 해가 뿌옇게 뜰 때 조회를 받고 이어서 하루의 공무를 시작했다. 다음에는 신하들을 번갈아 만나보고, 다음에는 경연을 열었는데 조금도 게을리 한 적이 없었다. …… 무릇 왕위에 있은 지 30여 년에 성덕聖德이 우뚝하여 무어라 이름 붙일 수가 없었다. 이에 당시 사람들은 해동의 요순이라고 칭송하였다.[23]

23_ 及卽位 每日四夜求衣 平明受朝 次視事 次輪對 次經筵 未嘗少懈 …… 凡三十餘年 聖德巍巍 人不能名 時稱海東堯舜(『세종실록』 권127, 세종 32년(1540) 2월 17일).

세종은 왕위에 있으면서 새벽 2~3시쯤에 일어나 하루 종일 나랏일과 공부에 전력하였던 것이다. 혼자만의 시간 또는 혼자만의

도23 세종 대에 집현전으로 쓰이던 건물인 경복궁 수정전 ⓒ김성철

생활도 주로 공부하고 사색하는 데 썼다. 웬만큼 의지력이 뛰어난 사람이라고 해도 공적 생활과 사적 생활 모두에서 이렇게 모범적인 생활을 하기는 매우 힘들 것이다. 하지만 세종은 초인적인 의지와 노력으로 공적 생활과 사적 생활 모두에서 모범적인 자세를 보여주었다. 세종 대의 문화적 융성은 이런 바탕 위에서 가능했다.도22

세종은 학문과 정치뿐만 아니라 가정생활에서도 철저한 면모를 보여주었다. 특히 자신이 총애하는 비빈들이 이를 기회로 정치적 발언이나 청탁을 하면 곧바로 정을 끊어버리는 냉정함을 보여주었다. 한번은 세종이 어린 후궁을 사랑한 적이 있었다. 그 후궁은 세종의 사랑을 믿고 세종에게 작은 일을 청탁했다. 그러자 세종은 "아녀자가 감히 청탁하는 말을 하였으니 이는 내가 사랑을 보여서 그런 것이다. 이 아이가 어린데도 불구하고 이러하니 자라나면 어떻겠는가?" 하고는 다시는 가까이 하지 않았다.

태종에 의한 안정적인 후계 구도, 세종 자신의 탁월한 학문적 소양과 정치력에 의해 세종은 수많은 업적들을 이룩하였다. 현재 우리 민족이 세계에 자랑하는 한글이나 우수한 금속활자들을 위시하여 역사, 농업, 음악, 과학 등 각 분야를 대표하는 성과물들을 책으로 편찬하였으며, 4군 6진을 개척하여 국토를 확장하였다. 이밖

도24 **세종대왕신도비** 서울시 동대문구 세종대왕기념관 소재. ⓒ김성철
현재 신도비 주변으로 보호각이 설치되어 있다.

에 집현전을 통한 우수한 인재 양성, 적재적소에 인력을 배치하여 능력을 발휘하도록 하는 인사 정책, 다양한 신료들의 의견을 효과적으로 수렴하면서 자신의 지도력을 행사하는 정치력 등은 훗날의 왕들에게 모범이 되었다. 후에 사람들은 이 같은 세종의 공덕을 기려 그를 해동의 요순으로 칭송하였다.[도23, 도24]

모범적인 심성 수양의 대명사 정조

조선시대 왕은 새벽부터 밤까지 몹시 바쁜 사람이었다. 왕은 이념적으로 태양을 상징하기에 태양이 뜨기 전에 잠자리에서 일어나야 했다. 자리에서 일어나면 먼저 대비와 대왕대비 등 웃어른에게 인사를 올려야 했다. 바빠서 직접 인사를 할 수 없을 때는 환관을 보내 대신 인사를 올렸다. 이렇게 시작된 왕의 하루는 공식적으로 밤이 되어야 끝이 났다.

왕이 낮에 처리하는 업무를 보통 만기萬機라고 했는데, 만 가지나 되는 중요 업무라는 뜻이다. 이는 실제 왕이 처리하는 업무가 만 가지였다기보다 왕이 처리해야 할 일이 그만큼 많고 중요했다는 뜻이다. 따라서 왕이 낮 동안에 자기 자신만의 시간을 가지고 조용히 자기 내면을 성찰할 수 있는 시간이란 거의 없었다. 그런 면에서 역설적으로 왕이 자기 자신만의 시간을 가지며 자신의 내면을 성찰할 필요성이 높았다.

정조는 왕위에 오른 후 틈이 날 때마다 '회심와'會心窩라고 하는 움집에 들러 자기 자신만의 시간을 가지며 조용히 내면을 성찰하곤 했다. 회심와란 '마음을 모으는 움집'이란 뜻인데, 말 그대로 바쁜 일상 속에서 흐트러진 자신의 마음을 수습하기 위한 장소였다. 정조는 직

도25 **창덕궁의 숲** ⓒ김성철

접 「회심와명」會心窩銘이라는 글까지 지었는데, 이런 내용이었다.도25

회심와는 누대樓臺 사이의 번화한 곳에 있는데, 크기는 사방으로 1장 정도이고 규모는 작으나 매우 정교하게 지어졌다. 누대의 번화함으로서도 이 움집의 한적함과는 바꿀 수 없다. 나라의 기무機務를 살피는 여가에 향을 피우고 의복을 단정하게 여미고 앉으면, 마음으로 이치를 만날 수 있으며 또한 마음을 도에 모을 수 있는 곳이 이 움집이니 내 어찌 작다고만 여기겠는가? 그러므로 이 움집의 이름을 회심와로 하고, 명문銘文을 지어 스스로 경계하노라. 명은 이러하다.

"움집 하나 오뚝하니, 기둥은 여섯이네. 사치를 경계하려는 뜻으로 나직하고 조그맣게 지었네. 힘 안 들이고 완성하였고 단청도 하지 않았네. 꿩이 날아오르듯, 새가 날개를 벌린 듯한 모습이라네. 더하여 상서로운 기운 감돌고 풍경 소리는 경각심을 일깨우네. 책상은 정돈되어 있는데 우거진 숲으로 가로막혀 있다네. 여기에 한가롭게 거처하니 마음이 맑아진다네. 즐겁게 이치와 도를 함께 만나니 번잡하던 마음이 조용해지누나. 이 마음을 기르고 또 살피려 하니 오직 이 움집에 길이 의지하려네."[24]

조선시대 궁궐 건물은 거의 전부가 목조 기와 건물이었다. 게다가 화려하게 단청을 하는 것이 관행이었다. 왕의 공적 업무와 사적 생활이 영위되는 정전, 편전, 침전이 모두 그런 건물이었다. 게다가 이런 건물들은 화려할 뿐만 아니라 건물의 안과 밖에는 수많은 사람들이 모여 있었다. 그런 곳에서 생활하는 왕은 사실상 조용한 사생활이란 없이 여러 사람들에게 완전히 노출된 생활을 할 수밖에 없었다.

정조는 그런 번잡함을 벗어나 자기 자신만의 공간을 갖고자 회심와를 지었던 것이다. 「회심와명」에 의하면 이 건물은 한적한 숲속에 있었던 것이 분명하다. 또한 기둥이 여섯이라는 사실로 본다면 두 칸밖에 되지 않는 작고 낮은 건물이었고 거기에 단청도 되어 있지 않은 소박한 건물이었다. 와窩라고 하는 것으로 보아 지붕도 기와가 아니라 초가였을 듯하다. 이런 사실들로 미루어 본다면 회심와는 산속의 초가로 된 작은 암자와 비슷하지 않았을까 싶다. 그렇게 소박하고 작은 회심와 안에 정조는 책상만 하나 가지런히 놓아두었다.

그런 회심와에 앉아 책을 보거나 명상을 하는 정조는 깊은 산속에서 고요히 수행하는 스님의 모습과 다를 것이 없었다. 정조는 회심와에서 조용히 독서하고 명상하면서 '마음이 맑아지고', 나아가 '즐겁게 이치와 도를 만난다'고 증언했다. 정조는 그곳에서 스스로의 내면을 성찰하면서 번뇌에서 벗어날 뿐만 아니라 우주 자연의 깊은 이치를 깨닫는 기쁨도 만끽했던 것이다. 이런 심성 수양을 통해 정조는 자연의 섭리를 깨우치고 그 깨달음을 국정 운영에 응용하기도 하였다.

정조는 동왕 22년(1798) 12월에 자신의 연거燕居 처소에 '만천명월주인옹'萬千明月主人翁이라고 써서 붙이고 자신의 호號를 '만천명월

24_ 有窩突如兮 言六其楹兮 蓋寓戒於侈泰兮 卑且小兮 不日成之兮 遂不事乎綵繪兮 翬之飛兮 鳥之革兮 翼之以瑞靄兮 鐸之警兮 几之靜兮 障之以叢筱兮 于以燕處兮 澄吾心兮 怡然理道之會兮 煩而靜兮 養又察兮 惟斯窩之永賴兮〔『홍재전서』 권53, 명銘, 회심와명會心窩銘, 무술년(정조 2, 1778)〕.

도26 **만천명월주인옹자서 현판** 국립고궁박물관 소장.
정조가 1798년(정조 22) 자신의 호를 '만천명월주인옹'이라 짓고 그 내력을 서문 형식으로 지은 것이다. 정조는 이 현판을 궁중의 각처에 걸어 달(임금)이 시냇물(신하)에 비추는 이치를 궁궐 안에서 구현하고자 하였다. 현재는 대부분 없어지고, 창덕궁의 존덕정尊德亭과 서향각書香閣 안에 하나씩 걸려 있다.

주인옹'이라고 하였다. '만천명월주인옹'이라는 호는 심성 수양을 통한 정조의 깨달음을 상징하는 동시에 정조의 다짐을 상징하기도 하였다. 왜냐하면 조선시대에 호라고 하는 것이 바로 스스로를 반성하거나 더 열심히 노력하자는 다짐의 의미로 쓰이는 경우가 많았기 때문이다.도26

본래 '호'란 '호칭'이라는 말인데, 일종의 별명같이 사용된 이름이다. 호는 타인이 지어주기도 하고 자기 스스로 짓기도 하였다. 조선시대 국왕의 호도 자칭이거나 다른 사람이 지어주었다. 당연히 조선시대 국왕의 호도 그 종류가 많았다. 예컨대 영조의 경우 자성옹自省翁, 자성옹自醒翁, 자성옹自惺翁, 성성옹醒醒翁 등 수많은 자호自號를 가졌다. 이런 호들은 대부분 스스로를 반성하거나 더 열심히 노력하자는 다짐을 나타내는 것이었다. 예컨대 영조는 자성옹自省翁이라는 호를 짓고 이런 시를 지으며 스스로 반성하기도 했다.

자성옹, 자성옹. 나이 80이 되도록 무엇을 이루었는고? 효孝 하고자 했으나 능치 못했고, 제弟 하고자 했으나 능치 못했도다. 자성옹, 자성옹. 나이 80이 되도록 무엇을 이루었는고? 효인가, 제인가? 효인가, 제인가? 자성옹, 자성옹. 나이 80이 되도록 무엇을 이루었는고? 내 마음 견디기 어려워 이렇게 회포를 풀어 쓰노라. 자성옹, 자성옹. 나이 80이 되도록 무엇을 이루었는고? 길게 탄식하며 붓을 던지고 아련히 구름을

25_『영조장조문집』英祖莊祖文集 중 『어제집경당편집』, 권5, '자성옹자탄'自省翁自歎, 한국정신문화연구원, 1997.

바라보노라.[25]

영조가 '자성옹'이라는 호를 짓고 스스로 반성하며 더 잘하겠다고 다짐했듯이 정조도 자신의 호를 '만천명월주인옹'으로 지으면서 명실상부하게 '만천명월주인옹'으로서의 삶을 살겠다고 다짐하였다. 정조는 그 다짐을 이렇게 표현하였다.

만천명월주인옹은 말한다. 태극太極이 있고 나서 음양이 있으므로 복희씨伏羲氏는 음양을 점괘로 풀이하여 이치를 밝혔고, 음양이 있고 나서 오행이 있으므로 우임금은 오행을 기준으로 하여 세상 다스리는 이치를 밝혀놓았으니, 물과 달을 보고서 태극, 음양, 오행에 대해 그 이치를 깨우친 바 있었던 것이다. 즉 달은 하나뿐이고 물의 종류는 1만 개나 되지만, 물이 달빛을 받을 경우 앞 시내에도 달이요, 뒤 시내에도 달이어서 달과 시내의 수가 같게 되므로 시냇물이 1만 개면 달 역시 1만 개가 된다. 그러나 하늘에 있는 달은 물론 하나뿐인 것이다. …… 근래 와서 다행히도 태극, 음양, 오행의 이치를 깨닫게 되었고, 또 사람은 각자 생김대로 이용해야 한다는 이치도 터득했다. 그리하여 대들보감은 대들보로, 기둥감은 기둥으로 쓰고, 오리는 오리대로 학은 학대로 살게 하여 그 천태만상을 나는 그에 맞추어 필요한 데 이용만 하는 것이다. 다만 그중에서 그의 단점은 버리고 장점만 취하며, 선한 점은 드러내고 나쁜 점은 숨겨주고, 잘한 것은 안착시키고 잘못한 것은 뒷전으로 하며, 규모가 큰 자는 진출시키고 협소한 자는 포용하고, 재주보다는 뜻을 더 중히 여겨 양끝을 잡고 거기에서 중中을 택하였다. 그리하여 마치 하늘에 구천九天의 문이 열리듯, 앞이 탁 트이고 훤하여 누구라도 머리만 들면 시원스레 볼 수 있도록 만들었던 것이다. …… 나는 물이 세상 사람들이라면 달이 비춰 그 상태를 나타내는 것은 사람들 각자의 얼굴이고, 달은 태극인데 그 태극은 바로 나라는 것을 알았다. 이것이 바로 옛사람이 만천의 밝은 달에 태극의 신비한 작용을 비

弘齋全書卷十
序引三
萬川明月主人翁自序
萬川明月主人翁曰有太極而後有陰陽故羲繇以陰陽而明理有陰陽而後有五行故禹範以五行而喇治觀乎水與月之象而悟契於太極陰陽五行之理焉月一也水之類萬也以水而受月前川月也後川亦月也月之數與川同川之有萬月亦如之若其在天之月則固一而已矣夫天地之道貞觀也日月之道貞明也萬物相見南方之卦也南面而聽嚮明而治予因以有得於馭世之長策革車變爲冠裳城府洞如庭衢而右賢而左戚遠宦官妾而近賢士大夫世所稱士大夫者雖未必人人皆賢其與便嬖僕御之伍幻槃晳而倒南北者不可以比而同之予之所閱人者多矣朝而入暮而出羣羣逐逐若去若來形與色異目與心殊通者塞者強者柔者癡者慧者狹者淺者勇者怯者明者黠者狂者狷者方者圓者疏以達者簡以重者訒於言者巧於給者峭而亢者遠而外者好名者務實者區分類別千百其種始予推之以吾心信之以吾意指顧於風雲之際陶鎔

弘齋全書 卷十 序引

도27 『홍재전서』 권10, 「서인」序引, '만천명월주인옹자서'의 앞부분

유하여 말한 그 뜻이 아니겠는가? 그리고 또 나는, 저 달이 틈만 있으면 반드시 비춰준다고 해서 그것으로 태극의 테두리를 어림잡아보려고 하는 자가 혹시 있다면, 그는 물속에 들어가서 달을 잡아보려는 것과 다를 바 없는 아무 소용없는 짓임도 알고 있다. 그리하여 나의 연거燕居 처소에 '만천명월주인옹'이라고 써서 자호自號로 삼기로 한 것이다. 때는 무오년(정조 22, 1798) 12월 3일이다.[26] 도27

26_『홍재전서』 권10, 서인, 만천명월주인옹자서萬川明月主人翁自序.

정조가 '만천명월주인옹'이라는 자호를 써놓은 연거가 어디인지는 분명하지 않다. 다만 그곳이 정조의 사생활이 영위되는 조용한 곳이었음은 분명하다. 그곳이 혹 침전이었는지 아니면 회심와 같은 한적한 곳의 별도 건물인지는 알 수 없다. 그렇지만 정조가 회심와 또는 만천명월주인옹이라고 하는 사생활 구역에서 조용한 성찰과 명상의 시간을 가짐으로써 번잡한 마음을 다스리고 큰 깨달음을 얻은 것은 분명하다. 정조는 그렇게 획득한 맑은 마음과 깊은 깨달음으로 자신감을 갖고 국정을 운영해나갔다. 그런 의미에서 정조 대의 큰 성취 뒤에는 바로 정조의 모범적인 심성 수양이 있었다고 하겠다.

또 하나 특기할 만한 것은, 정조는 조선시대의 국왕 중 그 누구보다 기록의 정치적 측면과 실천적 측면을 중시한 국왕이었다는 사실이다. 이 같은 정조의 태도는 기록문화라는 점에서 일장일단이 있었다. 정조는 정치적으로 불리한 기록은 말살하기도 하고 개작하기도 함으로써 『승정원일기』 같은 공식 기록의 권위와 신뢰성을 약화시켰다는 면에서 기록문화에 부정적인 영향을 끼치기도 했다. 반면 정치적 목적을 위해 개인 일기를 기록하고 그것을 『일성록』으로 발전시킴으로써 조선시대 국왕의 기록문화에 새로운 장을 열었다는 면에서는 대단히 긍정적이었다고 할 수 있다.

정치적 측면을 중시하는 정조의 기록 정신이 기록문화에서 부정적인 면과 긍정적인 면 두 가지를 명확하게 보여주었다면, 실천적 측면을 중시하는 정조의 기록 정신은 대체로 긍정적인 면을 보여주었다. 이유는 물론 실천적 측면이 중시되는 기록에서는 정치적 이유로 말살되거나 왜곡되는 경우가 상대적으로 적었기 때문이다.

실천적 측면을 중시하는 정조의 기록 정신이 가장 잘 드러나는 문헌이 의궤였다. 조선시대의 의궤는 왕실 및 국가에서 각종 의례적 행사를 수행한 뒤에 관련 내용을 정리하여 후일의 모범으로 삼기 위해 간행한 문헌이다.[27] 이런 면에서 의궤는 정조의 실천적 기록 정신에 가장 부합하는 문헌이라고 할 수 있다.

27_ 김문식, 신병주, 『조선 왕실 기록문화의 꽃, 의궤』, 돌베개, 2005; 한영우, 『조선왕조 의궤』, 일지사, 2005.

정조시대의 의궤 문화 중에서 특징적인 점은 『원행을묘정리의궤』園行乙卯整理儀軌가 양적인 면에서 압도적으로 많다는 점이다. 정조시대에 작성된 총 324책 의궤 중에서 155책이 『원행을묘정리의궤』이므로 거의 절반이나 된다. 『원행을묘정리의궤』가 46종의 의궤 중에서 1종임을 감안하면 어마어마한 비율이라 할 수 있다. 기왕의 의궤는 보통 1책에 6~8부를 작성하는 것이 관행이었는데, 『원행을묘정리의궤』는 예외적으로 8책에 20부가 작성되었던 것이다.도28

그런데 『원행을묘정리의궤』 8책 20부 총 155책은 현재 확인되는 양일 뿐이고 실제는 이보다 훨씬 많은 수량이 제작되었다. 정조

도28 **『원행을묘정리의궤』**(1795년)**의 표지** 서울대학교 규장각 소장.

는 『원행을묘정리의궤』를 제작한 후 사고史庫, 내각內閣, 홍문관, 호조, 병조, 각 영문營門, 화성, 경기 감영, 광주, 과천, 시흥에 각각 1건을 소장하게 하였는데,[28] 여기에 필요한 수량만도 21부였다. 왜냐하면 위의 내용 중 사고를 춘추관사고를 비롯하여 태백산사고, 오대산사고, 강화 정족산사고, 적상산사고의 5사고로, 또 각 영문을 당시의 5군영과 장용내영, 장용외영으로 판단하면 총 21부가 필요하였다. 여기에 더하여 정조는 "정리소의 당상과 낭청 그리고 화성 유수, 입직 승지와 사관에게도 각각 1건을 반사"[29]하게 하였는데, 이들은 줄잡아도 10명이 훨씬 넘었다. 따라서 당시 『원행을묘정리의궤』가 정확히 몇 부 제작되었는지는 현재 확인하기 어렵지만 적어도 30부 240책 이상이 제작되었던 것은 확실하다.

『원행을묘정리의궤』는 양적인 면에서뿐만 아니라 정리자整理字라고 하는 금속활자로 제작되었다는 면과 유취類聚의 형식을 취하였다는 면에서도 기왕의 필사본과는 큰 차이점을 갖는다. 『원행을묘정리의궤』는 "원행은 의리로 일어나고 원행 예식은 인정에 연유한 것이므로 또한 마땅히 이를 증명할 만한 서적을 한 부 마련하여 후세에 보여야 한다. 따라서 의궤이면서 동시에 관련 사항을 모두

28_ 史庫內閣弘文館戶曹兵曹各營門華城畿營廣州果川始興 各藏一件〔『원행을묘정리의궤』권2, 계사啓辭, 을묘(정조 19년, 1795) 윤2월 19일〕.

29_ 本所堂廳 華城留守 入直承史 各頒一件〔『원행을묘정리의궤』 권2, 계사啓辭, 을묘(정조 19년, 1795) 윤2월 19일〕.

도29 『원행을묘정리의궤』에 수록된 '봉수당진찬도'

수집하는 유취類聚의 형식으로서 관련 자료를 모아 작성하고, 활판으로 인쇄하여 올리도록 하라"[30]는 명령에 의거하여 금속활자로 제작되었으며 동시에 관련 자료를 모두 수록한 유취의 형태로 제작되었다. 그로 인해 『원행을묘정리의궤』는 대량 제작이 가능하였으며 동시에 이전의 의궤와는 비교할 수 없을 정도로 자세한 내용을 수록하게 되었다. 이 결과 『원행을묘정리의궤』는 양적인 면에서나 질적인 면에서 조선시대의 의궤를 대표하게 되었다.[도29, 도30]

『원행을묘정리의궤』를 이렇게 대대적으로 제작한 이유는, 혜경궁 홍씨와 사도세자의 회갑을 기념하여 정조 19년(1795) 윤2월 9일부터 2월 16일까지 총 8일간에 걸쳐 거행된 원행園行을 기록한 본 의궤에, 정조의 정치적·실천적 기록 정신을 집대성하였기 때문이다. 사도세자는 정조가 세손으로 있을 때는 물론 즉위한 이후에도 중요한 정치 쟁점이었다. 정조가 즉위한 후 시행한 조치들 중에서

30_ 事則義起 禮則緣情 亦當有一部徵信之書 以示後人 儀軌而兼類聚之體 裒成 活印而進(『원행을묘정리의궤』 권2, 계사啓辭, 을묘(정조 19년, 1795) 윤2월 19일).

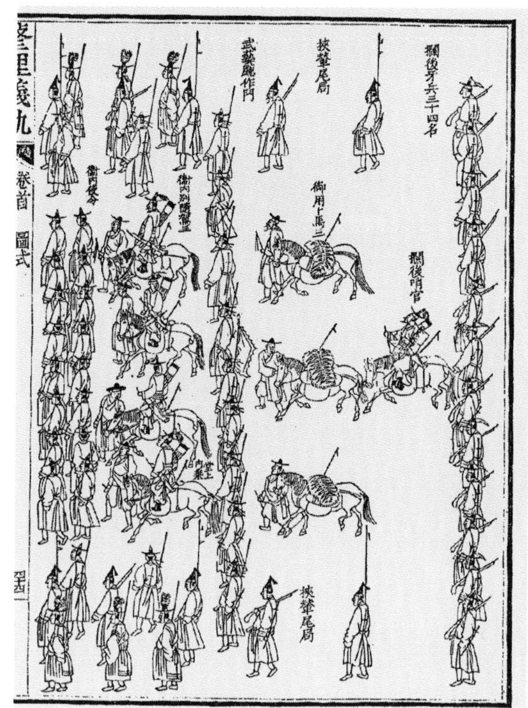

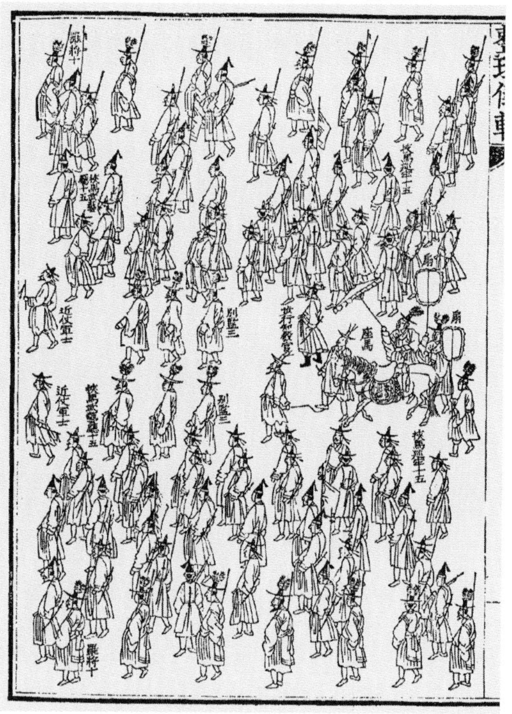

도30 『원행을묘정리의궤』 '반차도' 중 정조의 좌마와 수행원 부분

사도세자의 묘소인 영우원永祐園의 수원 천봉遷奉과 현륭원顯隆園으로의 개칭(정조 13년, 1789), 빈번한 현륭원 행차, 화성 행궁 건설, 장용영 외영 설치 등은 근본적으로 사도세자와 관련된 정치 쟁점을 극복하려는 노력들이었다. "원행은 의리로 일어나고 원행 예식은 인정에 연유한 것"이라는 정조의 언급에서 나타나듯이, 혜경궁 홍씨의 회갑과 사도세자의 구갑을 기념하여 거행된 을묘년의 현륭원 행차는 이와 같은 노력의 총합이었다. 을묘년의 현륭원 행차가 갖는 정치적 효과 그리고 실천적 효과를 극대화하기 위한 정조의 노력이, 조선시대를 대표하는 『원행을묘정리의궤』 제작으로 귀결되었던 셈이다.

조선시대 국왕은 한 나라를 통치하는 공적 주체이자 동시에 왕실의 가장이며, 최고의 지식인이었다. 따라서 국왕은 국가 통치라는 공적 활동과 함께 개인 활동을 병행하였다. 조선이 건국된 직후 국가적인 틀이 안정되기 전까지 왕들의 개인적인 취미 활동이나 문예 활동이 극히 제한적으로 이루어진 반면, 안정기에 접어든 성종 대 이후로는 개인적인 문예 활동이 활발하게 이루어졌다. 공적인 존재로서 국왕이 지극히 사적인 시문을 창작하는 것은 쉬운 일이 아니었다. 그럼에도 불구하고 조선의 국왕들이 적지 않은 작품을 남긴 것은, 국왕이기 이전에 성리학에 바탕한 지식인이었기 때문이다. 독서와 그에 따른 기록과 시문의 창작은, 지식인으로서의 본분에 충실했던 소산이라고 할 수 있다.

제 4 부

한시漢詩로 보는 국왕의 문학

國王日常

1 국왕도 시인이었다

조선시대 국왕은 한 나라를 통치하는 공적 주체이자 동시에 왕실의 가장이며, 최고의 지식인이었다. 따라서 국왕은 국가 통치라는 공적 활동과 함께 개인 활동을 병행하였다. 조선이 건국된 직후 국가적인 틀이 안정되기 전까지 왕들의 개인적인 취미 활동이나 문예 활동이 극히 제한적으로 이루어진 반면, 안정기에 접어든 성종 대 이후로는 개인적인 문예 활동이 활발하게 이루어졌다.

공적인 존재로서 국왕이 지극히 사적인 시문을 창작하는 것은 쉬운 일이 아니었다. 그럼에도 불구하고 조선의 국왕들이 적지 않은 작품을 남긴 것은, 국왕이기 이전에 성리학에 바탕한 지식인이었기 때문이다. 독서와 그에 따른 기록, 시문의 창작은 지식인으로서의 본분에 충실했던 소산이라고 할 수 있다.

태조, 정종, 태종과 같이 새로 건국한 조선의 기틀을 마련하는 일이 시급했던 국왕과 단명했던 단종, 예종 등이 남긴 작품은 적다. 그러나 조선이 국가적·사회적으로 안정을 찾은 성종 이후 선조, 숙종, 영조, 정조 등은 어느 전문 작가 못지않은 작품을 남겼다. 특히 조선 후기에 이르러 열성列聖의 어제를 소중하게 여기는 전통이 자리 잡고 국왕들의 문집 간행이 본격화되면서, 왕들의 작품은 이전 시기에 비해 많은 양이 남을 수 있게 되었다.

문학과 시대 상황이 떼려야 뗄 수 없는 불가분의 관계임은 분명하다. 개인의 감정과 정서에 기반한 순수문학이라고 하더라도 시대 상황과 현실에 대한 작가의 인식은 일정 부분 작품 속에 담길 수밖에 없다. 그러나 국왕의 시문에서 당시의 시대 상황이나 현실 인식을 읽는 것은 쉬운 일이 아니다. 국왕이 가진 상징적 의미와 더불어, 국왕은 개인적 정서를 표현하기에는 공적 존재로서의 의미가 훨씬 더 강하기 때문이다.

조선시대 국왕의 문학을 일별하면, 개국 초 국왕들의 시문은 많이 남아 있지 않다. 조선의 대표적인 호학好學 군주로 인식된 세종의 경우에도 한시 작품은 거의 발견하기 어렵다. 또한 산문 역시 관찰사에게 내린 유서諭書가 대다수이다. 이처럼 개인적인 정서를 표출하는 한시가 적고 실용성이 강한 산문이 많은 것은 조선이 개국한 초기에 나타나는 현상들이다. 태조나 태종이 남긴 문학 중에도 국왕과 신하 사이에서 지어진 형식적인 산문이 많으며, 한시에도 새 나라를 세우는 기상과 외교 관계 등 조선을 창업하고 안정을 꾀하려는 의지가 강하게 드러난다. 이러한 예는 세조와 예종에 이르기까지 지속적으로 나타난다.

국왕의 문학은 산문보다 한시가 주류를 이루는데, 개인적인 정서가 표출되는 것은 성종 대에 이르러 본격화된다. 이것은 조선 초 최우선 과제였던 개국과 그에 따른 안정의 도모라는 시대 상황이 성종 대에 이르러 어느 정도 정리됨에 따른 현상으로 보인다. 특히 궁중에서의 생활이나 월산대군月山大君 등 왕족과의 유대 관계에서 창작된 한시들은 여타 시인들의 작품에 결코 뒤지지 않는 뛰어난 작품들이다. 문학을 중시했던 성종은 학문을 높이는 우문右文 정책을 시행함으로써 관각 문학이 화려한 꽃을 피우게 하였다. 이 시기 문학적 흥성과 더불어 성종 자신도 수준 높은 한시 작품을 남겼다.

임진왜란과 병자호란의 전란을 겪었던 선조와 인조의 경우에는

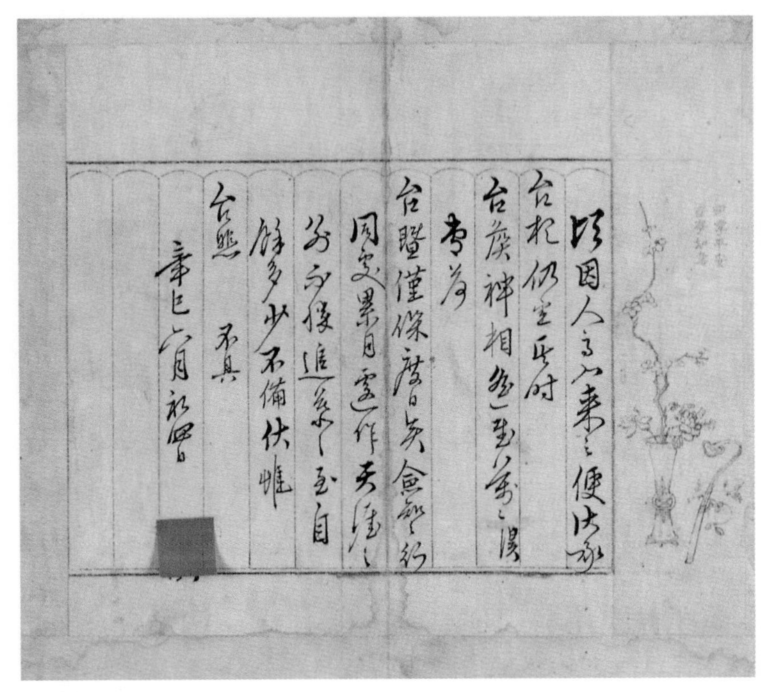

도2 **효종의 어필**
1641년(인조 19) 6월 4일 심양에서 능성부원군 댁에 보낸 편지이다.

신하들과 주고받은 자료가 남아 있다. 특히 선조 조는 목릉성세穆陵盛世로 불릴 만큼 문학이 크게 흥성한 시기였다. 복고復古의 기풍이 일어나면서 쟁쟁한 문사들이 등장하였고, 이에 따라 문풍文風이 크게 진작되었다. 인조의 문학에는 한시가 거의 없고 종친이나 신하들에게 준 편지들이 대부분이다.

효종의 한시와 산문은 다양하게 남아 있다. 한시는 아우인 인평대군麟坪大君의 작품에 차운한 것이 가장 많고, 그밖에도 신하들에게 내린 시, 궁중의 생활상과 자연을 노래한 작품이 많다. 산문에는 세자 책봉을 사양한 상소와 인평대군에 대한 제문祭文이 주목되며, 대개는 편지가 주를 이룬다.도1, 도2

조선 국왕의 시문은 숙종 이후 자료가 온전히 남아 있어 그 면모를 제대로 살필 수 있다. 숙종은 자연이나 궁중의 풍물에 대한 시, 정치적으로 교화를 목적으로 하는 시, 그림이나 글씨의 예술 작품에 대한 시 등 다양한 주제와 형식을 다루었다. 또한 행록行

도1 **『효종대왕어필』 표지** 서울대학교 규장각 소장.
효종이 쓴 편지와 목록류의 글들을 함께 묶었다.

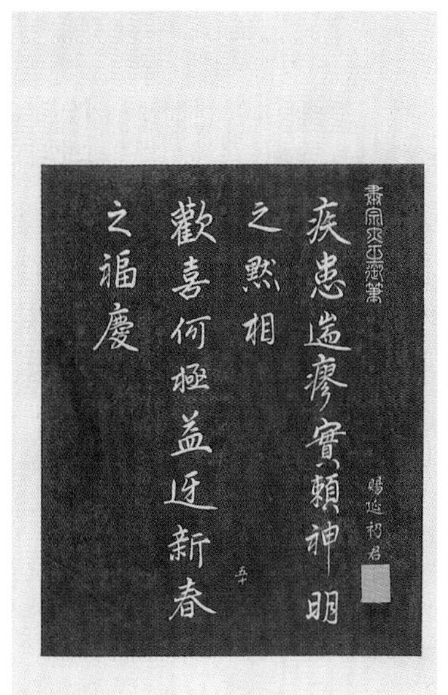

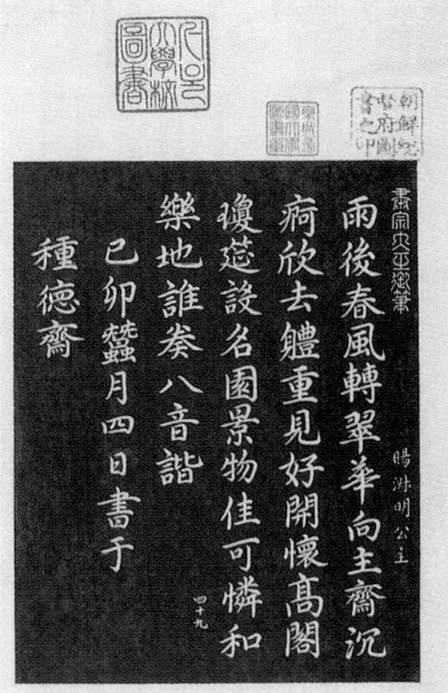

도3 **『숙종대왕어필』에 실린 숙종의 어필**
오른쪽은 1699년 숙명공주에게 준 오언율시이고, 왼쪽은 연잉군(후의 영조)의 질병이 나은 것을 축하하는 글이다.

錄·치제문·기우제문·각종 윤음綸音, 종실과 신하들에게 내린 편지를 비롯하여 『천자문』, 『무원록』無寃錄 등 서적에 붙인 서序, 궁중의 건물에 대한 기記, 선대 왕들의 어제·어필에 대한 찬贊 등 다양한 형식의 산문도 남겼다.도3, 도4

경종은 재위 기간이 길지 않아 그리 많은 작품을 남기지 못했지만 봄을 소재로 국가의 안녕을 기원한 시 등이 주목된다. 형인 경종의 뒤를 이어 즉위한 영조는 조선의 국왕 중 83세로 가장 장수하였고, 재위 기간만도 52년에 이른다. 더욱이 순간순간 자신의 회포를 한시로 남기는 데 병적으로 집착하는 등 방대한 저술한 남긴 국왕이었다. 『열성어제』列聖御製에는 한시가 약 850여 수 실려 있고, 산문으로는 각종 제문, 훈유訓諭, 칙유飭諭, 윤음, 서書, 서序, 기記, 발문 등이 남아 있다. 이와는 별도로 3,000첩이 넘는 시첩詩帖을 남겼다. 영조의 한시는 부왕인 숙종의 한시와 마찬가지로 소재와 주제가 다양한데, 자신의 글을 정치의 한 방편으로 이용한 점이 주목된다. 대표적인 산문으로는 「입기사일작」入耆社日作, 「추풍가」秋風歌 등의 가사와 세제世弟 책봉을 사양하는 상소, 여러 왕후의 일생을

도4 **『숙종대왕어필』 표지** 서울대학교 규장각 소장.
숙종이 공주와 왕자, 신하들에게 내린 친필 시문을 음각하여 간행한 어필첩.

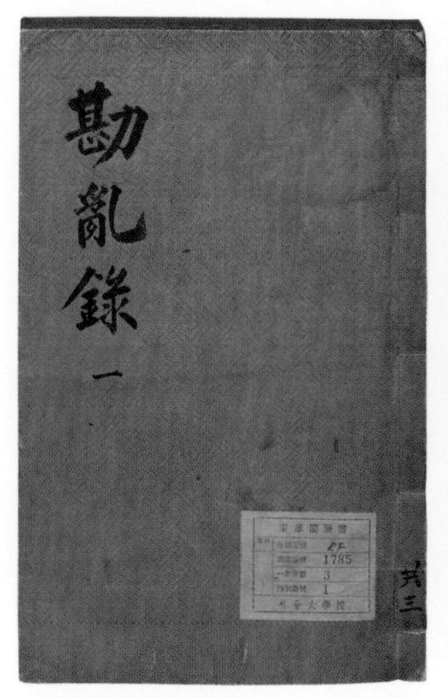

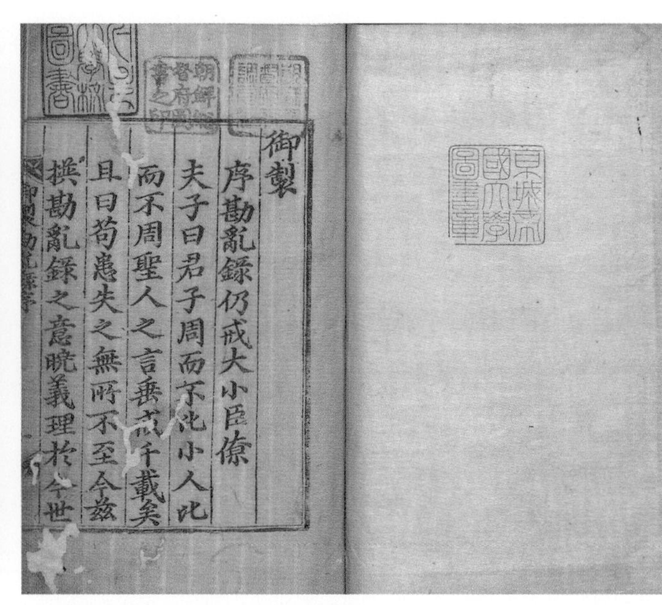

御製
序勘亂錄仍戒大小臣僚
夫子曰君子周而不比小人比
而不周聖人之言垂示千載矣
且曰苟患失之無所不至今玆
撰勘亂錄之意曉義理於今世

도5, 도6 **「감란록」 표지와 어제 서문의 앞부분** 서울대학교 규장각 소장.

1728년(영조 4)에 일어났던 이인좌 난李麟佐亂의 전말을 기록한 책으로, 1729년 간행하였다. 앞에 있는 영조의 어제 서문에는 난의 원인과 재발 방지를 위한 편찬 의도가 밝혀져 있다.

서술한 행록, 세자·세손에 대한 지문誌文, 『감란록』勘亂錄, 『성학집요』聖學輯要에 붙인 서序 등이 있다.도5, 도6

조선의 국왕 중 가장 전문적인 시인에 가까웠던 정조는 할아버지 영조 못지않게 많은 작품을 남겼으며, 그 수준이나 문학적 식견 또한 여타 전문 작가에 손색이 없었다. 한시로는 군왕의 기상과 도道, 자연, 궁중이나 도성의 풍물 등을 읊었다. 이외에도 책이나 지도를 보고 지은 것, 지방관으로 나가는 신하에게 준 것, 신하들에게 내린 시, 악장 등이 있다. 또한 학문적 수준을 가늠할 수 있는 저술이나 의례에 사용된 산문, 문학적 면모를 살필 수 있는 글들이 많다.도7

정조 이후로는 국력과 왕실의 문화가 쇠미해지지만 순조까지는 그 면모를 살필 수 있다. 순조는 주로 자연과 일상생활, 숙종과 영조의 시, 독서 내용, 정치 행위 등을 주제로 시를 다수 남겼다. 산문으로도 서序, 궁궐의 전각에 지은 기, 비문, 신하에 내린 유서諭書, 논설 등이 있다.

헌종의 한시는 자연이나 궁중생활, 문방구 등 소품을 소재로 한

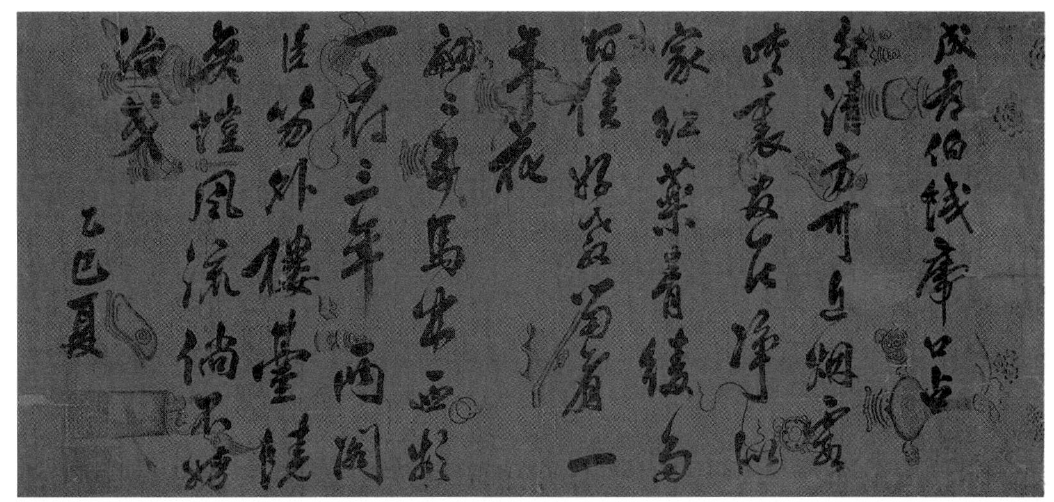

도7 **정조어제어필 「성도백전석구점」成都伯餞席口占(성도백을 전별하는 자리에서 읊음)** 1785년, 55×21cm, 한국학중앙연구원 장서각 소장.

정조가 성천부사成川府使로 부임하는 김재찬金載瓚에게 써준 7언 절구. 정조의 문집인 『홍재전서』에도 실려 있다. 진晉나라 왕휘지王徽之의 고사를 들어, 풍류를 좋아하여 책무에 소홀하지 말 것을 당부하는 내용이다.

15수와 대왕대비의 생일에 바친 것 등 악장 6편, 치사 2편 등이 있다. 산문으로는 『국조보감』 등에 붙인 서序, 왕족 및 신하에 대한 친제문, 왕가에 대한 행록, 국정 및 신하들의 죽음에 접해 내린 교서 등 87편과 이상황李相璜(1763~1841), 이지연李止淵(1777~1841) 등에게 내린 유諭 64편, 각종 상소에 대한 비답 71편, 낙선재 상량문, 대왕대비에게 바친 전箋, 서희순徐熹淳(1793~1857)에게 호를 지어주면서 써준 서序 등이 70편에 이른다.

철종의 어제로는 농사, 자연, 주변 소품, 궁중생활을 소재로 지은 시 53수가 있다. 문은 김조순金祖淳(1765~1832) 신도비명, 김조순의 문집에 대한 서序, 진향문·치제문 등 의식을 행하며 지은 문 35편과 교 95편, 유諭 61편, 비답·삼정구폐책제三政救弊策題, 김수근金洙根(1798~1854) 화상에 대한 찬贊, 언행명言行銘 등 문 102편이 남아 있다.

국왕의 문학 작품을 실은 책

조선의 국왕이 지은 시나 산문을 수록한 책은 생각보다 적지 않다. 그러나 그 책의 종류는 일반인들이 쉽게 접근하기 어려운 국왕이라는 이유로 다양하지 않다. 우선 조선 후기 국왕의 문집 간행이 새로운 전통으로 자

도8 **창덕궁 봉모당**

리하면서 숙종 이래 국왕의 문집이 간행되었다. 영조의 문집까지는 온전한 문집의 틀을 갖추지 못하였으나 정조의 『홍재전서』弘齋全書에 이르면 완벽한 문집의 형식을 구비하게 된다. 이후 국왕들의 문집은 수록한 분량이 정조에 미치지 못하지만 그 형식에 있어서는 크게 다르지 않다.

영조의 문집은 『어제집경당편집』御製集慶堂編輯, 『영종대왕어제속편』英宗大王御製續編, 『영종대왕어제』英宗大王御製, 『어제시문』御製詩文, 『어제서시세손』御製書示世孫, 『영종대왕어제습유』英宗大王御製拾遺의 이름으로 남은 채 전체가 일정한 체재에 따라 편집되지는 못하였다. 이외에도 봉모당奉謨堂에 소장되어 있던 3,000여 첩에 이르는 시첩이 남아 있다.

도9 **『봉모당봉안어서총목』** 18세기 말, 서울대학교 규장각 소장. 봉모당에 소장되어 있던 어서御書의 총 목록이다.

봉모당은 1776년 정조가 '역대 국왕들의 전모典謨 자료를 수집하여 봉안奉安한다'는 의미에서 이름 붙인 전각이다. 여기에는 국왕들의 글, 글씨, 그림을 비롯한 고명顧命, 유고遺誥, 선원보璿源譜, 지장誌狀 등이 보관되었다. 영조의 시첩도 어제로 분류되어 봉안되어 있던 자료들

도10 『홍재전서』 1814년, 100책, 34.1×21.4cm, 한국학중앙연구원 장서각 소장.
정조의 시문, 윤음, 교지 및 기타 편저를 모은 전집. 정조 사후에 말년의 저술을 덧붙여 1814년(순조 14)에 간행되었다.

이다.[도8, 도9]

정조의 문집인 『홍재전서』는 1799년 정조 자신이 살아 있을 때 이만수李晩秀(1752~1820) 등에게 명하여 정리한 것에다 돌아가신 뒤 말년의 저술을 덧붙여 재편집한 것이다. 국왕의 문집은 돌아가신 뒤 신하들에 의해 정리되어 『열성어제』에 편입되는 것이 관례였으며, 정조의 어제들도 나중에 편입되었다. 그럼에도 정조가 직접 자신의 문집을 편찬하고자 한 것은 스스로 학문적 권위를 세움으로써 사후 신하들에 의해 왕권이 제약당하는 사태를 막기 위한 것이었다.[도10]

영조와 정조의 문집은 양이 방대하고 특수한 사정이 있어 편집되었지만 국왕의 문집이 별도로 간행되는 선례를 남겼다. 따라서 이후 국왕들의 저술이 『열성어제』에 편입되는 동시에 별도의 문집으로 간행되는 계기가 되었다. 장조莊祖로 추존된 장헌세자莊獻世子(사도세자)의 문집으로 『능허관만고』凌虛關漫稿와 『예제시민당초본』睿製時敏堂草本, 순조의 문집으로 『순재고』純齋稿가 있다. 순조의 아들이자 익종翼宗으로 추존된 효명세자孝明世子의 시문은 『경헌집』敬軒集, 『경헌시초』敬軒詩抄, 『학석집』鶴石集, 『담여헌시집』淡如軒詩集, 『예제』睿製 등에 수록되었다. 이들 문집은 서로 체재가 다르고 내용이 겹치는 경우가 많다. 특히 『학석집』은 한문본과 이것을 번역한 한글본이 함께 남아 있다.[도11, 도12] 또한 『예제』에도 「목멱산」木覓山 등 7편의

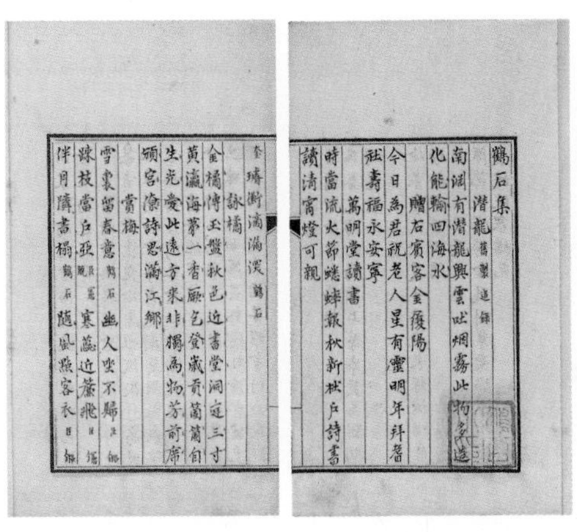

도11 **『학석집』의 한문본** 효명세자 지음, 19세기, 1책, 필사본, 31.8×20cm, 한국학중앙연구원 장서각 소장.

도12 **『학석집』의 한글본** 효명세자 지음, 19세기, 1책, 필사본, 25.7×18.9cm, 한국학중앙연구원 장서각 소장.

한글 가사가 남아 있다. 헌종과 철종은 각각 『원헌고』元軒稿와 『중재고』中齋稿를 남겼고, 고종은 『주연집』珠淵集, 순종은 『정헌집』正軒集을 남겼다.

국왕의 시문을 수록한 다른 책으로는 역대 국왕의 시문을 편집하여 수록한 『열성어제』가 대표적이다. 『열성어제』는 조선시대 태조부터 철종에 이르기까지 국왕들이 지은 시문을 모은 책으로, 그 양이 104권에 이른다. 처음에는 목판본으로 간행되었으나 영조의 어제부터는 활자본으로 간행되었다. 인조 때 처음 편집하여 간행되었는데, 숙종 이후로는 왕이 바뀔 때마다 선왕의 어제를 편집해 앞 시기의 어제에 덧붙여 간행하는 형식을 취하였다.

목록이 따로 있고 각 임금의 어제 말미에는 교정과 감인監印에 참여한 신하들의 명단이 밝혀져 있다. 경종의 어제까지에는 신하들이 쓴 발문이 붙어 있다. 본문에는 각 글이 지어진 연대가 밝혀져 있으며, 그 글의 내력을 적은 소서小序가 붙어 있는 경우가 많다.

『열성어제』의 최초 간행은 1631년(인조 9) 선조의 왕자인 의창군義昌君 이광李珖(1589~1645)에 의해 이루어졌다. 태조 이후 선조까지의 임금들 중에서 단종과 연산군을 제외한 12대 임금들의 글을 편집해 1책의 목판본으로 간행하였다.도13

그 뒤 1679년(숙종 5)에 인조의 손자인 복창군福昌君 이정李楨(?~

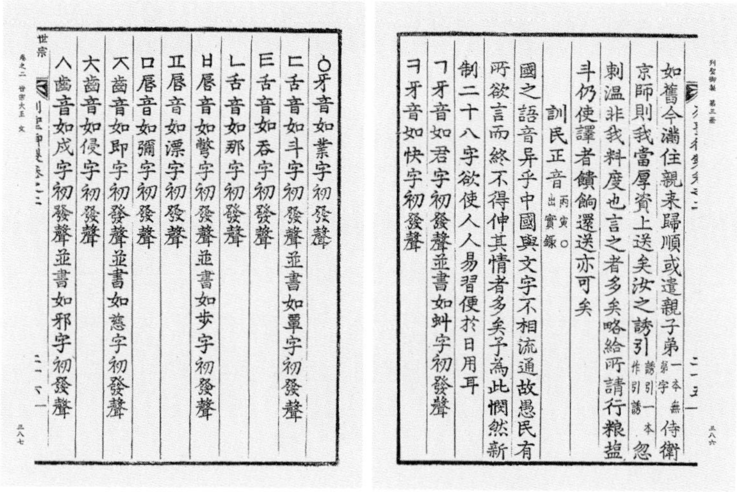
如舊今滿住親來歸順或遣親子弟一 本無 侍衛
京師則我當厚資上送矣汝之誘引 誘引一本作引誘 忽
剌温非我料度也言之者多矣略給所請行粮塩
斗仍使譯者饋餉還送亦可矣
訓民正音 丙寅 出實錄
國之語音異乎中國與文字不相流通故愚民有
所欲言而終不得伸其情者多矣予爲此憫然新
制二十八字欲使人人易習便於日用耳
ㄱ牙音如君字初發聲並書如虯字初發聲
ㅋ牙音如快字初發聲
ㆁ牙音如業字初發聲
ㄷ舌音如斗字初發聲並書如覃字初發聲
ㅌ舌音如呑字初發聲
ㄴ舌音如那字初發聲
ㅂ脣音如彆字初發聲並書如步字初發聲
ㅍ脣音如漂字初發聲
ㅁ脣音如彌字初發聲
ㅈ齒音如即字初發聲並書如慈字初發聲
ㅊ齒音如侵字初發聲
ㅅ齒音如戌字初發聲並書如邪字初發聲

도13 『열성어제』 권2 「세종어제」의 본문

1680)이 그것을 보완하고 인조, 효종, 현종의 글들을 합해 역시 1책의 목판본으로 간행하였다. 이를 '열성어제보유'라고도 한다. 그러나 이 책들은 탈락된 것이 많아서 선조의 손자인 낭선군朗善君 이우李俁(1637~1693)가 숙종의 재가를 받아 민간에 흩어져 있는 어제를 모으고, 해당 사관史官에게 실록을 중심으로 한 사서에 들어 있는 것들을 정리하게 하는 등 널리 자료를 모아 8권을 편집하였다. 이것을 숙종이 권유權愈(1633~1704)에게 바로잡게 한 뒤 1682년에 8권 4책의 목판본으로 간행하였다. 이로써 태조에서 현종에 이르기까지 어제의 정리·간행이 일단락되었다. 그 뒤 임금이 바뀔 때마다 어제를 정리해 숙종, 경종, 영조, 정조, 순조, 익종, 헌종, 철종의 어제가 간행되었다.

조선 역대 군주 중 폐출 군주인 연산군과 광해군의 어제는 의도적으로 탈락시켰으며, 돌아가신 뒤 추존된 왕으로는 익종의 어제가 포함된 것이 특징이다. 현재 『열성어제』는 규장각, 장서각 등을 비롯한 여러 곳에 소장되어 있다. 1924년 경성신문사 내의 열성어제출판소에서 뛰어난 시문을 추리고, 장조와 고종의 시문을 첨가한 뒤 한글 토를 붙여 간행한 것이 있다.

국왕의 시문에 나타난 공간

국왕은 한 나라의 지존이었지만 개인적인 삶의 모습은 극히 제한된 공간 내에서 이루어졌고, 공적인 일로 늘 피곤한 존재이기도 하였다. 국왕의 시문 창작은 다른 사대부의 문예 활동과는 근본적으로 차이를 보인다. 특히 자연을 완상하고 작품을 창작하는 공간은 대부분 궁궐로 제한되어 나타난다. 따라서 국왕들의 어제에는 경복궁, 창덕궁 등 국왕이 평생 거처하는 궁궐의 공간이 많이 등장한다. 조선 초부터 전통으로 자리한 국왕들의 시문 창작의 공간은 한양 주위의 경승과 도성 내 승지로 한정되어 있었다.

한양십영漢陽十詠

한양 주위 경승을 열 가지 혹은 여덟 가지로 선정하여 시를 짓는 전통은 조선이 한양을 국도로 정한 이래 지속되어온 시인들의 전통이었다. 한양십영 계열은 각 작품의 제목에 있어서는 조금씩 차이가 나지만 도성의 모습과 풍속을 엿볼 수 있다. 숙종이 1694년 지은 「상림십경」上林十景에서 다룬 십경은 천향각의 꽃 구경(天香看花), 어수문의 관등(魚水觀燈), 심추각의 연꽃 구경(深秋賞蓮), 소요정의 샘물 구경(逍遙觀泉), 희우정의 뱃놀이(喜雨泛舟), 청심루의 달 구

도14 **창덕궁 어수문과 부용지 풍경** ©김성철

도15 **창덕궁 소요정** ©김성철

도16 〈동궐도〉의 주합루와 부용지 일대

숙종의 「상림십경」 가운데 '어수관등'魚水觀燈, 정조의 「상림십경」 가운데 '어수범주'魚水泛舟의 배경이 되었을 주합루와 부용지 일대.

도17 〈동궐도〉의 옥류천 일대

숙종의 '소요관천'逍遙觀泉, 정조의 '소요유상'逍遙流觴의 배경이 되었을 옥류천 일대.

도18, 도19 **창경궁의 가을 풍경** ©김성철

경(淸心霽月), 관덕정의 단풍숲(觀德楓林), 관풍각의 벼 베기(觀豊刈稻), 영화당의 무예 시험(暎花萃試), 능허정의 눈 갠 풍경(凌虛雪霽)이다. 이에 비해 정조의 「상림십경」은 관풍각의 봄 농사(觀豊春耕), 망춘정의 꾀꼬리 소리(望春聞鶯), 천향각의 늦봄 풍경(天香春晩), 어수문의 뱃놀이(魚水泛舟), 소요정의 술잔 돌리기(逍遙流觴), 희우정의 연꽃 감상(喜雨賞蓮), 청심정의 비 갠 뒤 달 구경(淸心霽月), 관덕정의 단풍 구경(觀德楓林), 영화당의 문사 선발(暎花試士), 능허정의 눈 내리는 저녁 풍경(凌虛暮雪)이라 제목을 달아 약간의 차이를 보인다.도14~17

다음 시는 숙종의 '관덕풍림'觀德楓林이다.

하늘 높고 서리 내려 늦가을 이르니	天高霜落暮秋來
눈 가득 단풍 숲은 비단을 쌓아놓은 듯.	入眼楓林錦繡堆
일기가 청명하고 호방한 흥취 일어나	日朗氣淸豪興到
거문고와 술을 들고 누대를 오르네.	携琴與酒上層臺

관덕정은 창경궁昌慶宮의 춘당대春塘臺 동북쪽에 있는 누정으로 사정射亭이라고도 한다. 이곳은 궁궐에서 단풍이 아름답기로 유명하였다. 청명한 늦가을 곱게 물든 단풍 숲을 보다가 흥취가 일어 주악을 진설하고 연회하는 장면을 간결하게 표현하였다.도18, 도19

한도팔경漢都八景

「한도팔경」은 경기의 산하(畿甸山河), 도성과 궁원(都城宮苑), 임금을 받든 벌여 있는 관서들(列署星拱), 바둑판처럼 펼쳐진 여러 동리(諸坊碁布), 동문의 교장(東門敎場), 서강의 드나드는 배(西江漕泊), 남쪽 나루의 행인(南渡行人), 북교의 목마(北郊牧馬) 등 서울의 여러 관서와 동서남북의 승경 여덟 곳을 읊은 작품이다. 각 시편의 제목은 1395년 정도전이 지은 「신도팔경」新都八景에서 유래하였다. 현재 규장각에는 숙종이 해서로 쓴 「한도팔경」 8수가 두꺼운 장지에 인쇄되어 있다. 그중 제5수 '동문교장'이다.

동문 교장 향하여 성곽을 나서니	東望敎場出郭門
수많은 말과 병사 구름처럼 진을 쳤네.	千兵萬騎若雲屯
오색 깃발 예리한 창 군사들의 모습 씩씩한데	畵旌利戟軍容壯
어찌 훗날 적국에 병탄竝呑됨이 있으리오?	何有他時敵國呑

동대문 밖에 있는 훈련원의 모습을 읊은 작품이다. 동문의 교장은 조선시대 장졸들이 훈련하던 곳으로 지금의 동대문운동장 일대에 있었다. 도성에서 동대문을 벗어나 교장에 이르니 수많은 병사와 기마병이 구름처럼 진을 치고 훈련을 하고 있다. 병사들이 형형색색의 깃발과 날카로운 창을 들고 위풍당당하게 훈련을 하고 있는 모습을 보면서 뒷날 외침으로 인하여 나라의 운명이 흔들리지 않을 것임을 확신하고 있다.

國王日常

2 단종의 비애와 세조의 의지

빼앗긴 왕위와 단종의 시

단종의 이름은 홍위弘暐로, 문종文宗과 현덕왕후顯德王后 권씨權氏의 사이에서 태어났다. 비妃는 돈녕부판사敦寧府判事 송현수宋玹壽(?~1457)의 딸인 정순왕후定順王后이다. 1448년(세종 30) 왕세손에 책봉되고, 1450년 문종이 즉위하자 세자에 책봉되었다. 1452년 문종의 뒤를 이어 왕위에 올랐는데, 그 전에 문종은 자신이 병약하고 세자가 나이 어린 것을 염려하여 황보인皇甫仁(?~1453), 김종서金宗瑞(1383~1453) 등에게 세자가 즉위하여 왕이 되었을 때의 보필을 부탁하였다.

그런데 1453년 그를 보필하던 황보인, 김종서 등이 단종의 숙부인 수양대군首陽大君에 의해 제거당하자 수양대군이 모든 권력을 장악하였으며, 단종은 단지 이름뿐인 왕이 되었다. 1455년 단종을 보필하는 중신을 제거하는 데 앞장섰던 한명회韓明澮(1415~1487), 권람權擥(1416~1465) 등이 강요하여 단종은 수양대군에게 왕위를 물려주고 상왕上王이 되었다.

1456년 성삼문, 박팽년朴彭年(1417~1456), 하위지河緯地(1412~1456), 이개李塏(1417~1456), 유응부兪應孚(?~1456), 유성원柳誠源(?~1456) 등이 단종의 복위復位를 도모하다가 발각되어 모두 처형된 후

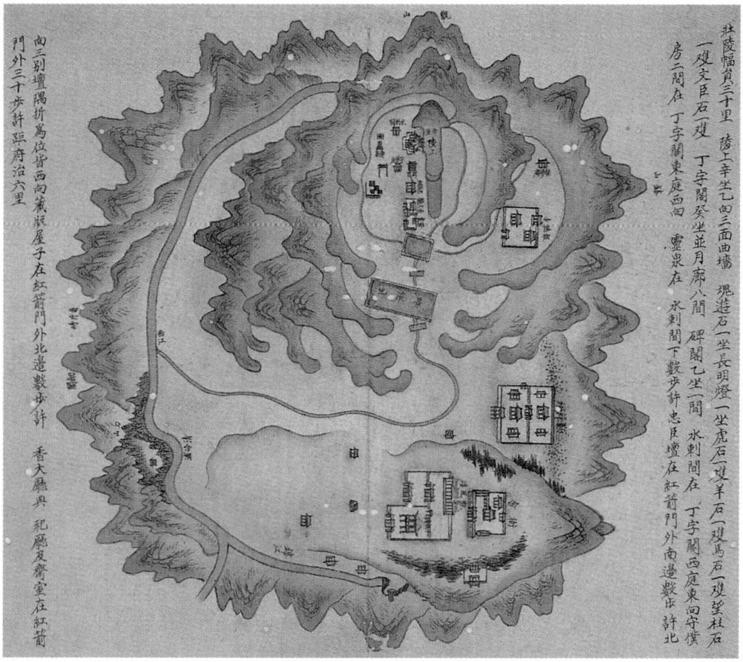

도20 **「월중도」 중 〈장릉전도〉** 1820년대, 송이에 채색, 36×20.5cm, 한국학중앙연구원 장서각 소장.

1457년 상왕에서 노산군魯山君으로 강봉降封되어 강원도 영월에 유배되었다. 그런데 수양대군의 동생이며 노산군의 숙부인 금성대군錦城大君이 다시 경상도의 순흥順興에서 복위를 도모하다가 발각되어 사사賜死되자 노산군에서 다시 강등이 되어 서인庶人이 되었으며, 끈질기게 자살을 강요당하여 1457년(세조 3) 10월 24일 영월에서 생을 마치고 말았다.

단종의 억울한 죽음과 강봉은 200여 년 후인 1681년(숙종 7) 신원伸寃되어서 대군大君에 추봉되었으며, 1698년(숙종 24) 임금으로 복위되어 묘호를 단종이라 하였다. 능은 단종이 목숨을 끊은 강원도 영월의 장릉莊陵이다.도20

다음의 시는 단종이 노산군으로 강등되어 영월에 유배된 채 자신의 신세를 읊은 '영월군 누대에서 짓다'(寧越郡樓作)이다.

한 마리 원망 어린 새가 궁궐을 나오니　　一自寃禽出帝宮

외론 몸 그림자 푸른 산속에 있구나. 孤身隻影碧山中
밤마다 잠을 청하지만 잠은 오지 않고 假眠夜夜眠無假
해마다 한을 삭여도 한은 다하지 않네. 窮恨年年恨不窮
소리는 새벽 봉우리에 끊기고 새벽달만 밝은데 聲斷曉岑殘月白
봄 계곡 핏빛 물에 떨어진 꽃잎 붉도다. 血流春谷落花紅
하늘은 귀머거리인 양 애절한 하소연 듣지 못하고 天聾尙未聞哀訴
어찌하여 근심 어린 사람 귀만 밝은가. 何奈愁人耳獨聽

영월로 쫓겨나 청령포에 안치된 단종은 매일 관풍루觀風樓에 올라 밤이면 사람을 시켜 피리를 불게 하니, 그 소리가 먼 마을까지 들렸다고 한다. 위의 시는 이때 단종이 관풍루에 올라 지은 것으로, 조선 왕들의 시문을 모아 엮은 『열성어제』에 실려 있다. 사방이 높은 산과 깊은 물로 끊긴 산중에서, 자신의 처지를 한을 품은 채 쫓겨난 새에 비유하고 있다. 붉은 꽃잎이 떠가는 계곡물을 핏빛으로 묘사한 단종의 심회를 어떻게 이해할 수 있을까마는, 애절한 하소연에도 귀머거리인 양 모른 척하는 하늘을 원망하는 단종의 모습이 눈에 선하다.

숙부인 수양대군에게 왕위를 물려주고 상왕으로 물러나 있던 단종은 열일곱 살이었던 1457년 6월 복위 사건과 관련되었다는 혐의를 받고 노산군으로 강봉되어 영월 청령포에 유배되었다. 그해 10월 끝내 사사되고 말았으니, 영월에서의 5개월 남짓한 시기는 위의 시에서도 보이듯 원망과 한의 세월이었다. 그로부터 200여 년이 지난 1681년 숙종은 노산군을 노산대군으로 추봉하였고, 1698년에는 묘호를 단종, 능호를 장릉이라 하고 종묘에 봉안하는 등 단종에 대한 복권을 마무리하였다. 또한 1733년 영조는 왕명으로 단종이 묻힌 장릉에 비를 세워 추모하였다.도21, 도22

단종의 한 서린 죽음과 연관된 영월의 유적은 『월중도』越中圖라는 그림첩을 통해 지금도 생생하게 전해진다. 장서각에 소장되어

도21 **영월 청령포** ⓒ김성철

도22 **장릉 전경** ⓒ김성철

있는 이 그림첩은 '영월 경내의 그림'이라는 의미에서도 알 수 있듯 처음부터 단종의 비극적 운명을 담으려는 의도를 드러냈다. 이 그림첩의 작자는 알려지지 않았지만 제작 연대는 영조가 장릉비를 세운 1733년 이후 1820년경으로 추정된다.

잘 다듬어진 종이에 채색으로 그린 이 그림은 모두 8폭으로 이루어져 있다. 제1폭은 영월 주변의 경관을 그렸는데, 사방을 에워싼 산과 금강과 서강이 합류되는 외곽이며 그 안의 주요 유적을 상세하게 명기했다. 제2폭부터 제6폭까지는 제1폭의 단종과 연관된 주요 유적을 확대하여 그린 것이다. 청령포, 관풍헌, 자규루, 창절사, 낙화암을 때로는 세밀하게 묘사하고 때로는 주변의 경관과 함께 산수화 형식으로 그리는 등 다양하게 표현하였다. 제7폭은 영월 경내의 관아, 관풍루, 자규루를 중심으로 확대한 그림이다. 제8폭은 다른 그림과는 달리 산의 형세를 중심으로 영월 전체를 묘사하였다.

특히 그림의 여백에는 대상의 위치와 내용에 대한 간단한 기록이 있어 이해를 돕는다. 제2폭인 청령포는 단종이 안치되었던 바로 그곳으로, 사방이 산과 물로 고립된 형세를 사실적으로 묘사했다. "청령포는 물이 마치 갈고리처럼 돌아가는데, 둘레가 겨우 1리 정

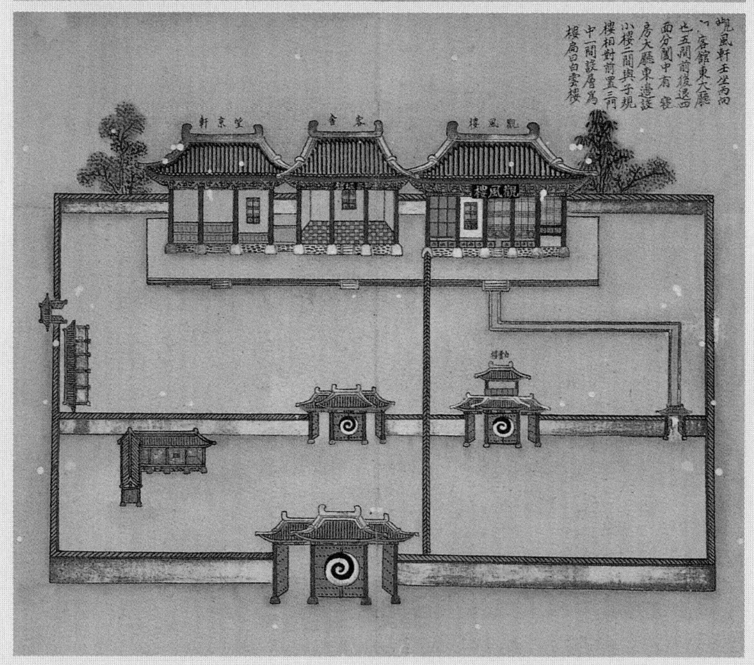

도23 **「월중도」 중 〈청령포도〉** 1820년대, 종이에 채색, 36×20.5cm, 한국학중앙연구원 장서각 소장.

도24 **「월중도」 중 〈관풍헌도〉** 1820년대, 종이에 채색, 36×20.5cm, 한국학중앙연구원 장서각 소장.

도이다. 사면에 절벽이 솟아 있고 바위가 깎아지른 듯하여, 뱃길이라고는 단지 서북쪽 한 모퉁이로만 통한다. 초입에는 또한 짧은 비가 있는데, '청령포'라는 세 글자가 새겨져 있다." 앞뒤로 깎아지른 듯한 멧부리들이 늘어섰고, 둥글게 휘감아 돌아가는 물줄기를 사실적으로 묘사하였다.도23, 도24

대업의 의지를 표현한 세조의 시

어린 조카 단종을 멀리 내치고 왕위에 오른 세조는 조선 초 국가의 기강과 문물의 기틀을 다진 임금으로 평가받는다. 휘諱는 유瑈로 세종의 둘째 왕자였다. 어머니는 소헌왕후昭憲王后 심씨沈氏이며, 비妃는 윤번尹璠(1384~1448)의 딸인 정희왕후貞熹王后이다. 무예武藝에 능하고 병서兵書에 밝았으며, 진평대군晉平大君·함평대군咸平大君·진양대군晉陽大君이라 칭하다가 1428년(세종 10) 수양대군首陽大君에 봉해졌다.

조카를 몰아내고 왕위에 오른 세조의 심사가 편할 리 없었겠지만 다음의 '후원에 행차하여 활쏘기를 관람하며 시를 짓다'(御後苑觀射作詩)에서는 자신의 등극을 정당화하고 있다.도25

수족과 같은 신하들 풍운처럼 모여들어	股肱會風雲
나를 시대의 어려움을 구원할 자로 추대하였지.	推我濟時難
천하의 요사스런 기운 맑아지고	八極妖氛淸
사방의 만물이 여유로워졌다네.	四方民物閒
조정에 임하여 두려운 바 있으니	臨朝正有懼
간언을 만나 나를 따라 어기지 말라 이르는 것.	遇諫從弗咈
지극한 다스림은 비단 지금만이 아니리니	致治非獨今
잔치 베풀어 후일까지 드리운다네.	貽燕垂後日

창덕궁 후원에서 활쏘기를 관람하며 지은 시에서 세조는 왕위에 오른 것이 자신의 뜻이 아니라 어려운 시대를 구할 인물로 신하들

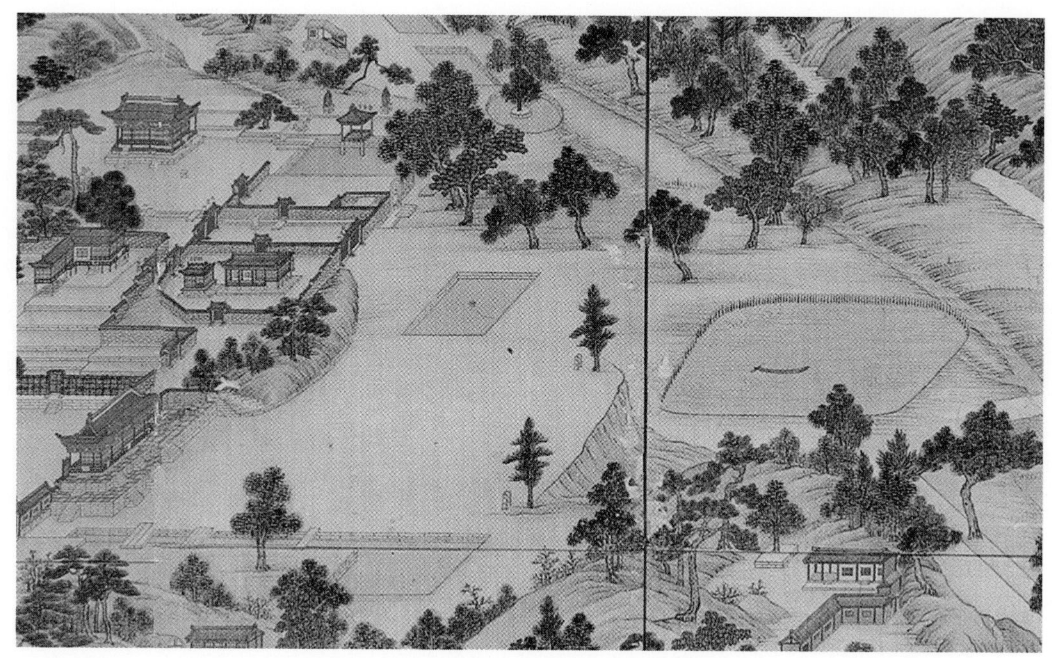

도25 《동궐도》의 춘당대와 춘당지 일대

춘당대는 창덕궁 후원의 영화당 앞 넓은 마당에 위치하였으며, 서총대瑞葱臺라고도 불렀다. 이 일대는 경치가 아름다워 왕이 잔치를 베풀고 글을 짓고 활쏘기를 즐겼던 곳이며, 조선 전기부터 문무관의 과거시험이 치러지던 곳이기도 하다.

이 자신을 추대한 것이라 변명하고 있다. 그 결과 천하의 요사스런 기운이 사라지고 모든 백성과 만물이 제자리를 찾았다고 자평하였다. 한편으로는 지존의 자리에 오른 지금에 만족하지 않고 신하들의 간언을 받아들여 태평한 세월이 후세에까지 미칠 것을 기약하였다.도26

세조의 시는 꾸밈이 없는 것이 특징이다. 난국을 헤쳐 나가는 무인적 기질이 강했던 세조는 시에 있어서도 통치자로서 자신의 의지를 담백하게 표현하였으며 화려한 꾸밈은 자제하였다. 그저 '절구'絶句라고 이름을 붙인 아래의 시에서도 이러한 특징이 여실히 나타난다.

지극한 아름다움은 다스림에 힘쓸 필요 없고	至美不務治
큰 행적은 드러난 자취 없다네.	大造無顯迹
천리마의 발을 어찌 급히 뻗을 것이며	驥足寧急展
붕새의 날개를 어찌 고달프게 재촉하랴.	鵬翔豈厲促

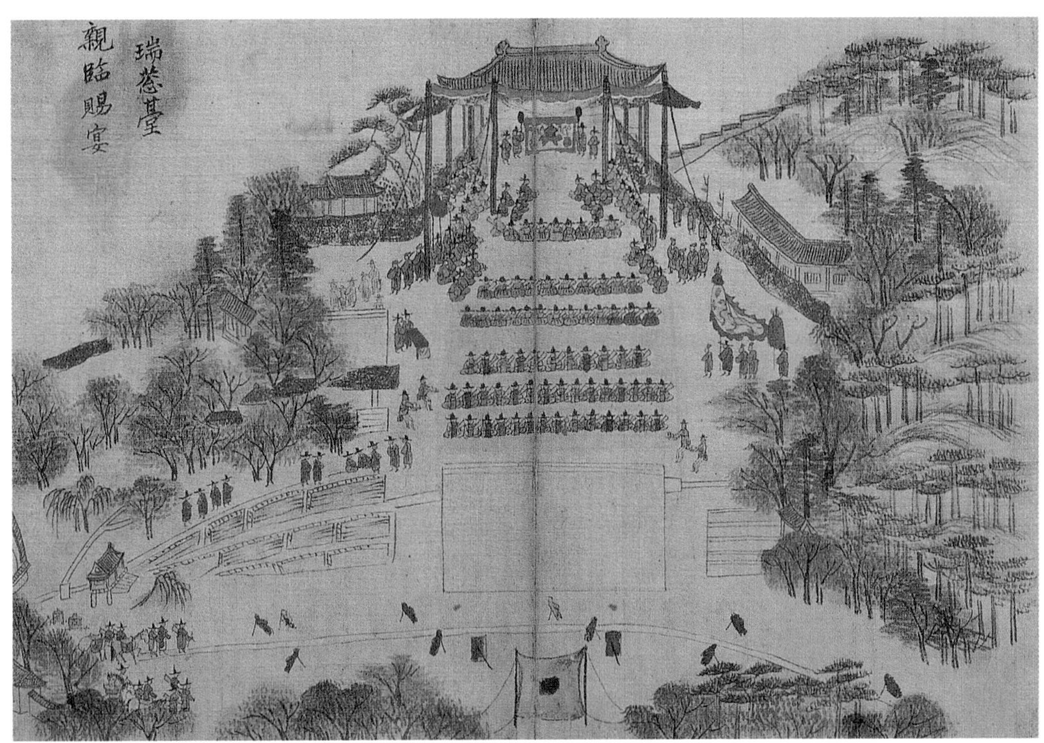

도26 **〈서총대친림사연도〉** 1564년 경, 모시에 수묵채색, 40.2×27.2cm, 고려대학교 도서관 소장. 1560년(명종 15) 9월 19일 명종이 춘당대(서총대)에서 문무 재상들에게 제술製述과 활쏘기를 시험하고 연회를 베푼 모습을 그린 그림이다.

지극한 아름다움은 인위적인 노력이 없어도 저절로 다스려지는 세상이며 큰 대업은 지난 자취를 남기지 않는다. 현실의 문제를 해결하기 위해 버둥거리며 노력한다면 작은 성취는 이룰 수 있지만 결코 커다란 대업을 이루지는 못한다는 내용에서 세조의 통치관을 읽을 수 있다.

國王日常

3 성종과 월산대군의 우애

단종과 세조가 숙부와 조카 사이에 왕권이라는 절대 권력을 놓고 피비린내 나는 다툼을 벌였다면, 성종과 월산대군月山大君은 동생이 왕이 된 이해하기 어려운 현실 속에서도 아름다운 우애를 보였다. 두 사람은 세조의 손자로, 추존 왕인 덕종의 아들이다. 덕종은 세조의 장남으로 세자에 책봉되었으나 왕위에 오르지 못한 채 세상을 떠났다. 세조의 둘째 아들인 예종이 왕위에 올랐으나 불과 13개월 만에 세상을 떠나자 후계를 정하는 데 문제가 발생하였다. 예종에게는 네 살의 제안대군齊安大君이 있었고, 덕종의 장남인 열여섯 살의 월산대군月山大君, 차남인 열세 살의 잘산군乽山君이 있었다. 잘산군이 적장자인 제안대군과 형 월산대군을 제치고 왕위에 올랐으니, 그가 바로 성종이다. 성종이 왕위에 오를 수 있었던 것은 장인인 한명회의 영향력이 막강했기 때문이다. 성종은 세종世宗·세조世祖가 이룩한 치적을 기반으로 빛나는 문화 정책을 펴나갔다. 또한 숭유억불崇儒抑佛 정책을 철저히 시행하였으며, 1474년에는 『경국대전』經國大典을 완성함으로써 조선의 기틀을 확립하였다.

국왕이 된 성종이나 월산대군, 제안대군 모두 난처한 관계가 되었다. 성종은 형제간의 우애를 바탕으로 먼저 형인 월산대군에게

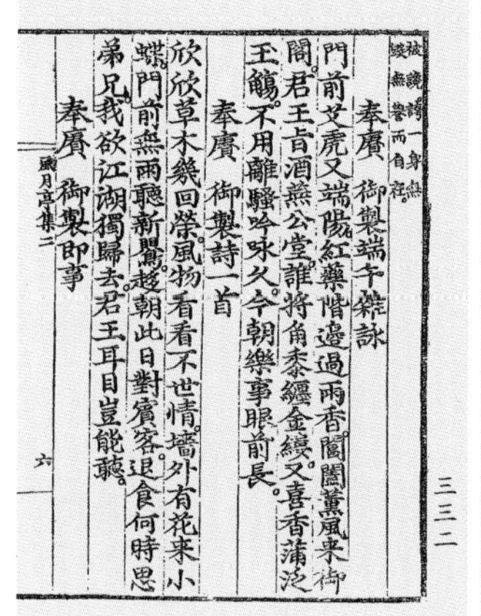

被讒謗一身無毀無譽而自在

奉賡 御製端午雜詠

門前艾虎又端陽。紅藥階邊過雨香。閶闔薰風來御閣。君王肯酒燕公堂。誰將角黍纏金縷。又喜香蒲泛玉觴。不用離騷吟咏久。今朝樂事眼前長。

奉賡 御製詩一首

欣欣草木幾回榮。風物看看不世情。墻外有花來小蝶。門前無雨聽新鸎。趁朝此日對賓客。退食何時思弟兄。我欲江湖獨歸去。君王耳目豈能聽。

奉賡 御製即事

風月亭集二　六

三三二

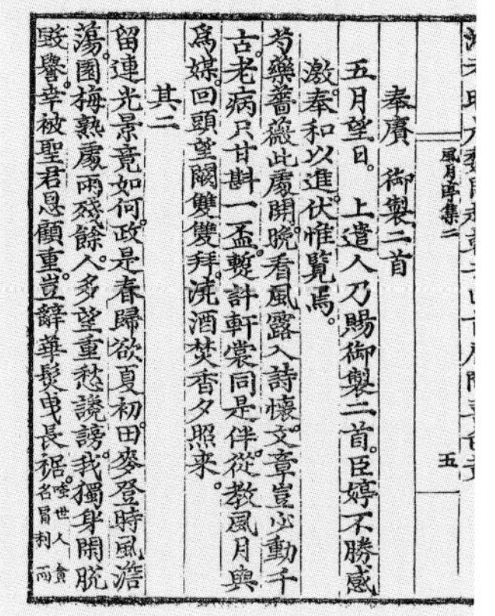

風月亭集二　五

奉賡 御製二首

五月望日。上遣人乃賜御製二首。臣婷不勝感激奉和以進。伏惟覽焉。

芍藥薔薇此處開。曉看風露入詩懷。文章豈必動千古。老病只甘斟一盃。贊許軒裳同是伴。從教風月與爲媒。回頭望闕雙雙拜。澆酒焚香夕照來。

其二

留連光景竟如何。政是春歸欲夏初。田麥登時風浩蕩。園梅熟處雨殘餘。人多望重愁讒謗。我獨身閑脫毀譽。幸被聖君恩顧重。豈辭華髮曳長裾。嗟世人貪名冒利而

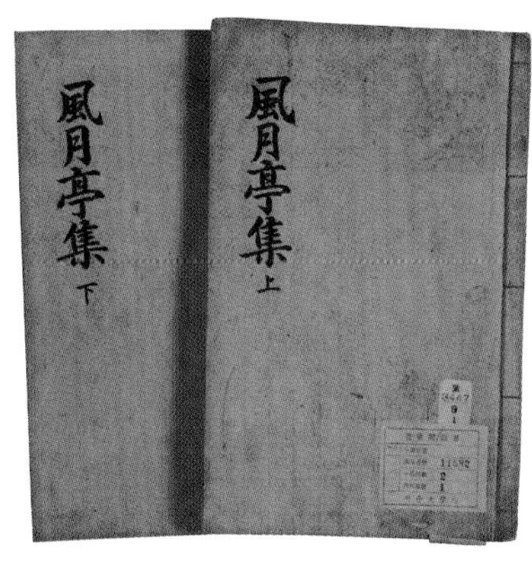

우의를 보임으로써 어려운 관계를 해소하였다. 그는 월산대군을 제치고 왕위에 오른 후 형을 생각하는 마음이 지극하였다. 월산대군 역시 자신의 존재로 인해 정통성 문제가 일어나는 것을 원하지 않아 자연을 벗 삼아 은거하였다. 궁궐에 자주 출입하며 조정의 연회를 즐기면서도, 고양에 있는 풍월정風月亭, 서강西江의 망원정望遠亭에 주로 살면서 풍류를 즐겼다.도27 월산대군의 집에 풍월정이 있었는데, 성종은 1477년 '풍월'風月이라는 두 글자를 내려 현판으로 걸게 하고 몸소 오언율시를 지었다. 망원정은 원래 효령대군의 희우정喜雨亭이었던 것을 성종이 1484년 수리하여 월산대군에게 주고 '망원'望遠으로 이름을 바꿨다. 이를 계기로 성종은 '망원정'으로 시를 짓고 신하들에게 차운하게 하였다. 성종은 월산대군이 죽은 뒤에도 형을 잊지 못해 초상을 그리게 하고 친히 화상찬을 짓기도 하였으니, 월산대군에 대한 은우恩遇가 단지 왕권 계승 과정에서 생길 수 있는 갈등을 무마하기 위한 것이 아니라 진정 형을 사랑하는 마음에서 비롯한 것임을 알 수 있다.

도27 **월산대군의 문집 『풍월정집』 표지와 본문** 서울대학교 규장각 소장.

성종의 시에는 이러한 형 월산대군에 대한 시편이 상당수 있으며, 각 시마다 형에 대한 정이 고스란히 묻어난다.

도28 **성종의 시 '불두화가 활짝 핌에 형을 생각하며 정좌하고 시를 지어 부친다'**(佛頭花盛開 憶兄寂坐 作詩以送) **원문**

春燕輕身此可堪理鬟雲月最宜男臙脂半面紅
蓮姤羅綺開胷白雪涵言 缺缺 疑花爛熳靜顔難
度意和湛吾看此景兄看趣先告音容聽說慙
右春花
安否數日不來未認厥由恐有其故自生曲
慮作簡且詩用篤情愧
有事神明社稷壇齋心獨坐小堂寒一窓空響芭
蕉雨滿砌繁開荔子園對此豈無深所想送秋那
忍強為寬嫣然笑語非兒女今古誰踰兄弟難
階前佛頭花盛開予翫之因折一枝憶兄寂

坐作詩一首非封送也
雪作精神玉作容玲瓏庭院弄薰風肯隨桃李媚
春色暗許氷霜老化工鬃髻也知僧妄禮姮魂那
衈翠成朦花前置酒要須飮艶剩爭看醉面紅
遣中使李孝智送宣醞并詩
羣山壓雪玉芙蓉立馬峰頭恨不空遥望白雲城
關近細瞻蒼靄樹林重呼鷹逐兎窮三窟縱犬追
獐貫十終如雉如鵰不足數濁來宜慰送春風
夏日憶兄寂坐送紅燒酒五壺黃梨百箇兼
寄拙詩數篇勿笑勿笑求正

눈처럼 깨끗한 정신이며 옥과 같은 얼굴	雪作精神玉作容
영롱한 정원에서 훈풍을 희롱하시네.	玲瓏庭院弄薰風
기꺼이 복사꽃 오얏꽃 따라	肯隨桃李媚春色
아름답고 사랑하는 얼굴 띠었지만	
속마음은 얼음 서리와 같은 노화옹이라네.	暗許氷霜老化公
비녀에 갇혀도 또한 중들의 망령된 법식 아니	鬃髻也知僧妄禮
항아의 혼백 비취가 어둑해짐을	姮魂那衈翠成朦
어찌 불쌍히 여기리오.	
꽃 앞에 술을 두고 마실 것을 권하니	花前置酒要須飮
고운 빛 감도는 술 취한 붉은 얼굴	艶剩爭看醉面紅
다투어 보고자 하네.	

'불두화가 활짝 핌에 형을 생각하며 정좌하고 시를 지어 부친다'(佛頭花盛開 憶兄寂坐 作詩以送)라는 시이다. 불두화가 만개하는 4월 봄, 형 월산대군을 초청하여 술자리를 열었다. 성종은 월산대군이 세상을 떠난 뒤에도 화상을 그려놓고 그리워했다고 하는데, 월산대군은 외모도 수려한 데다 눈처럼 깨끗하고 냉철한 정신을 소유했던 듯하다. 겉으로는 화려한 봄꽃을 따라 웃고 있지만 속으로는 눈과

서리처럼 꿋꿋한 기상을 가졌음을 말하고 있다. 그렇기 때문에 지존의 자리를 아우에게 넘기고도 흐트러짐 없이 현실을 인정하였다. 형을 대하며 그러한 마음을 읽고 위로하는 성종의 정성을 읽을 수 있다.도28

월산대군 역시 아우이자 임금인 성종의 은혜에 시를 지어 화답하며 안분安分의 삶을 즐겼다.

끊임없는 햇살이 마침내 어떠한가	留連光景竟何如
정말 봄이 가고 여름이 되려 하네.	政是春歸欲夏初
보리를 타작할 때 바람은 넘실거리고	田麥登時風瀇蕩
매실이 익는 곳에 빗방울 남아 있네.	園梅熟處雨殘餘
사람들은 많이들 명망이 중하여 참소를 근심하는데	人多望重愁讒謗
나는 홀로 신세가 한가하여 칭송과 비방 벗어나 있다네.	我獨身閑脫毁譽
다행히 성군의 은혜 돌아봄에 무거우니	幸被聖君恩顧重
허연 머리에 긴 옷 끌고 다님 어찌 사양하리요.	豈辭華髮曳長裾

5월 보름 성종이 그에게 어제시 2수를 보내니 월산대군이 화답한 것이다. 일반 사람이야 명망을 바라고 그 때문에 주위의 참소와 비방에 시달리지만, 자신은 권력이 없으니 유유자적한다는 생활의 모습을 잘 보여주고 있다. 월산대군의 시조로 널리 알려진 "추강秋江에 밤이 드니 물결이 차노매라. 무심無心한 달빛만 싣고 빈 배 저어 오노라"라는 구절과 같은 정취를 풍긴다. 이것은 왕권에서 밀려난 왕자의 어쩔 수 없는 운명이며 처세술이었다. 국왕에게 다른 왕자들이란 아무리 피를 나눈 형제라 해도 잠재적 경쟁자일 수밖에 없었다. 또한 정치적 소용돌이 속에서 자신의 의지와는 무관하게 형제가 희생되는 경우도 종종 있었다. 왕권에서 밀려난 왕자들은

이 점을 늘 염두에 두고 조용히 숨어 지낼 수밖에 없는 처지였다. 위의 월산대군의 시는 이러한 자신의 한계와 현실을 분명히 알고, 안분과 달관으로 일관한 처세의 모습을 여실히 보여준다.

국왕이 된 아우와 그로 인해 자신의 뜻을 펼 수 없는 형, 그러나 세상의 무엇과도 바꿀 수 없는 것이 피를 나눈 형제였다. 세상에 하지 못할 것이 없는 권력의 유혹도 끝내 어쩌지 못한 것이 바로 성종과 월산대군의 우애였다.

4 폭군의 시와 정서

'반정'反正이란, 말 그대로 올바른 상태로 되돌아감을 의미한다. 정치적으로는 무능하거나 포악한 군주를 몰아내고 새로운 군주를 세워 어지러운 세상을 바로 잡는 무력적인 변동을 말한다. 왕조를 교체하는 것이 역성혁명易姓革命이라면 왕조의 정통성은 유지한 채 왕위만 교체하는 것이 반정反正이다. 조선에서는 1506년 9월 연산군을 폐위시킨 중종반정과 1623년 3월 광해군을 축출한 인조반정이 있었다. 반정에 의해 쫓겨난 국왕은 조종祖宗의 묘호를 받지 못한 채 군君으로 칭해지며 온전한 임금으로 대우받지 못한다.

연산군의 광기와 한시

연산군의 어머니는 폐비 윤씨였다. 그녀는 빼어난 외모로 성종의 총애를 받았으나 시어머니인 인수대비仁粹大妃의 눈 밖에 나 끝내 사약을 받고 말았다. 그때가 연산군이 네 살 때였으며, 어린 연산군은 큰어머니인 월산대군의 부인이 주로 키웠다. 연산군의 광기가 표출되는 직접적 계기는 어머니의 죽음의 내막을 알게 된 것이었다. 그렇기에 어머니에 대한 그리움은 종종 시로 나타난다.

도29 **연산군의 생모인 폐비 윤씨의 묘 회릉** ©김성철

어제 사묘思廟에 나아가 어머니께 절함에	昨趨思廟拜慈親
잔 올리고 나니 눈물은 자리를 가득 적시네.	奠爵難收淚滿茵
간절한 정회는 다할 길 없으니	懇迫情懷難紀極
영령도 응당 이 정성을 돌보시리.	英靈應有顧誠眞

어머니에 대한 그리움과 그 원혼을 달래려는 노력이 시에도 그대로 드러난다. 연산군은 성종의 유교遺敎를 무너뜨리고 어머니를 위하여 슬퍼하고 사모하는 마음이 망극하여 묘소를 옮기고 사당을 세웠다. 뿐만 아니라 효사묘孝思廟에 관원을 두어 상식上食하게 하였다. 어머니의 무덤인 회묘懷墓에 친제親祭를 올려 모자의 지극한 마음을 펼치려고도 하였다.도29 이에 대해 연산군은 "나도 모르게 슬픔이 마음속에 핍박하여 극히 눈물이 두 눈에서 뚝뚝 떨어졌다. 내가 어찌 간언諫言을 물리쳤다는 이름을 두려워하여 자친慈親을 잊어버리겠는가" 라고 하였다. 연산군은 효사묘에 친제를 행할 때와 아침 저녁의 상식에 응당 거행할 의례의 제도를 정하였다. 재위 8년째인 1502년 9월 5일 직접 제사를 올리고 위의 시를 지었다.

어머니의 사당인 효사묘에 나아가 잔을 올리고 절을 하는 연산군에게 비명에 돌아가신 어머니를 그리워하는 마음은 더욱 비통하고 안타까울 수밖에 없다. 여기에는 폭군으로 알려진 연산군의 광기狂氣가 없다. 단지 어머니를 그리워하고 추모하는 아들의 정성만이 있을 뿐이다.

연산군의 어머니에 대한 정성은 다음의 악장에서도 잘 드러난다.

아름다운 공 위대한 덕 하삼도
우리 어머니샷다
높은 사랑 깊은 어짐 하삼도
우리 어머니샷다
녹과 복을 길이 편안히 하사
억만 년 누리소서

연산군은 1505년 악장을 지어 승정원에 내린다. 악장은 궁중의 제사나 연회에 사용된 음악에 맞춰 부르는 노래의 가사이다. 조선의 군왕들은 종종 악장을 지어 사용하였는데, 연산군은 어머니의 공덕을 비는 내용으로 직접 악장을 지어 연회에 사용한 것이다. 12월 24일 기록에는 "연방원聯芳院에 가르쳐 진연進宴할 때 부르게 하였다"고 한다. 연방원은 연산군이 장악원掌樂院을 고쳐 부른 것으로, 국가의 음악을 담당하는 관서였다.

연산군은 알려진 것처럼 상당한 수준의 문학적 재능을 가졌다. 패륜으로 인해 지존의 자리에서 쫓겨났지만 연산군은 높은 경지의 한시 작품들을 남겼다. 별도의 문집도 없고 쫓겨난 국왕으로 『열성어제』에도 수록되지 못했지만, 『연산군일기』에 상당한 작품들이 실려 있다.[1]

연산군은 시 창작의 핵심이 인간의 자연스럽고 진실한 감정과 욕구의 표출에 있다고 보았다. 인간의 자연스럽고 진실한 감정 중에서도 연정戀情과 취락醉樂을 소재로 자신의 감정을 격정적으로 분

1_ 연산군의 한시에 대해 이현지의 「성종·연산군 대 왕실 문학 연구」(한국학중앙연구원 한국학대학원 박사논문, 2009)에서 자세히 다루었다.

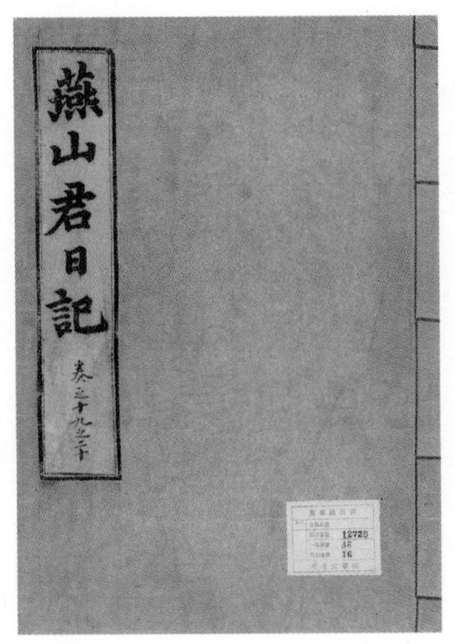

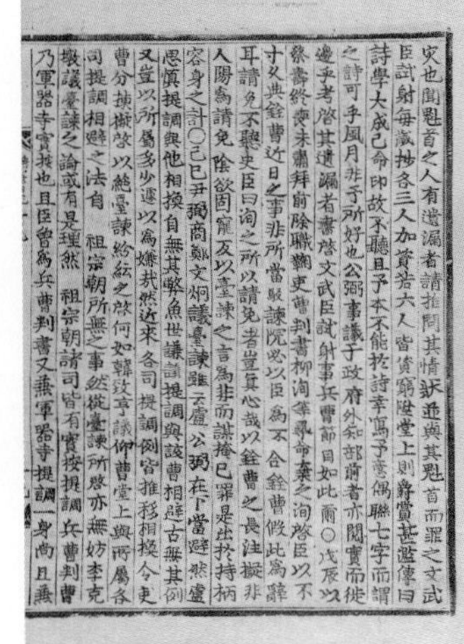

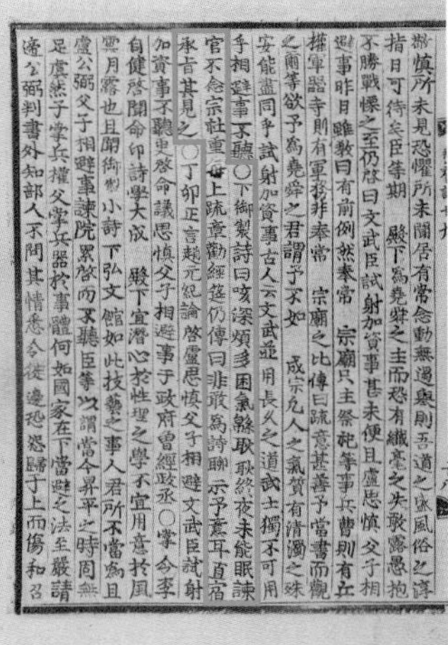

도30, 도31 **『연산군일기』 표지와 연산군 2년 11월 23일 기사에 실린 시 원문** 서울대학교 규장각 소장.

출하였다. 뿐만 아니라 증오와 분노의 감정을 아무런 여과 없이 직설적으로 토로하였다. 억누르거나 진정시킬 수 없는 감정을 여과 없이 토로하여 표현이 거칠고 감정이 과도하게 노출되어 있다.

연산군은 시에서 호방한 시는 이백李白(701~762)이 으뜸이지만 당시 사람들 중에서 글 잘 지은 사람을 뽑는다면 강혼姜渾(1464~1519)이 으뜸이라고 하였다. '강혼의 시는 사람을 놀라게 하고 귀신을 감동시키니, 세상을 진동시킬 만한 재주라 할 것이다'라고 극찬하였다. 심지어 강혼을 성인이라 하더라도 후세에 반드시 그렇게 여길 것이라고 할 만큼 강혼은 연산군에게 있어 최고의 시우詩友라 할 수 있다. 실제 강혼과는 적지 않은 시를 주고받았다. 그러나 정작 강혼은 중종반정에 참여하여 정국공신靖國功臣 3등으로 진천군晉川君에 봉해졌으니 아이러니라 할 것이다.

기침은 잦고 피곤한 기운에 몸은 늘어져	咳深煩多困氣緜
뒤척이며 밤새도록 잠 못 이루네.	耿耿終夜未能眠
간관들 종사의 중함은 생각하지 않고	諫官不念宗社重
소장을 올릴 때마다 경연에 힘쓰라 하네.	每上疏章勵經筵

몸이 아파 잠도 이루지 못하는 지경인데 경연에 참석할 것을 강권하는 대간에 대해 유감스러운 마음을 표현한 시이다.도30, 도31 이즈음의 정황에 대해 연산군은 "사직의 안위安危는 인군의 한 몸에 있는 것인데, 경연을 어찌 급하게 할 것이랴? 인군의 몸이 편안하면 사직 역시 편안한 것이다"라고 하면서, 부지런히 경연에 나가도록 아뢴 자는 모두 예에만 빠진 자요, 진실로 임금을 위한 것이 아니라고 했다. 경연에 나가지 않는 본래 이유는, 대간을 비롯한 신하들이 자신을 유주幼主라 간주하여 능멸한다는 피해의식 때문이었다.

물론 연산군의 한시에는 근심을 풀기 위한 퇴폐적 향락이 자주 나타나는 것도 사실이다. 그 근심이란 어머니의 죽음에 대한 회한이나 원망도 있지만 국왕이란 자리가 주는 부담감에서 비롯한 것이기도 하였다. 연산군의 시에 나타나는 자유로움에 대한 갈망과 외부의 강압에 대한 거부감은 그의 근심이 무엇인지 단적으로 말해준다. 승정원에 술과 작약 꽃 세 가지를 내리면서 "꽃과 술을 내리는 것은 내 가까이 있기 때문인데, 즐거움 속의 괴로운 시름을 누가 알겠는가"(賜花賜酒因近密, 誰知懽裏苦愁深)라고 한 바 있다. 즐거움 속의 괴로운 시름이란 지존의 자리에 구애되어 자신이 하고자 하는 것을 하지 못하는 현실에 대한 불만이었다.

광해군의 폐출과 한시

광해군은 연산군과 함께 왕위에서 강제로 밀려난 폭군으로 지목되고 있지만, 실상과 평가에 있어서는 다른 모습을 보인다. 문학 활동에 있어서도 수준 높은 작품을 많이 남긴 연산군에 비해 남아 있는 작품이 거의 없다. 아래 시 역시 광해군의 작품인지도 분명치 않다. 제3구는 백거이白居易(772~846)의 시구를, 제4구는 간부簡夫의 시구를 따서 지은 집구시集句詩이다. 광해군은 유독 이 시를 좋아하여 상림上林에서 봄놀이를 할 때면 반드시 제희諸姬로 하여금 읊게 하였다.

도32, 도33 **창덕궁의 봄 풍경** ⓒ김성철

배꽃 복사꽃 살구꽃 피어나니 梨花桃花杏花發
남쪽 마을 북쪽 마을 서쪽 마을이 봄이라네. 南里北里西里春
춥지도 않고 덥지도 않은 이 좋은 시절에 不寒不熱好時節
반쯤 취하고 반쯤 깬 나는 하릴없는 사람. 半醉半醒無事人

3구와 4구는 『동문선』東文選에 임유정林惟正이 백거이와 간부의 시구를 집구한 것으로 되어 있고, 최석정崔錫鼎(1646~1715)도 이 시구를 집구하여 시를 지었다. 다만 1구와 2구는 출처가 분명하지 않아 조심스럽게 광해군의 시구로 볼 수도 있다. 3구의 춥지도 덥지도 않은(不寒不熱) 봄날의 정취가 앞 두 구의 봄 정경과 잘 어울린다. 그러나 창덕궁의 후원인 상림이 국왕이 수학하며 소요逍遙하는 공간이자 더러는 연회가 벌어진 공간이라 하더라도, 국왕은 몽롱하게 취한 하릴없는 사람이어서는 안 된다. 그렇기에 시의 분위기는 낭만적인 경지를 벗어나 사뭇 향락적인 정조로 이루어졌다고 할 수 있다.도32, 도33

다음의 시는 광해군이 왕위에서 쫓겨난 채 강화도에서 제주도로 유배지를 옮길 때 배 안에서 지은 것으로 전하는 작품이다.

더운 바람이 비를 몰아 성머리를 지나가고 炎風吹雨過城頭
바다 기운이 백 척 높은 누각을 끓이네. 瘴氣薰蒸百尺樓
창해의 성난 파도 땅거미를 부르고 滄海怒濤來薄暮
푸른 산 시름겨운 빛은 맑은 가을을 보내오네. 碧山愁色送清秋
돌아가고픈 마음은 歸心每結王孫艸
늘 왕손王孫의 풀에 맺혀 있는데
나그네의 꿈은 客夢頻驚帝子洲
자주 제자帝子의 물가에서 깨어버리네.
고국의 흥망은 소식조차 끊어졌는데 故國興亡消息旦
안개 짙은 강 배 위에 외로이 누워 있다네. 烟波江上臥孤舟

이 시는 홍만종洪萬宗의 『소화시평』小華詩評에 실려 있는 광해군의 작품이다.[2] 광해군의 한시가 거의 남아 있지 않은 현실을 고려하면 왕위에서 쫓겨난 뒤에 지은 것이기는 하지만 당시 광해군의 심정을 알 수 있는 작품이다. '왕손'은 돋아나는 봄풀을 보며 돌아가지 못하는 자신의 신세를 비유하는 시어이며, '제자'는 제주도 근처의 섬 이름이다. 이 시에는 "안타깝게도 그 시가 이와 같았지만, 음탕하고 사치하며 무도하여 끝내 나라를 엎어버렸으니 참으로 수나라 양제煬帝와 같은 길을 걸었다고 할 만하다"(惜其詞華若此 而淫侈無度 終以覆國 眞可與煬帝一轍)라는 홍만종의 평이 달려 있다. 구체적인 평어를 사용하지 않았지만 시만 놓고 보면 뛰어난 수준을 보인다고 하였다. 다만 음탕하고 사치하며 무도하여 나라를 어지러운 지경에 빠뜨린 행적을 비판하였다. 조선시대 국왕은 불가침의 존재였다. 따라서 신하가 국왕에 대해 평을 하는 것은 용납되지 않았다. 국왕의 휘諱에 해당하는 한자는 읽을 수도 사용할 수도 없었으며, 기록에 휘, 자字 등을 남길 때에는 반드시 면지로 가리게 하였다. 이러한 예는 어보御寶에도 적용되어 인면印面을 그린 것은 가릴 필요가 없지만 실제 어보를 찍은 것은 반드시 면지로 가렸다. 이처럼 절대

2_ 홍만종洪萬宗, 『소화시평』小華詩評 권상.

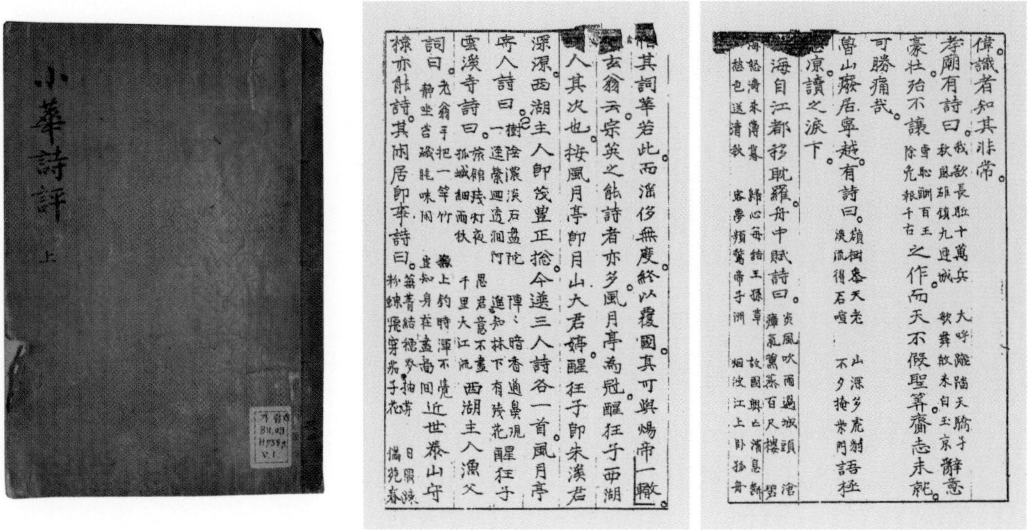

도34 **홍만종의 『소화시평』 표지와, 광해군의 시 수록 부분** 서울대학교 규장각 소장.

적 존재인 국왕의 작품에 이러쿵저러쿵 평가를 하는 것은 용납되지 않는 것이었지만, 광해군이 쫓겨난 왕이었기에 비판적 논조의 시평이 가능했던 것이다.[3] 도34

3_ 『소화시평』에는 고려시대 4명의 국왕과 조선시대 태조, 문종, 성종, 인종, 선조, 인조, 효종, 단종, 광해군 등 9명의 국왕의 시를 소개하고 간단한 평을 붙였다. 그러나 광해군 외에 고려 충숙왕의 시에 대해 "위약함이 결점이다"(但欠萎弱)라고 했을 뿐, 다른 국왕의 작품에 대해서는 제왕의 기상과 자질 등을 칭송하였다.

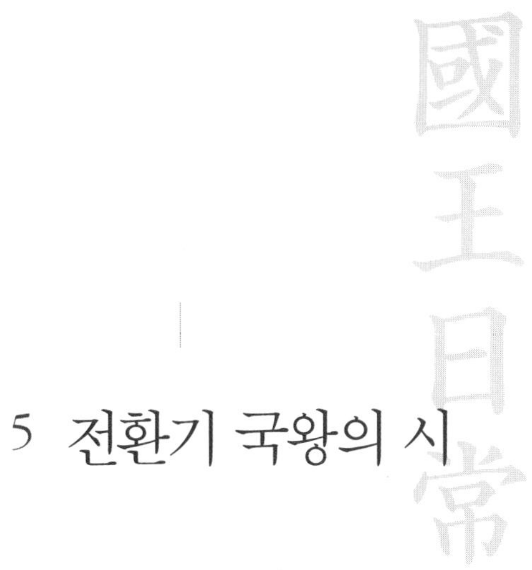

5 전환기 국왕의 시

선조의 문치文治와 시

임진왜란을 당하여 선조는 빗속에 서울을 떠나는 참담한 지경에 처하였다. 용만龍灣으로 몽진한 뒤 다음과 같은 시를 읊어 못내 비탄해 하였다. 당나라 숙종肅宗 때 안녹산安祿山(703?~757)과 사사명史思明(?~761)의 난을 평정한 곽자의郭子儀(697~781)·이광필李光弼(708~764)과 같은 충신을 생각하면서, 관산關山의 달을 보고 통곡하고 압록강 차가운 바람에 상심하였다.

나랏일이 위태로운 이때	國事蒼黃日
누가 능히 이광필과 곽자의 같은 충신이리오.	誰能李郭忠
서울을 떠남에 큰 계책이 있었으리니	去邠存大許
수복하는 일은 여러 공들에게 달렸소.	恢復杖諸公
관산의 달을 보며 통곡을 하고	痛哭關山月
압록강 물에 상심한다오.	傷心鴨水風
조정의 신하들이 오늘 이후로	朝臣今日後
어찌 다시 동서로 나뉘리오.	寧復更西東

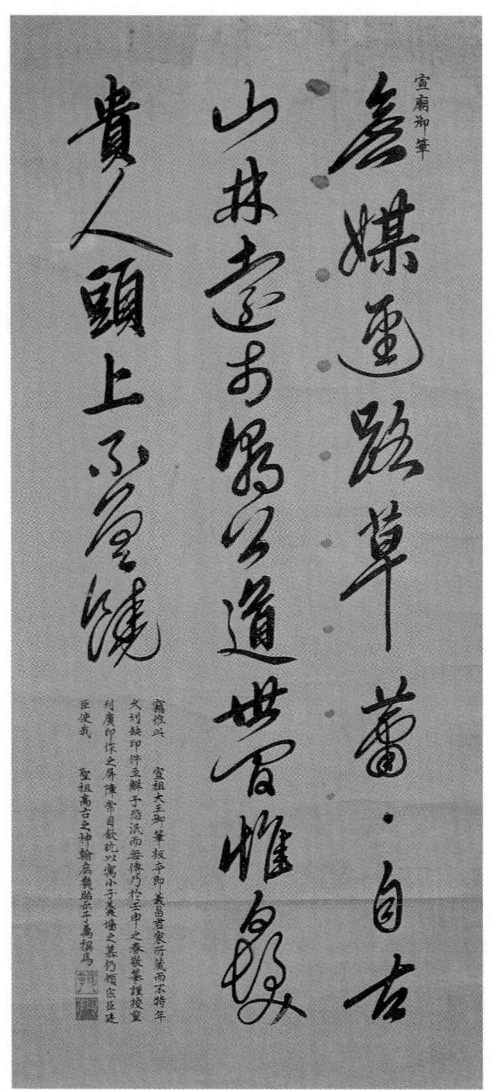

도35 **선조어필 두목 시** 한국학중앙연구원 장서각 소장.
선조가 당대 시인인 두목杜牧의 7언 절구 '은자를 보내며'(送隱者)를 행서로 쓴 것이다.

7구와 8구에서 이 난리가 일어난 책임을 동인東人과 서인西人으로 나뉘어 국론을 분열시킨 조정 신하의 허물로 돌리고 있다.

선조는 조정을 둘로 나누어 세자인 광해군이 이끄는 조정은 조선에 남아 종묘사직을 받들어 다스리라는 명을 내리고 자신은 의주로 몽진하였다. 비록 이처럼 국왕으로서의 책임을 회피하기는 했지만 일찍이 겪어보지 못했던 전란의 와중에 당시의 처량하면서도 비분에 찬 심정을 곡진하게 묘사하였다.

선조의 시대는 흔히 목릉성세穆陵盛世로 표현된다. '목릉'은 선조의 능호이고, '성세'란 문치文治를 통하여 문물이 흥성한 시대를 말한다. 비록 임진왜란을 겪기는 했지만 선조의 시대(재위 1567~1608)에는 많은 인재가 배출되고 문물이 번성하였다. 기묘사화와 을사사화의 억울한 죽음을 신원함으로써 사림의 정계 진출을 유도하고 유학을 장려하였다. 이황李滉(1501~1570), 이이 등과 같은 인재를 등용하여 국정을 쇄신하였다. 또한 조선의 숙원이었던 종계변무宗系辨誣 문제도 해결함으로써 조선의 정통성을 확보하였다. 선조 자신 역시 검소하였으며, 예술적 재능과 문학적 소양이 뛰어났다. 뿐만 아니라 이 시대에는 문장사대가文章四大家며 삼당시인三唐詩人이며 복고파復古派 등이 활동하며 문풍이 크게 진작되었다. 특히 이 시기 한시는 서정성과 함축성을 강조하는 당풍唐風이 크게 떨쳤다.도35

다음의 '눈이 온 뒤 우연히 이런저런 말로 짓다'(雪後偶成漫語)에서는 여타 전문 시인들의 작품에 뒤지지 않는 선조의 예술적 재능을 발견할 수 있다.

눈꽃은 크기가 방석만 한데 雪花大如席
멀고 가까운 풍광 모두 흰빛이라. 遠近皆皜白
숲은 온통 옥으로 가지를 빚은 듯 千林玉作枝
세상은 은세계가 되었네. 世界銀爲厥
그윽한 곳의 사람은 술동이 마주하고 幽人對樽酒
맑은 바람은 어지러운 눈을 쓸어버리네. 淸風灑亂雪
홀로 술 마시다 다시 홀로 노래하니 獨酌還獨歌
넓고 넓은 천지도 좁기만 하여라. 浩浩天地窄
사람이 세상에 태어나 人生在世間
어찌 슬픔과 즐거움을 좇으리오. 豈足追悲樂
생각도 말고 또 근심도 말고 無思且無慮
다시 술잔 속의 술이나 마시게나. 更進杯中物

오언배율五言排律의 형식을 빌려 눈이 온 뒤의 경물과 개인의 심회를 곡진하게 드러냈다. 함박눈이 내려 온통 하얗게 변한 경물을 바라보며 술을 마시니 세상은 좁게만 여겨진다. 슬픈 일이든 즐거운 일이든 모두 자잘한 세상일일 뿐이다. 생각도 근심도 모두 떨쳐버리고 초탈하고자 하는 선조의 심사가 술을 통해 묘사되었다. 여기서 선조는 나라를 걱정하고 백성을 보살피는 국왕의 모습이 아니라 하얀 세상을 훨훨 날고 싶어 하는 한 인간으로 존재할 뿐이다. 막힘없는 시상의 전개도 뛰어나지만 초월의 의지가 간결하면서도 깨끗한 이미지로 묘사되었다.

숙종의 한시와 시대적 전환

선조가 외침을 겪은 국왕이라면 숙종은 치열한 당쟁의 소용돌이에 휩싸인 군주였다. 두 사람은 안팎으로 어려움을 겪었던 국왕이지만 문화의 시대를 연

전환기의 국왕이었다는 점에 있어서는 유사하다.

숙종은 조선 19대 국왕으로 이름은 돈焞, 자는 명보明普이다. 열네 살인 1674년 8월 즉위하여 재위 47년 동안 왕권을 강화하고 민생의 안정에 주력하였다. 숙종 연간에는 예송논쟁禮訟論爭, 건저 문제建儲問題로 여러 차례의 정치적 환국換局이 일어나는 등 붕당정치가 절정에 이르렀고 또 그 폐해가 드러나기도 하였다. 그러나 한편으로 숙종의 시대는 정쟁이 격화되었지만 사회 전반의 체제가 정비되고 안정되었다. 대동법大同法과 균역법均役法을 시행하여 조세제도를 정비하고, 대흥산성大興山城 등 산성을 개축하고 5군영 체제를 확립하여 국방의 강화에 힘썼다. 또한 백두산정계비白頭山定界碑를 세우고 일본에 통신사를 파견하는 등 외교관계를 정비하였다. 이러한 일련의 사업을 통해 왕권을 강화했던 것으로 평가된다. 한편으로는 대보단大報壇과 계성사啓聖祠를 건립하고, 단종과 사육신을 복권시킴으로써 의리義理의 문제를 정리하였다. 이외에도 각종 서적을 간행하여 법제를 정비하고 왕실의 권위를 높이기도 하였다.

숙종은 문예에도 상당한 관심을 기울였다. 서적과 서화를 적극적으로 구입하거나 간행하여 문치文治를 확립하려고 노력하였다. 또한『열성어제』에 시 816수, 문 292편이 수록될 정도로 시문의 창작에도 힘을 쏟았다.

숙종은 문치와 왕권의 강화라는 현실적 목적의식에서 시문을 창작하였으며, 작법에 있어서도 비교적 평이하고 적절한 경향을 보여준다. 역사는 단순한 과거가 아니라 현실을 진단하고 그 방책을 세우는 훌륭한 전범이 될 수 있다. 숙종은 수많은 역사적 사건과 인물 속에서 교훈을 얻고 현실의 문제를 타개하려는 노력을 기울였다. 특히 노론과 소론, 노론과 남인 간의 치열한 붕당정치의 현장에서 그 답을 역사에서 찾고자 하였다. 충·효·열을 행한 사람들에 대한 표창을 통하여 모범을 세우려 하였고, 역사적 인물과 사건 중에서 포폄이 될 만한 것을 가려 권선징악의 본보기로 삼고자 하였

名得炎後輕輕降火升
題城上拜天子圖
一片孤城固守之當年麗業賴玆持載旋車馬秋
風動更耀兵戈彩仗移天子褒嘉應勵節將軍傴
僂已登陴至今遺址人多見我獨依俙畫裏知
賜延齡君詩四首第三第四首鏤板揭于存
心軒內
予憐汝失母使汝移居養心閤于今十三
年矣至近予所在頻頻往來心常欣喜今
將出第不任缺然詩以贈之聊表予情

山有雲水無紋穿魚幾換酒疑若棹歌閑盤桓松
下何時去長見渚禽為一羣
自鳴鐘
静觀倭製巧纖悉更無遺兩曜容行運雙錘助轉
移金鐘隨刻擊玉殿報時司不待銅壺箭晝宵十
二知
次趙子昂人馬圖韻
獨自垂鞭信馬遲遲注龍種不凡材秋山撫景躊
躇意一幅鮫綃畫出來
又

도36, 도37 『숙종어제』에 실린 '제성상배천자도'題城上拜天子圖와 「자명종」自鳴鐘 시 원문

다.[4]

아래의 시는 1715년에 지은 '성상배천자도에 제하다'(題城上拜天子圖)라는 작품이다.도36, 도37

한 조각 외로운 성을 굳게 지켰으니 一片孤城固守之
그 옛날 고구려의 왕업은 여기에 힘입었지. 當年麗業賴玆持
거마를 되돌림에 가을바람 일어나고 載旋車馬秋風動
무기를 번쩍이며 아름다운 의장 옮겨 가네. 更耀兵戈彩杖移
천자는 기리며 절의를 격려하고 天子褒嘉應勵節
장군은 절을 하며 이미 성에 올랐네. 將軍傴僂已登陴
지금까지 남은 터를 본 사람은 많지만 至今遺址人多見
나는 오직 어렴풋이 그림 통해 안다네. 我獨依俙畵裏知

〈성상배천자도〉城上拜天子圖는 양만춘楊萬春이 안시성에서 당나라 태종의 대군을 물리치는 장면을 그린 것이다. 물러가는 당 태종은 양만춘의 절의와 기개에 탄복하여 비단을 선물하였고, 승리한 양만춘은 후퇴하는 당 태종에게 성 위에서 절을 하여 예의를 갖추었다는 내용이다. 이에 대해서는 후대 정조 역시 아름다운 미담이라고

4_ 숙종의 문예에 대해서는 김남기의 「숙종의 문예적 관심과 한시 세계」(『진단학보』 98집, 2004)에서 자세히 다루었다.

칭송하였다.

숙종은 승자나 패자나 서로에게 예의를 갖춘 아름다운 전설의 현장이 만주족에 의해 지배당하는 현실이 안타까웠는지 모른다. 장엄했던 우리의 역사였건만 사신으로 오가는 사람을 통해 전해들을 수밖에 없고 그림을 통해 상상할 수밖에 없는 현실에 아쉬움이 배어 있다. 숙종은 이전에도 '성상배천자'城上拜天子라는 시에서 양만춘의 충정을 기리고 그로 인하여 해동의 왕업이 이어지게 되었다고 칭송하였다. 양만춘의 훈업을 읊은 성상배城上拜가 조선 후기 악부시樂府詩의 제목으로 자주 보이는 것도 당대인의 이러한 인식을 보여준다.

숙종의 시대는 중국과 일본을 통해 새로운 문물이 본격적으로 유입되던 시기였다. 국왕의 시에도 새 문명에 대한 호기심이 종종 나타난다. 다음은 「자명종」自鳴鐘이라는 시이다.

가만히 왜국의 공교로운 제작을 살피니	靜觀倭製巧
모두 갖춰 모자람이 없구나.	纖悉更無遺
해와 달처럼 운행이 용이하고	兩曜容行運
두 개의 추가 좌우로 움직이네.	雙錘助轉移
자명종이 시각마다 울려서	金鐘隨刻擊
대궐에 시간을 알려주네.	玉殿報時司
물시계를 기다리지 않고도	不待銅壺箭
밤낮의 열두 때를 알겠네.	晝宵十二知

자명종은 1631년 명나라에 사신으로 갔던 정두원鄭斗源(1581~?)이 가져와 처음 조선에 소개하였다. 1704년 숙종이 본 자명종은 일본에서 제작한 것으로 보이는데, 숙종은 그 제작 기술이 정교한 데다 시각에 맞춰 울리는 효능에 감탄하고 있다. 양란 이후 서양의 문물과 과학 등이 전래되어 새로운 인식의 전환이 이루어졌는데,

숙종은 1708년 탕약망湯若望(아담 샬)이 제작한 천문도天文圖를 보고 선악善惡과 화복禍福 등 고금의 일에 정확하게 부합한다고 토로하기도 하였다.도38

영조와 정조의 시기를 조선의 르네상스기라고 한다. 그러나 그 배경에는 양란의 여파와 극심한 당쟁 속에서도 체제를 재정비하고 새로운 문물을 받아들여 국가의 기틀을 다지려 했던 숙종의 노력이 있었다. 인현왕후를 폐서인하고 희빈장씨에게 사약을 내리는 당쟁 속의 무능한 모습만이 숙종의 참모습은 아니다. 문치를 통해 쇠락한 왕권을 강화하려 했던 숙종의 의지를 평이하면서도 진솔한 시를 통해 확인할 수 있다.

도38 **혼천시계** 송이영 제작, 1669년경, 철·나무, 세로 52cm, 가로 119.5cm, 높이 97cm, 고려대학교 박물관 소장.

1699년(현종 10) 송이영이 제작했다고 알려진 혼천시계이다.

6 국왕의 한시와 문학적 성취

어머니에 대한 그리움과 영조의 시

영조는 조선의 국왕 중 가장 많은 독서를 하고 가장 많은 창작물을 남긴 왕이다. 조선 후기 이후 국왕의 문집이 간행된 것도 영조에게서 비롯하며, 이외에도 어제 책을 남겨 스스로 스승을 자처하여 세자와 세손, 신하들을 일깨우고자 했다. 영조는 정치적 상황 속에서 아들을 죽인 아버지로서 끝없이 회한하는 군주이기도 하였다. 또한 3,000여 첩의 시편에 남겨진 독특한 시 형식을 통해 문학에 대한 그의 이해를 알 수 있다.도39

그중 영조를 가장 영조답게 만드는 것은 어머니인 숙빈최씨에 대한 그리움과 추숭의 사업들이다.

재실齋室 안에 무엇이 있는가?	齋中何所有
좌우로 도서圖書가 가득하다네.	左右皆圖書
밤이 새도록 맑은 창窓 아래서	竟夕晴窓裡
목전目前의 내 벗 되어준다네.	眼前作友余

이 시는 1730년 5월 상순에 영조가 직접 짓고 쓴 「육오당시」六吾

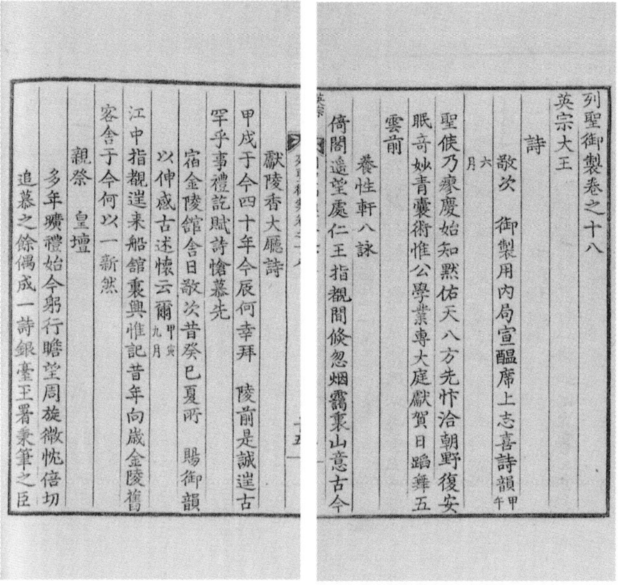

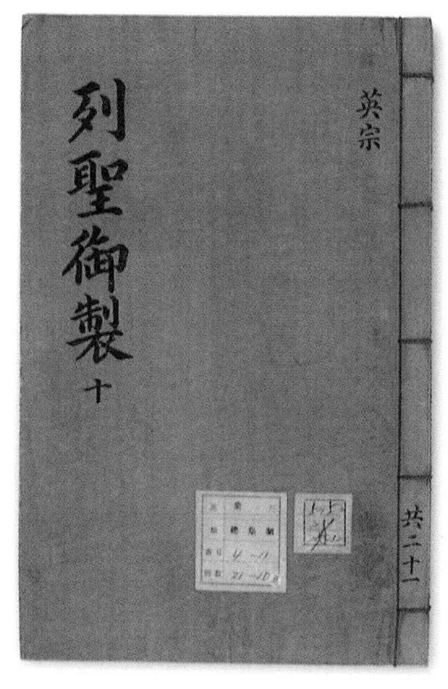

도39 『열성어제』 표지와 영조어제 부분 한국학중앙연구원 장서각 소장.

堂詩 중 세번째 작품인 '내 서책을 보네'(看吾書)이다. 시 앞에 쓴 서문에서,

> 아! 무술년(1718, 숙종 44) 가을, 묘 아래에 집을 지었고, 이듬해 여름 임금께 휴가를 얻어 성묘하였지. 훗날 옛 뜻을 취하여 당명堂名을 '육오'六吾라 하였다네. 예전에 석주石洲 권필權韠(1569~1612)의 당명은 '사오'四吾였고, 호곡壺谷 남용익南龍翼(1628~1692)의 당명은 '십오'十吾였던 바, 석주보다는 두 가지를 보태었고 호곡보다는 네 가지를 줄였으니, 두 사람의 뜻을 취한 것이라네. 당의 이름을 이와 같이 명명하고는 곧 자호를 '육오거사'六吾居士라 하였지. '육오'는 바로 내 밭을 경작하여 먹고(食吾田), 내 샘물을 마시고(飮吾泉), 내 서책을 보고(看吾書), 내 잠을 편안히 즐기고(安吾眠), 내 분수를 지키고(守吾分), 내 수명을 만끽한다(樂吾年)는 뜻이노라. 이것은 잠저潛邸 시절에 지은 것으로 심중한 의미가 그 가운데 담겨 있다네. 비록 현재의 처지가 과거와는 다르나, 어찌 느끼는 바가 없겠는가! 이에 친히 지은 시를 기록하여 스스로 적은 뒤에 판板에 새겨 당 안에 걸어두노라

도40 **소령원도** 1753년, 종이에 채색, 115.7×87.5cm, 한국학중앙연구원 장서각 소장.

영조의 생모 숙빈최씨의 묘소를 소령원으로 승격한 뒤 묘역을 새로 단장하기 전에 그린 지형도. 왼쪽 영역의 맨 위에 보이는 건물이 육오당六吾堂, 화면 중앙 아래쪽 초가 정자가 기임각祈稔閣이다.

라고 하였다.

영조는 어머니의 묘소인 소령원昭寧園에는 또한 기임각祈稔閣이라는 정사精舍를 두었다.도40

평소에 산수를 사랑하여	平生山水愛
송추松楸 안에 정사를 지었네.	作舍松楸中
옛날에 궁궐에 있을 때조차	昔日在宮也
재실 동쪽을 완상하며 노닐었지.	賞遊墓宇東

이 시는 같은 해 6월에 지은 영조의 「기임각시」祈稔閣詩 중 둘째 작품이다. 그 서문에 "고령동高嶺洞 묘소의 육오당六吾堂 동쪽에 두 칸 규모의 정사精舍가 있는데 그 이름은 기임각이다. 대개 묘소를 왕래할 때 휴식을 취하며 관경觀耕하고 관예觀刈하는 곳이다. 나는 신축년(1721, 경종 1) 가을에 이 정사에 와서 올벼(旱稻) 수확하는 것을 본 적이 있으니, 어찌 그 대강을 소략하게나마 기록하지 않을 수 있겠는가! 이에 절구 두 수를 지었는데, 한 수는 옛일에 대한 감회를 담았고, 한 수는 술회의 뜻을 부쳤다" 라고 하였다.

"자식된 이는 어버이의 마음으로 자기의 마음을 삼는다." 이 말은 조선의 21대 임금인 영조가 어머니인 숙빈최씨를 제사지내며 한 말이다. 영조는 조선의 역대 임금 중 가장 장수하고 가장 오랫동안 왕위에 있었다. 혼란한 정국에서 강력한 왕권을 확립하고 문물을 정비함으로써 조선 후기 중흥의 역사를 이룩한 영명한 군주였다. 어느 임금보다도 학문을 좋아하여 방대한 저술을 남기기도 하였다. 그러한 영조도 어머니에게는 아들일 뿐이었고, 아들로서 어머니에 대한 그리움과 사랑이 남달랐다. 특히 무수리라는 미천한 출신인 어머니는 영조에게 자신을 있게 한 근원이자 동시에 벗어날 수 없는 굴레이기도 하였다. 그렇기에 겸손하고 근신했던 어머니의 마음을 닮고자 하였다.

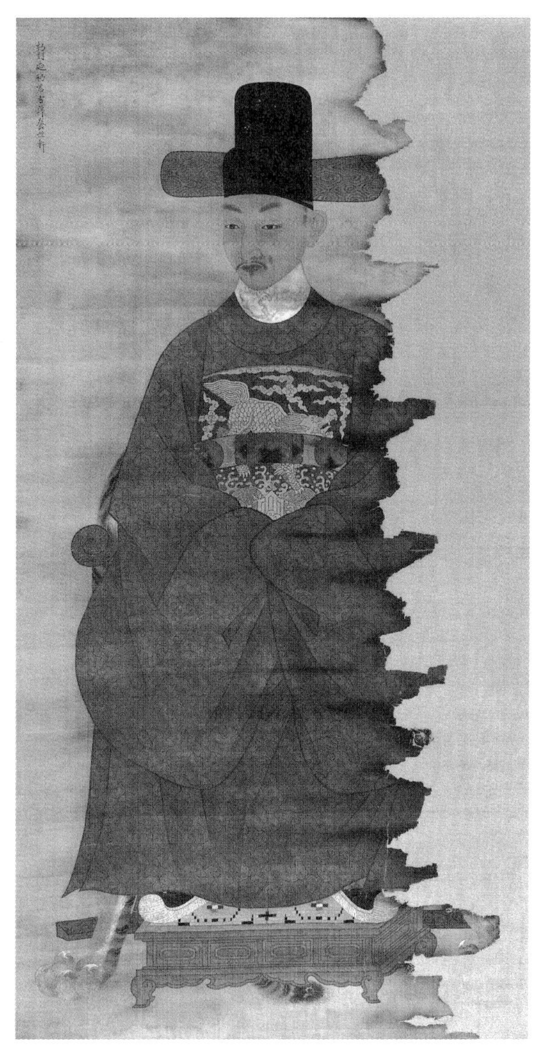

도41 **연잉군 초상** 박동보 필, 1714년, 비단에 채색, 183.0×87.0cm, 국립고궁박물관 소장.

숙빈최씨가 일곱 살에 궁에 들어와 숙종의 후궁이 되고 왕자 연

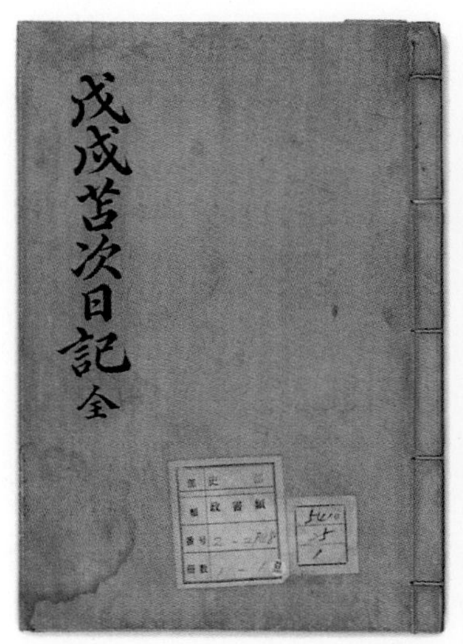

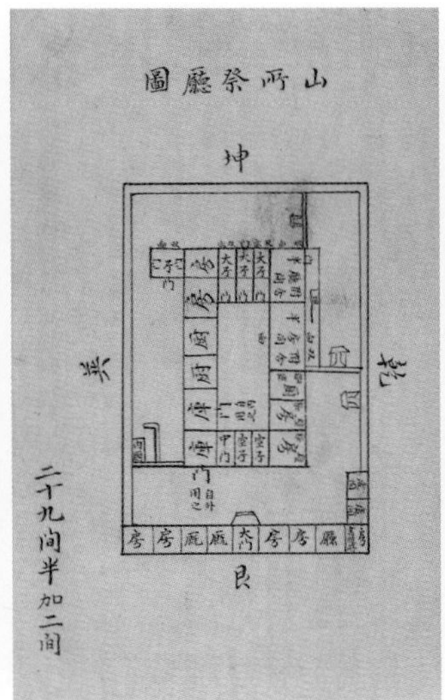

도42, 도43 **『무술점차일기』 표지와 본문** 한국학중앙연구원 장서각 소장.

잉군延礽君을 낳으니 이 사람이 경종의 뒤를 이어 조선의 왕으로 즉위한 영조이다.도41 1718년(숙종 44) 3년간 앓아온 병이 위중해져 궁을 나와 창의동彰義洞 사제私第에서 요양하다가 결국 3월 9일 돌아가시니 이때 춘추 49세였다. 소생으로는 왕자 세 명이 있었지만 첫째와 막내는 일찍 세상을 떠나고 둘째 왕자가 영조였다. 그해 5월 12일 양주楊州에 예장禮葬하고 9월에 비를 세웠다.

이때 영조는 아직 왕세제로도 책봉되지 못한 일개 왕자였지만 장례의 상세한 과정과 조문객을 기록하여 『무술점차일기』戊戌苫次日記라는 치상治喪 일기를 만들게 하고 직접 꼼꼼하게 검수하였다.도42, 도43 어머니를 닮고자 했던 마음은 어머니에 대한 추숭으로 본격화되었다. 영조는 왕위에 오르자 어머니의 사당을 순화방順化坊 북쪽 기슭에 세웠다. 1753에는 후궁으로 책봉된 지 60년을 맞아 시호를 올려 화경和敬이라 하고, 묘廟를 육상궁毓祥宮, 묘墓를 소령원昭寧園으로 고쳐 올렸다. 어머니에 대한 추숭은 영조 79세인 1772년(영조 48) 8월 안순安純이라는 시호를 더하기에 이른다.

필생에 걸친 어머니에 대한 추숭 과정은 영조 자신이 임금이라는 권력을 가졌기 때문에 가능한 것이었지만, 자식된 이로서 어머

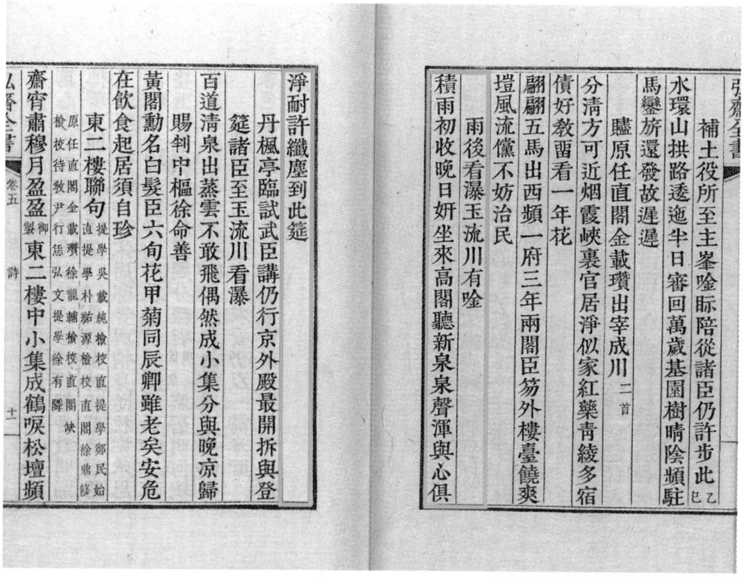

도44 『홍재전서』에 실린 정조의 시 '비 온 뒤에 옥류천玉流川에서 폭포를 구경하며 읊다'(雨後看瀑玉流川有唫)

니의 은혜에 대한 정성과 임금으로서 자신의 뿌리를 어머니의 은덕으로 돌리는 애틋한 사랑이 아니었다면 불가능한 것이었다. 어버이의 마음으로 자기의 마음을 삼아 그 마음을 헤아리고 그 뜻을 실천하는 일, 이것이 영조가 가장 하고자 했던 것이리라.

전문 시인 정조의 한시

정조는 이름이 성祘이고, 자는 형운亨運이며, 호는 홍재弘齋이다. 영조의 손자로 아버지는 장헌세자(사도세자), 어머니는 영의정 홍봉한洪鳳漢(1713~1778)의 딸 혜경궁 홍씨(혜빈惠嬪)이다. 조선의 국왕 중 호학好學 군주로 알려졌으며, 어느 전문 시인 못지않은 높은 수준의 작품들을 남겼다.

장맛비가 막 걷히고 저녁 햇살 고울 제 積雨初收晩日姸
높은 누각에 앉아서 샘물 소리를 듣노라. 坐來高閣聽新泉
샘물 소리가 마음과 더불어 온통 맑으니 泉聲渾與心俱淨
먼지 하난들 이 자리에 이르길 허용할쏘냐. 耐許纖塵到此筵

도45, 도46 **창덕궁 청의정과 취한정**

『홍재전서』에 실린 '비 온 뒤에 옥류천玉流川에서 폭포를 구경하며 읊다'(雨後看瀑玉流川有吟)라는 시이다.도44 1785년 창덕궁 후원 북쪽에 있는 옥류천에서 비온 뒤 쏟아지는 계곡물을 바라보며 읊은 것이다. 옥류천은 1636년(인조 14)에 인조가 조성한 어정御亭으로부터 흘러내리는 계곡으로, 샘물을 끌어올려 물을 떨어뜨리는 작은 폭포를 만들었다. 역대 국왕들은 이곳에서 신하들과 어울려 술잔을 띄우며 시를 지었다. 청의정淸漪亭, 소요정逍遙亭, 태극정太極亭, 취한정翠寒亭, 농산정籠山亭 등의 정자가 주위에 배치되어 운치를 더한다. 도45, 도46

장마가 그치고 햇살이 아름다운 저녁, 어느 정자인지는 몰라도 정자에 올라 옥류천의 떨어지는 물줄기를 보며 그 소리를 듣자니 정신이 맑아졌다. 바쁘고 골치 아픈 국정을 잠시나마 잊고 자연과 한 몸이 된 시인으로서 정조의 모습을 상상할 수 있다. 적어도 그 순간만큼은 국왕이 아니라 가는 먼지(纖塵) 하나 허용치 않는 자연인으로 살고자 하는 마음을 읽을 수 있다.

조선 후기 영조와 정조는 신하들과 수창酬唱한 작품들을 많이 남겼는데, 정조는 유독 신하들과 어울려 시 짓기를 좋아하였다.

재계하는 밤 엄숙하고 달은 곱기도 한데(御製) 齋宵肅穆月盈盈
동이루 안에서 단출한 모임 가지었네. 東二樓中小集成
송단엔 학이 울어 자주 이슬을 놀래키고(缺) 鶴唳松壇頻警露
죽체엔 귀뚜라미 울어 또 맑음을 점치도다. 蛩吟竹砌又占晴
뜻 참되고 예 간략함은 삼대와 똑같고(臣民始) 意眞禮簡同三代
독실하고 전일한 성심은 오경에 다다르네. 誠篤心專到五更
옥잔에 술 따르니 꽃 그림자 둥둥 뜨고(臣龍輔) 瓊斝淺斟花泛影
동호엔 자주 물어라 누수 소리 전해오네. 銅壺數問漏傳聲
하늘엔 벽부를 열어라 밝은 은하를 바라보고 (臣鼎修) 天開壁府瞻昭漢
별은 규전에 모여라 자청이 환히 빛나네. 星聚奎躔耀紫淸
성상은 선왕 사모하니 옛 그날이 돌아왔고 (臣祐源) 宸慕堯墻廻舊節
나라엔 대궐이 편안하니 민심이 고무되네. 邦休周邸聳輿情
몸은 매삭을 따라 은총의 명을 받았으나(臣載純) 身隨枚朔承恩詔
재주는 고기에 못 미쳐라 외람되이 창화하네. 才愧皐夔忝和賡
국화 핀 늦가을이라 갈대 기러기 지나가고 (臣有隣) 秋晩黃花蘆鴈過
옥순들 오른 반열엔 섭현 오리가 가볍구나. 班登玉笋葉鳧輕
흔들리는 화려한 촛불은 미성에 나눠주고 (臣載瓚) 搖紅畫燭分薇省
쏟아 비치는 밝은 은하는 금성을 감싸누나. 瀉碧明河繞禁城
해마다 이 밤엔 아름다운 모임 길이 가지어 (臣行恁) 年年此夜仍嘉會
좋이 제군과 더불어 태평을 즐기련다.(御製) 好與諸君樂太平

1785년에 지은 '동이루에서 연구를 짓다'(東二樓聯句)라는 작품이다. 이 시는 정조가 제학 오재순吳載純(1727~1792), 검교직제학 정민

도47 창덕궁의 규장각과 주합루

시鄭民始(1745~1800), 직제학 박우원朴祐源, 검교직각 서정수徐鼎修(?~1804), 원임직각 김재찬金載瓚(1746~1827)·서용보徐龍輔(1757~1824), 검교대교 윤행임尹行恁(1762~1801), 홍문관 제학 서유린徐有隣(1738~1802)과 돌아가며 지은 것이다. 여기에는 검교직각이었던 한 사람이 더 참여했지만 이름을 빠뜨렸다. 연구는 여러 사람이 서로 이어가며 시구를 지어 뜻이 통하게 하는 창작 기법이다. 이것이 가능하려면 함께 짓는 사람들의 시를 짓는 능력이 뛰어나야만 한다. 특히 서로 마음을 주고받을 수 있는(情通) 사이에서 지어지는 한시 양식이다.

정조는 즉위와 동시에 본궁을 경희궁에서 창덕궁으로 옮기고 규장각 제도를 시행하여 후원에 본각인 주합루宙合樓와 여러 서고를 지어 문치의 왕정을 펴고자 하였다. 그 대표적인 예가 초계문신抄啓

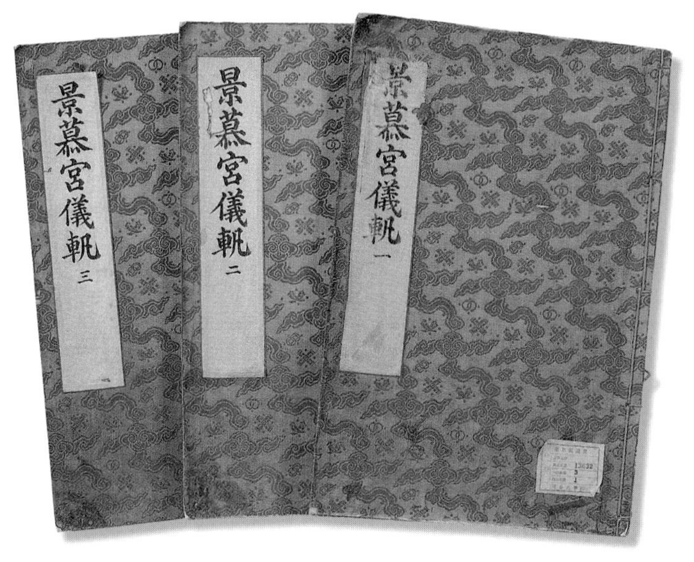

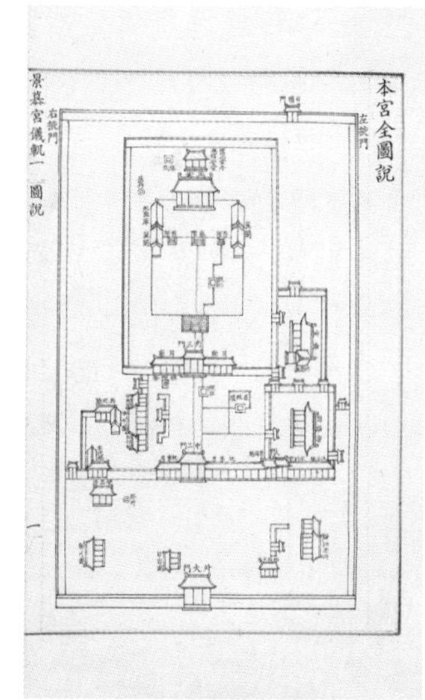

도48 『경모궁의궤』의 표지 서울대학교 규장각 소장.

도49 『경모궁의궤』에 수록된 「본궁전도」

文臣의 강제講製로, 37세 이하의 젊은 문신 가운데 재주가 뛰어난 이들을 선발하여 공부하게 한 뒤 그 성과를 시험을 통해 확인하였다. 정조는 이를 토대로 문신들을 승진시키고 자신의 국정을 보필할 수 있는 신하들을 확대하였다.도47

동이루東二樓는 세자들이 강독하던 경희궁 존현각尊賢閣 옆에 있는 누대이다. 정조는 이곳에서 자신이 아끼는 신하들과 돌려가며 시구를 지어 태평한 세월을 노래하였다. 여기에 참여한 신하들은 당시 쟁쟁한 젊은이들로 정조가 유독 아끼던 이들이었다.

주가의 삼선과 한실의 중리처럼	周家三善漢重离
마침내 생민과 하무의 시를 이었도다.	遂續生民下武詩
의례는 묘전궁의 예에 따라	禮廟殿宮承駿命
큰 명 받들어 거행하니	
경사스러운 일은 천만억 년 큰 복을 받음이로세.	慶千萬億受鴻祺
이번 길은 끝없는 기쁨 아뢰려 함이니	今行欲報无疆喜
이날은 생각에 젖지 않기도 어려워라.	此日難爲不洎思
새벽에 화성 떠나 머리 돌리니	明發華城回首遠

도50 **융릉 전경** ©김성철
정조의 부모인 장조(사도세자)와 경의왕후(혜경궁 홍씨)의 능. 영조 38년(1762)에 사도세자를 경기도 양주군 배봉拜峯에 장사지낸 후 묘를 수은묘垂恩墓라 하였다가, 정조 즉위년(1776)에 영우원永祐園으로 고쳤고, 동왕 13년(1789)에 경기도 화성군 태안읍 안녕리로 옮긴 후 현륭원으로 고쳤다. 광무 3년(1899) 사도세자를 장조莊祖로 추존하면서 융릉隆陵으로 개칭한 것이다.

이미 멀리 왔는데
지지대 위에서 또 한없이 머뭇거렸네. 遲遲臺上又遲遲

'영우원을 배알하여 기쁨을 고하고 돌아와 봉수당에 임어하여, 지난 을묘년에 영흥의 본궁에 경사를 기록했던 시운을 사용해서, 장락궁의 동쪽 처마에 제하다. 때는 경신년 상원 후 이틀째가 되는 날이다'(拜園告喜還, 御奉壽堂, 用乙卯永興本宮志慶韻, 題長樂東楣, 時庚申上元後二日)라는 시이다.

정조는 사도세자의 아들이었고, 아버지 사도세자는 정조에게 항상 가슴 저린 존재였다. 영조는 1764년 세손(정조)으로 하여금 맏아들인 효장세자의 뒤를 잇게 하였다. 왕위에 올랐지만 정작 정조의 종통宗統상 아버지는 사도세자가 아니라 큰아버지인 효장세자가 된 것이다. 정조는 즉위하면서 영조의 유지에 따라 효장세자도 진종眞宗으로 추숭하고, 그 무덤도 영릉永陵으로 높였다. 한편 어머니 혜빈을 혜경궁으로 높이고, 아버지 사도세자의 존호도 장헌세자莊獻世子로 높였다. 무덤도 수은묘垂恩墓에서 영우원永祐園으로 격상하였으며 사당을 경모궁景慕宮이라 하였다. 1789년에는 영우원을 현륭원顯

隆園으로 이름을 바꾸었다.도48, 도49, 도50

이 시에서 정조는 화성에 다녀오는 길의 감회를 표현하였다. 삼선三善이며 중리重离는 모두 세자를 지칭하는 말이다. 생민生民 하무下武는 모두 『시경』의 편명으로, 주周나라의 시조인 후직后稷의 영명함과 선왕들을 계승한 무왕武王의 성덕을 노래한 것이다. 1784년 9월 정조는 아버지 장헌세자에게 '홍인경지'弘仁景祉라는 존호를 더하여 올리고, 그 경사를 알리기 위해 이듬해 정월 17일 화성에 행차하였다가 남다를 수밖에 없는 감회를 시로 읊었다. 그러나 돌아오는 길에는 발길이 떨어지지 않았다. 마지막 구절의 지지대遲遲臺는 떨어지지 않는 정조의 발걸음으로 인해 생겨난 고개였다. 그 지지대고개 위에서 한없이 머뭇거리는 정조의 효심을 읽을 수 있다.

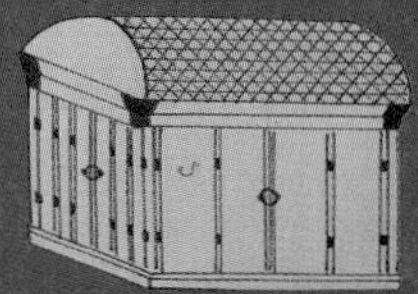

조선에서 왕은 없어서는 안 될 존재였다. 없어서는 안 될 존재가 아프거나 없으면 많은 불편한 일들이 생기고, 신하들은 이를 원치 않았다. 그래서 왕과 관련한 일은 늘 예상할 수 있어야 했고, 그에 대한 대안이 마련되어야 했다. 예상된 것이기만 하다면 왕의 죽음도 그다지 문제되지는 않았다. 다음 왕이 준비돼 있다면 말이다. 그러나 급작스러운 죽음은 문제가 되었다. 대처할 수 없기 때문이다. 따라서 왕에 대해서는 가능한 한 모든 것을 파악해야 했다. 특히 그 죽음에 대해서는 더더욱 그러했다. 왕에 대한 예측이 가능하기 위해 왕의 건강은 항상 체크되고 또 관리되어야 했던 것이다.

身形藏府圖

제 5 부

국왕의 건강 관리

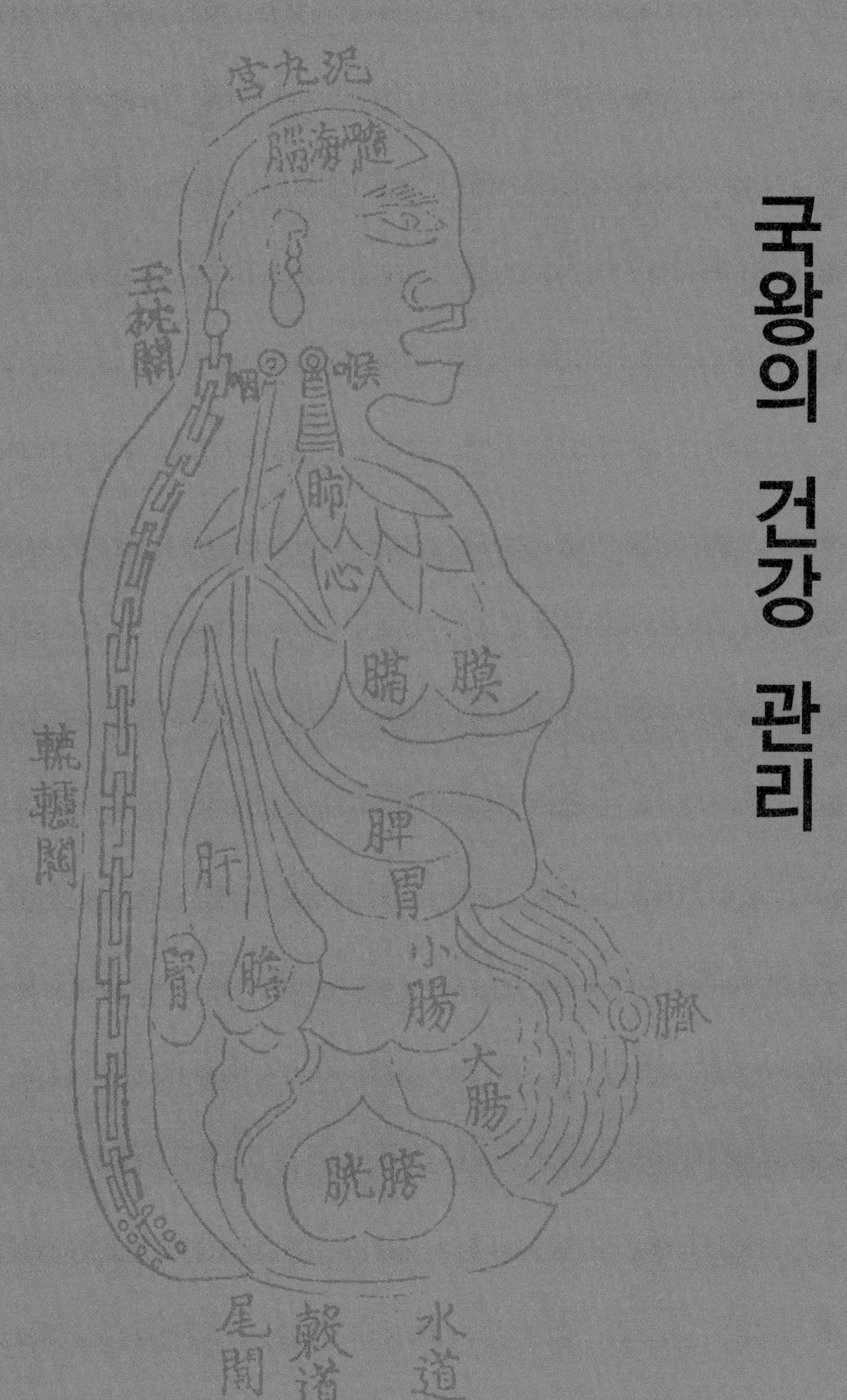

國王日常

1 왕은 왜 건강해야 하는가

조선에서 어느 날 갑자기 왕이 부재하게 된다면 어떻게 될까? 더군다나 아직 후계자 구도가 서 있지 않은 상황이라면 말이다. 얼마 전 북한의 김정일 위원장이 쓰러졌다고 했을 때 온 세계가 긴장했다. 북핵 등 예민한 문제가 산재한 상태에서 최고 권력자의 부재는 관련 국가에 엄청난 부담이 될 수 있다. 권력의 공백기에 어떤 문제가 발생할지 모르며, 또 발생한 문제를 누구와 처리해야 할지 알 수 없기 때문이다. 사실 상대 권력자가 말이 잘 통하느냐 통하지 않느냐는 두번째 문제이다. 더 큰 문제는 논의를 같이 할 파트너의 부재 자체이다.

조선은 국왕을 정점으로 돌아가는 사회였다. 왕이란 존재는 여러 사람들의 구심점으로서 반드시 필요했다. 실제 권력은 다른 사람이 갖더라도 왕은 내세워져야 했다. 조선시대 각종 반역 사건을 보면, 여기에 언제나 왕실의 남자가 연루된다. 왕정제도를 부정하지 않는 한 왕이 될 사람은 있어야 했기 때문이다. 권력을 갖고자 하면 일차적으로 왕이 될 사람을 확보하는 것이 우선이었다.

조선에서 왕은 없어서는 안 될 존재였다. 없어서는 안 될 존재가 아프거나 없으면 많은 불편한 일들이 생기고, 신하들은 이를 원

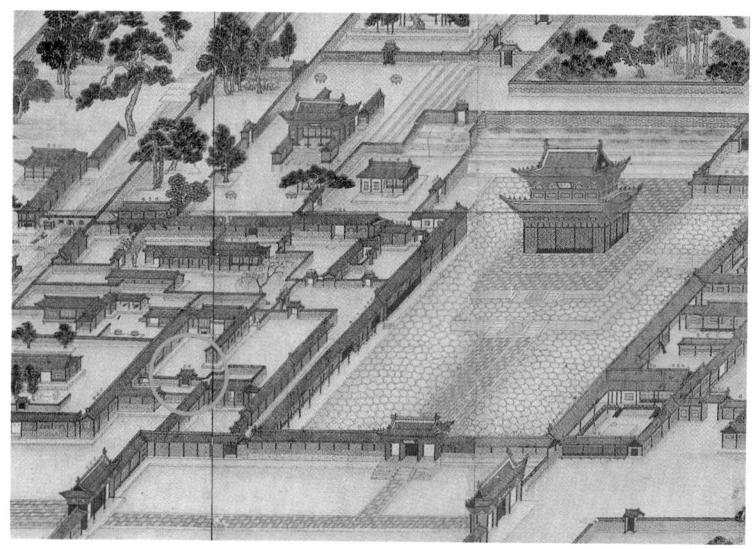

도1 《동궐도》에 그려진 내의원(약방)

치 않았다. 그래서 왕과 관련한 일은 늘 예상할 수 있어야 했고, 그에 대한 대안이 마련되어야 했다. 예상된 것이기만 하다면 왕의 죽음도 그다지 문제되지는 않았다. 다음 왕이 준비돼 있다면 말이다. 그러나 급작스러운 죽음은 문제가 되었다. 대처할 수 없기 때문이다. 따라서 왕에 대해서는 가능한 한 모든 것을 파악해야 했다. 특히 그 죽음에 대해서는 더더욱 그러했다. 왕에 대한 예측이 가능하기 위해 왕의 건강은 항상 체크되고 또 관리되어야 했던 것이다.도1

왕의 죽음이 비록 예상된 것이라고 해도 왕의 잦은 죽음은 반갑지 않은 일이다. 수시로 왕의 장례를 치러야 한다고 생각해보자. 조선시대 당쟁의 주요 논제 중에 하나는 바로 왕의 죽음에 따른 상례喪禮였다. 왕이나 왕비의 죽음을 두고, 그 복제服制를 어떻게 해야 하느냐가 조선시대 예의 핵심이었다. 왕은 권력의 대표자로서 많은 책임을 떠안기 때문에 최고의 권위로 받들어졌다. 따라서 상례 절차는 복잡할 수밖에 없다. 신하들이 그 복잡한 상례를 반복해서 치러야 한다는 것은 역시 부담이었다.도2

또 새로운 왕의 등극도 여러 가지 절차를 파생시켰다. 조선의 경우 일단 중국에 알리고 그 상황에 대한 지시를 받아야 했다. 광

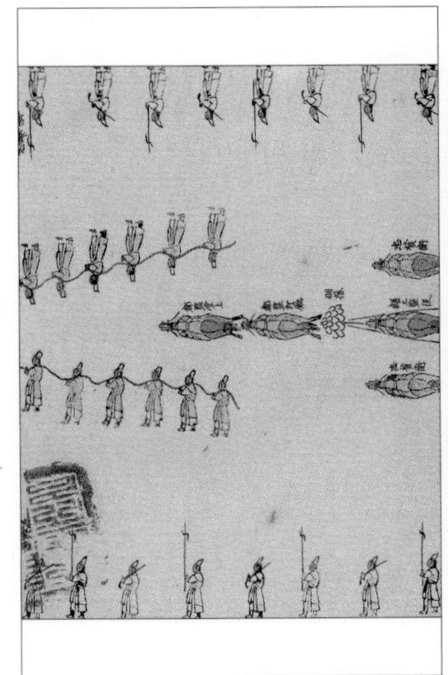

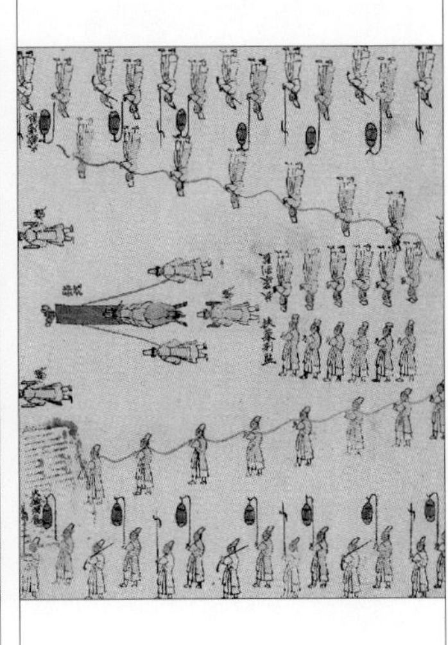

도2 『정조국장도감의궤』 반차도 중 **대여 행렬** 서울대학교 규장각 소장.

해군이 중국의 고명을 받지 못해 고심했던 것은 잘 알려진 일이다. 이것 또한 얼마나 번거로운 일인가?

신하들이나 백성으로 하여금 번거로움을 느끼게 하는 것 중에 중요한 것이 바로 왕의 건강치 못함이다. 이른바 약방제조들은 최고의 대신들이 겸하게 돼 있었는데, 왕이 아프게 되면 이들에게 가장 중요한 일은 왕의 병을 살피는 일이 되었다. 다른 업무에 집중할 수가 없게 되는 것이다. 그러므로 가능한 왕에게는 별일이 없어야 했다. 왕의 능력 유무보다는 왕이 아프거나 부재한 것이 신하들에게 더 문제일 수 있었다. 왕은 유능하지 못하더라도 일단 존재해 주는 것이 좋았다.

왕이 건강해야 하는 또 하나의 이유는 다음 왕을 낳는 존재라는 데에 있었다. 즉 왕실의 연속성 확보를 위해서도 왕은 중요한 존재였다. 좋은 후계자를 얻기 위해 왕이 좋은 건강 상태에 있어야 하는 것은 필수였다. 중전이 출산을 할 때 3대신이 숙직을 하는데, 이는 다음 왕의 중요성 때문이었다. 약방에서 3명의 제조가 돌아가면서 숙직을 해야 하는 경우는 왕이 아플 때와 산실청産室廳이 설치돼

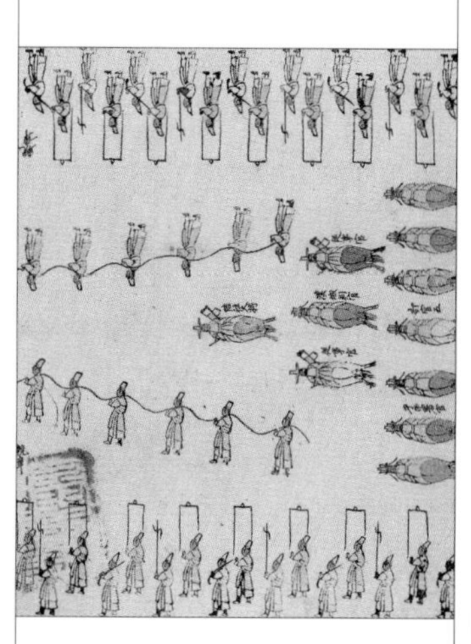
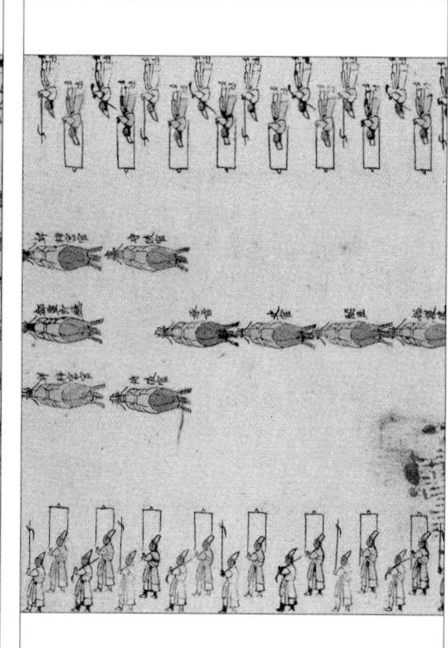

있을 때뿐이었다. 이는 왕이 아픈 것과 새로운 왕자가 태어나는 일이 동급으로 중요하게 생각되었다는 것을 의미한다. 그런 만큼 왕은 다음 왕을 낳아야 하는 존재로서도 반드시 건강해야 했다.

이렇게 건강해야 하는 사명 때문에 왕은 매일 음식을 잘 먹고, 순환을 잘 시켜야 했으며, 그것이 신하들에 의해 확인될 필요가 있었다. 그리고 가능하면 병은 미리 예방되어야 하고 부득이 병이 났을 때는 잘 대처할 수 있어야 했다. 보약이 일상화되고 또 어의 시스템이 잘 갖추어져야 했던 이유가 여기에 있다.

2 왕실의 건강 관리법

내의원과 어의

세조는 자신이 지은 『의약론』醫藥論이라는 책에서 의원을 모두 8종류로 분류했다. 심의心醫, 식의食醫, 약의藥醫, 혼의昏醫, 광의狂醫, 망의妄醫, 사의詐醫, 살의殺醫 등이 그들이다. 세조 자신이 순서를 정해두었는데, 순서가 뒤로 갈수록 좋지 않은 의원들이다. 그렇다면 가장 좋은 의원은 심의인데, 심의란 어떤 의원인가?

> 심의라는 것은 사람으로 하여금 항상 마음을 편안하게 가지도록 가르쳐서 병자가 그 마음을 움직이지 말게 하여 위태할 때에도 진실로 큰 해가 없게 하고 반드시 그 원하는 것을 곡진하게 따르는 자이다. 마음이 편안하면 기운이 편안하기 때문이다. 그러나 병자와 더불어 술을 같이 마시고 깨어나지 않은 자가 있다면 이것은 심의가 아니다.[1]

1_『세조실록』 권31, 세조 9년 12월 27일.

심의에 대한 설명이다. 심의를 최고로 치는 이유는 마음을 편안하게 해주기 때문이다. 왕을 돌보는 의원에게 가장 우선시되는 자질은 환자의 마음을 편하게 해주는 것이었다. 그러면 조선의 의원들은 이러한 조건에 어느 정도 부합했을까?

조선시대 왕의 건강을 돌보는 공식 의료 기관으로는 내의원이 있었다. 물론 내의원에서 왕의 건강만을 관리했던 것은 아니다. 왕실 전체의 건강 관리를 책임졌다고 할 수 있다. 그러나 무엇보다도 내의원의 일차적인 역할은 왕이 건강을 유지할 수 있도록 하고 또 왕이 병이 났을 때 치료를 잘하는 것이었다. 내의원의 의원들 중 상당수를 어의라고 부른 것도 그런 이유에서다.

내의원의 명칭이 본래부터 내의원이었던 것은 아니다. 조선 세종 25년(1443) 이전까지 내의원은 내약방內藥房이었다.

> 내약방은 관계가 지극히 중한데 약방이라고 부르고, 또 그 관원은 명호가 없으니 옛 제도에 어그러짐이 있습니다. 청하건대 내의원이라고 칭하고 관원 16인을 두되 3품은 제거提擧라고 부르고 6품 이상은 별좌, 참외는 조교助教라고 부르도록 하소서.[2]

2_『세종실록』 권100, 세종 25년 6월 15일.

이조에서 올린 건의를 세종은 그대로 따르기로 했다. 이 내용대로라면, 약방이라는 명칭은 의원에 비해 격이 낮게 평가된 듯하다. 약 관리에 한정된다는 느낌을 주기 때문이 아닌가 싶다. 사실 비중은 좀 적지만 건강 관리에는 약과 함께 침술이 있는 만큼, 약방은 포괄적인 이름이라고 할 수는 없다. 그러나 이후 내의원으로 개칭됐음에도 불구하고 약방은 내의원의 별칭으로 계속 사용되었다. 조선 후기에 약방제조라는 말이 아주 흔하게 사용된 것을 보면 알 수 있다.

내의원의 인원을 16명으로 한 것은 『경국대전』에 그대로 기록되어 있다. 최고 관리자는 정3품 내의원 정正이다. 그 외에 품계 순서에 따라 첨정僉正, 판관判官, 주부主簿 각 1명, 그리고 직장直長 3명, 봉사奉事 2명, 부봉사副奉事 2명, 참봉參奉 1명 등이 있었다. 내의원의 의관들은 대개 어의와 내의로 불렸다. 내의원 의원 중에 당상의관은 어의, 당하의관은 내의라고 했으나 실제로는 왕을 측근에서 모시는 의원들은 품계에 상관없이 어의로 불린 것으로 보인다. 『증보문헌비고』增補文獻備考에 당하의관 중 의술이 정통한 사람은 특별히 어의에 차임한다는 말이 있는 것으로 보아서 그렇다.

왕은 몸이 좋지 않을 때 일차적으로 어의를 불렀다. 어의는 물론 이에 즉각적으로 대처해야 했다. 1563년(명종 18) 어느 여름날 명종은 어의를 불러 고통을 호소했다. "오늘 낮 늦게부터 온몸이 한기로 떨리고 수족이 차다가 덥다가 하며 눈이 어지럽고 머리가 아프니 무슨 약으로 다스려야겠는가?" 아마도 여름 감기인 듯한데, 어의는 향소산香蘇散(감기와 소화불량 등에 쓰였던 약으로 보인다)을 드렸다.

그리고 선조는 1602년(선조 35) 새벽에 어의를 평상복을 입은 상태로 불러들였다. 평상복이라는 것으로 보아 매우 다급하게 불러들였다는 것을 알 수 있다. 선조는 곽란증으로 구토와 설사가 심했다고 한다. 이때는 위령탕胃笭湯을 올렸다. 이 기록을 보면, 새벽에 평상복으로 급히 왔다는 것은 어의가 가까운 곳에 머물고 있었다는 뜻이다. 어의는 궁궐 내에서 돌아가며 숙직을 해야 했다.

어의에게는 막중한 책임이 따랐다. 왕의 병이 가벼운 것이라서 쉽게 나으면 다행이지만, 계속 차도가 없거나 결국 죽게 되는 경우에 문책이 따랐다. 선조는 1604년(선조 37) 편두통이 나은 것을 기념해서 침의였던 허임許任(생몰년 미상), 남영南嶸(1548~1616)에게 한 자급資級씩을 더해주었다. 당시 사관은 이 조치가 과하다고 지적했다. 이때에 자급으로 인해 당상관이 된 것인데, 너무 빠르다는 것이었다. 어의들이 상 받을 기회가 많아서 급속히 승진하는 경우, 문관들은 이를 경계했다.

명종 때(1564) 대사헌 오상吳祥(1512~1573)은 "내의를 둔 것은 오로지 성궁聖躬을 위해서이나 잡류의 특별한 반열은 관제가 현격히 다릅니다. 간혹 의술이 정통하고 안팎으로 허물이 없는 자가 있게 되면 선발하여 동반의 관직을 제수하여 권장하는 뜻을 보입니다.

그러나 이것은 한때의 특은特恩에서 나온 것일 뿐인데 이를 상례로 여겨 마치 출사의 길처럼 생각해서는 옳지 않습니다"라고 아뢰며 어의에 대한 상으로 관직을 주는 것을 문제 삼았다. 그러나 왕은 "올해에는 해가 저물도록 병조리를 하였으니 어의를 승진시키지 않을 수 없다"면서 물러서지 않았다.

물론 왕의 병에 차도가 없으면 어의는 탄핵을 당했다. 허준許浚(1539~1615)은 여러 차례 상을 받고 관직이 높아진 것으로 유명하지만, 또한 여러 차례 탄핵을 당한 것도 사실이다.

"성후聖候가 오랫동안 조섭調攝 중에 계시니 온 나라 신민이 근심으로 날을 보내고 있습니다. 그런데 양평군 허준은 수어의首御醫로서 약을 의논함에 있어 마땅함을 잃어 너무 찬 약제를 함부로 써서 성후가 오래도록 평복하지 못하게 하였으니 군하의 절박한 심정을 어찌 이루 다 말할 수 있겠습니까?" 선조 40년(1607) 11월 선조의 병이 오랫동안 차도가 없어 허준에 대한 탄핵이 빗발쳤다. 한두 사람이 아니었다. 사실 선조는 이미 말년에 있었고, 병이 일상화된 단계였으나 신하들은 허준에게 강하게 책임을 물었다. 어의의 자리는 상벌이 선명하게 대비되어 공존하는 자리였다. 왕의 건강을 돌본다는 책임이 그만큼 무게감이 있었기 때문이다.도3, 도4

그러나 물론 왕의 건강은 어의들만의 책임은 아니었다. 어의들은 그야말로 기술적인 부분을 맡은 것이고, 사실상 왕의 건강 전반을 총괄하는 것은 내의원 제조, 즉 약방제조였다. 왕의 건강과 관련해서 가장 중요한 결정은 결국 이들 약방제조들이 했다. 여기서 내의원 제조라고 하지 않고 약방제조라고 하는 것은 실제 기록들에서 약방제조라고 부르기 때문이다. 이들은 조정 최고의 문신들이었다. 약방에는 3명의 제조가 있는데 모두 겸직이었다. 도제조는 영의정이 겸직하고 부제조는 승지가 담당하는 경우가 많았으며 또 다른 제조도 판서급이었다.

선조 37년(1604) 7월 2일 약방이 올린 계啓를 보면, 어의와 약방도3 **『동의보감』** 한국학중앙연구원 장서각 소장.

제조의 역할이 어떻게 나누어졌는지 알 수 있다. "의관들의 기술이 옛사람만 못하고 신들도 의술에 어두워서 성후가 이토록 낫지 않게 했습니다. 더구나 요즈음 몹시 더운 때를 만나 심폐의 화가 목구멍으로 치솟기 때문에 인후증과 실음증失音症이 오래도록 쾌차하지 않는 것입니다. 신들이 의관들을 시켜 각자가 약을 의논하여 아뢰게 하였습니다마는, 어의 이외에 성협成浹의 의술이 자못 통달하고 유계룡柳季龍은 맥법을 조금 알고 있으니 모두 써 올리게 하면 널리 의논하고 참고하여 쓰는 도리에 맞을 듯합니다."

이 기록을 통해 의관은 기술을 담당하고 약방제조는 그 의술이 잘 적용될 수 있도록 상황을 판단하는 역할을 맡았다는 사실을 알 수 있다. "의관들의 기술이 옛사람만 못하고, 신들도 의술에 어두워서"라는 표현이 역할 분담 내용을 잘 보여준다. 약방제조는 직접적인 의술에는 어두워도 어떤 상황에 어떤 약이 필요한가에 대한 상황 판단에는 중요한 역할을 했다. 영의정이나 판서급의 문신들은 대개 나이도 많고 경험이 풍부했다. 여러 가지 어려운 정치적 문제에 부딪혀본 경험이 있는 사람들이었다. 따라서 이들이 의술에 대해서는 잘 몰라도 자신의 다른 일반적인 경험에 비추어 상황 판단을 했던 것이다. "어의는 즉시 나와서 제조에게 말하여 침을 놓는 것이 합당한지의 여부를 자세히 의논해서 아룀으로써 조금이라도 미진한 점이 없게 했어야 합니다."[3] 이것이 일반적으로 어의와 약

3_『선조실록』 권174, 선조 37년 5월 4일.

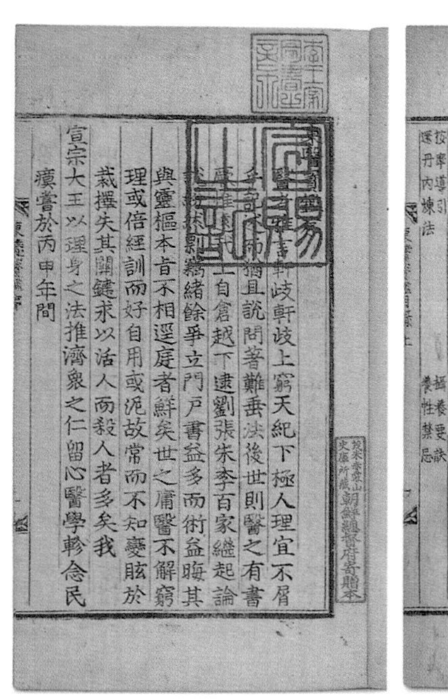

東醫寶鑑序

醫家每稱軒岐軒岐上窮天紀下極人理宜不屑於著書而猶且設問著難垂法後世則醫之有書其來久矣上自倉越下逮劉張朱李百家繼起論說紛然剽竊緖餘爭立門戶書益多而術益晦其與靈樞本旨不相逕庭者鮮矣世之庸醫不解窮理或倍經訓而好自用或泥故常而不知變眩於裁擇失其關鍵求以活人而殺人者多矣我
宣宗大王以理身之法推濟衆之仁留心醫學軫念民瘼嘗於丙申年間

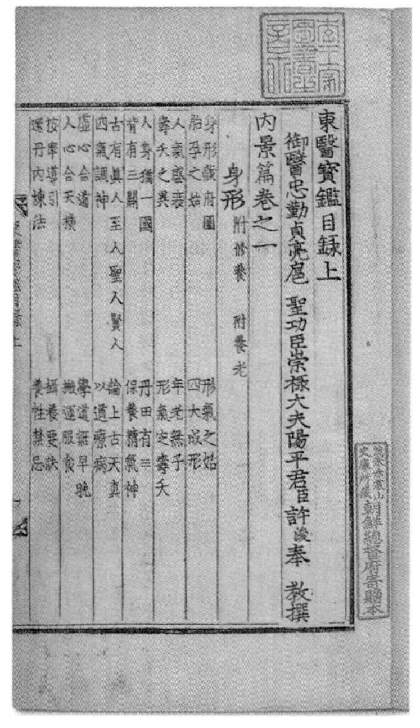

東醫寶鑑目錄上

御醫忠勤貞亮扈 聖功臣崇祿大夫陽平君臣許浚奉 教撰

內景篇卷之一

身形 附修養 附養老

身形藏府圖　形氣之始
胎孕之始　四大成形
人氣盛衰　年老無子
壽夭之異　形氣定壽夭
人身猶一國　丹田有三
背有三關　保養精氣神
古有眞人至人聖人賢人　論上古天眞
四氣調神　以道療病
虛心合道　學道無早晩
人心合天機　搬運服食
按摩導引　攝養要訣
還丹內煉法　養性禁忌

도4 「동의보감」 목차와 본문 부분
한국학중앙연구원 장서각 소장.

방제조에게 요구되는 의료 행위였다. 왕은 어디가 급하게 아플 때는 일단 어의를 부르지만, 장기적이거나 심각한 병일 경우에는 항상 약방제조와 의논해야 했다. 그러면 약방제조는 누가 의술에 밝은 의관인지, 누구에게 진료를 맡겨야 하는지를 판단하고 또 가장 적절한 약이 무엇인지를 의관과 의논해서 결정했다. 총괄자이자 상황에 대한 최종 결정권자라고 할 수 있는 것이다.

약방제조들은 본래 본직이 따로 있어서 어의처럼 왕의 건강에만 주력하는 사람들은 아니었다. 그러나 때로는 어의보다 더 강한 책임이 따르기도 했다. 이들은 왕이 미령靡寧하면 돌아가면서 숙직을 해야 했다. 그리고 왕의 병이 위급해서 시약청侍藥廳이 설치되면 돌아가면서 숙직하는 것이 아니라 계속해서 숙직을 해야 했다. 어의 못지않은 책임이 따랐던 것을 볼 수 있다. 상과 문책도 어의와 마찬가지였다.

독을 넣은 일에 대해 대관이 논의를 제기했으면, 약방제조는 빨리 들어도5 **김류 초상** 개인 소장.
김류가 정사공신에 책록될 당시 그려진 초상화이다.

도6 **김육 초상** 작자미상, 1650년경, 비단에 채색, 175×98.5cm, 실학박물관 소장.

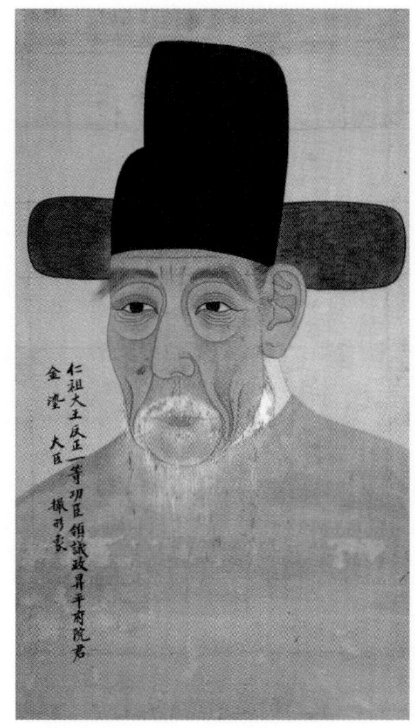

와 그 음식을 과연 먹었는지 여부를 물어봤어야 할 것인데도 시종 묵묵한 채 와서 물어볼 의사가 없었으니 임금을 섬기는 인정과 예의로 볼 때 어찌 감히 이렇게 할 수 있겠는가? 그때의 제조를 그 직임에 그대로 둘 수가 없으니, 두 제조를 아울러 체차遞差하라.[4]

4_『인조실록』 권47, 인조 24년 2월 6일.

인조가 소현세자빈 강씨가 자신의 음식에 독을 넣었다고 문제 삼았을 때 당시 약방도제조였던 김류金瑬(1571~1648)와 부제조 김육金堉(1580~1658)을 체차했던 것이다.[도5, 도6] 김류는 영의정이었고, 김육은 예조판서였다. 인조는 김육에 대해서는 특히 강하게 문책해서 본직까지 체직시켰다. 이는 상당히 이례적인 것이었다. 의료와 관계된 일에 대한 책임만 물을 경우, 약방제조에서 경질하면 되기 때문이다. 그런데 인조는 김육의 본직까지 바꾼 것이다. 여기에는 사실 다른 이유가 있었다.

김육이 본래 강씨에게 후하게 대했고, 또 소현세자의 아들, 즉

원손의 보양관으로 있으면서 강씨 쪽에 가까운 모습을 보였기 때문이다. 강씨를 정적으로 여기던 인조로서는 김육의 이러한 태도가 탐탁할 리 없었다. 그래서 의료 문제를 빌미 삼아 김육을 체직시키기에 이른 것이다. 이렇게 의료 문제가 정치적인 문제와 연루될 만큼, 약방제조들에 대한 문책은 흔한 일이있다.

약방제조는 의술과 직접적인 연관은 없다고 하지만, 가능하면 의학에 대한 상식이 풍부한 사람을 선택했을 것으로 보인다. 조선시대 양반들의 경우 의술과 아주 무관하지는 않았다. 기본적으로 의서를 읽을 수 있고 또 당시 천연 약재를 사용한 관계로 양반들은 자신이나 집안의 약은 스스로 처방해서 만들어 먹을 수 있었다. 『묵재일기』默齋日記의 이문건李文楗(1494~1547)이나 조선 후기 『청대일기』淸臺日記의 권상일權相一(1679~1759)이 대표적인 사람들이다. 이들은 모두 치료약과 보약 모두에 조예가 있었다. 따라서 왕으로서는 약방제조를 임명할 때 제조는 영의정으로서 당연직 임명이지만, 판서급의 부제조는 이렇게 약에 대해 어느 정도 아는 사람을 골랐을 것이다.

> 신이 의가에는 조금도 접해보지 못했으니 감히 그 내용이야 논할 수 있겠습니까마는, 신이 어려서부터 약했기에 병이 나는 것을 막으려고 양생하는 글을 조금 보았습니다. 이번에 구구하게 변변치 못한 정성으로 비위를 조리하는 법에 관한 다섯 가지 해설을 뽑아 열거하여 올립니다.[5]

5_『선조실록』 권8, 선조 7년 1월 10일.

선조 7년(1574) 유희춘柳希春(1513~1577)이 경연에서 왕의 증세를 살펴보고 비위를 조리하는 법을 올린 글이다. 이를 보면 유희춘은 향후 판서급이 될 경우 약방제조가 될 확률이 높다고 할 수 있다. 왕의 의료 건강을 책임졌던 사람은 어의와 약방제조로 요약될 수 있다. 이들은 서로 적절한 역할 분담을 하면서 또 긴밀한 의논을 통해 왕이 최대한 좋은 건강을 유지할 수 있도록 노력했다고 할 수 있다.

음식과 보약

왕의 음식

세조의 『의약론』에 의하면 두번째로 좋은 의원은 식의였다. 심의가 사람의 마음을 편안하게 할 수 있어서 의원 중에 으뜸이라면, 식의는 약을 먹지 않아도 음식으로 병을 낫게 할 수 있는 의원으로 두번째이다. 명백히 약을 먹게 하는 약의藥醫보다 앞서 있다. 음식의 중요성이 자연스럽게 드러난다.

> 식의라는 것은 입으로 달게 음식을 먹게 하는 것이니, 입이 달면 기운이 편안하고, 입이 쓰면 몸이 괴로워지는 것이다. 음식에는 차고 더운 것이 있어서 상황에 따라 처방할 수 있는 것인데, 어찌 쓰고 시다고 하여 마른 풀이나 썩은 뿌리 취급하겠는가? 또한 과식하는 것을 금하지 않는 의원이 있는데, 이는 식의가 아니다.[6]

6_『세조실록』 세조 9년, 12월 27일.

식의가 어떠해야 하는가에 대한 부연 설명이다. 이는 식의에 대한 논의이지만, 여기에서 먹는 것, 즉 음식이 얼마만큼 중요한지를 확인할 수 있다. 세조가 식의에 대해 직접 논했다는 것은 특히 의미가 있다. 왕 스스로가 먹는 것에 대해 어떻게 생각했는지를 직접 보여주기 때문이다. 일반적으로 먹는 것이 중요하다고는 하지만, 왕의 의식 세계에서 그것을 확인하는 것은 드문 일이다. 왕실에서 음식이 얼마만큼 중시되었는가는 잘 알 수 있다.

빙허각憑虛閣 이씨李氏는 그의 『규합총서』閨閤叢書에서 음식이 곧 약이라며 그 중요성을 강조했다.[도7, 도8]

> 음식의 영양상, 의약상의 가치를 알아야 한다. 인체의 적당한 성장을 위해서는 다섯 가지 곡물과 다섯 가지 채소가 필수적이다. 노인들과 부

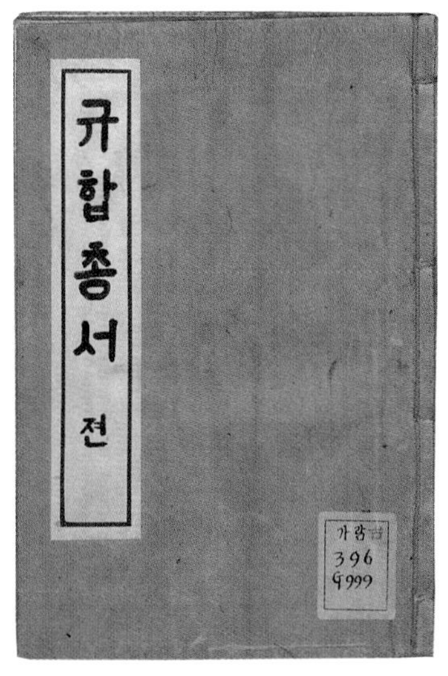

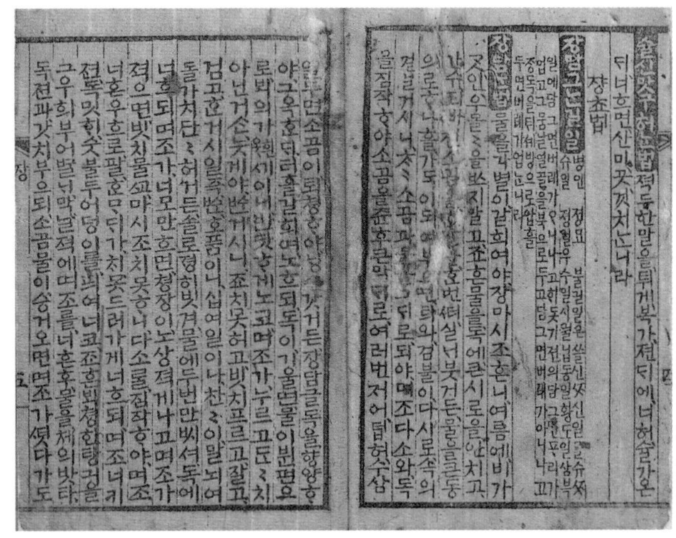

도7, 도8 **『규합총서』 표지와, 본문의 장 담그는 법 부분** 서울대학교 규장각 소장.

> 모님들께는 생선과 고기로 영양을 섭취하게 해야 한다. 405종류의 질병 중 404종류는 음식과 연관되므로, 적절한 식이요법을 유지함으로써 방지될 수 있다. 단지 죽음만이 피할 수 없는 것이다. 이러므로 젓가락을 들면 늘 약을 먹는 것같이 생각하라.

이처럼 조선에서는 왕실에서나 일반 양반가에서나 음식이 건강관리에서 가장 중요한 것이라는 생각은 보편적이었다.

음식으로서 무엇보다 중요한 것은 일상식이다. 매일 어떻게 먹느냐가 결국 건강에 미치는 영향이 가장 크기 때문이다. 왕은 매일의 식사를 어떻게 했을까? 그리고 그것은 건강과 어떤 관련을 가졌을까?

궁중의 일상식은 대개 다섯 번으로 이루어졌다. 정식 식사는 아침 10시경의 아침 수라, 저녁 5시경의 저녁 수라이다. 이러한 정식 식사 외에 초조반初朝飯과 간단한 점심과 야식이 있어서 다섯 번이라고 할 수 있다.도9

초조반은 이름 그대로 조반 전의 식사라고 할 수 있다. 자릿조반이라고도 불렀다고 한다. 정식 식사가 아닌 만큼 대개 죽이나 응

도9 **수라상 반배도**

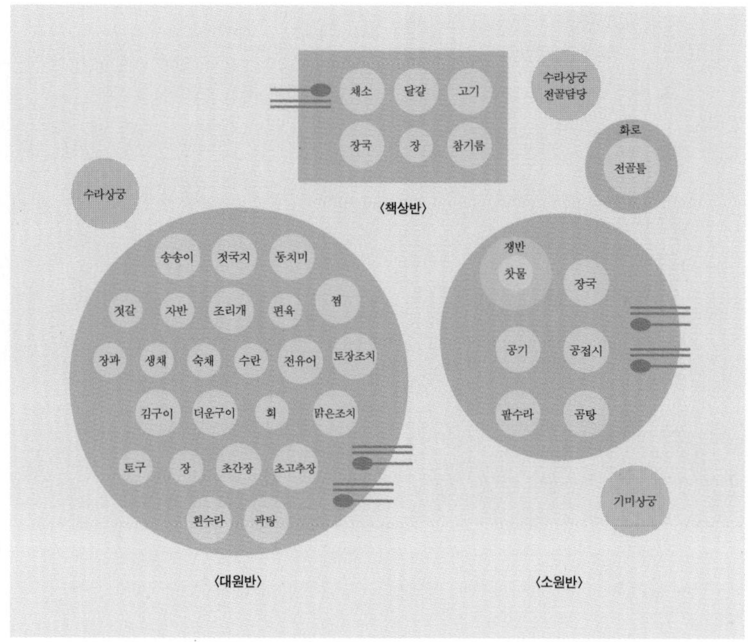

이, 미음 등의 유동 음식을 기본으로 하고 젓국찌개, 동치미, 마른 찬 등으로 차리는 간단한 상이었다고 한다. 이른 아침 탕약, 즉 보약을 먹어야 할 경우에 초조반은 없었다고 한다. 녹용이나 인삼과 같은 보약을 먹으면 식사는 필요치 않았기 때문이다.

여기서 죽이나 미음은 일상적으로 아는 것이나 응이는 생소하다. 응이는 미음의 일종으로 보이는데, 율무응이·갈분응이·녹말응이·오미자응이 등이 있는 것으로 보아 주로 곡물이나 채소 위주의 유동식으로 보인다. 미음은 약재가 들어간 것 혹은 해물이나 고기를 같이 넣고 끓인 것 등이 있어서 구분되는 것 같다.

아침 수라는 밥과 찬품으로 구성된다. 왕실의 밥에는 홍반이라는 것이 있었다. 한말에서 일제시기 고종과 순종의 수라상궁이었던 한희순韓熙順(1889~1972) 상궁은 수라상에는 흰밥과 홍반 두 가지 밥이 함께 올라간다고 말했다. 흰밥은 그야말로 쌀밥이라는 것을 알 수 있는데, 홍반은 무엇인가? 홍반이란 팥을 삶은 물로 지은 밥이다. 홍반은 왕실의 밥으로서는 흰밥보다도 일반적이었던 것으로

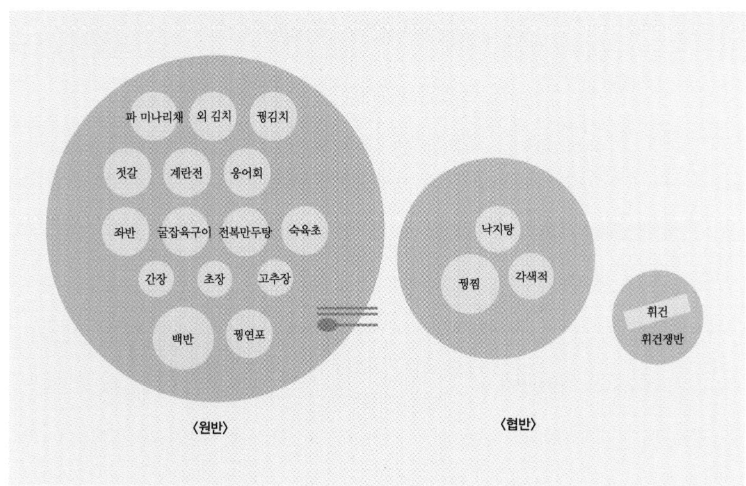

도10 『원행을묘정리의궤』에 기록된 혜경궁께 올린 수라상 복원도

보인다.

『원행을묘정리의궤』 즉 혜경궁 홍씨 회갑 잔치 기록에서도 흰밥과 홍반을 함께 볼 수 있다. 이 의궤는 혜경궁 홍씨가 현륭원에 행차하여 잔치를 한 기록이기 때문에 수원을 오가는 며칠 동안의 왕실 일상식이 잘 나타나 있다. 이때 혜경궁 홍씨에게 올린 아침상에는 흰밥과 홍반이 함께 나타난다. 고종과 순종 때는 흰밥과 홍반 두 가지를 반드시 같이 올렸다고 하는데, 정조 연간에도 같은 사실이 확인되고 있는 것이다. 흔히 왕의 밥은 백반이었을 것으로 생각되는데, 이렇게 늘 홍반이 함께 진상됐다는 사실이 흥미롭다.도10

그렇다면, 왜 흰밥보다 홍반이 빠지지 않았던 것일까? 기록에서 홍반이 왜 좋은 밥이었는지를 알려주는 설명은 찾기 어렵다. 따라서 추측할 수밖에 없다. 일단 홍반은 흰밥보다 가공 노력이 더 드는 밥이다. 더 가공을 한다는 것은 또 다른 어떤 효과를 포함한다는 뜻이다. 팥 자체가 가지는 기능이 있고, 그것을 밥을 통해서 보충하고자 한 것이다.

과연 팥은 어디에 좋을까? 본래 팥은 따뜻한 성질과 독이 없는 성분 때문에 한약재로 많이 쓰였다. 특히 비타민 B1이 다량 함유되어 각기병 치료약으로 널리 알려져 있으며, 부종, 변비, 식중독 등

일상생활에서 흔히 발생하는 병들을 치료하는 데 많이 쓰였다. 독이 없으며 일상생활에서 흔히 발생하는 병들을 치료하는 데 좋은 곡식이었다는 것에 주목하게 된다. 독이 없다는 것은 장기 복용해도 좋다는 것이며 일상생활의 병 치료에 좋으니 또한 계속 먹어도 큰 문제가 없는 것이다. 이런 점들 때문에 홍반은 왕의 밥상에 일상적으로 오르게 됐다고 생각된다.

그런데 재미있는 것은 팥이 좋다고 해서 팥을 그대로 쌀에 섞어서 밥을 하지는 않았다는 사실이다. 보통은 팥을 그대로 섞어 이른바 잡곡밥으로 먹는데, 왕실에서는 이런 방식을 취하지 않았다. 팥이 그대로 씹히는 부담감을 없앤 것이다. 보통 잡곡밥에 대해 거부감을 갖는 것은 씹히는 느낌 때문이다. 홍반은 팥물로 밥을 한 것이기 때문에 이런 부담감을 느끼지 않게 한다. 그리고 팥물로 하는 것은 공정이 복잡한 만큼 더 품위가 있는 것도 사실이다. 왕의 음식에는 언제나 품위와 배려가 들어 있었다. 왕의 식탁에 된장찌개가 올라가지 않았다는 사실도 같은 맥락에서 이해될 수 있다. 왕실 전용 장독대에는 아예 된장은 없었다고 한다. 간장을 진하게 만들고 일반적으로 된장이 될 부분은 버렸기 때문이다. 왕의 식탁에 된장찌개가 없었다는 사실은 흥미롭다.

왕의 수라상은 흔히 12첩 반상이라고 부른다. 대략 12종류의 반찬이 있다는 뜻인데, 밥과 탕, 조치, 찜, 전골, 김치류, 장류는 반찬에 포함되지 않는다. 12첩으로는 장산적, 삼합장, 찜, 구이, 산적, 누름적, 튀각, 편육, 숙채, 생채, 젓갈, 포자반 등이 있다. 역시 한말의 수라상궁이었던 한희순 상궁의 상차림에 따른 것이다. 이를 음식의 종류로 구분해본다면 구이, 전, 편육, 숙채, 생채, 조림, 장아찌, 젓갈, 마른찬으로 구분될 수 있다. 우리나라 음식의 일반적인 종류인 적, 구이, 조림, 나물, 마른찬을 모두 포함하는 것이라고 할 수 있다. 그런데 흔히 왕은 모든 음식을 먹을 수 있다는 사실, 즉 산해진미를 먹는다는 것에 주목하지만, 그보다는 이러한 식사가 영양을 골고루 담고 있었다는 데에 더 의미가 있다고 할 수 있다.

적과 구이, 전, 편육 등은 고기와 생선류로 단백질과 지방의 보충원이다. 또 숙채와 생채 등의 나물류와 튀각, 포자반 등은 비타민과 무기질을 공급할 수 있는 음식들이다. 그러니까 왕의 수라상은 영양상 완벽하다고 할 수 있다. 앞에서 빙허각 이씨가 언급한 노인과 부모를 위한 생선과 고기까지 모두 포함하고 있다. 사실 왕의 일상식은 모든 영양을 갖춘 것이지만, 오히려 실제로는 불균형해질 수 있는 요소도 없지 않았다. 편식과 기호가 작용할 수 있었기 때문이다. 왕들도 사람인만큼 당연히 기호 또는 편식은 있을 수 있었다.

> 홍서薨逝하신지 석 달 만에 대전이 수라를 못 자시기에 대비께서 육선을 권하시니 권하신 지 두 번 만에 잡수시었다. 양즙을 하여 가지고 갔더니 자시고 물리면서 은근히 당부하시기를 '이 즙이 가장 좋으니 차게 채워두었다가 다음에 달라' 하니 …… 대군을 두고 갖가지로 의심을 한 후부터 더욱 위험을 내어 고기를 불기만 약간 들여 날고기로 많이 먹고 밥은 죽같이 질게 하여 먹고, 날고기를 즐기니 눈은 점점 붉어지더라.

『계축일기』癸丑日記에 나오는 광해군의 식성에 관한 이야기이다. 물론 여기에는 인목대비 측의 광해군에 대한 은근한 비난이 바탕에 깔려 있기는 하지만, 어쨌든 광해군의 음식에 대한 기호를 읽을 수 있다.

그리고 고종과 순종은 홍반은 열어보지도 않았다고 한다. 흰밥만 먹었다는 것이다. 반면 순종의 비, 윤비는 홍반을 즐겼다. 고종은 겨울 야참으로 설렁탕과 냉면, 온면을 좋아했고 음료로는 식혜를 즐겼다. 고종이 좋아한 냉면 국물은 육수가 아닌 동치미였다. 냉면 위에 얹는 꾸미는 가운데에 십자로 편육을 얹고 나머지 빈 곳

도11, 도12 **동치미냉면과 황볶이탕**
ⓒ궁중음식연구원

에는 배와 잣을 덮었다. 배는 칼로 썰지 않고 수저로 얇게 저며 얹었는데 냉면 맛은 달고 시원했다고 한다. 순종은 차돌박이를 푹 고아서 경단처럼 뭉쳐서 조린 차돌조리개와 쇠고기를 채 쳐서 고명을 넣고 볶아 푹 끓인 황볶이탕을 즐겼다. 치아와 위장이 튼튼하지 못해서라고 한다. 도11, 도12

이처럼 왕들은 기호가 있었으며, 좋아하는 음식은 고기류가 많았다. 물론 왕들은 기본적으로 고기를 먹어야 했다. 고기가 기운을 나게 하는 음식이라는 생각이 일반적으로 있었기 때문이다. 왕이 상을 당하면 소선素膳을 했는데, 대개 고기류를 금했다. 상을 당해 슬퍼하는 기간 동안 입에 단 고기 음식을 먹을 수 없다는 취지였다. 그러나 소선 기간은 그렇게 길지 않았다. 왜냐하면 왕의 기운을 상하게 할 수 있다며, 기간이 길어진다 싶으면 신하들이 육선肉膳, 즉 고기반찬을 권했기 때문이다. 소선 또는 육선에 관한 기록들을 보면, 고기는 일단 건강에 반드시 필요한 요소라는 인식이 강했던 것을 알 수 있다. 그런 만큼 왕들은 고기를 섭취할 가능성이 많았다는 사실을 알 수 있다. 결과적으로, 왕들의 식탁은 기본적으로 균형 잡힌 반찬으로 이루어져 있었던 것은 사실이나 기호 혹은 고기의 중요성 때문에 고기류를 섭취하는 비율이 높을 수 있었음을 알 수 있다. 이는 왕들이 성인병에 노출될 확률을 높이는 요인이 되었을 수 있다.

일상화된 보약

보약은 왕들에게 있어서 일상적이었던 것으로 보인다. 위의 한희순 상궁의 증언에 의하면, 이른 아침 탕약이 있는 경우, 초조반, 즉 자릿조반은 없다고 했다. 대개 탕약, 즉 보약이 일상적이어서 이른 아침밥은 자주 생략됐을 것으로 보인다. 그러면 이때의 탕약은 대개 어떤 것이었을까? 한희순 상궁의 증언에 의하면 녹용과 인삼이 주종이었던 것으로 보인다. 왕이 먹을 모든 음식은 이른바 기미라고 하는 것을 봤다. 왕이 먹기 전에 먼저 먹어본 것이다. 보약 기미를 하는 상궁들은 보약을 맛볼 수 있다는 이유에서 더없이 좋아했다고 한다.도13

도13 **한희순 상궁** ⓒ궁중음식연구원

최태섭의 『한국의 보약』을 보면, 조선시대 보약의 종류는 140종에 이르는 것을 알 수 있다. 종류가 상당히 많은데, 보약이라고 할 때 약재로서 빠지지 않는 것이 바로 인삼과 녹용이다. 특히 인삼은 어떤 종류의 보약이든지 때로는 적게 또 때로는 많게 사용된다. 거의 빠지지 않는다고 볼 수 있다.

세종이 춘추관에 약에 대해 내린 비방秘方에는

> 천문동은 사람으로 하여금 장생불사하게 하고, 기력을 백배하게 하며 오래 복용하면 살이 살아나고 골수를 채워주어, 몸이 가벼워지며 총명해지고 수명을 크게 연장하여 끝이 없으니 신선으로 올라갈 만하다. 남녀가 모두 복용할 수 있으며, 80세에 복용하면 문득 아들을 낳게 되고, 방실房室이 쇠퇴할 줄 모르며, 100명의 여인을 거느릴 수 있고, 방실을

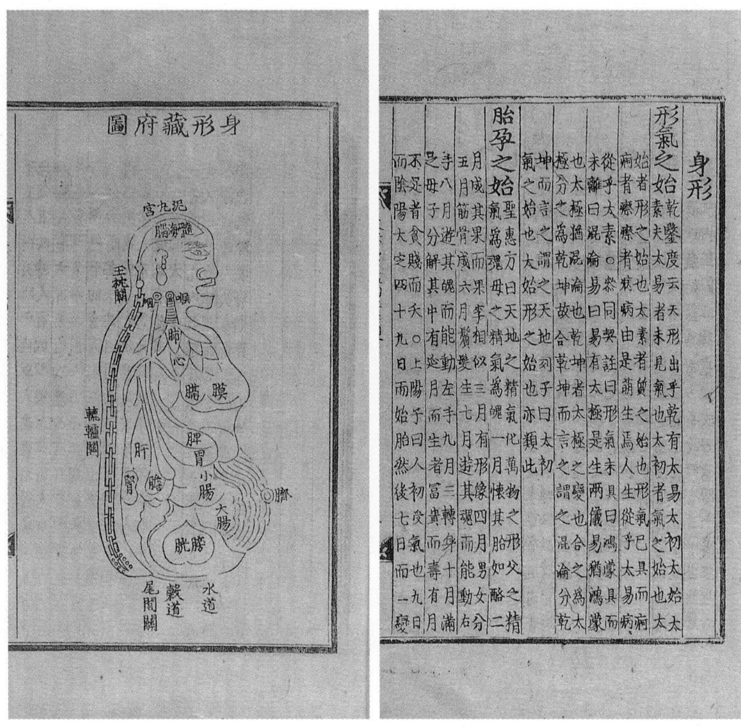

도14 **『동의보감』에 실린 인체도 '신형'**身形 한국학중앙연구원 장서각 소장.

끊은 사람은 선인仙人이 될 수 있다.[7]

7_『단종실록』 권4, 단종 즉위년 12월 25일.

라는 내용이 있다고 한다.

세종의 이 비방을 통해서는 천문동이 왜 좋은가를 알 수 있고, 동시에 당시 보약을 통해 얻고자 하는 효능이 무엇이었는지도 알 수 있다. 요약하자면 장생불사, 기력 보강, 정력 강화, 회춘 등이다. 기본적으로 조선시대에는 이런 이유에서 보약을 먹었다. 다만 그때그때의 상황에 따라 어느 부분이 더 강조될 뿐이었다. 보약을 크게 건강과 장수를 위한 것과, 음·양·기·혈과 오장五臟을 위한 보약으로 나누는 것도 같은 이치이다.도14

조선의 왕들은 기본적으로 보약을 먹는 이유가 모두 해당하는 위치에 있었다. 오래 살아야 했고, 기력이 있어서 정치를 잘 해야 했으며, 자식을 많이 두어 왕실을 튼튼하게 해야 했다. 따라서 왕

御製果建功

果建功 幾加入
予一哂 奏一效
果建功 幾百貼
宜歛然 誠可笑
果建功 今世人
皆予氣 曰三效
果建功 其雖然
是皆予 皆眩倍
果建功 今脉勝
為予言 誠偶然
果建功 誠若效
予睥睨 何貼身
同年同月日睥睨吟

도15 영조의 건공탕 어제시

들에게 보약은 일상적인 것이 될 수밖에 없었다.

영조는 자신이 80세 넘도록 살 수 있었던 것은 건공탕建功湯 덕분이라고 했다. 재위 34년 영조는 탕약인 이중탕의 이름에 '이중건공탕'理中建功湯을 하사했다. 이중탕을 먹고 증세가 조금 호전되었기 때문이다. 이후 이중탕은 건공탕으로 불리고, 영조는 거의 하루도 빠짐없이 이 약을 복용했다.도15

그러나 막상 영조는 이 약을 먹는 것이 그다지 즐겁지만은 않았던 것으로 보인다. 이 탕약을 먹지 않을 수 있는 방법을 신하들에게 묻기도 할 정도였기 때문이다. 그러나 그럼에도 불구하고 죽기 직전까지 하루 세 번 혹은 네 번 약을 먹었고, 건강을 유지했다.

신체 단련, 운동

사냥

왕실에서의 신체 단련으로 가장 먼저 생각할 수 있는 것은 사냥이다. 태조는 일곱 번 화살을 쏘아 일곱 번 노루를 잡았다고 한다. 또 아버지를 따라 사냥을 하다가 짐승을 보고 빙판 비탈길에서 말을 달려 쏘았는데 번번이 맞혀 한 마리도 빠져 도망가지 못하게 했고 이를 본 야인들은 놀라 탄식을 하며 "귀인께서는 세상에서 당적할 사람이 없겠습니다"라고 했다는 기록이 있다.『태조실록』 총서에 나오는 이성계에 대한 이 기사는 이성계가 사냥에 얼마나 능했는가, 그리고 사냥 능력이 태조가 왕이 되는 데 얼마나 유용했는가를 드러내준다. 조선 초기 사냥은 분명 왕의 중요한 능력으로 평가되었다. 그리고 이 능력은 건강 관리에도 반드시 필요한 것으로 인식되었다.

세종이 즉위한 지 얼마 되지 않아서 상왕인 태종을 따라 계산鷄山으로 사냥을 나간 적이 있다. 이때 태종은 세종에게 다음과 같이 말했다.

> 주상은 사냥을 좋아하지 않으나, 몸이 비중肥重하니 마땅히 때때로 나와서 노닐어 몸의 균형을 유지해야 하며, 또 문과 무 어느 하나를 편벽되이 폐할 수는 없은즉, 장차 나는 주상과 더불어 무예에 관한 일을 강습하려고 한다.[8]

8_『세종실록』 권1, 세종 즉위년 10월 9일.

길지 않은 기사이지만, 여기에서는 몇 가지 중요한 사실을 파악할 수 있다. 먼저 태종은 사냥을 매우 좋아했으며 세종은 그다지 사냥을 즐기지 않았다는 사실이다. 태종의 사냥 기록은 300건이 넘는다. 재위 기간이 길지 않았는데 300건이면 많은 횟수이다.

세종 때 사냥 관련 기록은 600여 건에 달한다. 그런데 이 중 절반은 상왕인 태종의 사냥 관련 기록이다. 그러니까 세종의 재위 32년 동안 300여 건의 사냥 기록이 있었다고 하는 것은, 태종의 사냥 기록에는 훨씬 미치지 못함을 알 수 있다. 세종은 역시 사냥을 그다지 즐기지 않았던 것이다.

위의 기사에서 또 하나 알 수 있는 것은 사냥이 운동으로 받아들여졌다는 사실이다. 몸이 비중하다는 것은 살이 쪘다는 뜻이다. 태종은 세종이 비만하니 때때로 사냥을 해서 몸의 균형을 유지하라고 권하고 있다. 이를 통해 보면 사냥이 살을 덜 찌게 하고 나아가 건강 관리에 도움이 된다는 사실을 알 수 있다. 적어도 조선 왕실에서는 사냥이 신체 단련의 의미가 있고, 또 건강에 좋다는 인식을 가졌던 것이다. 태종의 '문과 무의 균형을 맞추라'는 말은 신체 단련 강조의 연장선상에 있다고 볼 수 있다.

그렇다면 이렇게 이념적으로나 실제 운동으로나 중요한 의미를 가졌던 사냥은 역대 왕들에게 어떻게 받아들여졌을까? 과연 사냥의 신체 단련 운동으로서의 역할이 끝까지 잘 유지되었을까?

세조는 기본적으로 무인 기질이 있었던 사람이다. 계유정난 때 세조는 직접 김종서를 칼로 베었다. 그런 세조가 세자에게는 다음과 같은 말을 했다.

> 내가 너를 사랑하는 것을 형용하여 말할 수 없다. 네가 나에게 갚으려거든 학문만 한 것이 없다. 대저 글이란 귀한 것이니 글을 못하면 비록 무武를 잘하더라도 쓸 데가 없다. 오늘 열진하는 것은 방비를 잊지 않음이니 어찌 자주 하게 하겠느냐? 내가 젊어서 활 쏘고 말 타는 것을 일삼았는데, 유예遊藝로서 다만 희롱을 위하였을 뿐이니 족히 본받을 것이 못 된다.[9]

9_『세조실록』 권22, 세조 6년 12월 22일.

이 말을 보면 세조 자신은 사냥하는 것을 좋아했지만, 그것을 아들에게는 권하고 싶어 하지 않았다는 것을 알 수 있다. 태종이 세종에게 했던 당부와는 크게 다르다. 물론 세종과 의경세자의 성격상의 차이에 따라 당부의 내용이 달라질 수 있다. 그러나 얼마 후 세조가 '백관들이 무사無事한 데 익숙해져서 무기를 익히지 않아 활을 매는 것, 활 만드는 것이 자신과는 무관하다'는 듯한 태도를 보이는 것에 대해 비판하는 것으로 보아, 사냥에 대한 관념에 변화가 나타나고 있음을 알 수 있다. '무사'에 익숙하며 무기를 익히지 않았다는 것은 기본적으로 무예나 사냥으로부터 멀어졌다는 것을 뜻한다. 세조 자신이 사냥을 희롱으로 생각하는 것도 조선 사회에서 사냥이 차지하는 비중이 작아졌다는 것을 말해준다.

연산군은 사냥 문제로 신하들과 꽤 갈등을 했다.

> 타위打圍(왕의 사냥)가 비록 뇌성 번개 치는 변고로 인해서 정지했지마는 그러나 이 일로 인해서 영구히 폐지할 수는 없다. 혹 당일에 갔다가 돌아오거나 혹 석양에 갔다가 하룻밤 자고 온다 해도 역시 옳지 못할 것인가?[10]

10_『연산군일기』 권39, 연산군 6년 10월 11일.

연산군이 신하들의 눈치를 보면서 그래도 사냥하고자 하는 모습이 잘 드러나 있는 실록의 기사이다. 이 시기쯤 오면, 신하들은 기본적으로 왕의 사냥에 대해 그다지 호의적이지 않다. 뇌성 번개가 치는 등 변고가 있으면 근신을 강조하고 사냥 금지를 권하는 것은 일상적이었다. 연산군 때 신하들의 사냥 금지 건의는 자주 나타났다.

연산군이 "금년에는 다만 두 번 강무하였다. 예전에는 사시절四時節 사냥이 있었는데, 한 번 사냥하는 것이 무슨 방해가 되겠느냐?"며 사냥에 애착을 보이면, 신하들은 대체로 "종묘·사직에 제사하는 일들은 모두 거행하지 아니하시고 먼저 사냥놀이를 일삼으시니 이는 전하께서 안일과 향락을 탐하시는 것입니다"라는 반응을 보였다. 신하들의 사냥에 대한 경계가 커진 것을 볼 수 있다. 이는 연산군 당시 여러 가지 문제로 왕과 신하의 갈등이 심화됐던 것에도 원인이 있다고 할 수 있다.

반면 중종은 사냥 문제로부터 비교적 자유로웠다. 연산군 당시 사냥에 대해 반대를 많이 했던 신하들은 반정 후에는 사냥을 의례로서 인정하는 모습을 보였다. 이는 반정을 통해 왕과 신하의 관계가 일단 우호적으로 바뀐 것에도 원인이 있을 것이다. 중종 연간 사냥에 관한 기록은 상당히 많은 편이다. 물론 중종 때라고 해서 신하들의 경계가 없지는 않았다. "제왕의 역년이 길고 짧은 것은 임금이 하늘을 공경하고 백성을 위로하는 데 달렸을 뿐입니다. 제왕이 농사일의 어려움을 알아서 안일한 마음을 가지지 않는다면 괜찮겠지만, 만약 말 달려 사냥이나 하는 것에 마음을 둔다면 이는 화를 부르고 망함을 재촉하는 길입니다"라고 영사領事 유순정柳順汀(1459~1512)은 말했다.

그러나 또한 "근래 태평한 지 오래되어 군에 관한 일을 시험하지 않으므로 그 폐단이 이러하니, 타위강무打圍講武를 그만두어서는 안 됩니다. 걸음을 정제하여 빠르게 하고 힘을 정제하여 강하게 하는 것은 옛사람이 숭상하던 것이니, 임금이 오로지 무사武事에 힘쓸 수는 없을지라도 준비를 잊어서는 안 됩니다"라며 영사領事 정광필鄭光弼(1462~1538)은 사냥을 권장했다. 정광필은 사냥을 국가 행사로도 중시했지만, 또한 걸음과 힘을 정제한다며 건강 관리에도 좋은 운동이라고 보았다. 연산군 때의 신하들에게서는 찾아보기 쉽지 않은 태도이다. 이런 분위기 속에서 중종은 사냥을 즐길 수 있었다. 당당하게 "10월에 타위하는 것이 옛 관례이다. 10월 13일, 16일에 타위하라"고 명령을 내릴 수 있었던 것이다.도16, 도17

그러나 중종 대 이후 사냥 기록은 현저히 줄어든다. 명종과 선조 때 왕이 사냥한 것은 10건을 넘지 않는다. 연산군 때의 변화 이상의 변화가 보인다고 할 수 있다. 여기에는 어떤 이유가 있었던 것일까?

명종은 재위 10년(1555)에 "10년 이래로 타위를 하지 않았기 때문에 사나운 짐승이 횡행한다"고 말했다. 그러니까 명종은 자신이 왕위에 오른 후 거의 타위, 즉 사냥을 하지 않았다고 말한 것이다. 사냥이 거의 유명무실해졌다는 것을 알 수 있다. 명종 때 상황이 이러한데도 불구하고 사신들은 다음과 같은 논평을 했다.

> 사냥하는 일은 옛날 제왕들이 하던 일이라고 하지만 해서는 안 되는 때가 있다. 합당한 때가 아니면 도리어 백성들에게 해만 끼칠 뿐인데 하물며 사냥에 탐닉하는 경우이겠는가? 오늘날의 일 중에는 이보다 더 중요

11_『명종실록』 권19, 명종 10년 9월 24일.

한 일이 많이 있는데도 수행하지 않고, 주리고 고달픈 백성을 몰아 사냥터에서 달리게 하는 것은 백성을 구휼하는 마음이 아니다.[11]

사냥에 부정적인 의식이 뚜렷하다.

선조 조에 들어오면, 이런 분위기는 더 고조된다. 선조는 인간의 기질에 대한 논쟁에서 "명도明道선생(송대의 유학자 정명도程明道)이 스스로 '사냥을 좋아하는 버릇이 이미 없어진 10년 뒤에 사냥하는 자를 보고 부지불각 중에 기뻐하는 마음이 있었다' 하였는데, 참으로 기질의 병폐는 늘 있는 것인가?"라는 질문을 던진 적이 있다. 이는 기질이란 변하기 어렵다는 사실을 논한 것인데, 이때 사냥을 좋아하는 것이 좋지 않은 기질이라는 의식이 은연중에 깔려 있다. 선조의 이 말에 답을 한 유희춘의 사냥에 대한 생각도 마찬가지였다. "대개 어렸을 때에는 사냥을 좋아하였으나 뒤에 도를 알고 좋아하는 것은 끊었는데, 10년 뒤에 우연히 사냥하는 것을 보고 부지불각 중에 기뻐하는 마음이 있었으나 가서 같이

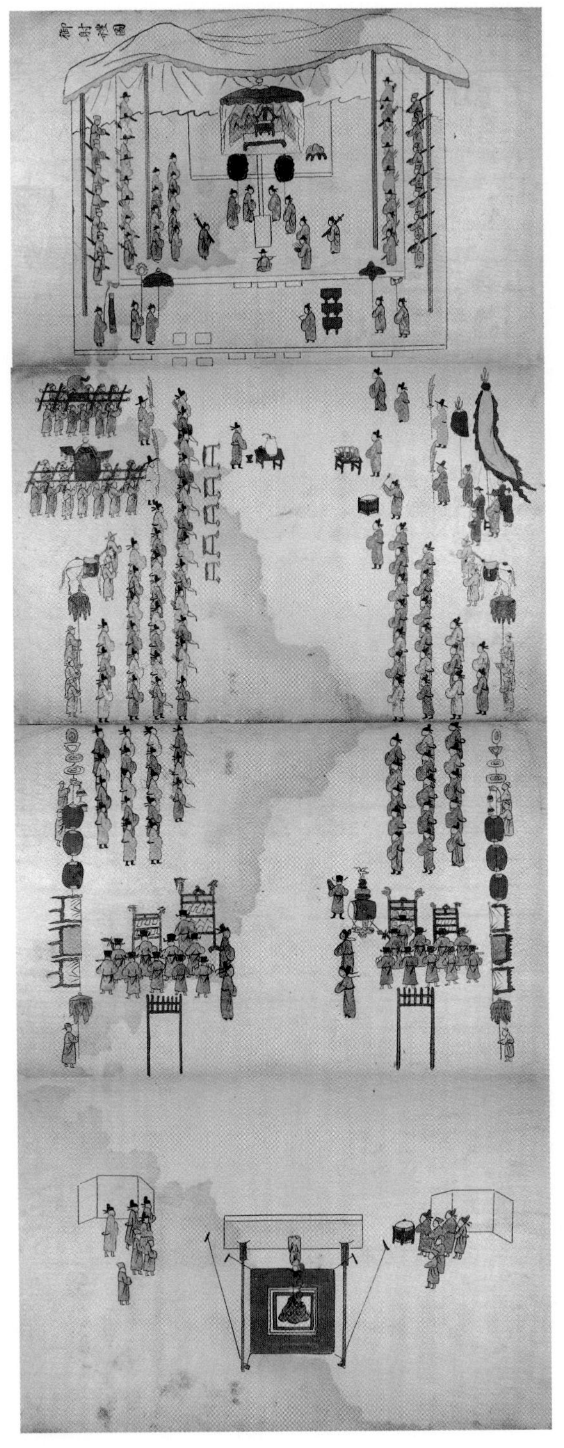

도16 **『대사례의궤』 중 어사례도**御射禮圖 서울대학교 규장각 소장.
왕이 활 쏘는 모습을 그린 그림으로, 왕은 표적과 90보 떨어진 거리에서 4발의 화살을 쏘았다. 왕의 활쏘기에 이용되던 과녁은 붉은 바탕에 곰의 머리를 그린 웅후熊侯였다.

하려 하지 않았으니 이것이 바로 일에 따라 살펴서 생각을 정성스럽게 하는 것입니다." 좋지 않아 끊었는데, 10년이 지난 후에도 다시 보니 그것이 여전히 좋더라는 것이다. 기질은 바꾸기 쉽지 않다는 이야기가 주된 주제이나, 여기에서 유희춘도 사냥을 '좋지 않은 기질'로 인식했다는 것을 확인할 수 있다.

이이는 선조에게 성군聖君이 될 것을 권하면서 "지금 전하께서 여색에 빠지십니까, 음악 듣기를 좋아하십니까, 술 마시기를 즐기십니까, 말을 달려 사냥하기를 좋아하십니까?"라는 말을 했다. 예부터 왕들이 덕을 잃은 것이 이런 이유인데, 선조는 이런 문제로부터 자유로우니 얼마든지 덕 있는 왕이 될 수 있다고 한 것이다. 이이 역시 사냥을 불필요한 여기餘技로 여겼다. 전반적으로 사냥에 대한 인식이 부정적인 쪽으로 변해갔던 것이다.

정조 대에 이르면 사냥이란 아득한 옛날이야기로 치부되는 분위기였다. "친히 타위를 행하시는 일이 '오례의'에 실

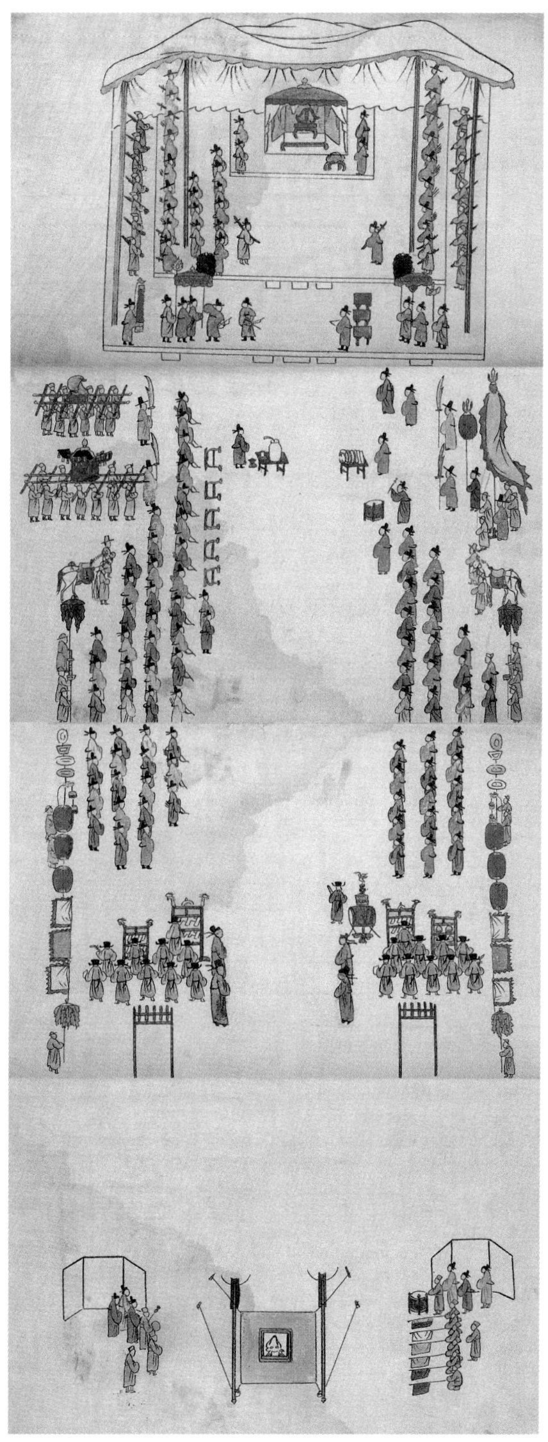

도17 **『대사례의궤』 중 시사례도**侍射禮圖 서울대학교 규장각 소장.
왕과 함께 활쏘기에 참여한 사람이 두 명씩 짝을 지어 활 쏘는 모습을 담고 있다. 푸른 바탕에 순록의 머리를 그린 미후麋侯를 과녁으로 사용하여 왕의 과녁과 차이가 있다.

도18 〈화성능행도〉 병풍 중 〈득중정어사도〉 국립고궁박물관 소장. 정조가 화성행궁의 득중정에서 신하들과 활쏘기를 한 뒤, 혜경궁 홍씨를 모시고 불꽃놀이를 구경하는 장면이다. 사냥은 옛 제도가 되었어도 활쏘기의 관행은 여전히 이어지고 있음을 보여준다.

려 있기는 합니다만 옛사람 중에는 또한 정지하기를 청하는 사람도 있었습니다"라는 어느 신하의 말을 보면, 이 시기쯤 사냥은 오래전 존재했던 제도이며 당시에는 정지되어 거의 의미가 없는 제도라는 느낌을 준다.도18

조선에서 사냥은 왕의 건강 관리에 도움을 줄 수 있는 운동의 일종이었던 것이 틀림없다. 그러나 사냥은 시기가 내려오면서 그 의미가 축소되었다. 일차적으로 국가 의례로서의 기능이 상실되어가고 더불어 건강 관리라는 측면에서도 더 이상 기능을 하지 못하게 되었다. 백성을 위하는 데 사냥이 유용하지 않다는 신하들의 의식이 형성되는 데는 그리 오랜 시간이 걸리지 않았다. 특히 이른바 사림이라고 하는 세력이 등장하면서 신체와 관련한 일들이 중시될 여지는 거의 없어졌다. 국가나 왕의 목표는 도덕성에 맞추어지고, 관념적인 세계 안에 집중되었다. 사냥은 왕도정치의 기본인 민생을 돌보는 데 방해가 되며 흥미 위주의 놀이에 불과한 것으로 인식되어갔다.

격구

왕이 할 수 있는 또 하나의 운동은 격구擊毬였다. 격구는 공놀이이다. 고려 때부터 단오절이면 젊은 무관이나 관리의 자제들이 모여서 하던 기예라고 한다. "공을 길 복판에 던지면, 왼쪽과 오른쪽의 대열에서 모두 말을 달려 나와 앞을 다투어 맞힌 사람은 이를 얻게 되고, 나머지 사람은 모두 물러가서 서게 된다." 『태조실록』 총서에 나오는 '격구 하는 방법'이다. 그런데 여

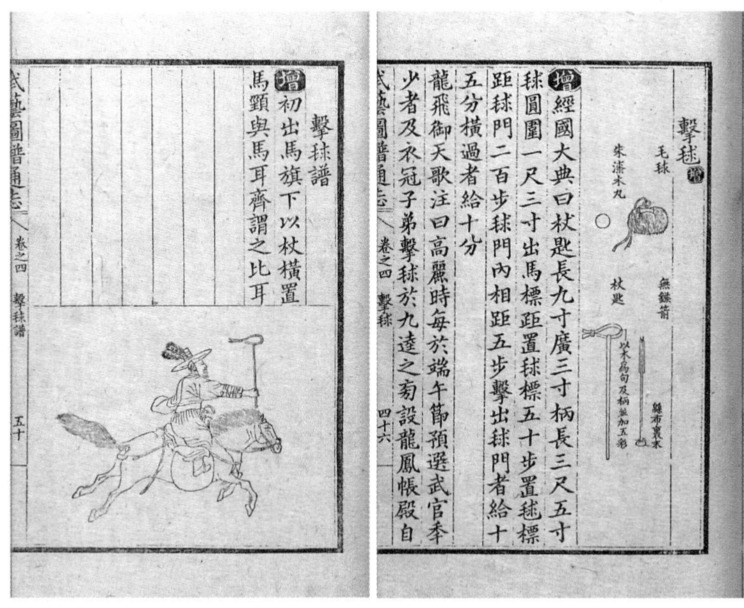
擊毬 增

毛毬

朱漆木丸

無鏃箭

杖匙

增 經國大典曰杖匙長九寸廣三寸柄長三尺五寸毬圓圍一尺三寸出馬標距置毬標五十步置毬標距毬門二百步毬門內相距五步擊出毬門者給十五分橫過者給十分

龍飛御天歌注曰高麗時每於端午節預選武官年少者及衣冠子弟擊毬於九逵之衢設龍鳳帳殿自

武藝圖譜通志 卷之四 擊毬 四十六

擊毬譜

增 初出馬旗下以杖橫置馬頸與馬耳齊謂之比耳

武藝圖譜通志 卷之四 擊毬譜 五十

도19, 도20 **『무예도보통지』에 수록된 격구 관련 도설** 서울대학교 규장각 소장.

기서 재미있는 것은 공을 길 복판에 던지는 사람이 기생이라는 점이다. 흥을 돋우기 위한 것으로 보인다. 그리고 격구를 하는 당일 부녀자들도 길 왼쪽과 오른쪽에 장막을 매고 금단으로 장식하고 구경을 했다고 한다. 당시로서는 대단한 이벤트였다. 그런데 바로 이런 점들이 훗날 신하들이 격구를 실없는 유희로 규정하는 중요한 이유가 됐을 것으로 보인다.도19, 도20

『태조실록』의 총서에 격구 하는 방법을 굳이 실었던 것은 태조가 그만큼 격구에 능했기 때문이다. 공민왕 5년(1356) 태조가 격구에 참여한 적이 있는데, '오른쪽 등자를 벗고 몸을 뒤집어 쳐서 공을 맞히고 다시 쳐서 문밖으로 나가게' 했다고 한다. 몸을 뒤집어서 공을 맞히고 바로 또 맞혔다는 것은 공을 가지고 노는 수준이었다는 것을 알 수 있다. 당시 사람들이 모두 놀라며 예전에 보지 못한 일이라고 했다. 무예에 뛰어났던 태조가 격구에서 능력을 보인 것은 어쩌면 당연한 일이었다.

정종도 격구를 좋아했다. "과인이 병이 있어 수족이 저리고 아프니 때때로 격구를 하여 몸을 움직여서 기운을 통하게 하려고 한다.” “또 내가 무관의 집에서 자랐기 때문에 산을 타고 물가에서 자며 말을 달리는 것이 습관이 되었으므로 오래 들어앉아 나가지 않으면 반드시 병이 생길 것이다. 그러므로 잠정적으로 격구 놀이를 하여 기운과 몸을 기르는 것이다.” 정종이 스스로 격구를 하는 이유를 설명한 것이다. 격구가 혈액 순환을 좋게 하며 기운을 돋우는 운동이라고 보았다. 실제 말을 달리면서 공을 치는 것은 격렬한 운동이라고 할 수 있다. 격구를 즐기는 왕들은 운동을 좋아한 왕이라고 봐도 무리가 없다.

그런데 정종의 격구 활동은 신하들로부터 견제를 받았다. 당시 지경연사知經筵事였던 조박趙璞(1356~1408)은 다음과 같이 건의한다. “기운을 통하게 하는 놀이라면 그만두시라고 할 수 없습니다. 청하건대, 환시나 간사한 소인의 무리와는 함께 하지 마소서.” “근일에 전하께서 항상 격구 하는 것으로 낙을 삼으시는데, 인군은 하늘을 대신하여 만물을 다스리므로 경각 사이도 게을리 하고 소홀히 할 수 없거늘 하물며 유희이겠습니까?” 은근한 압력이다.

정종과 조박의 갈등 원인은 격구에 대한 해석에 있다. 정종은 격구를 운동으로 본 반면 조박은 유희로 본 것이다. 사실 격구에는 이 두 가지 개념이 공존한다. 말을 타고 공치기를 한다는 것은 분명 운동이다. 그러나 동시에 승패가 있으며 사람을 흥분시키는 점에서는 유희인 것도 또한 사실이다. 이 갈등은 사냥에 대한 신하들의 생각에서도 똑같이 볼 수 있었다. 유희에 빠지는 것은 민생을 생각해야 하는 왕으로서는 경계해야 할 일이라는 것이다.

그러나 태종 역시 격구를 즐겼다. 태종에 대해서는 이렇다 할 견제가 발견되지는 않는다. 상왕인 태조를 위해 격구를 했다는 기록이 보이는데, 부자간의 갈등 해소를 위해 오히려 권장된 측면도 있다. 그외에 종친들을 불러 함께 격구한 경우가 심심치 않게 보인다.

세종 대에는 격구에 대한 논쟁이 다시 뜨거워졌다. 세종과 신하들과의 논쟁은 격구에 대한 왕과 신하의 시각 차를 여실히 보여준다.

우리나라의 격구 유희는 고려가 왕성하던 때에 시작된 것으로서 그 말기에 이르러서는 한갓 놀며 구경하는 실없는 유희의 도구가 되어 호협하는 풍습이 날로 성하여졌으나 국가에 도움이 됐다는 말은 아직 듣지 못하였습니다. 한나라와 당나라의 축국蹴鞠·격환擊丸이 다 이와 비슷한 것입니다. 비록 전투를 익힌다고 하나 다 유희하는 일이 될 뿐 만세의 본보기가 될 만한 제도는 아닙니다. 주희도 또한 타구는 무익한 일이므로 해서는 안 된다고 하였습니다.[12]

12_『세종실록』 권30, 세종 7년 11월 20일.

사간원에서 계를 올려 격구의 폐단을 강조한 것이다. 이에 대해 세종은 "나는 격구하는 일을 반드시 이렇게까지 극단적으로 말할 것은 아니라고 생각한다"고 하면서 반론을 제기했다.

격구가 황제黃帝 때 처음 시작하여 한나라와 당나라를 거쳐 송, 원에 이르기까지 각기 다 있었던 것이니 저들이 어찌 폐단을 알지 못하고 하였겠는가? 다만 무예를 익히고자 한 것이 어찌 격구의 탓이겠는가? 내가 이것을 설치한 것은 유희를 위한 것이 아니고 군사로 하여금 무예를 익히게 하고자 한 것이다. 또 격구 하는 곳이 성 밖에 있으니 무슨 폐단이 있겠는가?[13]

13_『세종실록』 권30, 세종 7년 11월 20일.

세종의 격구에 대한 생각이 정교하다. 유희가 아니라 무예라고 본 것이다. 따라서 세종은 격구를 무예로서 권장했다.

그런데 세종은 격구를 직접 하지는 않았다. 무예로서의 중요성은 인정하지만 직접 하는 것은 좋아하지 않았다. 세종은 자신이 잠저潛邸 때 격구를 배우려고 했는데 무슨 일이 있어서 배우지 못했다고 말한다. 일이 있었다고 하지만, 사실 세종은 기본적으로 격구를 배울 생각이 별로 없었던 것으로 보인다. 몸 움직이는 일에 별로 흥미를 느끼지 않았기 때문이다. 사냥에 대해서도 세종은 그다지 적극적이지 않았다. 격구도 마찬가지였을 것이라고 생각된다. 세종은 운동보다는 앉아서 책을 보고 이치를 따지는 것을 더 좋아했다. 실제 세종은 격구에 대해서 이론적으로는 훤했다.

> 내가 비록 친히 이를 치지는 않았으나 그 치는 이치를 생각해보건대, 말을 잘 타는 자가 아니면 능히 하지 못하고 그 달리는 재능에 있어서도 반드시 기사보다 갑절이나 능해야만 칠 수 있기 때문에 무예를 연습하는 데 이보다 나은 것이 없다.[14]

14_『세종실록』 권49, 세종 12년 9월 21일.

직접 즐기지는 않아도 격구를 어떻게 하는 것이 잘하는 것인지 명확하게 파악하고 있다. 세종이 이렇게 격구에 대해 잘 알고 또 그 유용성을 인정한 만큼, 결국 격구는 이때에 무과의 시험 과목으로 채택되었다. 그리고 이후 『경국대전』「병전」 시취試取 조에도 실렸다. 무예를 연습하는 데 효과적이라는 점은 인정된 것이다.

그러나 격구는 여전히 왕이 즐겨 해야 할 운동으로 권장되지는 않았다. 세조나 성종이 간혹 격구를 언급하는 경우는 있었지만, 점차 왕실에서 운동으로 하는 경우를 찾아보기 어렵게 되었다.

조선의 신하들은 왕의 건강과 사냥·격구를 놓고 볼 때 이율배반적이었다. 왕의 건강을 위해서는 사냥이나 격구를 적극 권해야 마땅하나 항상 민생이 우선이라는 점에서는 왕의 사냥이나 격구를 견제해야 했기 때문이다. 이 이율배반은 사실 성리학에서 오는 것이기도 하다. 성리학이 강조하는 도덕성 완성에는 몸을 움직이는 일은 거의 포함되지 않기 때문이다. 결과적으로 운동으로 왕들의 건강을 관리하는 것은 쉽지 않았다. 왕들의 중요한 운동이라고 할 수 있는 사냥이나 격구를 해서는 안 되는 이유들이 너무나 많았기 때문이다. '문과 무 어느 것에 편벽될 수 없다'고 한 태종의 말을 조선 후기로 갈수록 지킬 수 없게 된 것이다. 아울러 왕들은 이른바 성인병에 노출될 가능성이 더 커져갔다.

3 왕의 직업병

스트레스

권력에의 도전

왕이 받는 스트레스 가운데 가장 큰 것은 역시 권력에 대한 도전일 것이다. 자신의 정통성이 의심받을 때 또는 또 다른 권력자의 출현이 예상될 때 왕들은 심한 스트레스를 받을 수밖에 없다.

인조는 새로운 권력의 등장 가능성에 상당한 심리적 부담감을 가졌던 왕 중에 하나라고 할 수 있다. 심양에 억류됐던 소현세자가 돌아왔을 때 인조의 스트레스는 폭발할 지경에 이르렀다. 처음 소현세자가 심양으로 끌려갈 때 인조와 소현세자 사이는 나쁘지 않았다. 전쟁에 진 나라의 세자가 인질로 잡혀간다는 것은 누가 봐도 일종의 희생이었기 때문이다. 그러나 인질로 잡혀간 것이지만, 심양에서의 생활이 오래되고 청과 일정한 관계가 형성되자 인조로서는 소현세자를 경계하지 않을 수 없게 된 것이다. 소현세자는 심양에서 돌아온 지 수개월 만에 죽었고, 그후 인조가 소현세자빈 강씨姜氏와 갈등했던 과정은 인조의 권력 유지의 불안감이 어떻게 진행됐는지를 잘 보여준다.

1646년 3월 15일 인조는 며느리인 강빈姜嬪에게 사약을 내렸다.

이유는 강빈이 인조 자신의 음식에 독약을 넣었으며 심양에 있을 때 은밀히 왕위를 바꾸려는 음모(潛圖易位)를 꾸몄다는 것이었다.

강빈이 사약을 받기 2개월 전인 1646년 1월 11일 인조는 음식물에 독약이 들었다는 이유로 강빈의 궁녀 3명을 포함하여 모두 5명의 궁녀를 궁문窮問했다. 그러나 이들 궁녀는 모진 심문에도 불구하고 모두 죄를 인정하지 않고 죽었다. 그런 상황에서는 강빈에게 반드시 죄를 줄 수가 없었다. 그러자 인조는 얼마 후 자신이 중독 증세가 있는 것 같다고 해독제를 복용하면서 다시 강빈을 압박하기 시작했다. 2월 3일 인조는 비망기를 내려 강빈이 독약을 넣었으며 또한 심양에서 역모를 계획했다는 사실을 들어 처벌할 것을 명하였다. 그리고 연이은 교서에서는 강빈이 심양에 있을 때 얼마나 참람하게 행동했는가를 열거하고 그를 '내전'內殿이라고 칭한 환관을 치죄하게 하였다. 아울러 열흘 후인 2월 12일에는 강빈의 폐출을 명하였으며, 마침내 3월 15일 사가에서 사약을 받게(賜死) 하였다.

강빈에 대한 옥사의 전개 과정을 보면, 몇 가지 사건들이 있었지만 그중 명확하게 근거가 드러난 사건은 하나도 없었다. 독약 사건도 자백한 이가 없었고, 심양에서의 참람한 행위라는 것도 증명될 수 없는 일이었다. 근거가 뚜렷하지 않다는 사실은 인조 자신도 잘 알았고, 당시 조정 신하들도 대개 인정하는 상황이었다. 즉 강빈을 사사까지 하는 데는 뭔가 무리가 따른다는 사실을 누구도 모르지 않았다. 그런데도 인조는 결국 강빈을 사사하고 말았다. 왜 인조는 그렇게까지 무리수를 두어가면서 강빈을 죽일 수밖에 없었을까? 강빈의 무엇이 인조를 그렇게까지 긴장하게 만들었던 것일까?

우선 강빈은 청을 배경으로 하는 세력으로 생각되었다.

청인들이 나를 입조케 하려 한 것은 전왕(前汗) 때부터 이미 그러하였으나 내가 병중이라고 해명하였기 때문에 저들이 강요하지 못하였다. 지금 들으니 구왕九王은 연소하고 배짱이 강하다 하니 그 뜻을 어찌 헤아릴 수 있겠는가. 전에는 저들이 세자를 대우하기를 심히 박하게 하였는데 지금은 지나치게 후하게 한다 하니 내가 의심하지 않을 수 없다.[15]

15_『인조실록』 권44, 세종 21년 10월 11일.

이는 1643년 심양에 머물던 세자가 잠시 서울에 다녀간다는 소식에 매우 불안해 하는 인조의 모습이 잘 드러나 있는 실록 기사이다. 인조는 호란 이후 늘 청의 의지에 의해 자신의 왕위가 변화될 수도 있다는 불안 속에 살았다. 그도 그럴 것이 청은 소현세자를 심양에 억류하면서 인조와 소현세자의 관계를 미묘하게 유지하여 그를 통해 조선을 관리할 의도를 분명히 가지고 있었기 때문이다. 이는 마치 임진왜란 당시 명이 선조에 대한 왕위 교체 압력으로 선조와 세자 광해군 사이에서 갈등을 일으켰던 일과 매우 유사하다고 할 수 있다.

이런 이유로 인조의 소현세자에 대한 감정은 평온할 수가 없었던 것으로 보인다. 1644년 봄, 소현세자의 심양 생활이 8년에 이른 때에 세자와 세자빈이 잠도역위潛圖易位, 즉 청을 움직여 스스로 왕위에 오르고자 한다는 음모설이 궁중에 퍼졌다. 물론 인조는 불안해 했다. 그래서 인조는 그해 11월 소현세자가 돌아오게 되었다는 소식이 전해질 때도 그다지 달가워하지 않았다. 그리고 인조의 이러한 불편한 심정은 소현세자가 귀국 후 2개월 만에 죽자, 바로 원손(소현세자의 아들)이 아닌 봉림대군鳳林大君(효종)을 세자로 책봉해버리는 일련의 과정으로 적나라하게 드러난다.

결론적으로 인조와 소현세자는 부자간이지만 청의 조선 간섭이라는 특수한 정치적 상황하에서 일종의 정적 관계로 얽히게 되었다고 볼 수 있다. 그리고 강빈은 정적 관계에 있는 아들의 처라는 이유에서 일차적으로 경계의 대상이 되었던 것이다.

그런데 소현세자가 죽은 후에도 강빈을 사사까지 한 이유는 과

연 무엇이었을까? 강빈은 소현세자의 부인이라는 위치만으로도 하나의 정치적인 경계의 대상이 될 수 있었던 것이 사실이지만, 이미 소현세자가 사망한 후에도 그 경계가 계속 늦춰지지 않은 이유는 강빈에게 아들이 있었기 때문이다. 강빈은 3명의 아들을 생산했는데, 그중 첫째 아들은 종법에 의해 소현세자 다음으로 왕위를 계승할 수 있는 자격을 가졌다. 이것이 강빈이 사사까지 당할 수밖에 없었던 중요한 이유이다. 말하자면 강빈은 총부冢婦였던 것이다.

총부란 남편이 먼저 죽은 맏며느리를 말하는데, 우리나라는 본래 중국과 달리 총부의 권한이 강했다. 조선의 총부는 남편 사후 제사를 계속 받들 수 있었으며, 아들이 있을 때는 물론이고 아들이 없는 경우라도 양자를 들여(立後) 제사를 상속받을 수 있었다. 즉 가계 계승에 막대한 영향을 미칠 수 있는 존재였던 것이다. 강빈이 바로 이러한 위치에 있었다. 비록 소현세자가 없더라도 강빈은 총부로서 다음의 왕위 계승에 관여할 수 있는 가능성이 매우 컸고 그것이 인조에게 긴장감을 주었던 것이다.

> 대저 능히 상경常經의 도를 지킬 수 있으면 비록 위태로운 경우를 당하더라도 가히 나라를 보존시킬 수 있으나, 만약 경솔히 권도權道를 쓰게 되면 인심이 복종하지 않게 되어 환란을 초래케 하는 경우가 많다. 이제 온 나라 사람들이 원손에게 촉망을 둔 지 이미 오래되었는데 만약 이러한 말을 듣게 되면 서울과 지방의 인심이 반드시 물결처럼 술렁이게 될 것이니 심히 두려워할 만한 일이다.[16]

16_『인조실록』 권46권, 인조 23년 윤6월 2일.

이는 이경여李敬輿(1585~1657)가 종법에 따라 소현세자의 아들에게 왕위를 물려주는 것이 떳떳한 도리(常道)이고, 봉림대군으로 세자를 삼는 것은 권도權道에 해당한다고 인조에게 재고를 요청하는 논의이다. 이른바 총부와 형망제급의 논쟁이라고 할 수 있다. 이 논쟁은 맏아들이 죽었을 때 그 부인인 총부가 양자를 맞아들여 제

도21 **경안군 발원 복장유물**
경안군은 소현제자의 셋째 아들이다. 어머니 강빈이 독살 사건으로, 사사되자 4세의 나이에 제주도로 유배되었다가 효종 때 경안군에 봉해져 복권되었다. 유물은 순천 송광사 목조관음보살좌상의 복장유물로, 불운한 삶을 살다 간 경안군 내외의 무병장수에 대한 염원이 담겨 있다.

사를 담당하게 할 것이냐 아니면 맏아들이 죽었으니까 둘째 아들을 맏아들로 하여 제사를 상속하게 할 것이냐의 논란인 것이다.

조선의 예론에서 이 시기는 이미 맏아들이 죽으면 둘째 아들이 집안을 계승하기보다는 맏아들의 아들인 종손이 우선이고, 종손이 없을 경우는 양자를 들이는 것이 보편화되어가는 때라고 할 수 있다. 당시 조정에는 이경여와 같은 의견을 가진 신하들이 대부분이었다는 사실이 그것을 증명해준다. 그런 만큼 어디에도 표현되어 있지 않지만 강빈의 총부로서의 위치는 매우 확고한 것이었다고 할 수 있다. 이것이 바로 강빈이 의도하지 않아도 인조에게 정치적으로 위협적인 존재로 인식되었던 이유이다. 말하자면 강빈은 소현세자의 부인이자 원손의 어머니, 즉 총부로서 기본적으로 정치적인 영향력을 확보한 위치에 있었다. 따라서 이미 소현세자가 죽고 또 봉림대군을 세자로 봉했음에도 불구하고 인조는 강빈을 정치적 위협 세력으로 의식했고 끝내는 사사하기에 이른 것이다.도21

강빈은 또한 경제력이 막강했다. 강빈은 소현세자를 따라 심양에서 생활하면서 왕실의 상하 관계에 얽매이지 않는 자유로움을 누렸을 것으로 생각된다. 왕실에서의 세자빈이라고 하면 다음 대의 왕비로서 엄격한 규율 속에서 생활해야 하는 것이 일반적이다. 그런데 강빈은 그것으로부터 벗어나 있었던 것이다. 강빈은 비록 억류 생활이기는 했지만 10년 가까이 심양에 살면서 왕실의 여러 제약을 벗어나 선진 문화의 혜택을 누리며 비교적 자유롭게 생활할 수 있었던 것이다.

> 강빈이 심양에 있을 때에 비밀리에 왕후의 자리를 바꿀 것을 도모하여, 붉은 비단으로 왕후의 옷을 미리 만들고 내전이라는 칭호를 버젓이 참람되게 일컬었으며, 지난 해 가을 분하고 노여움을 타서 내 거처 가까운 곳에 와 있으면서 큰 소리로 발악하고 아랫사람으로 문안하는 것까지도 여러 날을 폐했으니, 이 일을 차마 할 수 있다면 무슨 일을 차마 못한단 말인가.[17]

17_『인조실록』 권47, 인조 24년 2월 7일.

인조가 강빈에 대해 이와 같이 비난한 데는 그럴 만한 이유들이 있었던 것이다. 심양에서 강빈이 정말 스스로를 내전이라고 칭했는지를 반드시 확인할 수는 없다. 그러나 강빈은 적어도 자신이 돌아가면 왕비가 되리라는 확신은 가졌으리라고 짐작된다. 비교적 자유로운 심양 생활과 청과의 긴밀한 관계가 강빈에게 상당한 자신감을 불어넣어 주었을 것이기 때문이다.

김자점이 "신이 지난번에 심양에 갔을 때 들으니, 세자가 간혹 사냥하러 나가는 때가 있으면 강씨가 반드시 강원講院의 장계狀啓를 가져다가 임의로 써 넣기도 하고 삭제하기도 했다 합니다. 어찌 부인으로서 바깥일을 이런 데까지 간여할 수 있단 말입니까"라고 강빈을 탄핵한 것도 같은 맥락에서 이해할 수 있다. 부왕 밑에 있지 않을 뿐 아니라 만리타국에 있는 소현세자로서는 외로움과 관대함으로 부인에게 일정 정도 의지하고 함께 일을 의논했을 개연성이 충분히 있다. 이런 생활을 8년간 지속하면서 왕 앞에서도 큰 소리를 낸다거나 문안을 폐할 만큼 관계에 억눌리지 않고 자기 주장을 할 수 있게 된 면이 있을 것이다. 물론 강빈이 처음부터 이럴 수 있었던 것은 분명 아니다. 거듭 말하듯이 심양, 즉 청이라는 새로운 세계를 접하고 거기에서 견문을 넓힌 결과 이러한 능력을 키우게 되었던 것이다. 더구나 강빈은 소현세자와 함께 심양에서 꽤 큰 재산을 축적했다.

> 세자가 심양에 머물러 있을 적에 청나라에서 세자에게 전답을 떼어 주고 거기에 농사를 지어 관소館所에서 마음대로 쓸 수 있는 자본으로 삼도록 허락하였는데, 거두어 쌓아둔 각종 곡식이 아직 4,700여 석이나 남아 있습니다. 세자와 대군은 이미 아주 돌아왔고 이 곡식은 이미 청나라 땅에서 생산된 것이므로 마구 팔아서 값을 취하는 것은 실로 온편치 않은 일이고, 소·말·노새·나귀는 모두가 값을 주고 사놓은 것이지만 역시 모두 청나라에서 생산된 것들이니, 호부戶部에 말해서 청나라에서 처치하도록 맡겨두는 것이 사의에 합당하겠습니다.[18]

18_『인조실록』 권46, 인조 23년 3월 14일.

실록의 이 기사는 소현세자가 심양에서 돌아온 직후 그 재산 처리를 어떻게 할 것인지에 대해 논의한 내용이다. 이때 인조는 이 건의가 합당하나 말이나 소, 나귀 등은 돈을 주고 산 것이니 청에 맡겨두는 것이 부당하다고 했다. 결국 호조는 말·소·나귀·노새 등은 농군들이 나올 때 끌고 오도록 하고, 또 속공된 남녀 110여 인 및 인삼을 캐다가 잡혀간 사람 50여 인들도 일시에 나오도록 조치하겠다고 보고를 했다.

소현세자의 재물과 관련한 이 일련의 조치는 시사하는 바가 크다. 우선 소현세자와 강빈이 심양에서 대규모 농장을 경영했으며 거기에서 생산된 곡식이 적지 않았고, 또 그것으로 말이나 소 등을 샀을 뿐 아니라 포로로 잡혀온 사람들은 속공시키기도 했다는 점 등도 알 수 있다.

5,000석에 가까운 곡식이 쌓여 있다는 것은 소현세자와 강빈이

도22, 도23 **소현세자의 묘 소경원 전경과 봉분** ⓒ김성철

심양에서 농장을 수완 좋게 경영했음을 보여준다. 소현세자와 강빈이 돌아온 시기가 2월로 추수로부터 한참 된 시기인데, 겨울 동안 사용하고도 남아 있는 곡식의 양이 이 정도라고 하면 그 몇 배의 곡식이 생산되었다는 뜻이다. 아마도 강빈은 농업 경영에서 탁월한 능력을 보였던 것으로 생각된다. 즉 포로로 잡혀와 있던 조선인들을 속량하여 농사를 짓게 하고 그 수익으로 다시 더 조선인을 속량하고, 그들을 다시 농사에 투입하고 그래서 소출을 늘리고 이런 일련의 사이클이 작동했을 것으로 보인다. 그리고 그것이 더 축적되면서는 청과의 무역도 가능했을 것이다. 말이나 소, 나귀, 노새 등 운반 동물이 많았던 것은 교역의 증거라고 할 수 있다. 여기에서 소현세자가 아닌 강빈을 농장 경영의 주체로 보는 이유는 조선의 가족 내에서 경제 운영은 주로 여성이 했기 때문이다.

강빈은 조선으로 돌아와 궁중생활을 하는 중에 강원도 철원의 보개산에 있는 절에 시주를 한 적이 있다. 그런데 그때 시주한 돈이 황금 260냥이었다고 한다. 황금 1냥의 당시 환산 값을 생각한다면, 260냥은 엄청난 규모의 돈이다. 이 시줏돈은 강빈이 폐빈이 된 후 강원도 감사의 장계에 따라 반은 강원도의 민역民役에 보태어 쓰였고, 또 나머지 반은 객사의 인부와 말의 역가에 보조하게 하였다고 한다. 즉 일개 사찰에 주어진 시줏돈이 한 도의 재정의 일부분을 담당할 정도였던 것이다. 이 정도의 시주를 할 수 있었다면 강빈의 개인적인 부의 규모가 어느 정도인지를 짐작할 수 있다.

이러한 강빈의 경제력은 그의 정치적인 위치나 정치력 못지않게 인조에게 경계의 요소가 되었다. 인조가 "이 사람(강빈)이 귀국할 때에 금백金帛을 많이 싣고 왔으니, 이것을 뿌린다면 무슨 일인들 못하겠는가"라고 말한 데서도 강빈에 대한 그 경계심을 확인할 수 있다.[도22, 도23]

인조는 권력에 도전하여 권력을 얻은 만큼 또 다른 권력의 도전에 대해 누구보다도 예민할 수밖에 없었다. 그 스트레스는 며느리에게 사약을 내리고 또 후계자 순위를 바꿀 정도로 극심했다. 왕에게 있어서 권력을 둘러싼 갈등은 다른 어떤 문제보다도 왕의 심리를 불안하게 하는 요소였다.

말 안 듣는 신하들

이른바 신권이 강하다는 조선에서는 신하와의 관계도 왕에게 큰 스트레스의 하나였다. 드러나 보이는 바로는 신하들이 왕의 권위를 세워주지만, 실제로 왕은 신하들과의 관계가 조율되지 않으면 그 안에서 옴짝달싹하기 어려운 실정이었다. 신하들의 눈치를 봐야 하는 경우는 비일비재했다. 특히 조선 후기로 가면서 이러한 현상은 더 심해졌다고 할 수 있다.

> 호서胡書를 의논하여 처리하라고 어제 오전에 하교하였다. 당일 즉시 아뢰어야 하고 설령 일이 있더라도 역시 당일에 사유를 갖추어 아뢰어야 할 것인데 이들이 지난 어제 저녁에야 비로소 아뢰었다. 비국備局은 바로 변방의 방책을 담당하는 곳인데, 이처럼 완만하니 어떻게 늑장을 부리고 게으름을 피우는 온 관사를 책망할 수 있겠는가? 앞으로 또 이러한 일이 있으면 유사有司 당상堂上을 추고하고 색낭청色郎廳을 잡아

다 추고할 것이다. 호서에 관한 일은 하루 이틀 안으로 상의하여 처리하라.[19]

19_『광해군일기』 권142, 광해군 11년 7월 16일.

1619년 7월 16일, 광해군이 신하들에게 호인胡人의 편지에 잘 대처할 것을 명하는 장면이다. 호서를 받은 것은 이틀 전인 7월 14일이었다. 전에도 호서는 있었다. 그런데 이번에는 내용이 보다 도전적이었다. 명과의 관계를 청산하고 자신들과 '백마를 잡아 하늘에 제사 지내고 검정 소를 잡아 땅에 제사 지내며' 서로 맹세를 하자는 것이었다. 당시 호인은 요동을 장악한 상태였으며 따라서 기세가 등등했다. 그런 만큼 조선에 보낸 편지는 자신감으로 넘쳤다.

광해군은 호인의 편지가 패악스럽고 오만하기 짝이 없다고 말했다. 그러나 이를 무시할 수는 없다는 사실을 잘 알았다. 한창 왕성한 호인들이 언제 병화兵火를 일으킬지 알 수 없었기 때문이다. 광해군은 빨리 이 문제를 처리하라고 요구했다. 그러나 왕의 명령은 제대로 실현되지 않았다. 물론 호서에 답하는 것은 명과의 관계 등 예민한 문제가 있어서 쉽지 않은 것이 사실이었다. 그러나 그렇다고 해도 신하들의 태도는 지나치게 미온적이었다.

"이번 호서에 대한 답도 하나같이 지난해 징병을 당했을 때나 또 지난달 호서에 답할 때와 꼭 같이 하고 있다. 하루 이틀 미루다가 매번 지체되고 있으니 나랏일이 한심하다." 다시 한 번 빨리 답장을 재촉하는 광해군의 말에서 이미 전에도 호서에 대한 답장을 미루고 미룬 전적이 있음을 알 수 있다. 결국 광해군과 신하들은 호서를 사이에 두고 3개월 이상 줄다리기를 했다.

이번 호서의 사건은 실로 국가의 존망이 달려 있는데 본사에서는 하루 이틀 보내며 미루면서 틀어막을 계획이나 하고 있으니 그 뜻을 이해할 수 없다. 이 일이 물론 우리나라의 인심과 병력으로 도적을 막을 수 있어서 전혀 걱정할 것이 없다면 엄한 말로 배척하여 단절해도 될 것이다. 그러나 만일 조금이라도 미진한 것이 있는데 경들이 곧음을 명분으로 삼는 의리론만 내세워서 종묘와 사직을 위험에 빠지게 한다면 어떻게 할 것인가? 적은 수효로 많은 수효를 대적할 수 없고 약한 것은 강한 것에 대적할 수 없는 것이다. 성탕과 문왕도 모두 힘을 헤아려 순리에 따르고 힘을 기르는 일을 하였으니 제왕이 이적을 대하는 도리는 한결같을 수 없는 것이다. 그러므로 그들이 선한 말을 하거나 악한 말을 했다고 하여 기뻐하거나 노여워할 것도 없고 오직 순리에 따라 선처하면 된다.[20]

20_『광해군일기』 권142, 광해군 11년 7월 23일.

광해군은 상황을 현실적으로 파악했고 또 현실적인 대처를 요구했던 것이다. 그러나 신하들은 계속 적극성을 보이지 않았다. 당시 우의정 조정趙挺(1551~1629)은 "호서의 답은 하지 않을 수 없으나 답하는 말은 신중하지 않을 수 없습니다. 신이 어떤 사람이기에 이 일을 혼자 담당한단 말입니까? 바라건대 성상께서는 다른 대신을 출사하라고 돈유敦諭하여 함께 상의하여 처리하게 하소서"라며 이 일에 책임을 지고 싶어 하지 않았다. 이런 모습을 본 광해군은 "경마저도 기꺼이 담당하지 않으려고 이처럼 번거롭게 하는데 어느 대신이 출사하여 목숨을 내걸고 담당하려고 하겠는가. 나 혼자 번민하다 병이 되었으니 나라 일이 한심하다"라며 힘들어 했다. 병까지 났다고 하는 것을 보면, 광해군의 스트레스가 어느 정도였는지 짐작할 수 있다. 광해군은 병이 났을 뿐만 아니라 '생각하면 가슴이 섬짓하다'(思之膽汗)고 말했을 정도이다. 광해군의 채근은 계속되었다.

비국의 모든 신하들이 회답하지 않을 수 없다는 생각을 하고 있으면서도 단지 남의 말에 오르내리는 것을 피하려고 겉으로는 곧은 체 큰소리를 치면서 회답해야 한다는 말이 임금의 입이나 혹은 타인의 입에서 나오기만을 기다리고 있다. 이렇게 하면서 하루 이틀씩 서로 버티면서 오늘에 이르렀는데 장차 나라를 어떤 지경에 두려는 것인지 모르겠다. 저 적들이 비록 무지하다 하더라도 이미 편지를 보냈는데 어떻게 회답을 하지 않을 수 있겠는가? 요컨대 의를 잃어버리지 않는 방향으로 하자는 것일 뿐이지 어찌 중국을 섬기는 정성에 흠을 내는 것이겠는가?[21]

21_『광해군일기』 권143, 광해군 11년 8월 14일.

광해군은 신하들이 명분론 때문에 호서에 답변을 하지 않고 있다는 사실을 잘 알았다. 그러면서 또한 본인은 이 상황을 명분론으로 해결할 수 없다는 것도 잘 알았다. 명분론은 현실을 생각할 때 후퇴되어야 할 논리였던 것이다. 그래서 명령을 한 것이고, 그 명령은 비교적 강력했다. 그러나 역시 실현되지 않았다.

신하들이 자신들의 의견으로서 명분론을 내세우는 것은 있을 수 있는 일이다. 그러나 왕이 더 이상 명분론이 유용하지 않다고 지적하고 현실적인 대안을 내놓으라고 요구하면, 일정 부분 명분론을 포기하는 것이 일반적인 군신 관계이다. 그러나 신하들은 끝까지 자신들의 입장을 포기하지 않았다. 왕의 말을 듣지 않은 것이다. 말을 듣지 않는 신하들은 왕에게 스트레스이다. 광해군이 병이 난 것은 호인과의 관계 자체가 부담스러웠기 때문이기도 하지만, 신하들과의 소통 불가능이 더 큰 원인이었을 것으로 생각된다. '생각하면 가슴이 섬짓하다'고 할 정도였으니 말이다.

권력에 대한 도전 다음으로 왕에게 스트레스가 되는 것이 신하들과의 관계라고 할 수 있을 것이다. 매일매일의 일을 같이 해야 하는 사람들이기 때문에 신하들과의 관계가 왕의 삶에서 차지하는 비중은 절대적이다. 그런데 조선의 신하들은 기본적으로 고분고분한 존재들이 아니었으니 조선의 왕들이 이 부분에서 받는 심적 고충이 적지 않았다.

도대체 조선의 신하들은 어떻게 왕을 따르지 않을 수 있었던 것일까? 조선에서는 신권이 강했다. 고대 이래 연합 정권적인 성격이 강했던 나라에서 왕은 절대 권위를 갖기보다는 연합 세력을 잘 통합하는 위치였다고 할 수 있다. 이런 분위기는 왕을 절대적 존재라기보다는 연합 세력의 대표자라는 분위기를 형성했는지도 모른다. 사실 고려 왕건은 여러 호족 세력의 대표자에 불과했다. 이런 역사적 배경이 조선에 이르러서도 왕이 절대권을 갖기 어렵게 하지 않았나 생각된다.

위에서 본 광해군의 경우만이 아니다. 『조선왕조실록』에는 왕의 행위에 이의를 제기하는 의견들이 넘쳐난다. 신권이 강한 나라의 왕은 신하들로부터 스트레스를 많이 받을 수밖에 없었다.

왕의 질병과 죽음

세종의 비만과 과로

세종은 전형적인 성인병을 앓은 왕으로 보인다. 세종이 고기를 좋아했다는 것은 유명한 사실이다. 태종이 유언으로 "주상은 고기가 아니면 밥을 먹지 못하니, 내가 죽은 후 권도權度를 좇아 상제를 하라"고 한 것은 세종의 식성을 잘 알기 때문이었다. 삼년상 기간 동안 고기를 먹지 못한다는 것은 세종에게 불가능한 일이었다. 실제 세종은 아버지 태종 상에 6개월 동안만 소찬素餐을 했다. 세종 자신은 계속 소선을 고집했으나 신하들이 가만히 있지 않았다. 끊임없이 육선肉饍을 권했다. 마침 당시 세종에게는 허손병虛損病이 있었는데, 그렇기 때문에 더욱 고기를 먹지 않을 수 없다는 것이었다. 허손병이란 몸이 허하고 약해 피부가 쭈글쭈글해지고 머리카락이 빠지는 병이다. 고기를 좋아하는 세종으로서는 고기를 먹지 않는 상태에서 허약해진 몸을 회복할 수는 없다는 논리였다.

또 세종은 비만했다. 앞의 사냥 기록에서 태종이 세종의 비만함을 지적한 바 있다. 그런데 비만하면서 운동은 그다지 좋아하지 않았던 것이다. 태종이 '때때로 나와 노닐라'고 권한 것이 공연한 잔소리가 아니었다. 고기는 좋아하면서 운동을 좋아하지 않았다는 세종은 오늘날 이른바 성인병이라고 불리는 질병에 걸릴 확률이 높을 수밖에 없었다.

게다가 세종은 엄청난 업적을 남긴 왕으로 유명하다. 업적이란 집중해서 일을 하지 않고는 나올 수 없는 것이다. 세종은 실제 스스로 '근로'勤勞를 삼가야겠다고 생각할 정도였다. 근로라고 하는 것은 일을 열심히 하는 것, 지금으로 말하면 과로이다. 한마디로 세종은 일하기 좋아하는 왕이었던 것이다. 이렇게 되면, 세종은 성인병에 걸릴 요소들을 골고루 갖추었다고 할 수 있다.

> 내가 젊어서부터 한쪽 다리가 아팠고 10여 년에 이르러 조금 나았는데, 또 등에는 부종浮腫이 있어 아픈 지가 오래되었다. 아플 때는 마음대로 돌아눕지도 못하고 그 고통을 참을 수가 없다. 지난 계축년 봄에 온정에서 목욕하고자 하였으나 대간들이 폐가 백성에게 미친다고 말하고 대신도 그 불가함을 말하는 이가 있었다. 그래도 내가 두세 사람의 청하는 바로 인하여 온정에서 목욕하였더니 과연 효험이 있었다. 그 뒤에 간혹 다시 발병할 때가 있지만 역시 조금 나았다. 지난해 여름에는 또 임질淋疾을 앓아 오래 정사를 보지 못하다가 가을 겨울에 이르러 조금 나았다. 지난 봄 강무를 한 뒤에는 왼쪽 눈이 아파 안막을 가리는 데 이르고, 오른쪽 눈도 어두워서 한 걸음 사이에서도 사람이 있는 것만 알겠고 누구누구인지를 알지 못하겠다.[22]

22_『세종실록』 권85, 세종 21년 6월 21일.

세종이 왕위에 오른 지 21년이 되는 1439년 6월 승지 김돈金墩(1385~1440)에게 한 말이다. 세종의 병력이 자세히 나타나 있다. 세종은 젊어서부터 한쪽 다리가 아팠다고 하는데, 이것은 아마도 풍병이라고 할 수 있을 것이다. 세종은 젊은 시절 온천에 가고자 하는 것이 풍질 때문이라고 했다. 이 풍질의 증상이 바로 다리가 아픈 것이 아니었나 생각된다.

그런데 풍질은 당시 꽤 일반적인 병이었던 것으로 보인다. 태종도 풍질로 고생을 한 적이 있고 세종비도 풍질이 있었다고 한다.

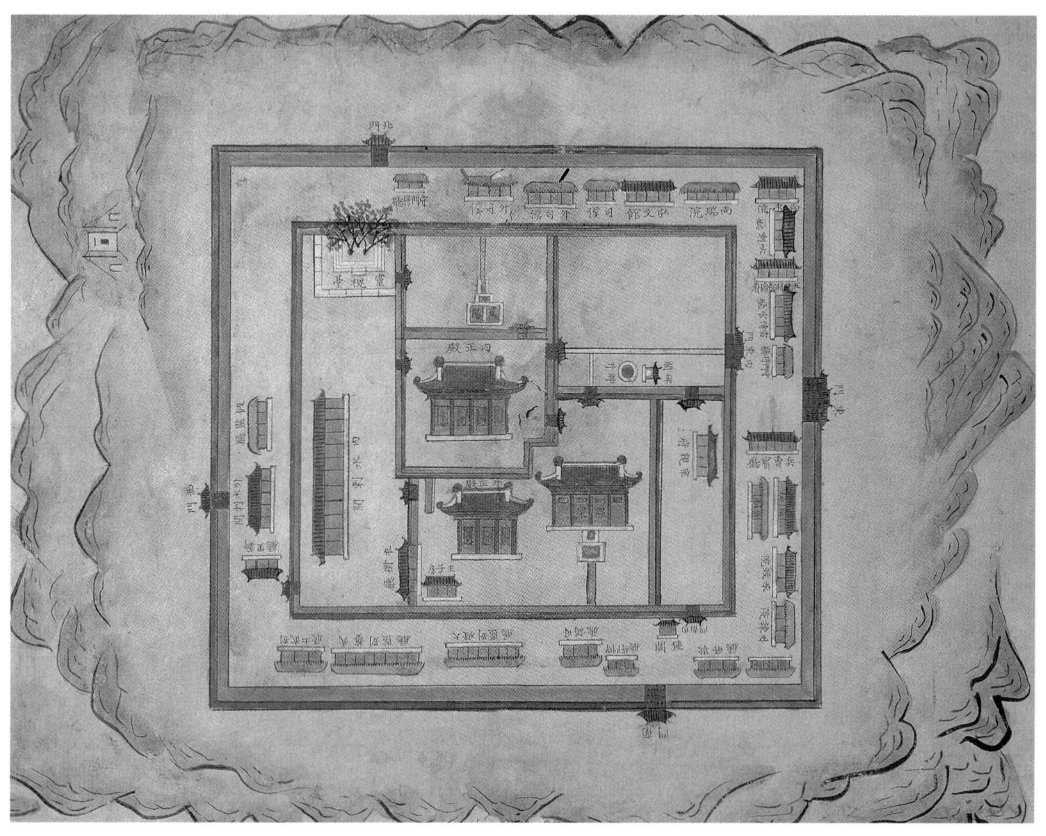

도24 **온양별궁전도** 서울대학교 규장각 소장.
조선시대 왕들이 질병 치료와 휴양을 위해 행차했던 온양별궁의 모습이다. 중앙의 세 건물 중 오른쪽에 '온천'이 있다.

태종은 풍질 때문에 이따금 시고 아린 증상(酸痛)이 있다고 했다. 그리고 이런 증상을 말할 때 대신들은 대개 온천욕을 권했다. 풍병을 침으로 다스리는 것은 별로 권하지 않은 듯하다. 온천욕을 하려면 왕이 오가야 했고, 따라서 역로에 민폐가 생길 수 있으므로 간혹 왕들이 침으로 해결하고자 할 때가 있었다. 그러나 신하들은 침을 그다지 권하는 분위기는 아니었다. 침의 부작용으로 오히려 병이 생길 수도 있다는 것을 우려했다. 풍병에는 온천욕이 우선임을 다시 확인할 수 있다.도24

세종이 말한 부종이란 종기로 보이는데, 세종은 이것으로 상당한 고통을 받았다. 등에 부종이 생기면 마음대로 돌아누울 수도 없을 정도라고 했다. 태종의 대상大喪 때 세종의 왼쪽 겨드랑이에 종기가 났었다. 이때 세종은 대상을 제대로 수행하고자 했으나 신하들은 종기는 기운을 쓰면 덧날 수 있다며 대상 친행을 반대했다. 결국 세종은 신하들의 반대를 무릅쓰고 친행을 했지만, 종기는 만만히 볼 병이 아니라는 당시 분위기를 느낄 수 있다. 부종도 당시 흔하게 볼 수 있었던 병으로 조선 초기 왕들 중에 부종을 앓지 않은 왕이 별로 없을 정도이다.

그렇다면 부종에는 왜 걸리는 것일까? "성균관 학생들이 여러 번 부종병으로 죽게 되어, 신등이 그 까닭을 물으니 모두 말하기를 '생원들이 전부 원점 300개를 채우기 위하여, 또는 고강하는 법이 한 자리에 오래 앉아서 글 읽기만 힘쓰므로 정신이 피로하고 기운이 떨어져서 병이 깊어짐을 알지 못하다가 죽기에 이른다'고 합니다." 세종 3년(1421) 변계량이 올린 계의 내용이다. 여기에서 부종의 원인이 스트레스와 원기 부족에 있다는 사실을 알 수 있다.

일반적으로 왕들은 먹는 것에서 원기 부족이 되지는 않았겠지만, 여러 가지 스트레스는 없을 수 없었다. 앞에서 봤듯이 권력에 대한 도전도 있을 것이고 또 신하들과의 관계, 정치 현안 등으로 권력의 정점에 있는 왕은 늘 긴장과 스트레스 속에 있을 수밖에 없었다.

또 세종은 임질을 앓았다고 했다. 사실 실록에는 임질에 관한 기록이 꽤 나오는데, 이 병이 과연 오늘날의 성병과 같은 것인지는 확인하기 어렵다. 권근도 자신의 건강이 좋지 않다는 것을 말하면서 임질에 걸렸던 사실을 밝힌 적이 있다. 그런데 만약 임질이 오늘날과 같은 성병이라면, 굳이 이 병을 드러내서 자신의 사정을 변명할 필요는 없었을 것이다. 성병의 감염 경로에 대해 파악했다면 이를 떳떳하게 드러내지는 않았을 것이기 때문이다. 어쩌면 당시 사람들은 임질의 증상에 대해서는 알아도 이 병이 성관계에 의해 전염된다는 것은 알지 못했을지도 모른다. 세종은 임질에 걸려 정사를 보기 어려울 정도였다고 하니 그것이 성병이든 아니든 활동에 대단히 지장을 준 병이었음은 틀림없다.

세종은 거의 없는 병이 없었던 것으로 보인다. 그리고 그 병들은 대개 오늘날 성인병으로 분류되는 병들로 생각된다. 세종이 살이 쪘고 또 운동을 즐기지 않았으며 앉아서 일하기를 좋아했다는 점은 성인병을 가져올 중요한 요인들이 됐을 것이다.

숙종의 죽음

숙종은 1720년(숙종 46) 6월 8일 60세로 승하했다. 숙종만큼 죽음에 이르기까지 오래 병석에 있었던 왕도 드물다. 6개월 가까이 고생을 했고, 이 기간 신하들은 전전긍긍했다. 숙종은 재위 기간이 길었고 또 그 기간 동안 질병이 많았던 왕이다. 스스로 고질병이 있다고 술회했고, 결국 고질병 때문에 세자에게 대리청정을 시키기도 했다. 만년에 숙종은 늘 병 속에 산다는 생각을 떨치지 못했다.

1713년(숙종 14) 숙종은 병을 심하게 앓은 것으로 기록되었다. "성상의 질환은 비록 통증을 지적할 만한 곳은 없으나 다리 부위가 힘이 없으므로 보행과 기립에 방해가 있으니 이를 억지로 하면 반드시 증세가 더할 것입니다." 당시 판부사 이이명李頤命의 말에 따르면 숙종은 기운이 없고 보행이 원활하지 않았다는 것이다.

이때에 숙종은 꼭 집어 무슨 병이라고 말하기 어려울 정도로 복합적인 증세를 가지고 있었다. 종기 부위를 소독하고 고약을 붙인 적도 있고, 한열 때문에 잠을 이루지 못하는 경우도 많았다. 또 다리가 아프고 당겨서 슬안혈膝眼血에 뜸을 뜨기도 했다. 약방은 계속 왕의 증상이 다양하다고 말했다. 여러 가지 처방을 했으나 왕의 병세가 호전되지 않자 신하들은 마음을 다스릴 것을 권하기도 했다. "성상께서도 또한 병환이 오래됨을 근심하지 마시고 항상 깊은 못에 임한 듯하고 살얼음을 밟는 듯한 경계를 두신다면 마음에 줏대가 있고 신기가 편안하고 태연하여 질병이 저절로 몸을 떠날 것입니다."

그러나 숙종의 병은 변화가 없었다. 나중에는 포만증과 부기와 창증脹症이 더해졌다고 한다. 포만증은 밥을 먹으면 정도 이상으로 포만을 느껴 갑갑해지는 증상이며 부기는 몸이 붓는 것을 말하고 창증은 변비 등으로 가슴이 답답해지는 증상이다. 이렇게 숙종은 종기와 다리 통증, 한열, 포만증, 구담口淡 등등 없는 병이 없었다고 할 수 있다. 세종 못지않게 병이 많았던 것을 볼 수 있다.

신하들은 "임금의 환후가 7개월 동안 침엄하고 증세가 백가지로 변하여 활제를 쓰면 신기가 허약해지고 또 완제를 써서 보하면 부기가 날로 더해지므로 여러 어의들은 능력이 바닥나 어쩔 줄을 몰라 한다"고 말할 정도였다. 그중에 유천군儒川君 이정李瀞은 처음부터 "의당 부기를 시급히 다스려야 하니 이제는 소통시키는 약을 쓰지 않을 수 없다"며 죽절초를 써서 소변이 잘 통하게 할 것을 주장했다. 그러나 여러 어의들은 "죽절초는 옛 처방에 실려 있지 않고 성미가 심히 준급한데 어떻게 군부의 병환에 함부로 쓸 수 있겠는가"라고 하며 반대했다. 결국 이정의 주장은 받아들여지지 않았다. 죽절초는 함부로 쓸 수 없는 약이라는 것이었다.

7, 8개월이 지나 숙종의 병은 어느 정도 감해졌다. 그러나 완쾌라고는 할 수 없었다. 더 이상 약방이 상시로 입시하지는 않게 됐지만 사실상 숙종의 병은 계속됐고, 숙종 자신도 그것을 느꼈다. "한 가지 병이 3년을 끌어오며 근원이 이미 깊어졌고, 여러 증세가 더했다 덜했다 하여 완전히 회복될 기약이 없다. 조용히 조섭하는 방법도 크게 작년만 못한데 근래에 또한 부기가 다시 일어날 조짐이 없지 않다." 병을 앓고 난 지 1년이 지난 1715년에 숙종이 한 말이다.

그리고 1717년 왕세자에게 대리청정을 하게 한 이유도 결국은 병 때문이었다. "지금 나의 안질이 이렇게 오래도록 심하여 왼쪽 눈만 물체를 볼 수 없는 것이 아니라 오른쪽 눈도 장차 장님이 될 지경이므로 결단코 제반 사무를 수응할 수 없는 형세이다. 이런데도 억지로 사무를 수응하려 한다면 이것은 나에게 죽음을 재촉하는 결과가 된다. 세자에게 청정하게 하는 일이 나의 본의였으니 다시 좌상을 부른 것도 대개 이 때문이었다."

숙종은 거듭 업무를 보기 어렵다고 호소했다. 이미 병이 5년 이상 돼서 더 이상 국사를 감당할 수 없다고 하는데, 여기서 5년이라는 것은 1713년 이후 5년이라는 뜻이다. 이 기간 동안 병이 계속 반복되었던 것이다.

그리고 1720년에는 육순을 맞이하기는 했으나 1월부터 병이 심해졌다. 숙종은 "생각건대 나 불곡이 외람되게 큰 기업을 이었도다. 질병이 몸을 떠나지 않았는데 만년이 어느덧 닥친 것이 놀랍다"며 자신이 오래 살았음을 표했다.

1720년 1월에서 6월, 권상일權相一(1679~1760)은 자신의 『청대일기』淸臺日記에 숙종의 임종 일기를 상세히 썼다. 당시 권상일은 예조낭관이었는데, 측근에서 왕의 병을 살폈다. 새해가 되어 5일에 하례를 하려고 했으나 왕이 몸이 좋지 않아 이를 정지했다는 것에서 기록이 시작된다.

우선 곤뇌困惱가 심하다고 했다. 곤뇌는 두통의 일종으로 보이는데, 숙종은 특히 가운데가 더 심하다고 호소했다. 그리고 격간膈間이 편치 않고 또 호흡이 고르지 않아서 잠들기가 어려우며 때로 열도 났다. 그래도 이때에는 식사에 큰 무리는 없고 약으로 인삼맥문동탕을 올리는 정도였다.

그러나 1월 20일이 지나면서는 격간이 편안하지 않고 오른쪽 겨드랑이 쪽으로 포만함이 있으며 호흡이 고르지 않고 또 며칠 동안 대변을 보지 못했다. 소변에서는 쌀알 같은 것이 나왔는데 소변 보는 것 자체도 원활하지 않았다. 잠들기 어려운 것도 마찬가지였다. 2월에도 병은 계속됐을 것으로 보이지만, 이때에는 세자가 홍역을 앓아서 왕의 병은 잠시 뒷전이 되었다.

3월이 되면서 세자의 홍역은 수그러들고 왕의 병에 대한 기록이

다시 자세해졌다. 여전히 잠을 잘 자지 못하고 음식 먹기를 싫어하며 복부 포만감이 심하다고 했다. 3월 중순에 이르면 정신이 혼미하며(昏困) 신음이 끊이지 않고 목소리가 아주 미약해졌다. 몇 년간 앓아온 병이라서 다리는 저려 한 발자국도 움직이기 어려우며 시력은 낮밤을 구분하기 어려울 정도였다. 약방도제조는 영의정에게 시약청을 설치할 것을 건의했다. 시약청이 설치되면 약방제조들은 계속해서 숙직을 해야 했다. 왕의 병이 위중해진 것을 의미했다. 그러나 이때에 시약청이 바로 설치되지는 않았다.

시약청이 설치된 것은 이로부터 40여 일이 지난 4월 24일이었다. 그사이 숙종의 제 증상은 계속 심해졌다. 4월 중순 이후 문득 가슴이 아픈 증세(惡心)가 나타났고, 허리 아래 다리 부분에 부기가 생겼으며 열나는 증세와 다리 저림이 심해졌다. 특히 혼곤昏困, 즉 정신이 혼미한 상태가 있고 해소 증세도 나타났다. 식사로는 녹두죽, 송이죽 등의 죽을 올리나 식욕이 전혀 없었다. 의관들은 이미 수습하기 어려운 상태라고 말했다. 그러나 간병은 계속되었다.

시약청이 설치된 24일에는 맥도 미약해지고 수라를 거의 먹지 못하며 복부 팽창이 특히 심했다. 신하들의 걱정은 말로 할 수 없는 지경이어서 2품 이상의 대신들이 조석으로 문안하고 일찍이 근시나 당상을 지낸 대신들도 모두 대궐 밖에 모여 의논하고 온갖 약들을 대령했다. 이날 밥을 반 숟가락 정도 드렸으나 왕이 염증을 내며 끝내 먹지 않았다.

다음 날 26일부터는 왕의 변 상태를 기록하기 시작했다. 이미 드러난 여러 증상들이 모두 더해질 뿐 감하는 기운은 없었기 때문이다. 이때부터 권상일은 장생전에 가서 재궁梓宮, 즉 왕의 관을 살피는 일을 규칙적으로 시행했다. 사실상 이미 한 달 전부터 재궁 살피는 일을 시작했다. 그런데 이때부터는 보다 자주 들러 살펴보게 됐다는 것이다. 왕의 죽음을 예상했기 때문이다. 소변에 대해서는 색깔을 세심하게 기록했다. 대개 짙은 황색으로 표현되었으나 병이 더 악화되면서는 청흑색을 띠는 경우도 있었다. 혼수상태가 심하고 잠시 깨어 있을 때는 계속 신음 소리를 냈다. 열이 나고 격간이 편치 않으며 복부 팽창, 호흡 곤란 등의 여러 증상은 계속되었다. 우황을 먹어도 차도가 없었다. 소변과 대변의 양과 색깔은 계속 체크되었다. 대변은 묽은 정도에 따라 니변泥便, 활변滑便, 설변泄便, 설사泄瀉, 진변眞便 등으로 구분하고 1홉, 2홉 등으로 양을 가늠했다.

밤에는 복부 팽창이 너무 심하고 격간의 불편함과 호흡 곤란으로 누울 수조차 없었다고 한다. 그래서 비스듬히 누워 있어야 할 정도였다. 권상일은 더 자주 장생전에 가서 재궁에 칠하는 것을 살폈다.

5월 23일부터는 입 안에 검은 점이 나타나고 설태가 끼기 시작했다. 이후 설태는 계속되고 가슴 통증도 계속됐다. 5월 26일 설태와 가슴 통증이 더하고 소변 색은 붉으면서도 탁해졌다. 이제 맥박이 미약해지고 혼수상태가 심해졌다. 세자와 중궁전이 왕의 상태를 계속 물어왔다.

6월 1일 왕의 증세는 여전했다. 혼수상태가 계속돼 입진도 쉽지 않은 상황이었다. 오후에 시약청이 입진하니 맥박이 미약하여 거의 힘이 없었다. 2일에는 쾌변을 보고 식사를 조금 하니 신하들이 기뻐서 어쩔 줄을 몰랐다. 그러나 3일에는 다시 증세가 나빠져 음식을 먹을 수 없었다. 4일에 세자는 신하들에게 쾌유를 위한 기도를 올릴 것을 건의했다. 그래서 명산, 대천에 기도할 것을 의논했다. 5일에는 인삼차를 조금 올렸는데, 곧 토하고 말았다. 죽력竹瀝 강즙을 조금 마시고 진정이 됐다. 대변 색이 청흑색으로 됐다. 목소리가 잘 나오지 않았다. 6일에는 여러 증상과 함께 토하는 증상이 계속됐다. 7일 다시 기도를 올렸다. 소변은 황색에 청색을 띠었고 숨소리가 점점 거칠어졌다.

8일 시약청이 전일 밤 입진한 후 나가지 못하고 밤새 지켰다.

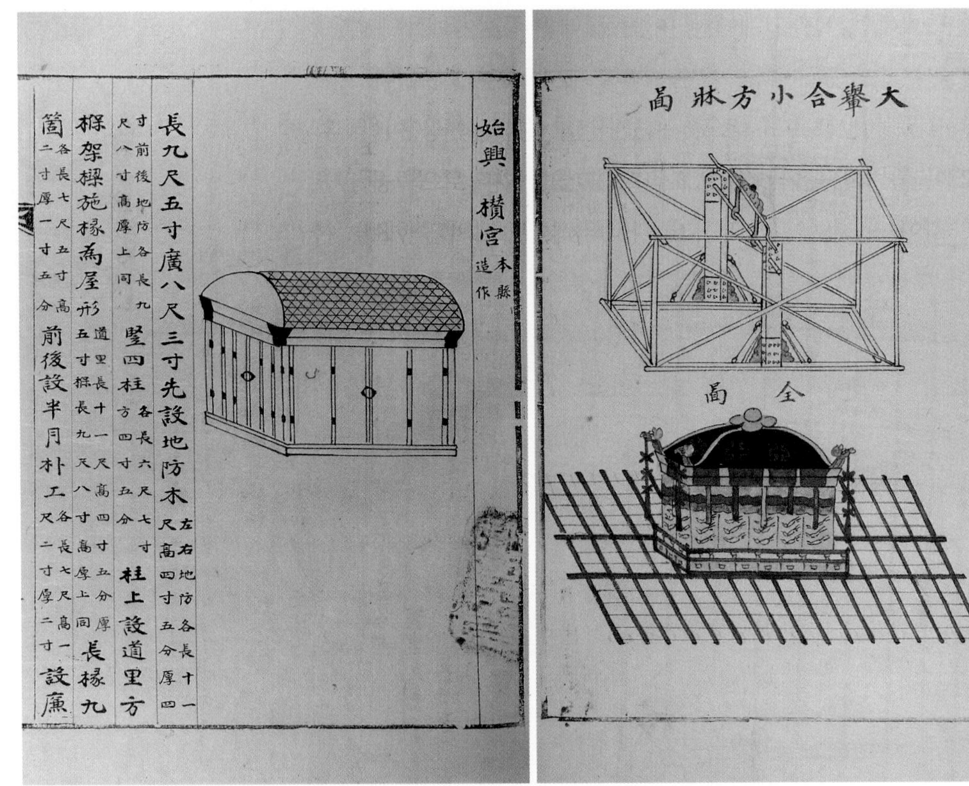
始興橫宮 本縣造作

長九尺五寸廣八尺三寸先設地防木 左右地防各長十一尺高四寸五分厚四寸 前後地防各長九尺八寸高厚上同 竪四柱 各長六尺七寸方四寸五分 柱上設道里方椺架樑施椽爲屋形 道里長十一尺高四寸五分厚五寸 椺長九尺八寸高厚上同 長椽九箇 各長七尺五寸高二寸厚一寸五分 前後設半月朴工 各長七尺高一尺二寸厚二寸 設簾

도25, 도26 『정조국장도감의궤』에 실린 찬궁도欑宮圖와 대여도大轝圖 서울대학교 규장각 소장.

아침에 중궁이 하교하여 문안을 정지하고 조금 있다가 다시 하교하여 대신들을 불러들였다. 영의정 김창집金昌集(1648~1722), 우의정 이건명李健命(1663~1722), 판부사 김우항金宇杭(1649~1723), 조태채趙泰采(1660~1722), 경은부원군 김주신金柱臣(1661~1721), 어영대장 김석연金錫衍(1648~1723), 금평위 박필성朴弼成(1652~1747), 동평위 정재륜鄭載崙(1648~1723), 임창군臨昌君(?~1724), 원주목사 심정보沈廷輔 등이 입시했다. 한 시간쯤 후에 나오고 숙종은 경덕궁 융복전에서 승하했다.

숙종이 임종하기까지 6개월이 걸렸다. 아마도 가장 오래 끌었던 왕으로 생각된다. 숙종의 지병은 성인병적인 요소를 보인다. 눈이 안 보이게 된 것은 당뇨 합병증이 아닌가 생각된다. 또 복부 팽창은 간이 좋지 않아서 생긴 것으로 보인다.

숙종의 죽음에는 왕의 죽음에 대한 신하들의 간병 과정이 잘 드러나 있다. 숙종은 이미 죽음에 다다랐지만, 신하들은 할 수 있는 모든 방법을 동원했던 것이다. 이는 왕의 권위를 세워주는 데 없어서는 안 될 과정이다. 사실상 숙종은 시약청이 설치되기 전부터 거의 죽은 것이나 다름없는 상태였다. 인삼과 우황 등으로 단지 숨을 연장시켰다는 느낌이다. 그러나 이 과정은 불가결한 것이었다. 왕의 건강은 확실하게 관리되어야 했기 때문이다.

그것은 신하들이 한편으로 왕의 죽음을 철저하게 준비한 것에서도 확인된다. 숙종이 죽기 수개월 전부터 왕의 재궁, 즉 관이 잘 준비되었다. 장생전에서는 열심히 재궁에 칠을 하고 신하들은 이를 간간이 체크했다. 왕의 목숨을 연장하기 위해 할 것은 다 하면서도 한편으로는 관곽을 준비하여 죽음에 대비한 것은 모두 관리의 연장이다.[도25, 도26] 신하들은 왕의 예상치 못한 부재를 원하지 않았다. 숙종의 죽음은 잘 예상되었고, 신하들은 사실 불안해 하지 않았다. 숙종의 죽음은 잘 관리된 죽음에 속했다.

부록

조선 왕실 세계도

제1대 태조太祖

신의왕후神懿王后 한씨韓氏 (1337~1391, 안변한씨安邊韓氏 한경韓卿과 삭녕부신씨朔寧申氏의 딸)	진안대군鎭安大君 영안대군永安大君(정종定宗) 익안대군益安大君 회안대군懷安大君 정안대군靖安大君(태종太宗) 덕안대군德安大君 경신공주慶愼公主=상당부원군上黨府院君 이애李薆 경선공주慶善公主=청원군青原君 심종沈淙
신덕왕후神德王后 강씨康氏 (?~1396, 곡산강씨谷山康氏 강윤성康允成과 진주강씨晉州姜氏의 딸)	무안대군撫安大君 의안대군宜安大君 경순공주慶順公主=흥안군興安君 이제李濟
성비誠妃 원씨元氏	
정경궁주貞慶宮主 유씨柳氏	
화의옹주和義翁主 김씨金氏	숙신옹주淑愼翁主=당성위唐城尉 홍해洪海
후궁	의령옹주宜寧翁主=계천위啓川尉 이등李薆

제2대 정종定宗

정안왕후定安王后 김씨金氏 (1355~1412, 경주김씨慶州金氏 김천서金天瑞와 담양潭陽 이씨李氏의 딸)	
성빈誠嬪 지씨池氏	덕천군德泉君 도평군桃平君
숙의淑儀 지씨池氏	의평군義平君 선성군宣城君 임성군任城君 함양옹주咸陽翁主=박갱朴賡
숙의淑儀 기씨奇氏	순평군順平君 금평군錦平君 정석군貞石君 무림군茂林君 숙신옹주淑愼翁主=김세민金世敏
숙의淑儀 문씨文氏	종의군從義君
숙의淑儀 윤씨尹氏	수도군守道君 임언군林堰君 석보군石保君 장천군長川君 인천옹주仁川翁主=이관식李寬植
숙의淑儀 이씨李氏	진남군鎭南君
후궁	덕천옹주德川翁主=변상복邊尙服
후궁	고성옹주高城翁主=김한金澣
후궁	상원옹주祥原翁主=조효산趙孝山
후궁	전산옹주全山翁主=이희종李希宗
후궁	함안옹주咸安翁主=이항신李恒信

제3대 태종太宗

원경왕후元敬王后 민씨閔氏 (1365~1420, 여흥민씨驪興閔氏 민제閔霽와 여산송씨礪山宋氏의 딸)	양녕대군讓寧大君 효령대군孝寧大君 충녕대군忠寧大君(세종世宗) 성녕대군誠寧大君 정순공주貞順公主=청평부원군清平府院君 이백강李伯剛 경정공주慶貞公主=평양부원군平壤府院君 조대림趙大臨 경안공주慶安公主=길창군吉昌君 권규權跬 정선공주貞善公主=의산군宜山君 남휘南暉
효빈孝嬪 김씨金氏	경녕군敬寧君
신빈信嬪 신씨辛氏 (신녕궁주辛寧宮主)	함녕군諴寧君 온녕군溫寧君 근녕군謹寧君 정신옹주貞信翁主=영평군鈴平君 윤계동尹季童 정정옹주貞靜翁主=한원군漢原君 조선趙璿 숙정옹주淑貞翁主=일성군日城君 정효전鄭孝全 숙녕옹주淑寧翁主=파성군坡城君 윤우尹愚

	숙경옹주淑慶翁主=파평군坡平君 윤암尹巖 숙근옹주淑謹翁主=화천군花川君 권공權恭
선빈善嬪 안씨安氏	익녕군益寧君 혜령군惠寧君 소숙옹주昭淑翁主=해평군海平君 윤연명尹延命 경신옹주敬愼翁主=전성위全城尉 이완李梡
의빈懿嬪 권씨權氏	정혜옹주貞惠翁主=운성부원군雲城府院君 박종우朴從愚
소빈昭嬪 노씨盧氏 (소혜궁주昭惠宮主)	숙혜옹주淑惠翁主=성원위星原尉 이정녕李正寧
숙의淑儀 최씨崔氏	희령군熙寧君
최씨崔氏	후령군厚寧君
김씨金氏	숙안옹주淑安翁主=회천위懷川尉 황유黃裕
이씨李氏	숙순옹주淑順翁主=파원위坡原尉 윤평尹泙
덕숙옹주德淑翁主 이씨李氏	
후궁	소선옹주昭善翁主=변효순邊孝順

제4대 세종世宗

소헌왕후昭憲王后 심씨沈氏 (1395~1446, 청송심씨靑松沈氏 심온沈溫과 순흥안씨順興安氏의 딸)	문종文宗 수양대군首陽大君(세조世祖) 안평대군安平大君 임영대군臨瀛大君 광평대군廣平大君 금성대군錦城大君 평원대군平原大君 영응대군永膺大君 정소공주貞昭公主 정의공주貞懿公主=연창위延昌尉 안맹담安孟聃
영빈令嬪 강씨姜氏	화의군和義君
신빈愼嬪 김씨金氏	계양군桂陽君 의창군義昌君 밀성군密城君 익현군翼峴君 영해군寧海君 담양군潭陽君
혜빈惠嬪 양씨楊氏	한남군漢南君 수춘군壽春君 영풍군永豐君
숙원淑媛 이씨李氏	정안옹주貞安翁主=청성위靑城尉 심안의沈安義
상침尙寢 송씨宋氏	정현옹주貞顯翁主=영천부원군鈴川府院君 윤사로尹師路

제5대 문종文宗

현덕왕후顯德王后 권씨權氏 (1418~1441, 안동권씨安東權氏 권전權專과 해주최씨海州崔氏의 딸)	단종端宗 경혜공주敬惠公主=영양위寧陽尉 정종鄭悰
폐빈 김씨金氏	
폐빈 봉씨	
사칙司則 양씨楊氏	경숙옹주敬淑翁主=반성위班城尉 강자순姜子順

제6대 단종端宗

정순왕후定順王后 송씨宋氏 (1440~1521, 여산송씨礪山宋氏 송현수宋玹壽와 여흥민씨驪興閔氏의 딸)	

제7대 세조世祖

정희왕후貞熹王后 윤씨尹氏 (1418~1483, 파평윤씨坡平尹氏 윤번尹璠과 인천이씨仁川李氏의 딸)	의경세자懿敬世子(도원군桃原君) 덕종德宗 해양대군海陽大君(예종睿宗) 의숙공주懿淑公主=하성부원군河城府院君 정현조鄭顯祖
근빈謹嬪 박씨朴氏	덕원군德源君 창원군昌原君

추존追尊 덕종德宗

소혜왕후昭惠王后 한씨韓氏 (1437~1504, 청주한씨淸州韓氏 한확韓確과 남양홍씨南陽洪氏의 딸)	월산대군月山大君 자을산군資乙山君(성종成宗) 명숙공주明淑公主=당양군唐陽君 홍상洪常

제8대 예종睿宗

장순왕후章順王后 한씨韓氏 (1445~1461, 청주한씨淸州韓氏	인성대군仁城大君

한명회韓明澮와 여흥민씨驪興閔氏의 딸)	
안순왕후安順王后 한씨韓氏 (?~1498, 청주한씨清州韓氏 한백윤韓伯倫과 풍천임씨豊川任氏의 딸)	제안대군齊安大君 현숙공주顯肅公主=풍천위豊川尉 임광재任光載

제9대 성종成宗

공혜왕후恭惠王后 한씨韓氏 (1456~1474, 청주한씨清州韓氏 한명회韓明澮와 여흥민씨驪興閔氏의 딸)	
폐비廢妃 윤씨尹氏	연산군燕山君
정현왕후貞顯王后 윤씨尹氏 (1462~1530, 파평윤씨坡平尹氏 윤호尹壕와 연안전씨延安田氏의 딸)	중종中宗 신숙공주愼淑公主
명빈明嬪 김씨金氏	무산군茂山君 휘숙옹주徽淑翁主=풍원위豊原尉 임숭재任崇載 경숙옹주敬淑翁主=여천위驪川尉 민자방閔子芳 휘정옹주徽靜翁主=의천위宜川尉 남섭원南燮元
귀인貴人 정씨鄭氏	안양군安陽君 봉안군鳳安君 정혜옹주靜惠翁主
귀인貴人 권씨權氏	전성군全城君
귀인貴人 엄씨嚴氏	공신옹주恭愼翁主=청녕위淸寧尉 한경침韓景琛
숙의淑儀 하씨河氏	계성군桂城君
숙의淑儀 홍씨洪氏	완원군完原君 회산군檜山君 견성군甄城君 익양군益陽君 경명군景明君 운천군雲川君 양원군楊原君 혜숙옹주惠淑翁主=고원위高原尉 신항申沆 정순옹주靜順翁主=봉성위奉城尉 정원준鄭元俊 정숙옹주靜淑翁主=영평위鈴平尉 윤섭尹燮
숙용淑容 심씨沈氏	이성군利城君 영산군寧山君 경순옹주慶順翁主=의성위宜城尉 남치원南致元 숙혜옹주淑惠翁主=한천위漢川尉 조무강趙無彊
숙용淑容 권씨權氏	경휘옹주慶徽翁主=영원위鈴原尉 윤내尹鼐

제10대 연산군燕山君

폐비廢妃 신씨愼氏 (1472~1537, 거창신씨居昌愼氏 신승선愼承善과 전주이씨全州李氏의 딸)	폐세자廢世子 창녕대군昌寧大君 휘순공주徽順公主=능양위綾陽尉 구문경具文璟
숙의淑儀 이씨李氏	양평군陽平君
숙용淑容 장씨張氏	1녀(영수靈壽)

제11대 중종中宗

단경왕후端敬王后 신씨愼氏 (1476~1557, 거창신씨居昌愼氏 신수근愼守勤과 청주한씨淸州韓氏의 딸)	
장경왕후章敬王后 윤씨尹氏 (1491~1515, 파평윤씨坡平尹氏 윤여필尹汝弼과 순천박씨順天朴氏의 딸)	인종仁宗 효혜공주孝惠公主=연성위延城尉 김희金禧
문정왕후文定王后 윤씨尹氏 (1501~1565, 파평윤씨坡平尹氏 윤지임尹之任과 전의이씨全義李氏의 딸)	경원대군慶源大君(명종明宗) 의혜공주懿惠公主=청원위淸原尉 한경록韓景祿 효순공주孝順公主=능원군綾原君 구사안具思顔 경현공주敬顯公主=영천위靈川尉 신의申檥 인순공주仁順公主
경빈敬嬪 박씨朴氏	복성군福城君 혜순옹주惠順翁主=광천위光川尉 김인경金仁慶 혜정옹주惠靜翁主=당성위唐城尉 홍려洪礪
희빈熙嬪 홍씨洪氏	금원군錦原君 봉성군鳳城君
창빈昌嬪 안씨安氏	영양군永陽君 덕흥대원군德興大院君(선조宣祖의 부친)

	정신옹주靜愼翁主=청천위淸川尉 한경우韓景祐
숙의淑儀 홍씨洪氏	해안군海安君
숙의淑儀 이씨李氏	덕양군德陽君
숙원淑媛 이씨李氏	정순옹주貞順翁主=여성군礪城君 송인宋寅 효정옹주孝靜翁主=순원위淳原尉 조의정趙義貞
숙원淑媛 김씨金氏	숙정옹주淑靜翁主=능창위綾昌尉 구한具澣

제12대 인종仁宗

인성왕후仁聖王后 박씨朴氏 (1541~1577, 나주박씨羅州朴氏 박용朴墉과 의성김씨義城金氏의 딸)	

제13대 명종明宗

인순왕후仁順王后 심씨沈氏 (1532~1575, 청송심씨靑松沈氏 심강沈鋼과 전주이씨全州李氏의 딸)	순회세자順懷世子

제14대 선조宣祖

의인왕후懿仁王后 박씨朴氏 (1555~1600, 나주박씨羅州朴氏 박응순朴應順과 전주이씨全州李氏의 딸)	
인목왕후仁穆王后 김씨金氏 (1584~1632, 연안김씨延安金氏 김제남金悌男과 광주여씨光州盧氏의 딸)	영창대군永昌大君 정명공주貞明公主=영안위永安尉 홍주원洪柱元
공빈恭嬪 김씨金氏	임해군臨海君 광해군光海君
인빈仁嬪 김씨金氏(저경궁儲慶宮)	의안군義安君 신성군信城君 정원군定遠君(원종元宗) 의창군義昌君 정신옹주貞愼翁主=달성위達城尉 서경주徐景霌 정혜옹주貞惠翁主=해숭위海嵩尉 윤신지尹新之 정숙옹주貞淑翁主=동양위東陽尉 신익성申翊聖 정안옹주貞安翁主=금양군錦陽君 박미朴瀰 정휘옹주貞徽翁主=유정량柳廷亮
순빈順嬪 김씨金氏	순화군順和君
정빈貞嬪 민씨閔氏	인성군仁城君 인흥군仁興君 정인옹주貞仁翁主=당원위唐原尉 홍우경洪友敬 정선옹주貞善翁主=길성군吉城君 권대임權大任 정근옹주貞謹翁主=일선위一善尉 김극빈金克鑌
정빈靜嬪 홍씨洪氏	경창군慶昌君 정정옹주貞正翁主=진안위晉安尉 유적柳頔
온빈溫嬪 한씨韓氏	흥안군興安君 경평군慶平君 영성군寧城君 정화옹주貞和翁主=동창위東昌尉 권대항權大恒

제15대 광해군光海君

폐비廢妃 유씨柳氏 (1576~1623, 문화유씨文化柳氏 유자신柳自新과 하동정씨河東鄭氏의 딸)	폐세자廢世子
숙의廢淑儀 윤씨尹氏	1녀=박징원朴徵遠
숙의廢淑儀 허씨許氏	
숙의廢淑儀 권씨權氏	
숙의廢淑儀 홍씨洪氏	
숙의廢淑儀 원씨元氏	
소용廢昭容 임씨林氏	
소용廢昭容 정씨鄭氏	
소용廢淑媛 신씨申氏	
후궁 조씨趙氏	

추존追尊 원종元宗

인헌왕후仁獻王后 구씨具氏 (1578~1626, 능성구씨綾城具氏 구사맹具思孟과 평산신씨平山申氏의 딸)	능양대군綾陽大君(인조仁祖) 능원대군綾原大君 능창대군綾昌大君
김씨金氏	능풍군綾豊君

제16대 인조仁祖

인열왕후仁烈王后 한씨韓氏 (1594~1635, 청주한씨淸州韓氏 한준겸韓浚謙과 창원황씨昌原黃氏의 딸)	소현세자昭顯世子 봉림대군鳳林大君(효종孝宗) 인평대군麟坪大君 용성대군龍城大君 5남
장렬왕후莊烈王后 조씨趙氏 (1624~1688, 양주조씨楊州趙氏 조창원趙昌遠과 전주최씨全州崔氏의 딸)	
폐귀인廢貴人 조씨趙氏	숭선군崇善君 낙선군樂善君 효명옹주孝明翁主=낙성위洛城尉 김세룡金世龍

제17대 효종孝宗

인선왕후仁宣王后 장씨張氏 (1618~1674, 덕수장씨德水張氏 장유張維와 안동김씨安東金氏의 딸)	현종顯宗 숙신공주淑愼公主 숙안공주淑安公主=익평군益平君 홍득기洪得箕 숙명공주淑明公主=청평위靑平尉 심익현沈益顯 숙휘공주淑徽公主=인평위寅平尉 정제현鄭齊賢 숙정공주淑靜公主=동평위東平尉 정재윤鄭載崙 숙경공주淑敬公主=흥평위興平尉 원몽린元夢鱗
안빈安嬪 이씨李氏	숙녕옹주淑寧翁主=금평위錦平尉 박필성朴弼成

제18대 현종顯宗

명성왕후明聖王后 김씨金氏 (1642~1683, 청풍김씨淸風金氏 김우명金佑明과 은진송씨恩津宋氏의 딸)	숙종肅宗 명선공주明善公主 명혜공주明惠公主 명안공주明安公主=해창위海昌尉 오태주吳泰周

제19대 숙종肅宗

인경왕후仁敬王后 김씨金氏 (1661~1680, 광산김씨光山金氏 김만기金萬基와 청주한씨淸州韓氏의 딸)	1녀(일찍 죽음) 2녀(일찍 죽음)
인현왕후仁顯王后 민씨閔氏 (1667~1701, 여흥민씨驪興閔氏 민유중閔維重과 은진송씨恩津宋氏의 딸)	
인원왕후仁元王后 김씨金氏 (1687~1757, 여주김씨慶州金氏 김주신金柱臣과 임천조씨林川趙氏의 딸)	
옥산부대빈玉山府大嬪 장씨張氏	경종景宗 2남(일찍 죽음)
숙빈淑嬪 최씨崔氏(육상궁毓祥宮)	3남(일찍 죽음) 연잉군延礽君(영조英祖) 5남(일찍 죽음)
명빈榠嬪 박씨朴氏	연령군延齡君

제20대 경종景宗

단의왕후端懿王后 심씨沈氏 (1686~1718, 청송심씨靑松沈氏 심호沈浩와 고령박씨高靈朴氏의 딸)	
선의왕후宣懿王后 어씨魚氏 (1705~1730, 함종어씨咸從魚氏 어유구魚有龜와 전주이씨全州李氏의 딸)	

제21대 영조英祖

정성왕후貞聖王后 서씨徐氏 (1692~1757, 달성서씨達城徐氏 서종제徐宗悌와 우봉이씨牛峯李氏의 딸)	
정순왕후貞純王后 김씨金氏 (1745~1805, 경주김씨慶州金氏 김한구金漢耈와 원주원씨原州元氏의 딸)	
정빈靖嬪 이씨李氏(연호궁延祜宮)	1녀(일찍 죽음) 효장세자孝章世子(경의군敬義君, 진종眞宗) 화순옹주和順翁主=월성위月城尉 김한신金漢藎
영빈暎嬪 이씨李氏(선희궁宣禧宮)	장헌세자莊獻世子(장조莊祖) 화평옹주和平翁主=금성위錦城尉 박명원朴明源 4녀(일찍 죽음) 5녀(일찍 죽음) 6녀(일찍 죽음)

	화협옹주和協翁主=영성위永城尉 신광수申光綏 화완옹주和緩翁主=일성위日城尉 정치달鄭致達
귀인貴人 조씨趙氏	9녀(일찍 죽음) 화유옹주和柔翁主=창성위昌城尉 황인점黃仁點
폐숙의廢淑儀 문씨文氏	화령옹주和寧翁主=청성위靑城尉 심능건沈能建 화길옹주和吉翁主=능성위綾城尉 구민화具敏和

추존追尊 진종眞宗

효순왕후孝順王后 조씨趙氏 (1715~1751, 풍양조씨豊壤趙氏 조문명趙文明과 전주이씨全州李氏의 딸)	

추존追尊 장조莊祖

경의왕후敬懿王后 홍씨洪氏 (혜경궁惠慶宮) (1735~1815, 풍산홍씨豊山洪氏 홍봉한洪鳳漢과 한산이씨韓山李氏의 딸)	의소세손懿昭世孫 정조正祖 청연공주淸衍公主=광은위光恩尉 김기성金箕性 청선공주淸璿公主=흥은위興恩尉 정재화鄭在和
숙빈肅嬪 임씨林氏	은언군恩彦君 은신군恩信君
경빈景嬪 박씨朴氏	은전군恩全君 청근옹주淸瑾翁主=당은위唐恩尉 홍익돈洪益惇

제22대 정조正祖

효의왕후孝懿王后 김씨金氏 (1753~1821, 청풍김씨淸風金氏 김시묵金時默과 남양홍씨南陽洪氏의 딸)	
현목수빈顯穆綏嬪 박씨朴氏 (가순궁嘉順宮)	순조純祖 숙선옹주淑善翁主=영명위永明尉 홍현주洪顯周
의빈宜嬪 성씨成氏	1녀(일찍 죽음) 문효세자文孝世子

제23대 순조純祖

순원왕후純元王后 김씨金氏 (1789~1857, 안동김씨安東金氏 김조순金祖淳과 청송심씨靑松沈氏의 딸)	효명세자孝明世子(익종翼宗, 문조文祖) 2남(일찍 죽음) 명온공주明溫公主=동녕위東寧尉 김현근金賢根 복온공주福溫公主=창녕위昌寧尉 김병주金炳疇 덕온공주德溫公主=남녕위南寧尉 윤의선尹宜善
숙의淑儀 박씨朴氏	영온공주永溫公主

추존追尊 문조文祖(익종翼宗)

신정왕후神貞王后 조씨趙氏 (1808~1890, 풍양조씨豊壤趙氏 조만영趙萬永과 은진송씨恩津宋氏의 딸)	헌종憲宗

제24대 헌종憲宗

효현왕후孝顯王后 김씨金氏 (1828~1843, 안동김씨安東金氏 김조근金祖根과 한산이씨韓山李氏의 딸)	
효정왕후孝定王后 홍씨洪氏 (1831~1903, 남양홍씨南陽洪氏 홍재룡洪在龍과 죽산안씨竹山安氏의 딸)	
숙의淑儀 김씨金氏	1녀(일찍 죽음)

제25대 철종哲宗

철인왕후哲仁王后 김씨金氏 (1837~1878, 안동김씨安東金氏 김문근金汶根과 여흥민씨驪興閔氏의 딸)	1남(일찍 죽음)
귀인貴人 박씨朴氏	2남(일찍 죽음)
귀인貴人 조씨趙氏	3남(일찍 죽음) 4남(일찍 죽음)
숙의淑儀 방씨方氏	1녀(일찍 죽음) 2녀(일찍 죽음)
숙의淑儀 김씨金氏	3녀(일찍 죽음)

숙의淑儀 범씨范氏	영혜옹주永惠翁主=금릉위錦陵尉 박영효朴泳孝
궁인宮人 이씨李氏	5남(일찍 죽음) 6녀(일찍 죽음)
궁인宮人 박씨朴氏	5녀(일찍 죽음)

제26대 고종高宗

명성황후明成皇后 민씨閔氏 (1851~1895, 여흥민씨驪興閔氏 민치록閔致祿과 한산이씨韓山李氏의 딸)	1남(일찍 죽음) 순종純宗 3남(일찍 죽음) 4남(일찍 죽음) 1녀(일찍 죽음)
귀비貴妃 엄씨嚴氏	영친왕英親王
귀인貴人 이씨李氏	완친왕完親王 4남(일찍 죽음) 2녀(일찍 죽음) 3녀(일찍 죽음)
귀인貴人 장씨張氏	의친왕義親王
귀인貴人 정씨鄭氏	5남(일찍 죽음)
귀인貴人 양씨梁氏(경녕당福寧堂)	덕혜옹주德惠翁主=종무지宗武志
삼축당三祝堂 김씨金氏	
광화당光華堂 이씨李氏	

제27대 순종純宗

순명황후純明皇后 민씨閔氏 (1872~1904, 여흥민씨驪興閔氏 민치호閔台鎬와 의령남씨宜寧南氏의 딸)	
순정황후純貞皇后 윤씨尹氏 (1894~1966, 해평윤씨海平尹氏 윤택영尹澤榮과 기계유씨杞溪兪氏의 딸)	

* =표시 오른쪽은 왕의 사위를 말한다.

* 위 '조선 왕실 세계도'는 1908년(융희 2) 간행된 『선원계보기략』(장서각 K2-1031)을 참조하여 작성한 것입니다. 단, 제10대 연산군과 제15대 광해군의 경우 『선원계보기략』에는 나오지 않아 『연산군과 친인척』(지두환, 역사문화, 2008), 『광해군과 친인척』(지두환, 역사문화, 2002)을 참조하였음을 밝힙니다.

조선의 왕릉

왕의 생존 연대 및 재위 기간과 왕릉

구분	국왕	생몰 연대	재위 기간		능호	능 위치
1	태조	1335~1408	1392~1398	6년 2개월	건원릉健元陵	경기 구리시 인창동 산4-2(동구릉)
2	정종	1357~1419	1398~1400	2년 2개월	후릉厚陵	개성 판문군 령정리
3	태종	1367~1422	1400~1418	17년 9개월	헌릉獻陵	서울 서초구 내곡동 13-1
4	세종	1397~1450	1418~1450	31년 6개월	영릉英陵	경기 여주군 능서면 왕대리 산83-1
5	문종	1414~1452	1450~1452	2년 3개월	현릉顯陵	경기 구리시 인창동 산6-3(동구릉)
6	단종	1441~1457	1452~1455	3년 2개월	장릉莊陵	강원 영월군 영월읍 영흥리 산133-1
7	세조	1417~1468	1455~1468	13년 3개월	광릉光陵	경기 남양주시 진접읍 부평리 산100-1
추존	덕종	1438~1457	의경세자		경릉敬陵	경기 고양시 덕양구 용두동 산30-3(서오릉)
8	예종	1450~1469	1468~1469	1년 2개월	창릉昌陵	경기 고양시 덕양구 용두동 산30-3(서오릉)
9	성종	1457~1494	1469~1494	25년 1개월	선릉宣陵	서울 강남구 삼성동 131
10	연산군	1476~1506	1494~1506	11년 9개월	연산군묘燕山君墓	서울 도봉구 방학동 산77
11	중종	1488~1544	1506~1544	38년 2개월	정릉靖陵	서울 강남구 삼성동 131
12	인종	1515~1545	1544~1545	8개월	효릉孝陵	경기 고양시 덕양구 원당동 산40-3(서삼릉)
13	명종	1534~1567	1545~1567	21년 11개월	강릉康陵	서울 노원구 공릉동 313-19
14	선조	1552~1608	1567~1608	40년 7개월	목릉穆陵	경기 구리시 인창동 산9-2(동구릉)
15	광해군	1575~1641	1608~1623	15년 1개월	광해군묘光海君墓	경기 남양주시 진접읍 송릉리 산59
추존	원종	1580~1619	정원군		장릉章陵	경기 김포시 풍무동 산141-1
16	인조	1595~1649	1623~1649	26년 2개월	장릉長陵	경기 파주시 탄현면 갈현리 산25-1
17	효종	1619~1659	1649~1659	10년	영릉寧陵	경기 여주군 능서면 왕대리 산83-1
18	현종	1641~1674	1659~1674	15년 3개월	숭릉崇陵	경기 구리시 인창동 산11-2(동구릉)
19	숙종	1661~1720	1674~1720	45년 10개월	명릉明陵	경기 고양시 덕양구 용두동 산30-2(서오릉)
20	경종	1688~1724	1720~1724	4년 2개월	의릉懿陵	서울 성북구 석관동 산1-5
21	영조	1694~1776	1724~1776	51년 7개월	원릉元陵	경기 구리시 인창동 산8-2(동구릉)
추존	진종	1719~1728	효장세자		영릉永陵	경기 파주시 조리면 봉일천리 산4-1
추존	장조	1735~1762	사도세자		융릉隆陵	경기 화성시 안녕동 산1-1
22	정조	1752~1800	1776~1800	24년 3개월	건릉健陵	경기 화성시 안녕동 산1-1
23	순조	1790~1834	1800~1834	34년 4개월	인릉仁陵	서울 서초구 내곡동 13-1
추존	문조	1809~1830	효명세자		수릉綏陵	경기 구리시 인창동 산7-1(동구릉)
24	헌종	1827~1849	1834~1849	14년 7개월	경릉景陵	경기 구리시 인창동 산9-2(동구릉)
25	철종	1831~1863	1849~1863	14년 6개월	예릉睿陵	경기 고양시 덕양구 원당동 산40-3(서삼릉)
26	고종	1852~1919	1863~1907	43년 7개월	홍릉洪陵	경기 남양주시 금곡동 141-1
27	순종	1874~1926	1907~1910	3년 2개월	유릉裕陵	경기 남양주시 금곡동 141-1

경기도 지도로 보는 조선 왕릉의 위치

번호	능호	왕과 왕비	기타
❶	제릉齊陵	신의왕후	
❷	후릉厚陵	정종, 정안왕후	
❸	장릉長陵	인조, 인열왕후	
❹	공릉恭陵	장순왕후	파주 삼릉三稜
	순릉順陵	공혜왕후	
	영릉永陵	진종, 효순왕후	
❺	장릉章陵	원종, 인헌왕후	
❻	온릉溫陵	단경왕후	
❼	연산군묘燕山君墓	연산군	
❽	예릉睿陵	철종, 철인왕후	서삼릉西三陵
	효릉孝陵	인종, 인성왕후	
	희릉禧陵	장경왕후	
❾	경릉敬陵	덕종, 소혜왕후	서오릉西五陵
	명릉明陵	숙종, 인현왕후, 인원왕후	
	익릉翼陵	인경왕후	
	창릉昌陵	예종, 안순왕후	
	홍릉弘陵	정성왕후	
❿	정릉貞陵	신덕왕후	
⓫	태릉太陵	문정왕후	태강릉泰康陵
	강릉康陵	명종, 인순왕후	
⓬	건원릉健元陵	태조	동구릉東九陵
	경릉景陵	헌종, 효순왕후, 효정왕후	
	목릉穆陵	선조, 의인왕후, 인목왕후	
	수릉綏陵	익종, 신정왕후	
	숭릉崇陵	현종, 명성왕후	
	원릉元陵	영조, 정순왕후	
	현릉顯陵	문종, 현덕왕후	
	혜릉惠陵	단의왕후	
	휘릉徽陵	장렬왕후	
⓭	사릉思陵	정순왕후	
	홍릉洪陵	고종, 명성황후	
	유릉裕陵	순종, 순명효황후, 순정효황후	
	광해군묘光海君墓	광해군	
⓮	의릉懿陵	경종, 선의왕후	
⓯	선릉宣陵	성종, 정현왕후	선정릉宣靖陵
	정릉靖陵	중종	
⓰	헌릉獻陵	태종, 원경왕후	헌인릉獻仁陵
	인릉仁陵	순조, 순원왕후	
⓱	융릉隆陵	장조, 헌경왕후	융건릉隆健陵
	건릉健陵	정조, 효의왕후	
⓲	영릉英陵	세종, 소헌왕후	영녕릉英寧陵
	영릉寧陵	효종, 인선왕후	

기타: 장릉莊陵(단종) – 강원도 영월

궁궐도

1 경복궁도

경복궁은 태조가 한양으로 천도를 결정하며 조성한 조선왕조의 법궁이다. 따라서 그 규모가 다른 궁궐과는 비교가 되지 않을 정도로 장대하였으며 건물의 배치나 구획도 엄밀하게 정해졌다. 조선의 창건과 함께 각종 제도와 법령의 기초를 마련한 삼봉 정도전이 『주례』의 원리를 채용하여 경복궁을 설계하였다고 전해지며, 각 전각의 이름 역시 유교 경전에서 차용해왔다. 경복궁은 태조 4년(1395) 9월 25일 완공되어 국왕의 거처이자 정치의 중심 공간으로 활용되었다. 이후 세종은 경복궁에서 즉위하였으며 경복궁을 만세에 전할 법궁으로 확립시키기 위해 전각을 증축하고 그 터를 넓혔다.

그러나 조선 초기부터 경복궁은 수세水勢가 약한 공간으로 지적되었고, 풍수상으로도 불길한 입지를 지녔다는 불안감을 안고 있었다. 이러한 경복궁의 불길함은 세종이 죽고, 2년 만에 문종도 죽는 흉사가 연이어 발생하자 가중되었다. 경복궁의 불길함 때문에 단종은 거처를 옮기고 이어소移御所로서 창덕궁을 수리하는 등 피어를 위한 준비를 하였다. 그러나 세조가 정권을 잡자, 왕권 강화와 왕실의 정통성 확립을 위해 세종이 만세의 법궁으로 정립했던 경복궁에 거처하였다.

그런데 세조의 죽음과 연이은 예종의 죽음은 다시 한 번 '경복궁 불길설'을 불러

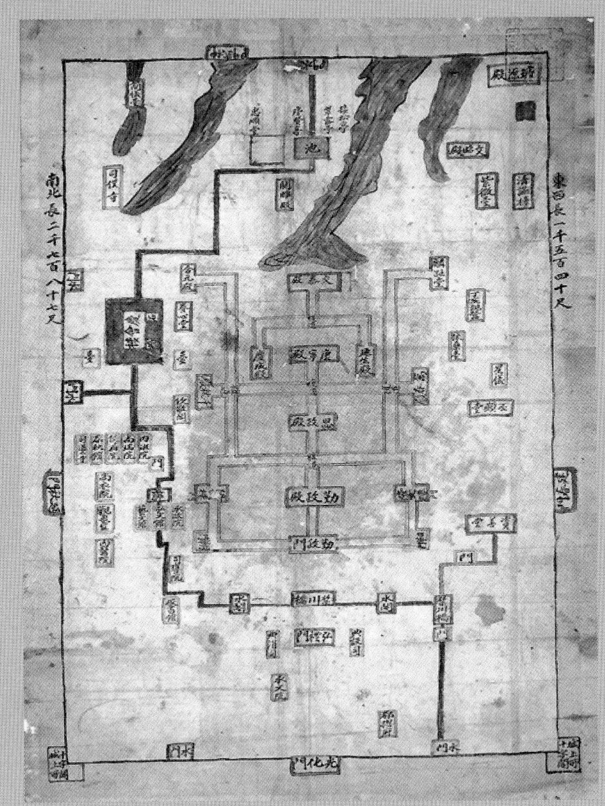

도 〈경복궁도〉 국립중앙박물관 소장. 조선 전기의 경복궁 배치를 추정하여 그린 것으로, 영조 대에 그려진 것으로 알려져 있다.

도2 **〈경복궁〉** 정선 필, 비단에 옅은 채색, 16.7×18.1cm, 고려대학교 박물관 소장.
겸재 정선이 그린 조선 후기 경복궁 경회루 일대의 모습.

왔다. 왕권의 권위 확보를 위해 법궁에 거처하는 것이 중요하다고 해도 불길함이 왕실에 지속되는 한 경복궁에 거처하기는 불안하였다. 이에 성종과 연산군은 대부분 창덕궁에 머물며 경복궁은 외국 사신을 위한 접대용으로 사용하였다.

이후 중종반정으로 정권을 잡은 중종은 연산군 대의 폐정을 바로잡고 왕실의 권위를 높이기 위해 경복궁에 주로 거처하였으며, 이후 선조 대까지 경복궁을 중심으로 창덕궁을 번갈아 활용하는 '양궐체제'로 궁궐을 운영함으로써 경복궁의 위상은 공고해졌다. 이렇듯 조선 전기 경복궁은 법궁으로서 위상을 공고히 하고 있었는데, 당시 경복궁의 모습은 유구가 남아 있지 않아서 알 수가 없다. 다만 영조 대에 그려진 것으로 추정하는, 조선 전기 경복궁의 모습을 상상하며 그린 그림이 전해질 뿐이다.

임진왜란의 발생으로 선조가 의주로 피어하고 왜군에 의해 서울이 함락되면서, 궁궐도 전부 소각되었다. 선조가 다시 돌아온 후 궁궐을 복구하기 위한 논의가 지속되었는데, 경복궁은 끝내 재건되지 못하고 창덕궁이 재건되어 법궁의 구실을 하였다. 경복궁이 수리되지 못한 것은 전란 후 비용 부족의 문제가 지적되기도 하지만, 실제로 창덕궁과 인경궁 등 거창한 공역들이 지속되었던 광해군 대의 사정을 보면 단순히 비용 문제만이 경복궁 재건 불가의 사유는 아닐 것이다. 그보다는 조선 전기 내내 왕실에 잔존했던 '경복궁 불길설'의 문제가 경복궁의 재건을 방해한 사유가 아닐까.

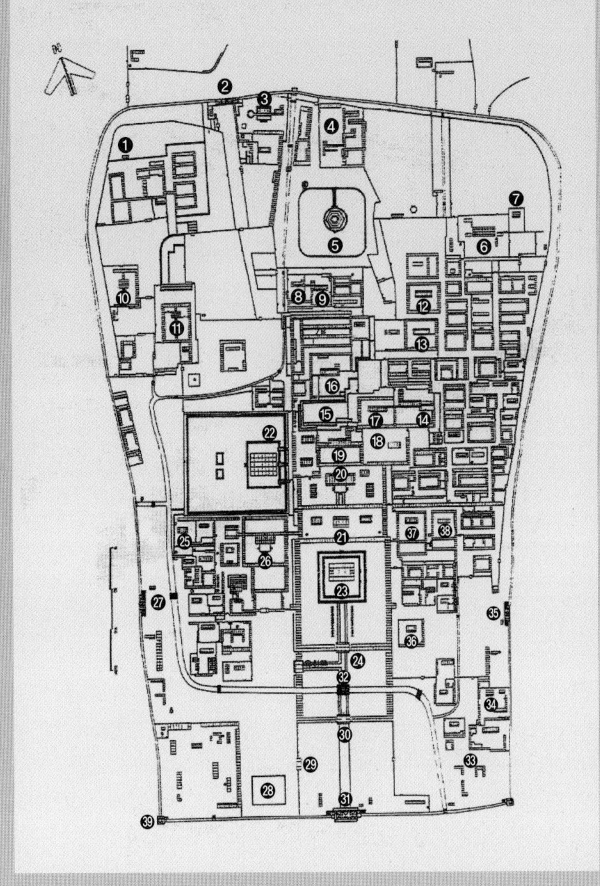

도3 「북궐도형」, 『근대건축도면집』(1907년 추정)에 수록, 한국학중앙연구원 장서각 소장.

❶ 간의대簡儀臺 ❷ 신무문神武門
❸ 집옥재集玉齊 ❹ 건청궁乾淸宮
❺ 향원정香遠亭 ❻ 선원전璿源殿
❼ 경안당敬安堂 ❽ 함화당咸和堂
❾ 집경당集慶堂 ❿ 회안전會安殿
⓫ 문경전文慶殿 ⓬ 만화당萬和堂
⓭ 만경전萬慶殿 ⓮ 자경전慈慶殿
⓯ 아미산峨嵋山 ⓰ 흥복전興福殿
⓱ 자미당紫薇堂 ⓲ 인지당麟趾堂
⓳ 교태전交泰殿 ⓴ 강녕전康寧殿

조선 후기에는 창덕궁이 법궁의 역할을 하였으며, 경복궁은 계속하여 빈터로 남아 있을 수밖에 없었다. 실록에서조차 텅 빈 경복궁의 후원에 호랑이가 들어와서 산다는 이야기가 실릴 정도로 경복궁은 폐허가 되었다. 이러한 조선 후기 경복궁의 사정을 알 수 있는 것이 조선 후기 진경산수화의 대가로 알려진 겸재 정선의 그림이다.[도2] 경복궁은 경회루의 돌기둥만 외롭게 남아 있을 정도로 음산한 분위기를 자아낸다.

조선 후기에 경복궁의 재건 논의가 아주 없었던 것은 아니었다. 왕권의 위상 문제와 맞물려 숙종 대와 영조 대, 그리고 순조 대에 각각 경복궁의 재건에 관한 논의가 있었지만 실제로 중건되지는 못했다. 결국 경복궁은 고종 대에 들어서야 중건될 수 있었다. 고종 2년(1865) 대왕대비(신정왕후)가 중건교서를 통해 경복궁의 중건을 지시한 것이다. 공역은 고종의 친아버지인 흥선대원군이 주도하여 실시하였다. 경복궁의 중건은 당시 불안정한 국내외 정세와 맞물려

도4 **일제강점기의 경복궁 전경**
전면의 조선총독부 청사가 위압적으로 궁궐을 가로막고 있다.

중단될 뻔도 했으나 흥선대원군의 결단력으로 공역을 진행하여 고종 4년(1867) 11월에 완공되었다. 이때 축성된 경복궁은 전체 규모 7,000여 칸에 이를 정도로 광대하였는데, 당시의 경복궁을 그린 것이 「북궐도형」이다. 도3

경복궁은 다시 조선의 법궁으로 그 위상을 찾을 수 있었으나 1876년 11월 경복궁 내에 큰 화재가 발생하여 내전 일대의 전각이 모두 소실되었다. 고종은 다시 창덕궁으로 돌아갔다. 그러나 임오군란과 갑신정변 등 국내의 복잡한 정치적 상황에 기인하여 1885년에는 다시금 경복궁으로 환어하였으며, 1888년부터 내전 일대의 재건에 착수하였다. 그러나 1895년 경복궁에서 명성황후가 시해되는 참변인 을미사변이 발생하고, 이로 인해 1896년 아관파천을 단행하게 되었다. 이후 고종은 경운궁으로 입어하여 대한제국을 선포하였으며, 이로 인해 경복궁은 왕궁으로 더 이상 활용되지 못하였다.

1910년 한일합방이 단행되자 경복궁은 헐리기 시작하였으며, 1915년에는 근정전 일대에서 시정 5주년 기념사업으로 조선물산공진회가 개최되는 수모를 겪었다. 1926년에는 근정전 정면에 조선총독부 청사가 건립되며 경복궁을 가리게 되었고 궁궐로서의 모습은 점차 사라지게 되었다. 더욱이 1935년부터는 궁성 내부를 일반에게 공개하며 왕궁으로서의 존엄성은 완전히 상실하였다. 이때의 경복궁 모습을 사진으로나마 접할 수 있다. 도4

㉑ 사정전思政殿 ㉒ 경회루慶會樓
㉓ 근정전勤政殿 ㉔ 근정문勤政門
㉕ 내각內閣 ㉖ 수정전修政殿
㉗ 영추문迎秋門 ㉘ 연못
㉙ 용성문用成門 ㉚ 홍례문弘禮門
㉛ 광화문光化門 ㉜ 영제교永濟橋
㉝ 오위도총부五衛都摠府
㉞ 상의원尙衣院 ㉟ 건춘문建春門
㊱ 계조당繼照堂 ㊲ 자선당資善堂
㊳ 비현각丕顯閣 ㊴ 서십자각

2 동궐도

《동궐도》 비단에 채색, 584×273cm, 고려대학교박물관 소장.

동궐은 창덕궁과 창경궁을 의미한다. 《동궐도》는 순조 연간, 1824년에서 1828년 사이에 그려진 것으로 추정되는데, 일제강점기에 상당 부분 훼손되었던 동궐의 원형을 알 수 있는 중요한 자료이다. 현재 국보 제249호로 지정되어 있으며, 고려대학교박물관과 동아대학교박물관에 각 한 점씩 두 점이 소장되어 있다.

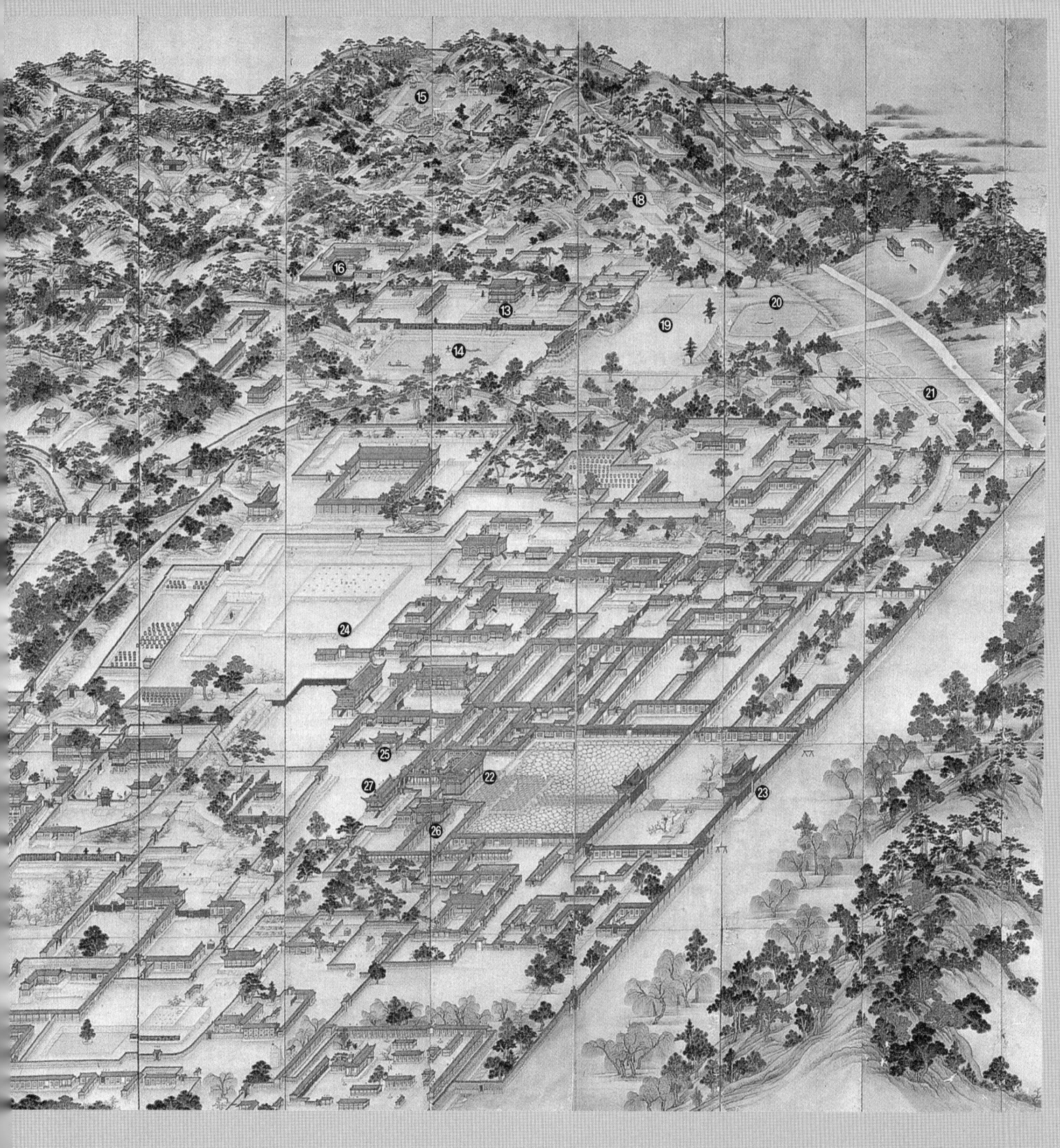

❶돈화문敦化門 ❷금천교錦川橋 ❸내의원內醫院(약방) ❹인정전仁政殿 ❺인정문仁政門 ❻공상청供上廳 ❼선정전善政殿 ❽대조전大造殿
❾희정당熙政堂 ❿수정전壽靜殿 ⓫집상전集祥殿 ⓬중희당重熙堂 ⓭주합루宙合樓 ⓮부용지芙容池 ⓯옥류천玉流川 ⓰연경당演慶堂
⓱대보단大報壇 ⓲존덕정尊德亭 ⓳춘당대春塘臺 ⓴춘당지春塘池 ㉑관풍각觀豊閣 ㉒명정전明政殿 ㉓홍화문弘化門 ㉔통명전通明殿
㉕함인정涵仁亭 ㉖문정전文政殿 ㉗숭문당崇文堂

3 서궐도안

《서궐도안》 종이에 수묵, 401.8×127.3cm, 고려대학교박물관 소장.

서궐은 경희궁을 의미한다. 제작 시기에 대해서는 알려지지 않고 있으나 순조 대에 제작된 것으로 보는 견해도 있다. 《서궐도안》은 《동궐도》와 달리 채색이 가해지지 않고 밑그림 형태로 존재하고 있다. 서궐 전체를 대상으로 그렸기 때문에 역사적으로 의미 있는 자료이다. 2007년 보물 제1534호로 지정되었다.

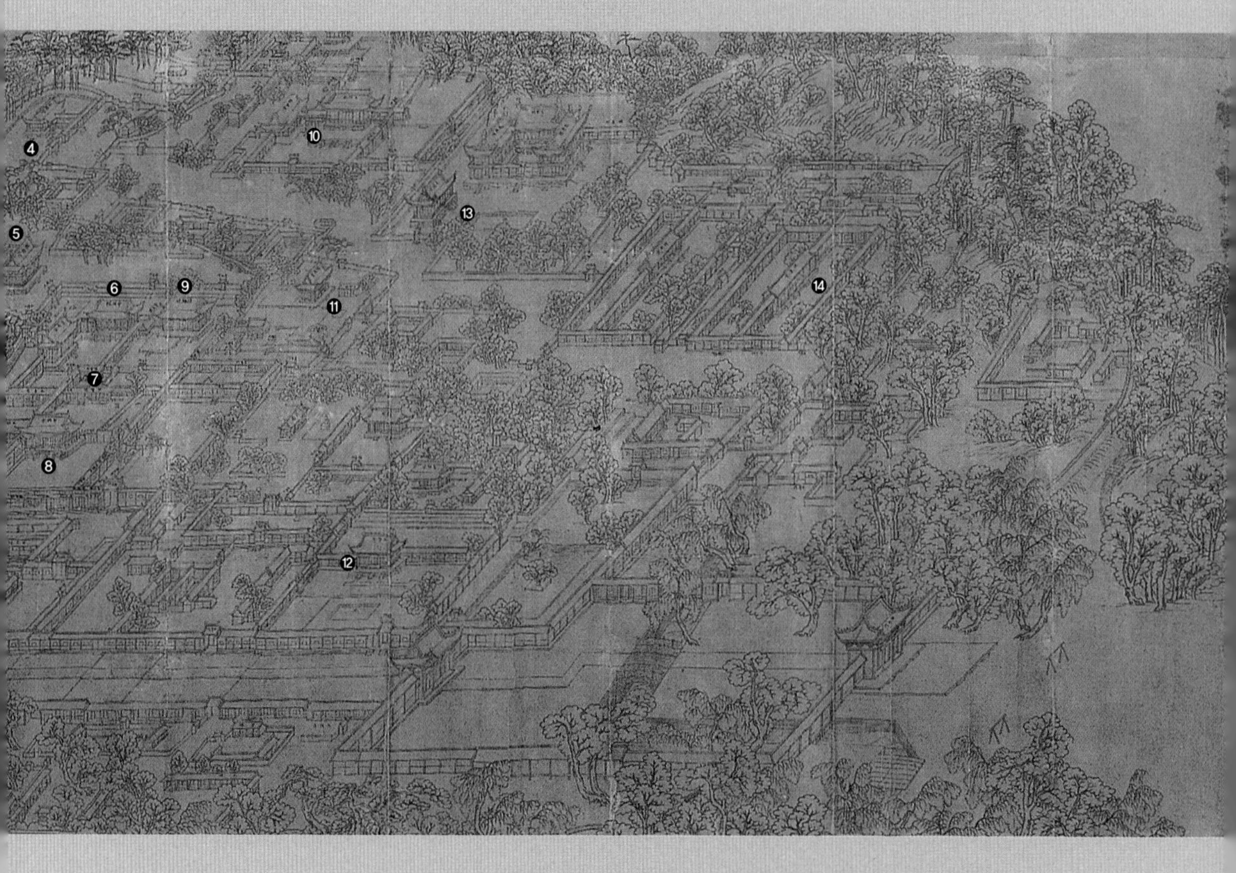

❶우문각右文閣 ❷숭전전崇政殿 ❸자정전資政殿 ❹계상당啓祥堂 ❺덕유당德游堂 ❻회상전會祥殿 ❼사현각思賢閣
❽흥정당興政堂 ❾융복전隆福殿 ❿광명전光明殿 ⓫융무당隆武堂 ⓬경현당景賢堂 ⓭어조당魚藻堂 ⓮경선당慶善堂

참고문헌_

1. 원사료(가나다 순)

『講筵規式』
『經國大典』
『國朝續五禮儀』
『國朝五禮儀』
『國朝五禮序例』
『內訓』
『大東野乘』
『大典通編』
『大典會通』
『大韓禮典』
『明會典』
『書經』
『小學』
『續大典』
『淳妃冊封儀軌』
『承政院日記』
『燃藜室記述』
『英祖貞純王后嘉禮都監儀軌』
『禮記』
『六典條例』
『入朝日記』
『日省錄』
『莊烈王后國葬都監儀軌』
『政事冊』
『朝鮮王朝實錄』
『周禮』
『朱子全書』
『增補文獻備考』
『春官通考』
『弘文館志』
『弘齋全書』
『會講班次圖帖』

2. 단행본(발행 연도 순)

杉山信三, 『韓國の中世建築』, 相模書房, 1984.
문화재관리국, 『궁중유물도록』, 1986.
김용숙, 『조선조 궁중풍속 연구』, 일지사, 1987.
이범직, 『한국중세 예사상연구』, 일조각, 1991.
문화재관리국, 『朝鮮朝宮中生活硏究』, 1992.
백영자, 『조선시대의 어가행렬』, 방송통신대, 1994.
홍순민, 『서울궁궐』, 서울학연구소, 1994.
민현구 외, 『조선시대의 즉위의식과 조하의식』, 고려대민족문화연구소, 1996.
궁중유물전시관, 『조선왕실그림』, 1996.
박소동, 『국역 가례도감의궤』, 민족문화추진회, 1997.
궁중유물전시관, 『오얏꽃 황실생활유물』, 1997.
이성무, 『조선왕조사』 1·2, 동방미디어, 1998.
신명호, 『조선의 왕』, 가람기획, 1998.
이영춘, 『조선후기 왕위계승 연구』, 집문당, 1998.
한영우, 『정조의 화성행차, 그 8일』, 효형출판사, 1998.
홍순민, 『우리 궁궐 이야기』, 청년사, 1999.
이강근, 『경복궁』, 대원사, 1999.
이재숙 외, 『조선조 궁중의례와 음악』, 서울대학교 출판부, 1999.
한명기, 『임진왜란과 한중관계』, 역사비평사, 1999.
임민혁 옮김, 『주자가례』, 예문서원, 1999.
박정혜, 『조선시대 궁중기록화 연구』, 일지사, 2000.
신명호, 『조선 왕실의 의례와 생활, 궁중 문화』, 돌베개, 2002.
황혜성, 『한국음식대관』 제6권: 궁중의 식생활. 사찰의 식생활, 한림출판사, 2002.
한형주, 『조선 초기 국가제례 연구』, 일조각, 2002.
한국학중앙연구원, 『조선왕실의 책』, 한국학중앙연구원 장서각, 2002.

서울대학교 규장각, 『규장각 소장 의궤 해제집』, 2004.
서울대학교 규장각, 『규장각 소장 분류별 의궤 해설집』, 2005.
서울대학교 규장각, 『규장각 소장 왕실자료 해제 1~4』, 2005.
김문식·신병주,『조선 왕실 기록문화의 꽃, 의궤』, 돌베개, 2005.
이성미 외, 『조선왕실의 미술문화』, 2005.
한영우, 『조선왕조의궤』, 일지사, 2005.
지두환, 『세계문화유산 종묘 이야기』, 집문당, 2005.
한국학중앙연구원, 『조선후기 궁중연향문화』, 민속원, 2005.
김경수, 『한국사 테마전』, 돋을새김, 2007.
김문식, 『정조의 제왕학』, 태학사, 2007.
박병련·임민혁 외, 『정부혁신과제 발굴을 위한 옛제도 연구』, 한국학술정보, 2007.
박영규, 『한권으로 읽는 조선왕실계보』, 웅진지식하우스, 2008.
이현진, 『조선후기 종묘 전례 연구』, 일지사, 2008.
한국학중앙연구원, 『근대건축도면집』, 장서각, 2009.
김동진, 『조선전기 포호정책 연구』, 선인, 2009.
남미혜, 『조선시대 양잠업연구』, 지식산업사, 2009.
이욱, 『조선시대 재난과 국가의례』, 창비, 2009.
한형주 외, 『조선의 국가제사』, 한국학중앙연구원, 2009.
임민혁, 『왕의이름 묘호』, 문학동네, 2010.

3. 논문(발표 연도 순)

전봉덕, 「대한국국제의 제정과 기본사상」, 『법사학연구』 1호, 1974.
남지대, 「조선초기의 경연제도」, 『한국사론』 9, 1980.
조광, 「19세기 민란의 사회적 배경」, 『19세기 한국전통사회의 변모와 민중의식』, 고려대민족문화연구소, 1982.
오수창, 「인조대 정치세력의 동향」, 『한국사론』 13, 1985.
유명종, 「조선의 건국 이념과 『대학연의』」, 『퇴계와횡설수설』, 동아대출판부, 1990.
이태진, 「조선왕조의 유교정치와 왕권」, 『한국사론』 23, 서울대학교 국사학과, 1990.
이성무, 「경국대전의 편찬과 대명률」, 『역사학보』 125, 1990.
유정분, 「『대학연의보』 연구」, 연세대학교 대학원 박사학위논문, 1992.
지두환, 「조선전기 『대학연의』 이해과정」, 『태동고전연구』 10집, 1993.
송정숙, 「조선조에 있어서 사서의 수용과 전개」, 연세대학교 대학원 석사학위논문, 1994.
김세봉, 「왕실 호칭의 이모저모」, 『조선시대 사람들은 어떻게 살았을까 2』, 청년사, 1996.
송정숙, 「『대학연의』가 조선조 통치이념서 편찬에 미친 영향」, 『서지학연구』 12, 1996.
김상태, 「조선 세조대의 환구단 복설과 그 성격」, 『한국학연구』 6·7, 1996.
김문식, 「18세기 후반 정조능행의 의의」, 『한국학보』 88, 1997.
김동욱, 「조선초기 창건 경복궁의 공간구성」, 『건축역사학회논문집』 통권15호, 1998.
이근호, 「숙종대 중앙군영의 변화와 수도방위체제의 성립」, 『조선후기 수도방위체제』, 서울학연구소, 1998.
곽순조, 「궁궐운영을 통하여 본 조선전기 경복궁의 배치특성에 관한 연구」, 성균관대학교 석사학위논문, 1999.
오종록, 「조선시대의 왕」, 『역사비평』 통권54호, 2001.
이성구, 「중국의 황제」, 『역사비평』 통권54호, 2001.
강신엽, 「조선시대 대사례의 시행과 그 운영」, 『조선시대사학보』 16, 2001.
신명호, 「조선후기 국왕 행행시 국정운영체제」, 『조선시대사학보』 17, 2001.
김혁, 「조선후기 守令의 赴任儀禮」, 『조선시대사학보』 22, 2002.
김세은, 『고종초기(1863~1876) 국왕권의 회복과 왕실행사』, 서울대학교 박사학위논문, 2003.
이욱, 「대한제국기 환구제에 관한 연구」, 『종교연구』 30, 2003.
임민혁, 「묘호의 예제 원리와 조선의 수용」, 『국사관논총』 104, 2004.
신명호, 「조선시대 국왕 호칭의 종류와 의미」, 『역사와경계』 52, 2004.
이욱, 「조선시대 친경례의 변천과 그의미」, 『종교연구』 34,

2004.

장재혁, 「조선초기 경복궁의 건축형식에 관한 연구」, 한양대학교 석사학위논문, 2004.

강제훈, 「조선 초기의 조회 의식」, 『조선시대사학보』 28, 2004.

조남욱, 「세종의 정치이념과 『대학연의』」, 『유교사상연구』 23, 2005.

김지영, 『조선후기 국왕의 행차 연구』, 서울대학교 박사학위논문, 2005.

홍순민, 「조선후기 관원의 궁궐출입과 국정운영」, 『역사비평』 76호, 2006.

이현진, 「조선왕실의 혼전」, 『조선시대문화사상』, 일지사, 2007.

이범직, 「조선시대 왕릉의 조성 및 그 문헌」, 『한국사상과 문화』 36, 2007.

강제훈, 「조선초기 조의의 의례구조와 상징」, 『한국사연구』 137, 2007.

김동진, 「조선전기의 강무의 실행과 포호정책」, 『조선시대사학보』 40, 2007.

한형주, 「조선전기 文昭殿의 성립과 그 운영」, 『역사민속학회』 24, 2007.

한형주, 「대명의례를 통해본 15세기조명관계」, 『역사민속학』 28, 2008.

이왕무, 『조선후기 국왕의 능행 연구』, 한국학중앙연구원 한국학대학원 박사논문, 2008.

임민혁, 「조선후기 영조의 세손교육과 왕권의식」, 『歷史와 實學』 37, 2008.

한형주, 「조선전기 종묘 '同堂異室制'의 비판과 재건 논쟁」, 『한국사학보』 36 , 2009.

한형주, 「조선초기 왕릉제사의 정비와 운영」, 『역사민속학』 33, 2010.

최진옥·임민혁 외, 『조선 왕실의 가례 2』, 한국학중앙연구원, 2010.

도판목록_

도22_ 청의 11대 황제 광서제 초상

도23_『일성록』표지와 본문, 2,329책, 서울대학교 규장각 소장.

도24_『순비책봉의궤』 표지, 한국학중앙연구원 장서각 소장.

도25_『순비책봉의궤』의 본문

서장 조선시대의 왕

도1_ 고종 41세 생일잔치 재현 장면, 사진 제공: 한국문화재보호재단, ⓒ주병수.

도2_ 6·25 당시 윤비尹妃와 흥친왕비興親王妃 사진

도3, 도4_ 청동기시대 제사장 장식구, 국립중앙박물관 소장.

도5_ 신라 신문왕릉, 사적 제181호, 경북 경주시 배반동 소재, ⓒ김성철.

도6_ 무령왕릉 출토 금제 관장식, 길이 30.7cm, 국보 제154호, 국립공주박물관 소장.

도7, 도8_『경국대전』,『대전통편』의 표지, 한국학중앙연구원 장서각 소장.

도9_ 조선 최초의 통일법전인『경국대전』의 본문

도10_ 조선의 마지막 법전인『대전회통』의 본문

도11_ 1899년 8월 22일자「대한국국제」 수록『관보』, 180책, 신신활자본, 30.7×22.2cm, 서울대학교 규장각 소장.

도12_ 종묘 정전 전경, ⓒ김성철.

도13_ 종묘 정전의 신실, ⓒ김성철.

도14, 도15_ 태조 건원릉 전경, 사적 제193호, 경기도 구리시 인창동 소재, ⓒ김성철.

도16_ 흥선대원군 초상, 이한철·유숙 필, 1869년, 비단에 수묵채색, 133.7×67.7cm, 보물 제1499호, 서울역사박물관 소장.

도17_『대전회통』「경연」 조.

도18_ 영조 어진, 조석진·채용신 필, 1900년 이모, 비단에 수묵채색, 203×83cm, 국립고궁박물관 소장.

도19_ 창덕궁 인정전 전경, ⓒ김성철.

도20_『강연규식』講筵規式의 본문과 도식 부분, 1678년(숙종 4), 1책, 한국학중앙연구원 장서각 소장.

도21_ 고종 어진, 전 채용신 필, 20세기 초, 비단에 수묵채색, 118×68.2cm, 국립중앙박물관 소장(동원 기증).

제1부 왕의 권위와 역할

도1~5_ 세종대왕 즉위식 재현 행사, 사진 협조: 서울문화재단 하이서울페스티벌 제공.

도6~9_『정조국장도감의궤』에 실린 즉위 시 왕 면복의 구성, 서울대학교 규장각 소장.

* 『정조국장도감의궤』(1800년) 2책 (『嘉慶五年庚申六月日國葬都監二房儀軌』)「복완질」服玩秩에서 인용.

도10_ 대한문을 빠져나가는 고종황제의 영여, 1919년 3월 3일 촬영, 서울대학교 박물관 소장.

도11_ 홍릉에 오르는 고종황제의 상여, 1919년 3월 3일 촬영, 서울대학교 박물관 소장.

도12_ 경복궁 근정전의 어좌

도13_ 창덕궁 인정전의 어좌

도14_ 문종 즉위년에 제작된 세종의 금보, 1450년, 10×10×7cm, 국립고궁박물관 소장.

도15_ 명릉도, 조선 18세기 중반, 종이에 채색, 53×53cm, 국립문화재연구소 소장.

도16_『태조실록』 총서總序의 첫 면, 서울대학교 규장각 소장.

도17_ 정도전 표전문 관련 기사,『태조실록』 권9, 태조 5년 6월 11일 기사, 서울대학교 규장각 소장.

도18_ 중국 천단

도19_ 현재의 황궁우, ⓒ김성철.

도20_ 대한제국기의 환구단.

도21_『종묘의궤』에 수록된「종묘전도」

도22_ 종묘 전경, ⓒ김성철.

도23_ 영녕전 전경, ⓒ김성철.

도24_『경국대전』1책 표지와, 서문에 보이는 '세조', '태조'에 관한 내용, 서울대학교 규장각 소장.

도25~29_ 어가 행렬의 의장기, 청룡기靑龍旗, 주작기朱雀旗, 현무기玄武旗, 백택기白澤旗, 백호기白虎旗, 국립고궁박물관 소장.

도30_ 『영조정순왕후가례도감의궤』 반차도 중 왕의 행렬, 조선 1759년(영조 35), 서울대학교 규장각 소장.

도31, 도32_ 《화성행행도》華城行幸圖 병풍 중 제7폭 〈환어행렬도〉와 제8폭 〈한강주교환어도〉, 조선 18세기 후반, 비단에 채색, 각 149.8×64.5cm, 국립고궁박물관 소장.

도33_ 『경국대전』 권1, 「이전」吏典의 첫 면, 서울대학교 규장각 소장.

도34_ 〈임진전란도〉, 조선 1834년(순조 34), 이시눌李時訥 필, 비단에 채색, 141×85.5cm, 서울대학교 규장각 소장.

도35, 도36_ 『대사례도』 중 〈어사례도〉와 〈시사례도〉, 조선 1734년(영조 19), 비단에 채색, 각 46.7×60.4cm, 고려대학교 도서관 소장.

도37_ 『국조오례서례』 권2 「배반도」 중 근정전정지탄일조하지도勤政殿正至誕日朝賀之圖, 서울대학교 규장각 소장.

도38_ 성균관 유생의 상소문 관련 기시, 『성종실록』 권117, 성종 11년 5월 28일 기사, 서울대학교 규장각 소장.

도39_ 『해동지도』 「강도」에 표시된 강화 정족산 사고, 서울대학교 규장각 소장.

도40_ '구황절목' 관련 기사, 『성종실록』 권131, 성종 12년 7월 12일 기사, 서울대학교 규장각 소장.

도41, 도42_ 『기우제등록』의 표지와 본문, 서울대학교 규장각 소장.

도43_ 『친경의궤』의 「관경대도」, 1767년, 서울대학교 규장각 소장.

도44, 도45_ 『친잠의궤』 표지와 본문 부분, 서울대학교 규장각 소장.

도46_ 『친잠의궤』에 수록된 친잠례에 사용했던 도구들

도47_ 『여제등록』 표지와 본문 부분, 서울대학교 규장각 소장.

제2부 국왕의 하루 엿보기

도1_ 경복궁 강녕전, ⓒ김성철.

도2_ 경복궁 강녕전 내부, ⓒ김성철.

도3_ 창덕궁 대조전, ⓒ김성철.

도4_ 창덕궁 대조전 내부, ⓒ김성철.

도5_ 매화틀, 조선시대, 나무(오른쪽), 63.5×56cm, 국립고궁박물관 소장.

도6_ 『일성록』 서문 부분.

도7_ 편전인 경복궁 사정전과 강녕전 영역, ⓒ김성철.

도8_ 편전인 창덕궁 선정전 내부, ⓒ김성철.

도9_ 경연 좌석 배치도, 최한기崔漢綺가 쓴 『강관론』講官論의 부분, 서울대학교 규장각 소장.

도10_ 『율곡전서』의 「경연일기」 부분

도11_ 경연진강책자목록, 한국학중앙연구원 장서각 소장.

도12_ 『성학집요』, 13권 7책, 활자본, 국립중앙박물관 소장.

도13_ 『동국통감』, 56권 28책, 서울대학교 규장각 소장.

도14_ 정아조회지도正衙朝會之圖, 조선 19세기, 1책, 목판본, 한국학중앙연구원 장서각 소장.

도15_ 조선시대 조회인 상참의 재현 행사, 사진 협조: 한국문화재보호재단, ⓒ주병수.

도16_ 《동궐도》에 그려진 승정원 일대

도17_ 전교傳敎, 한국학중앙연구원 장서각 소장.

도18_ 『승정원일기』, 3,243책, 국보 제303호, 서울대학교 규장각 소장.

도19_ 〈갑인춘친정도〉甲寅春親政圖, 조선 1734년, 비단에 채색, 44.5×29.2cm, 동아대학교박물관 소장.

도20_ 《동궐도》에 그려진 선정전과 희정당

도21_ 안릉신영도安陵新迎圖, 전 김홍도 필, 종이에 채색, 25.3×633cm, 국립중앙박물관 소장.

도22_ 만인산萬人傘, 서울역사박물관 소장.

도23_ 고창 무장객사의 송덕비, ⓒ김성철.

도24_ 창덕궁 대조전 수라간 내부, ⓒ김성철.

도25_ 조선 태조의 원묘인 문소전

도26_ 국기판, 국립고궁박물관 소장.

도27_ 창덕궁 향실, ⓒ김성철.

도28_ 육상묘 고유제 축문초毓祥廟告由祭祝文草, 한국학중앙연구원 장서각 소장.

도29, 도30_ 장릉 전경과 정자각

도31_ 왕세자 휘지徽旨, 국립중앙박물관 소장.

도32_ 분경패, 국립고궁박물관 소장.

도33, 도34_ 경복궁 수문장 교대식, ⓒ김성철.

도35_ 윤장렬 군호 단자, 경기도박물관 소장.

도36_ 어제백모御製百慕, 한국학중앙연구원 장서각 소장.

도37, 도38_ 『어제서시세손』 표지와 본문, 한국학중앙연구원 장서각 소장.

도39_ 영조어필 모년봉춘 심축유년 족자, 한국학중앙연구원 장서각 소장.

도40_『국조오례서례』에 실린 사직단 도설

제3부 왕의 사생활

도1_ 창건기의 경복궁 배치 복원도

도2_ 경복궁의 근정문, ⓒ김성철.

도3_ 태조 어진이 모셔진 전주 경기전, ⓒ김성철.

도4_ 경복궁 배치도인 '북궐도형'

도5_『진찬의궤』(1897년)에 수록된 경복궁 강녕전

도6_《동궐도》에 그려진 창덕궁의 대조전

도7, 도8_ 태泰괘와 비否괘

도9_ 예천 의성김씨 종택 사랑채, ⓒ김성철.

도10_ 집 뒤 언덕에서 본 의성김씨 종택의 안채, ⓒ김성철.

도11_ 경복궁 교태전, ⓒ김성철.

도12_ 왕이 타는 가마인 연, 국립고궁박물관 소장.

도13_ 사대부가 타는 평교자, 성균관대학교 박물관 소장.

도14_ 강화 교동의 연산군 위리안치 장소로 추정되는 곳에 세워진 비석, 사진 협조: 강화군청·교동면사무소.

도15_〈봉수당진찬도〉에 그려진 기생들의 춤 장면

도16_『원행을묘정리의궤』(1795년)와『기축진찬의궤』(1829)에 실린 처용무 도설

도17_ 서울 도봉구에 있는 연산군 묘, ⓒ김성철.

도18_ 선조와 의인왕후, 인목왕후를 모신 목릉에서, 의인왕후 박씨의 봉분 전경, ⓒ김성철.

도19, 도20_『의인왕후산릉도감의궤』(1600년)의 표지와, 불에 탄 흔적이 있는 본문, 서울대학교 규장각 소장.

도21_『대학연의』표지, 한국학중앙연구원 장서각 소장.

도22_ 세종대왕이 쓴『훈민정음』서문과, 종성해終聲解, 국보 제70호, 간송미술관 소장.

도23_ 세종 대에 집현전으로 쓰이던 건물인 경복궁 수정전, ⓒ김성철.

도24_ 세종대왕신도비, 서울시 동대문구 세종대왕기념관 소재, ⓒ김성철.

도25_ 창덕궁의 숲, ⓒ김성철.

도26_ 만천명월주인옹자서 현판, 국립고궁박물관 소장.

도27_『홍재전서』권10,「서인」序引, '만천명월주인옹자서'의 앞부분

도28_『원행을묘정리의궤』(1795년)의 표지, 서울대학교 규장각 소장.

도29_『원행을묘정리의궤』에 수록된 '봉수당진찬도'

도30_『원행을묘정리의궤』'반차도' 중 정조의 좌마와 수행원 부분

제4부 한시漢詩로 보는 국왕의 문학

도1_『효종대왕어필』표지, 서울대학교 규장각 소장.

도2_ 효종의 어필

도3_『숙종대왕어필』에 실린 숙종의 어필

도4_『숙종대왕어필』표지, 서울대학교 규장각 소장.

도5, 도6_『감란록』표지와 어제 서문의 앞부분, 서울대학교 규장각 소장.

도7_ 정조어제어필「성도백전석구점」成都伯餞席口占(성도백을 전별하는 자리에서 읊음), 1785년, 55×21cm, 한국학중앙연구원 장서각 소장.

도8_ 창덕궁 봉모당

도9_『봉모당봉안어서총목』, 18세기 말, 서울대학교 규장각 소장.

도10_『홍재전서』, 1814년, 100책, 34.1×21.4cm, 한국학중앙연구원 장서각 소장.

도11_『학석집』의 한문본, 효명세자 지음, 19세기, 1책, 필사본, 31.8×20cm, 한국학중앙연구원 장서각 소장.

도12_『학석집』의 한글본, 효명세자 지음, 19세기, 1책, 필사본, 31.8×20cm, 한국학중앙연구원 장서각 소장.

도13_『열성어제』권2『세종어제』의 본문

도14_ 창덕궁 어수문과 부용지 풍경, ⓒ김성철.

도15_ 창덕궁 소요정, ⓒ김성철.

도16_《동궐도》의 주합루와 부용지 일대

도17_《동궐도》의 옥류천 일대

도18, 도19_ 창경궁의 가을 풍경, ⓒ김성철.

도20_『월중도』중〈장릉전도〉, 1820년대, 종이에 채색, 36×20.5cm, 한국학중앙연구원 장서각 소장.

도21_ 영월 청령포, ⓒ김성철.

도22_ 장릉 전경, ⓒ김성철.

도23_『월중도』중〈청령포도〉, 1820년대, 종이에 채색, 36×20.5cm,

한국학중앙연구원 장서각 소장.

도24_ 『월중도』 중 〈관풍헌도〉, 1820년대, 종이에 채색, 36×20.5cm, 한국학중앙연구원 장서각 소장.

도25_ 《동궐도》의 춘당대와 춘당지 일대, 고려대학교박물관 소장.

도26_ 〈서총대친림사연도〉, 1564년경, 모시에 수묵채색, 40.2×27.2cm, 고려대학교 도서관 소

도27_ 월산대군의 문집 『풍월정집』 표지와 본문, 서울대학교 규장각 소장.

도28_ 성종의 시 '불두화가 활짝 핌에 형을 생각하며 정좌하고 시를 지어 부친다' 佛頭花盛開 憶兄寂坐 作詩以送 원문

도29_ 연산군의 생모인 폐비 윤씨의 묘 회릉 ⓒ김성철

도30, 도31_ 『연산군일기』 표지와 연산군 2년 11월 23일 기사에 실린 시 원문, 서울학하교 규장각 소장.

도32, 도33_ 창덕궁의 봄 풍경, ⓒ김성철.

도34_ 홍만종의 『소화시평』 표지와, 광해군의 시 수록 부분.

도35_ 선조어필 두목 시, 한국학중앙연구원 장서각 소장.

도36, 도37_ 『숙종어제』에 실린 '제성상배천자도'題城上拜天子圖와 「자명종」自鳴鐘 시 원문.

도38_ 혼천시계, 송이영 제작, 1669년경, 철·나무, 세로 52cm, 가로 119.5cm, 높이 97cm, 국보 제230호, 고려대학교박물관 소장.

도39_ 『영조어제』 표지와 본문, 한국학중앙연구원 장서각 소장.

도40_ 소령원도, 1753년, 종이에 채색, 115.7×87.5cm, 한국학중앙연구원 장서각 소장.

도41_ 연잉군 초상, 박동보 필, 1714년, 비단에 채색, 183×87cm, 보물 제1491호, 국립고궁박물관 소장.

도42_ 『무술점차일기』 표지와 본문, 한국학중앙연구원 장서각 소장.

도43_ 『홍재전서』에 실린 정조의 시 '비 온 뒤에 옥류천玉流川에서 폭포를 구경하며 읊다'(雨後看瀑玉流川有吟), 서울대학교 규장각 소장.

도45, 도46_ 창덕궁 청의정과 취한정, ⓒ김성철.

도47_ 창덕궁의 규장각과 주합루, ⓒ김성철.

도48_ 『경모궁의궤』의 표지, 서울대학교 규장각 소장.

도49_ 『경모궁의궤』에 수록된 「본궁전도」

도50_ 융릉 전경, ⓒ김성철.

제5부 국왕의 건강 관리

도1_ 《동궐도》에 그려진 내의원(약방)

도2_ 『정조국장도감의궤』 반차도 중 대여 행렬, 서울대학교 규장각 소장.

도3_ 『동의보감』 표지, 한국학중앙연구원 장서각.

도4_ 『동의보감』 목차 부분, 한국학중앙연구원 장서각.

도5_ 김류 초상, 개인 소장.

도6_ 김육 영정, 작자미상, 1650년경, 비단에 채색, 175×98.5cm, 실학박물관 소장.

도7, 도8_ 『규합총서』 표지와, 본문의 장 담그는 법 부분, 서울대학교 규장각 소장.

도9_ 수라상 반배도

도10_ 『원행을묘정리의궤』에 기록된 혜경궁께 올린 수라상 복원도

도11_ 동치미냉면, ⓒ궁중음식연구원.

도12_ 황복이탕, ⓒ궁중음식연구원.

도13_ 한희순 상궁, ⓒ궁중음식연구원.

도14_ 『동의보감』에 실린 인체도 '신형'身形, 한국학중앙연구원 장서각 소장.

도15_ 영조의 건공탕 어제시

도16_ 『대사례의궤』 중 어사례도御射禮圖, 서울대학교 규장각 소장.

도17_ 『대사례의궤』 중 시사례도侍射禮圖, 서울대학교 규장각 소장.

도18_ 《화성능행도》 병풍 중 〈득중정어사도〉, 국립고궁박물관 소장.

도19, 도20_ 『무예도보통지』에 수록된 격구도 관련 도설, 서울대학교 규장각 소장.

도21_ 경안군 발원 복장유물

도22, 도23_ 소현세자의 묘 소경원 전경과 봉분, ⓒ김성철.

도24_ 온양별궁전도, 서울대학교 규장각 소장.

도25, 도26_ 『정조국장도감의궤』에 실린 찬궁도와 대여도, 서울대학교 규장각 소장.

찾아보기_

ㄱ_

ㅅ_

ㅇ_

ㅌ_

ㅎ_